U0898006

新世纪高等职业教育规划教材

汽车底盘电控技术

第 2 版

主　编　赵良红
副主编　于仕斌　范爱民
参　编　范梦吾　晁新华　丘利芳

机 械 工 业 出 版 社

本书按照模块教学的要求，主要讲解了汽车底盘电控系统的结构原理、故障诊断与排除，内容涉及的底盘电控系统有：电控液力自动变速器、机械无级自动变速器、防抱死制动系统、驱动防滑控制系统、电子稳定程序控制系统、电控悬架系统、电控动力转向与四轮转向系统、电控四轮驱动系统及汽车轮胎监测系统。书中以典型案例为重点进行分析，并在每个项目后面附有练习题。

本书取材新颖、图文并茂、实用性强，既可作为高职高专汽车类专业教材，也可作为成人高等教育、汽车技术培训班相关课程的教材，还可作为汽车维修技术人员和相关行业技术人员的参考书。

图书在版编目（CIP）数据

汽车底盘电控技术/赵良红主编．—2版．—北京：机械工业出版社，2012.3（2017.7重印）
新世纪高等职业教育规划教材
ISBN 978-7-111-37797-9

Ⅰ.①汽… Ⅱ.①赵… Ⅲ.①汽车-底盘-电气控制系统-高等职业教育-教材 Ⅳ.①U463.6

中国版本图书馆CIP数据核字（2012）第049979号

机械工业出版社（北京市百万庄大街22号 邮政编码100037）
策划编辑：葛晓慧 责任编辑：葛晓慧 杨 帆
版式设计：霍永明 责任校对：刘秀丽
封面设计：赵颖喆 责任印制：常天培
北京京丰印刷厂印刷
2017年7月第2版·第5次印刷
184mm×260mm·15.25印张·373千字
12 001—13 900册
标准书号：ISBN 978-7-111-37797-9
定价：38.00元

凡购本书，如有缺页、倒页、脱页，由本社发行部调换
电话服务 网络服务
社服务中心：（010）88361066 教材网：http：//www.cmpedu.com
销售一部：（010）68326294 机工官网：http：//www.cmpbook.com
销售二部：（010）88379649 机工官博：http：//weibo.com/cmp1952
读者购书热线：（010）88379203 **封面无防伪标均为盗版**

前　　言

近十年来，我国汽车工业得到了突飞猛进的发展，许多新技术在汽车上得到应用，满足了人们对汽车的安全性、舒适性越来越高的要求。

在编写方法上，本书充分考虑到汽车检测和故障诊断等技能训练的内容和要求，按照模块的形式编写，将构造、工作原理、检测及故障诊断排除结合起来，做到理论与实践紧密结合。

本书分为 10 个模块，包括汽车底盘电控系统概述、电控液力自动变速器、机械无级自动变速器、防抱死制动系统、驱动防滑控制系统、电子稳定程序控制系统、电控悬架系统、电控动力转向与四轮转向系统、电控四轮驱动系统及汽车轮胎监测系统。在每个模块里以典型汽车为例，在知识学习中介绍了各个电控系统的作用、类型及其组成、原理。本书在能力训练任务里，共安排 15 个任务，以典型电控系统为例，按照实际检修流程，对各个电控系统的基本检查与调整、常见故障分析及排除等内容进行能力训练安排。通过不同模块的学习实践，可以让学生掌握各个电控系统的基本理论知识，并能排除各个电控系统常见的故障。

本课程建议采用一体化教学模式，课时 150 学时，学时分配如下：

模块	内　　容	学时分配			
		知识学习	能力训练任务		
模块一	汽车底盘电控系统概述	4			
模块二	电控液力自动变速器	30	任务一　从汽车上拆卸与安装自动变速器	6	32
			任务二　电控液力自动变速器的分解与装配	8	
			任务三　电控液力自动变速器的基本检查与维护	3	
			任务四　电控液力自动变速器的性能测试	3	
			任务五　电控液力自动变速器零件的检修	4	
			任务六　电控液力自动变速器电控系统的检修	4	
			任务七　电控液力自动变速器的故障诊断	4	
模块三	机械无级自动变速器	6	任务八　机械无级自动变速器故障诊断与检修	6	6
模块四	防抱死制动系统	6	任务九　汽车制动防抱死控制系统故障诊断与检修	6	6
模块五	驱动防滑控制系统	6	任务十　驱动防滑控制系统故障诊断与检修	6	6
模块六	电子稳定程序控制系统	6	任务十一　汽车行驶稳定电子控制系统故障诊断与检修	6	6
模块七	电控悬架系统	6	任务十二　电控悬架系统故障诊断与检修	6	6

（续）

模块	内　　容	学时分配			
		知识学习	能力训练任务		
模块八	电控动力转向与四轮转向系统	6	任务十三　电控动力转向系统故障诊断与检修	6	6
模块九	电控四轮驱动系统	4	任务十四　电控四轮驱动系统故障诊断与检修	4	4
模块十	汽车轮胎监测系统	2	任务十五　汽车轮胎监测系统故障诊断与检修	2	2
小计		76		74	
总计		150			

本书由赵良红任主编，于仕斌、范爱民任副主编。其中，模块一、模块二由赵良红编写，模块三、模块四由于仕斌编写，模块五、模块十由范爱民编写，模块六、模块九由范梦吾编写，模块七由丘利芳编写，模块八由晁新华编写。

本书在编写时参考了大量有关书籍，并借鉴了汽车维修手册和行业培训资料，在此谨向其作者表示诚挚的谢意。

由于编者水平有限，书中难免有疏漏和错误之处，恳请读者和专家批评指正。

编　者

目　　录

模块一　汽车底盘电控系统概述

随着汽车电子技术的发展，传统的汽车底盘上加装了各种电子控制装置，来监测、控制底盘各个系统，使汽车的安全性、舒适性得到提高，从而满足人们越来越高的要求。

目前在汽车底盘上应用的电控系统主要有：自动变速器、防抱死制动系统、驱动防滑系统、电子稳定程序控制系统、电控悬架系统、电子控制动力转向系统、电控四轮驱动、汽车轮胎监测系统等。

1. 自动变速器

目前在轿车上使用的自动变速器有以下几种类型：液力自动变速器、有级式机械自动变速器、有级式双离合器机械自动变速器、机械式无级自动变速器。

（1）液力自动变速器　液力自动变速器采用液力传动与机械传动相结合的传动方式。液力传动利用液体为介质带动叶片传递动力，其利用工作轮叶片与工作液体的相互作用，引起机械能与液压能的相应转换，以此来传递动力，并通过液体动量矩的变化来改变转矩。液力传动既具有离合器的功能，又使发动机与传动系之间实现“柔性”连接和传动，因而可将发动机和底盘这两大振动源分隔开，这就减轻了车辆的振动，提高了车辆的乘坐舒适性，使车辆起步平稳，加速均匀、柔和。

液力自动变速器也存在缺点，首先是传动效率较低（液力传动的效率一般只有 82% ~ 86%），因此其动力性及经济性较差；其次是相对于手动变速器其结构复杂，制造成本高，维修技术要求高。

由于液力自动变速器制造技术成熟，优点比较突出，且随着电子控制技术的应用其传动效率较低的缺点也大有改善，因此液力自动变速器在绝大部分轿车还被采用，占自动变速器应用的 90% 以上。目前，通常说的自动变速器就是特指液力自动变速器（AT）。

（2）有级式机械自动变速器　有级式机械自动变速器（Automated Manual Transmission，AMT）是在手动变速器的基础上进行改造的自动变速器，主要改变了手动换档操纵部分，即在总体传动结构不变的情况下，通过加装微机控制的自动操纵系统来实现换档的自动化。因此，AMT 实际上是由一个微机控制系统来完成操作离合器和选档的两个动作。由于 AMT 能在现生产的手动变速器基础上进行改造，因而其生产继承性好，投入的费用也较低，容易被生产厂接受。AMT 的核心技术是微机控制，电子技术及质量将直接决定 AMT 的性能与运行质量。

有级式机械自动变速器的基本原理是：驾驶人通过操控加速踏板和选择器（包括选档范围、换档规律、巡航控制等）向微机表达意图，各种传感器时刻检测车辆的现状，微机接收信号和处理信号并输出最佳控制信号（最佳换档规律、离合器最佳接合规律、发动机节气门的自适应调节规律等），通过电动和液压或气压分别对节气门开度、离合器接合及换档三者进行控制，以实现最佳匹配，从而获得优良的行驶性能、平稳起步性能和迅速换档的能力。

有级式机械自动变速器具有自动变速的优点，又保留了齿轮式机械变速器传动效率高

（有级式机械自动变速器汽车比液力机械自动变速器汽车节油 10%～30%）、价廉、宜于制造的优点，但与液力自动变速器相比，其自动换档控制的难度更大，要求很高的控制精度，同时舒适性有待改善，目前在轿车上很少应用，主要在少部分微型轿车（如奇瑞 QQ 轿车）和跑车上应用。

（3）有级式双离合器机械自动变速器（DSG） 有级式双离合器机械自动变速器（Double Shift Gearbox，DSG）属于有级式机械自动变速器的一种，其结构主要包括一个由两组离合器片集合而成的双离合器装置，一个由实心轴及其外套筒组合而成的双传动轴机构，以及控制奇数和偶数档位的两组齿轮，如图 1-1 所示。

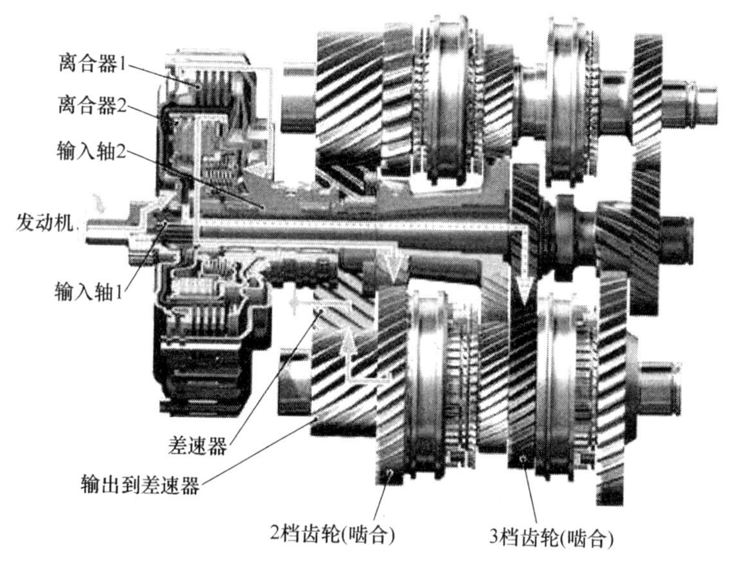

图 1-1 有级式双离合器机械自动变速器结构图

有级式双离合器机械自动变速器中离合器 1 负责控制奇数档位齿轮和倒档齿轮，离合器 2 负责控制偶数档位齿轮。例如在挂入 2 档时，离合器 2 接合并与 2 档齿轮啮合，输出动力，而 3 档的齿轮也进入啮合状态，只是与之相联的离合器 1 仍处于分离状态，等待换档命令；当进行换档时，电子控制系统控制处于接合状态的离合器 2 与 2 档齿轮分离，使动力脱离，与此同时，离合器 1 接合已被预选的 3 档齿轮，进入 3 档，同时，离合器 2 控制的 4 档齿轮完成啮合动作，等待换档命令，以此类推。在整个换档过程中，当一组齿轮在输出动力时，另一组齿轮已经待命，变速器总是保持有一组齿轮在输出动力，不会出现动力传递的间断，使换档过程更加快捷、顺畅，加速更为迅猛，同时大幅度降低了车辆的燃油消耗。

有级式双离合器机械自动变速器早期在技术上还存在耐用性不佳和成本较高的问题，应用较少。由于其动力性、经济性突出，近年来随着汽车变速器研发技术的成熟和成本的降低，在大众汽车公司的轿车（如迈腾、速腾及高尔夫等轿车）上已开始普遍使用，其他部分汽车公司也开始逐渐采用这种变速器。

（4）机械式无级自动变速器（CVT） 机械式无级变速器（Continously Variable Transmission，CVT）与有级式机械变速器的区别在于它的变速比不是间断的，而是一系列连续变化的。

CVT的主要结构和工作原理如图1-2所示。CVT的主要结构包括主动轮组、从动轮组、金属传动带和液压缸等基本部件。金属传动带由两束金属环和几百个金属片构成。主动轮组和从动轮组都由可动盘和固定盘组成，与液压缸靠近的一侧带轮可以在轴上滑动，另一侧则固定。可动盘与固定盘都是锥面结构，它们的锥面形成V形槽来与V形金属传动带啮合。发动机输出轴输出的动力首先传递到CVT的主动轮组，然后通过V形金属传动带传递到从动轮组，最后经主减速器、差速器传递给车轮来驱动汽车。

工作时，通过主动轮组与从动轮组的可动盘做轴向移动来改变主动轮、从动轮锥面与V形金属传动带啮合的工作半径，从而改变传动比。两个带轮可以实现反向调节，即当其中一个带轮凹槽逐渐变宽时，另一个带轮凹槽就会逐渐变窄。可动盘的轴向移动量是由控制系统调节主动轮、从动轮液压缸压力来实现的。由于主动轮组和从动轮组的工作半径可以实现连续调节，从而也就实现了无级变速。

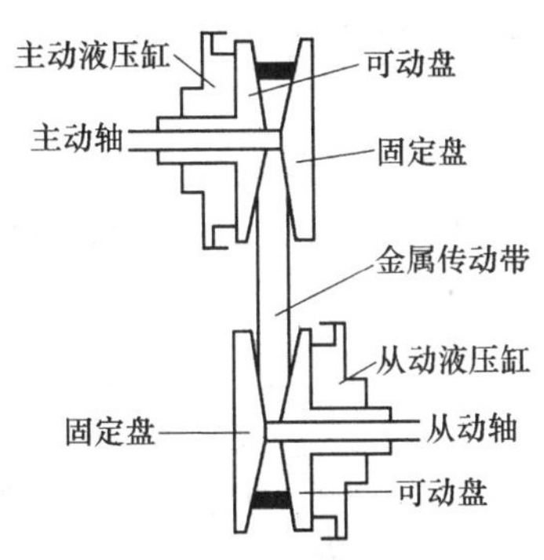

图1-2　CVT的主要结构和工作原理

由于CVT可以实现传动比的连续改变，从而得到传动系与发动机工况的最佳匹配，提高了整车的燃油经济性和动力性，改善了驾驶人的操纵方便性和乘员的乘坐舒适性，所以它是理想的汽车传动装置。早期由于CVT存在传递转矩较小、离合器工作不稳定、能量损失较大及使用寿命短等一系列的缺陷，没有被汽车行业普遍接受。随着电子技术、新材料、自动控制技术的不断采用，其缺陷也被逐一克服，目前，CVT在汽车上被普遍应用，如应用于奥迪A6、奥迪A4、日产天籁、奇瑞旗云等车型。

2. 防抱死制动系统

防抱死制动系统（Antilock Braking System，ABS）是普遍应用于现代轿车的一种电子控制系统。据统计，汽车突然遇到情况进行制动时，90%以上的驾驶人会一次将制动踏板踩到底进行紧急制动，这时候的汽车十分容易产生滑移并发生侧滑，即俗称的“甩尾”。造成汽车侧滑的原因很多，例如行驶速度、地面状况、轮胎结构等都会造成侧滑，但最根本的原因是汽车在紧急制动时轮胎与地面的滚动摩擦突然变为滑动摩擦，轮胎的抓地力几乎丧失，此时驾驶人即使转动转向盘也无济于事。而装备ABS的车辆，其方向稳定性（见图1-3）及转向操纵能力（见图1-4）都会大大提高，可显著减少侧滑现象的发生。

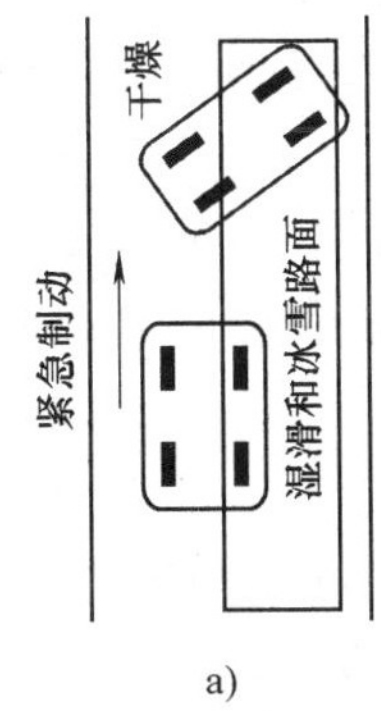

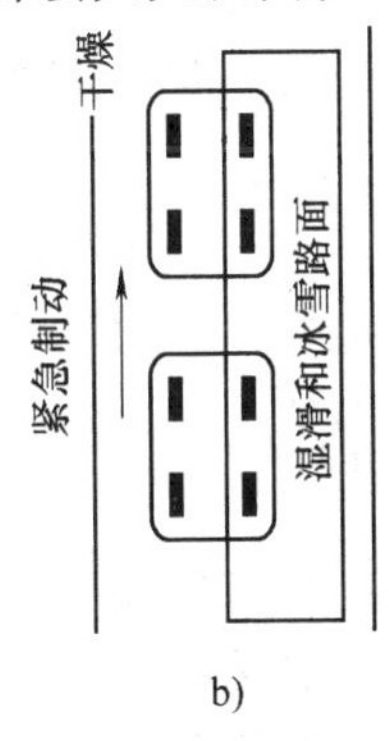

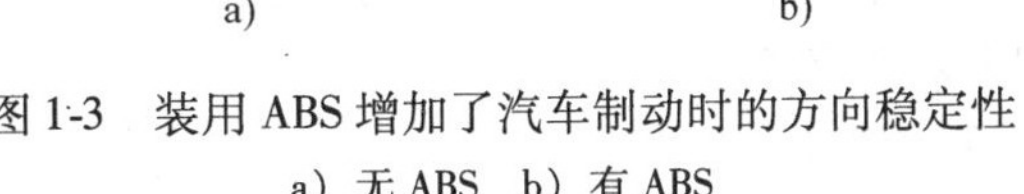

图1-3　装用ABS增加了汽车制动时的方向稳定性
a）无ABS　b）有ABS

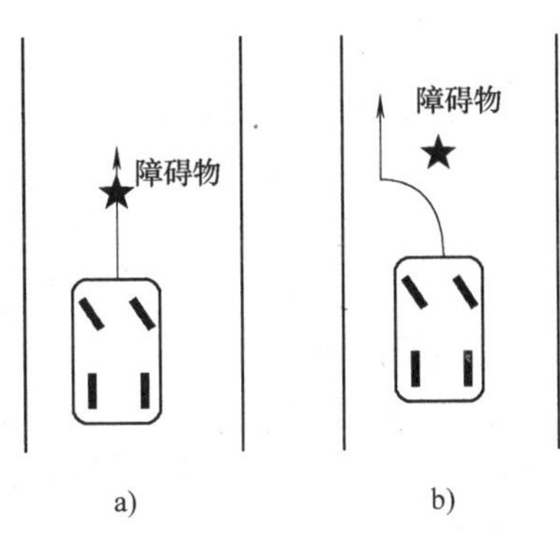

图1-4　装用ABS汽车制动时仍具有转向操纵能力
a）无ABS　b）有ABS

3. 驱动防滑系统

驱动防滑系统（Acceleration Slip Regulation，ASR）的作用是当汽车加速时将滑动率控制在一定的范围内，从而防止驱动轮快速滑动。它的功能一是提高牵引力，二是保持汽车的行驶稳定。行驶在易滑的路面上，没有 ASR 的汽车加速时驱动轮容易打滑：后轮驱动的车辆容易“甩尾”，前轮驱动的车辆容易方向失控。有 ASR 时，汽车在加速时就不会产生或能够减轻这种现象。在转弯时，如果发生驱动轮打滑会导致整个车辆向一侧偏移，而有 ASR 时就会使车辆沿着正确的路线转向。

如图 1-5 所示，驾驶人正在转换车道并加速超车时，如果驱动轮滑转，则汽车根本不会按驾驶人的意愿更换车道，仍沿着轨迹 a 滑行，从而留在原车道上并可能撞到前面的汽车。装备 ASR 后，则可按驾驶人的意愿更换车道，沿着轨迹 b 运行，从而绕开前方的汽车。

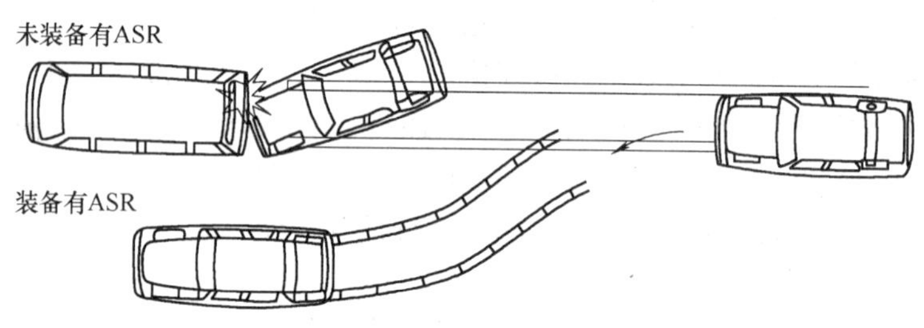

图 1-5　ASR 的作用

4. 电子稳定程序

电子稳定程序（Electronic Stability Program，ESP）是提高汽车行驶条件下的主动安全的控制系统。在汽车转弯时，即侧向力起作用时，ESP 可使汽车稳定并保持安全行驶。有些汽车公司采用自己的缩写来表示 ESP，例如沃尔沃公司用 DSTC，宝马公司用 DSC，丰田公司用 VSC。

ESP 包含 ABS 及 ASR，是这两种系统功能上的延伸。因此，ESP 称得上是当前汽车防滑装置的最高级形式。装有 ESP 与只装有 ABS 及 ASR 的汽车，它们之间的差别在于 ABS 及 ASR 只能被动地作出反应，而 ESP 则能够探测和分析车况并纠正驾驶人操作的错误，防患于未然。ESP 对过度转向或不足转向特别敏感，例如，汽车在路滑时左拐过度转向（转弯太急）会向右侧甩尾，传感器感觉到滑动就会迅速制动右前轮使其恢复附着力，产生一种相反的转矩而使汽车保持在原来的车道上。汽车 ESP 突破了 ABS/ASR 的限制，通过直接监测汽车的实时运行状况进行控制，直接保证汽车的稳定性，因此显著提高了控制效果，特别是能显著提高汽车处于附着极限时的稳定性，因而大大减少了交通事故。

5. 电控悬架系统

汽车悬架的作用是缓冲和吸收来自车轮的振动，在汽车行驶过程中还要传递车轮与路面间产生的驱动力和制动力。汽车在转向时，悬架还要承受来自车身的侧向力，并在汽车起步和制动时抑制车身的俯仰振动，提高汽车的行驶稳定性和乘坐的舒适性。

传统的悬架系统主要由弹簧、减振器和导向机构三部分组成。其中，弹簧、减振器和轮胎的综合特性决定了汽车的行驶性、操纵性和乘坐的舒适性。尽管多年来汽车悬架系统做了许多改进，但由于传统悬架系统使用的是定刚度弹簧和定阻尼系数减振器，只能适应特定的道路与行驶条件，无法满足多变的路面状况和汽车行驶状况，而且这种悬架只能被动地承受地面对车身的各种作用力，无法对各种情况进行主动地调节而使操纵性和乘坐舒适性达到和谐。所以，一般称传统悬架系统为被动悬架系统。

随着人们对汽车操纵性和舒适性要求的不断提高，以及电子技术的飞速发展，电子控制技术被有效地应用于现代汽车悬架系统。电子控制悬架系统的最大优点是它能使悬架随不同的路况和行驶状态做出不同的反应，既能使汽车的乘坐舒适性达到令人满意的状态，又能使汽车的操纵稳定性达到最佳状态。

6. 电子控制动力转向系统

转向系统一般由转向盘、转向机、转向传动杆和万向节等构成。近年来，为了在各种车速下都能确保汽车具有适当的转向操纵力，使驾驶人能够根据行驶条件灵活自如地控制转向盘，在很多汽车的转向装置中都采用了液压式或电动式转向助力装置，构成动力转向系统。

电子控制动力转向（Electronic Control Power Steering，EPS 或 ECPS）系统根据车速、转向情况等对转向助力实施控制，使动力转向系统在不同的行驶条件下都有最佳的放大倍率：在低速时有较大的放大倍率，可以减轻转向操纵力，使转向轻便、灵活；在高速时则适当减小放大倍率，以稳定转向手感，提高高速行驶的操纵稳定性。

发动机前置及前轮驱动式轿车，其前轴负荷的增加使转向轻便性也成为受到普遍关注的问题。由于电子控制动力转向系统不仅能很好地解决转向轻便与转向灵活的矛盾，还能提高行驶安全性和舒适性，因此，在轿车上使用电子控制动力转向系统已日渐增多。

7. 电控四轮驱动

汽车的四轮驱动是指汽车的 4 个车轮都作为驱动轮来驱动汽车，发动机的动力经传动系分配到前、后车轮上，通过 4 个车轮驱动汽车行驶，以提高汽车的牵引力和改善汽车的通过能力。四轮驱动汽车通常标有 4×4、4WD 或 AWD 字样，表示其具有四轮驱动功能。

早期只有越野汽车采用四轮驱动，越野汽车为了充分利用所有车轮与地面之间的附着条件，以获得尽可能大的牵引力，而采用四轮驱动，如北京切诺基、长城赛弗、丰田陆地巡洋舰等。越野汽车一般在变速器后面装有手动的分动器，前、后车桥均为驱动桥。变速器输出的转矩通过分动器和传动轴分别传递到前、后驱动桥，再通过差速器将转矩传递到 4 个车轮上。现在有些轿车和一些多功能汽车也采用了四轮驱动装置，如宝马 X5、丰田雷克萨斯 RX300、奥迪 A4 等轿车。由于轿车的车架结构与越野汽车的车架结构有所不同，作用也有差异，所以轿车上的四轮驱动装置是常啮合式，而且多采用电子计算机控制中央差速器，省去了手动分动器，四轮驱动 ECU 根据路面状态的反馈信息，自动将转矩按需分配给前、后车轮。现代轿车的功率都比较大，加速时重心容易后移，全车重量就会向后轴移动，造成前轴轻飘。这对于前轮驱动的轿车来讲，即使在良好的路面上行驶也会打滑，四轮驱动就可以防止这种现象的发生。所以，轿车应用四轮驱动的主要作用是提高汽车的加速性能。

四轮驱动可按行驶路面状态不同而将发动机输出转矩按不同比例分布到前、后车轮上，结合了前轮驱动和后轮驱动的优点，“牵引”与“推送”并行。不论是加、减速或负重，所产生的影响均最小，这样既避免了前轮驱动汽车的转向不足，又防止了后轮驱动汽车的转向过度，尤其在高速过弯和恶劣路面上加速或爬坡时，其附着力强、牵引力大、通过性好，而且安全系数高。

8. 汽车轮胎监测系统

随着道路交通条件的进一步改善，汽车行驶速度越来越高。据统计，在高速公路上发生的交通事故中，汽车爆胎所引起的事故占了70%。保持标准的车胎气压行驶和及时发现轮胎漏气是避免轮胎故障发生的关键，非标准车胎气压行驶会使轮胎的使用寿命缩短。轮胎监测系统（TPMS）能实时监测轮胎的压力及温度，并分别在压力过高、过低、轮胎被扎和温度过高时发出警示，从而起到保障行车安全、延长车胎使用寿命的作用。

模块二　电控液力自动变速器

2.1　学习目标

【知识目标】

1. 了解电控液力自动变速器的基本组成及控制原理。
2. 了解液力变矩器的结构及工作过程。
3. 了解拉维娜式齿轮变速器的结构与档位分析。
4. 掌握辛普森式齿轮变速器的结构与档位分析。
5. 了解液压控制系统和电子控制系统的组成及工作过程。
6. 掌握电控自动变速器常见故障的现象、原因分析方法。

【能力目标】

1. 能从汽车上拆卸与安装自动变速器。
2. 能进行电控液力自动变速器的分解与装配。
3. 能分析电控液力自动变速器各档位。
4. 能进行电控液力自动变速器的基本检查与维护。
5. 能进行电控液力自动变速器的性能测试。
5. 能分析电控液力自动变速器电路图。
6. 能进行电控液力自动变速器零件、电控系统的检修。
7. 能排除电控液力自动变速器的常见故障。

2.2　知识学习

2.2.1　电控液力自动变速器的基本认识

1. 电控液力自动变速器的基本组成

电控液力自动变速器主要由液力变矩器、齿轮变速机构、换档执行机构、液压控制系统、电子控制系统等几部分组成。电控液力自动变速器的结构如图 2-1 所示。

1）液力变矩器。液力变矩器安装在发动机与变速器之间，作用是将发动机转矩传给变速器输入轴，同时，液力变矩器可改变发动机转矩，并能实现一定的无级变速。

2）齿轮变速机构。齿轮变速机构可形成不同的传动比，组合成电控液力自动变速器不同的档位。目前绝大多数电控液力自动变速器采用行星齿轮机构进行变速，但也有个别车型（如本田雅阁轿车）采用普通齿轮机构进行变速。

3）换档执行机构。电控液力自动变速器换档执行机构的功用与普通变速器的换档执行机构有相似之处，但电控液力自动变速器的换档执行机构是受电液系统进行控制的，而普通变速器的同步器是由人工进行控制的。两者起的作用都是实现变速器不同档位的转换。电控液力自动变速器的换档执行机构包括离合器、制动器、单向离合器三种。

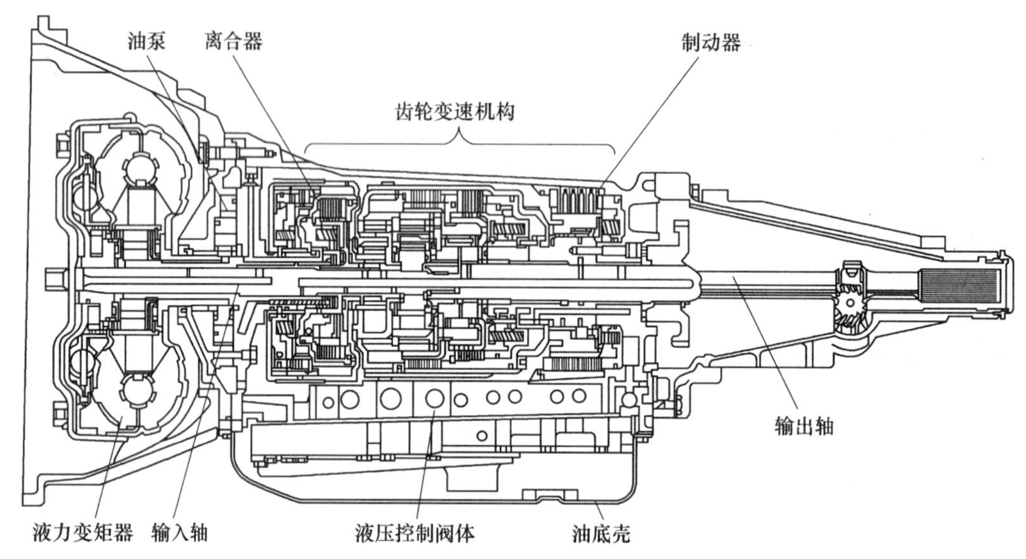

图 2-1　电控液力自动变速器的结构

4）液压控制系统。电控液力自动变速器中的液压控制系统主要控制换档执行机构的工作情况，它由油泵及各种液压控制阀和液压管路等组成。

5）电子控制系统。电控液力自动变速器中的电子控制系统是和液压控制系统配合起来使用的，通常把它们合称为电液控制系统。电子控制系统主要包括电子控制单元（ECU）、各类传感器、执行器及控制电路等。电子控制系统中的传感器及各种控制开关将发动机工况、车速等信号传递给 ECU，ECU 发出指令给执行器，执行器和液压系统按一定的规律控制换档执行机构工作，实现电控液力自动变速器自动换档。电子控制系统如图 2-2 所示。

2. 电控液力自动变速器的基本控制原理

电控液力自动变速器通过传感器和开关监测汽车和发动机的运行状态，接受驾驶人的指令，将发动机转速、节气门开度、车速、发动机冷却液温度、自动变速器液压油温等参数转变为电信号，并输入 ECU。ECU 根据这些信号，按照设定的换档规律，向换档电磁阀、油压电磁阀等发出电子控制信号；换档电磁阀和油压电磁阀再将 ECU 发出的控制信号转变为液压控制信号，阀板中的各个控制阀根据这些液压控制信号，控制换档执行机构的动作，从而实现自动换档，如图 2-3 所示。

2.2.2　电控液力自动变速器的结构与工作原理

1. 液力变矩器

液力变矩器由泵轮、导轮、涡轮等组成，如图 2-4 所示，此外还包括单向离合器以及锁止离合器。

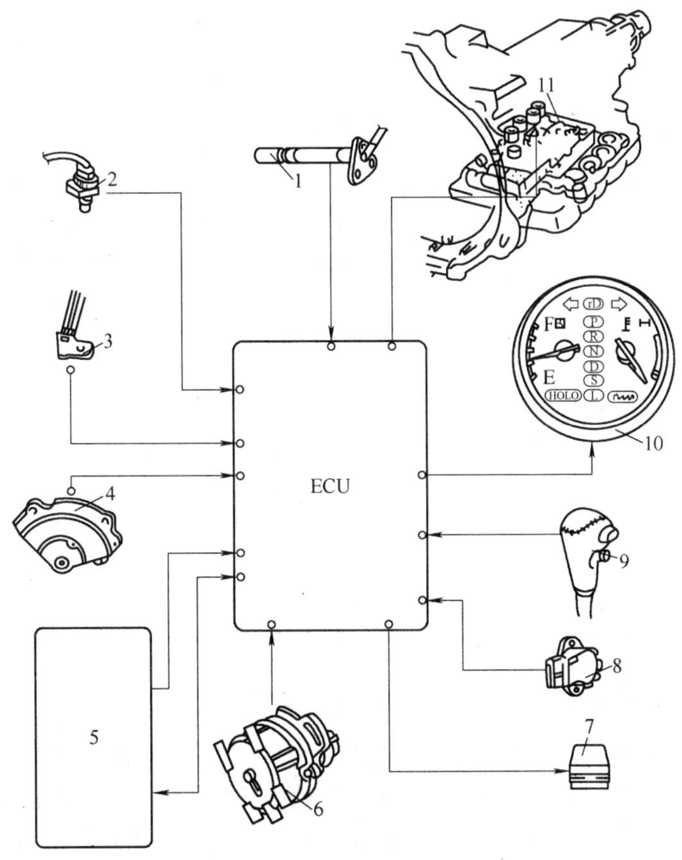

图 2-2　电子控制系统

1—输入轴转速传感器　2—车速传感器　3—液压油温度传感器　4—档位开关　5—巡航电子控制单元　6—发动机转速传感器　7—自检插座　8—节气门位置传感器　9—超速档开关　10—仪表板　11—电磁阀

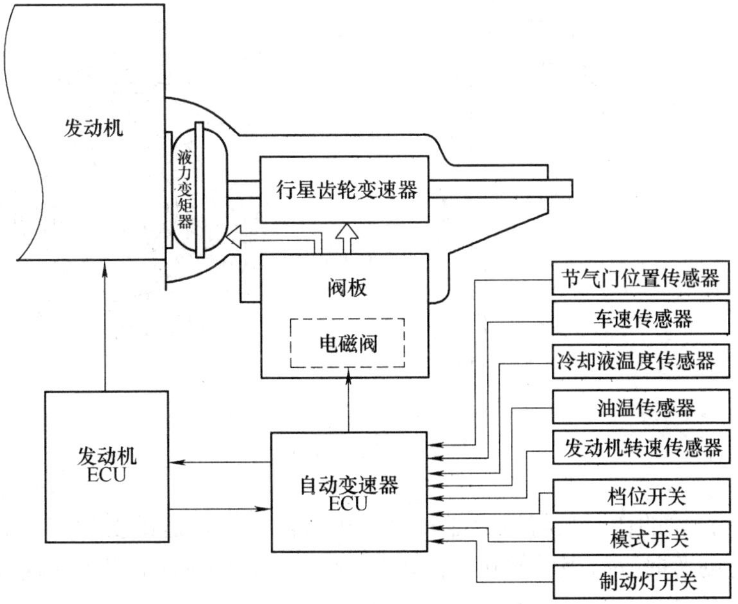

图 2-3　电控液力自动变速器的基本控制原理

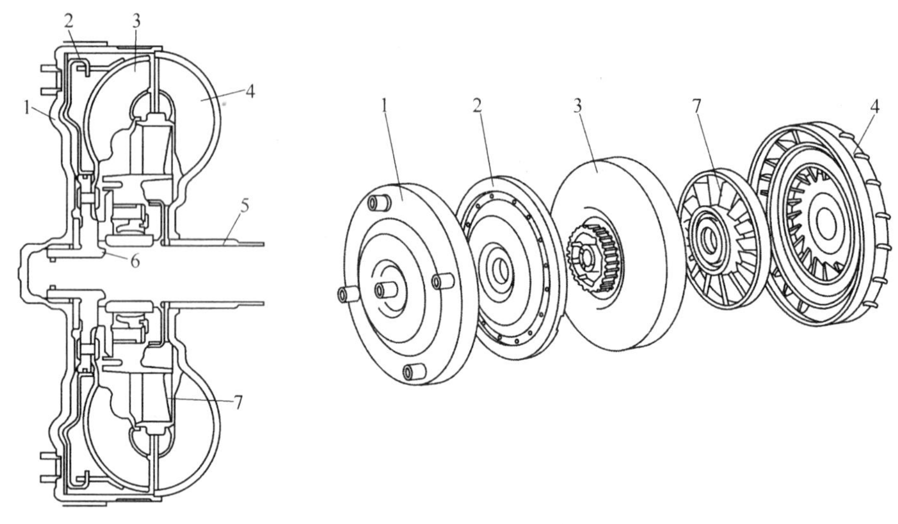

图 2-4　液力变矩器

1—变矩器壳　2—锁止离合器压盘　3—涡轮　4—泵轮　5—变矩器轴套　6—输出轴花键套　7—导轮

（1）泵轮　泵轮的作用是将发动机的机械能转变为液力能，并通过延伸套驱动变速器油泵工作。泵轮与液力变矩器壳体连成一体，液力变矩器壳体用螺栓固定在飞轮上。因为泵轮与曲轴相连，所以它总是和曲轴一起转动，其结构如图 2-5 所示。泵轮由许多具有一定曲率的叶片按一定的方向呈辐射状安装在泵轮壳体上，泵轮的壳体固定在曲轴大飞轮上，当曲轴旋转时，泵轮便随曲轴同方向同速旋转，而每两个叶片间均充满自动变速器油液，当泵轮旋转时，叶片便带动其间的液体介质一同运动。

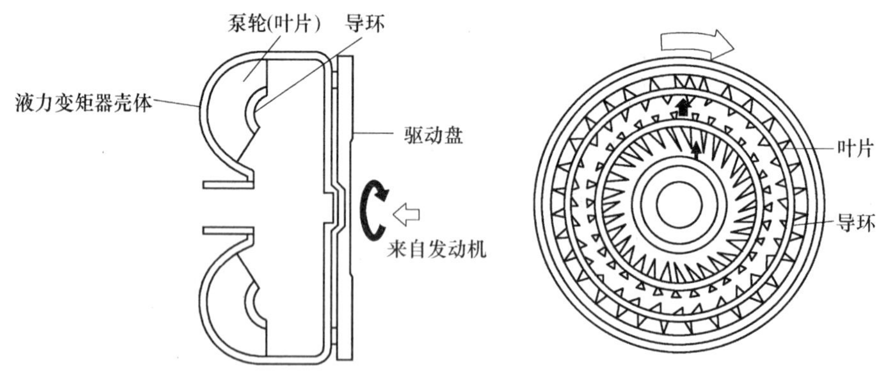

图 2-5　泵轮的结构

（2）涡轮　涡轮的作用是将液力能转变为机械能，并输送给变速器。涡轮也装有弯曲方向与泵轮叶片的弯曲方向相反的叶片，如图 2-6 所示，涡轮转轮装在变速器输入轴上，其叶片与泵轮叶片相对放置，中间留有 3mm 的间隙。

涡轮转轮与变速器输入轴相连，变速杆置于 D、2、L 或 R 位，当车辆行驶时，涡轮转轮就与变速器输入轴一起转动；当车辆停驶时，涡轮转轮不能转动。在变速杆置于 P 位或 N 位时，涡轮转轮与泵轮一起自由转动。

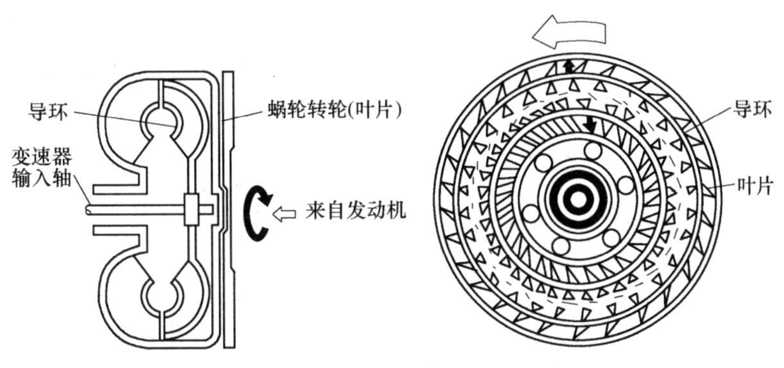

图 2-6　涡轮的结构

（3）导轮　导轮的作用是在汽车起步和低速行驶时，增大变速器输入的转矩。导轮上也有许多具有一定曲率、一定方向的叶片组装在导轮架上，导轮轴孔内装有单向离合器，如图 2-7 所示。因此，导轮只能向一个方向自由转动，而向另一方向转动时，则被单向离合器锁止在壳体上。

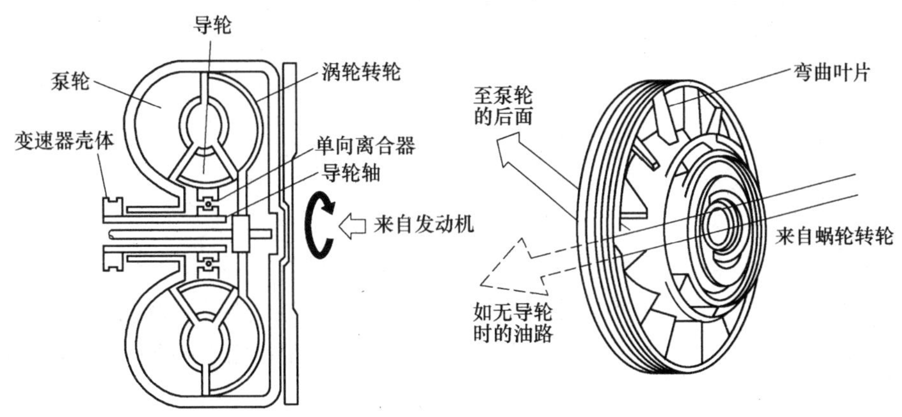

图 2-7　导轮的结构

（4）单向离合器　单向离合器可限制一些运动元件只能做单方向的转动，或者限制两个元件在某一方向自由转动，在相反的方向则相互制约。目前在自动变速器中应用的单向离合器有滚柱式单向离合器和楔块式单向离合器两种。

滚柱式单向离合器的工作原理如图 2-8 所示。图 2-9 反映了滚柱式单向离合器和导轮的装配关系。

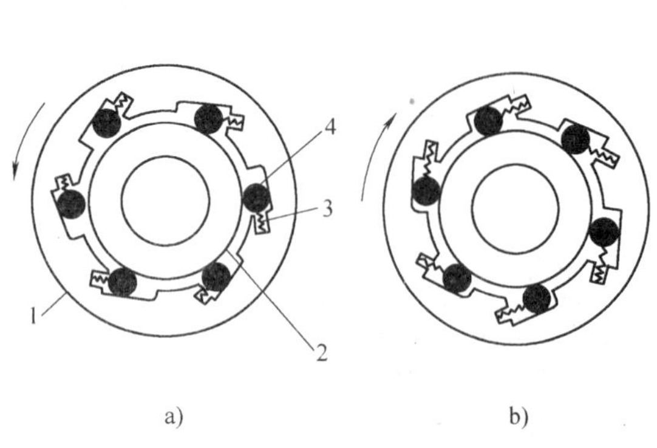

图 2-8　滚柱式单向离合器
a）自由状态　b）锁止状态
1—外圈（主动）　2—内圈（被动）　3—弹簧　4—滚柱

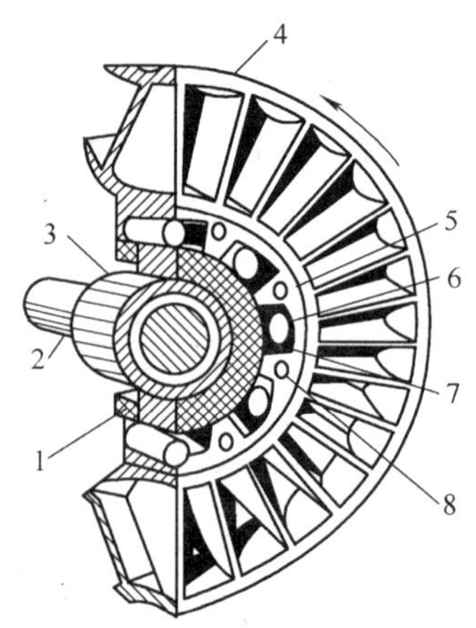

图 2-9　滚柱式单向离合器和导轮的装配关系
1—离合器轮毂　2—涡轮轴　3—导轮轴　4—导轮
5—凸轮　6—滚柱　7—弹簧　8—铆钉

楔块式单向离合器的工作原理如图 2-10 所示。

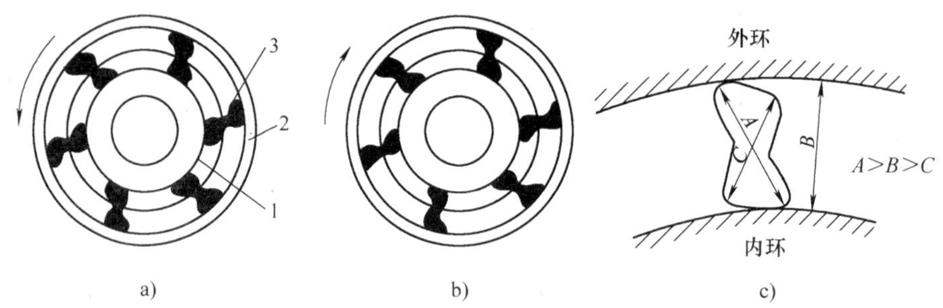

图 2-10　楔块式单向离合器
a）自由状态　b）锁止状态　c）楔块尺寸
1—内圈（被动）　2—外圈（主动）　3—楔块

以上两种单向离合器，若固定其内圈或外圈，则其外圈或内圈只能作单方向旋转。

（5）锁止离合器　因液力变矩器的涡轮和泵轮之间存在转速差和液力损失，液力变矩器的传动效率不如机械传动效率高。为提高变矩器在高传动比工况下的效率，可采用带锁止离合器的液力变矩器。

如图 2-11 所示，锁止离合器的主动盘即为变矩器的壳体，从动盘是一个可作轴向移动的压盘，它通过花键套与涡轮连接。压盘右侧的液压油与液力变矩器泵轮、涡轮中的油液相通。压盘左侧的油液通过液力变矩器输出轴中间的控制油道与阀板总成上的锁止控制阀相通。锁止控制阀由自动变速器 ECU 通过锁止电磁阀来控制。

当车速较低，不满足锁止条件时，锁止控制阀让油液从油道 B 进入，使压盘两侧保持相同的油压，锁止离合器处于分离状态，如图 2-11a 所示，动力由油液传给涡轮。当车速较高（一般大于 60km/h），满足锁止条件时，锁止控制阀让油液从油道 C 进入液力变矩器，而让油道 B 与泄油口相通，使压盘在左、右两侧的压力差的作用下压紧在主动盘上，如图

2-11b 所示。这时，输入液力变矩器的动力通过锁止离合器的机械连接，由压盘带动涡轮输出。液力变矩器中因泵轮和涡轮的转速相同而不起液力传动作用，故传动效率为100%，提高了燃油的经济性。另外，锁止离合器接合能减少液压油因摩擦产生的热量，有利于降低液压油温度。

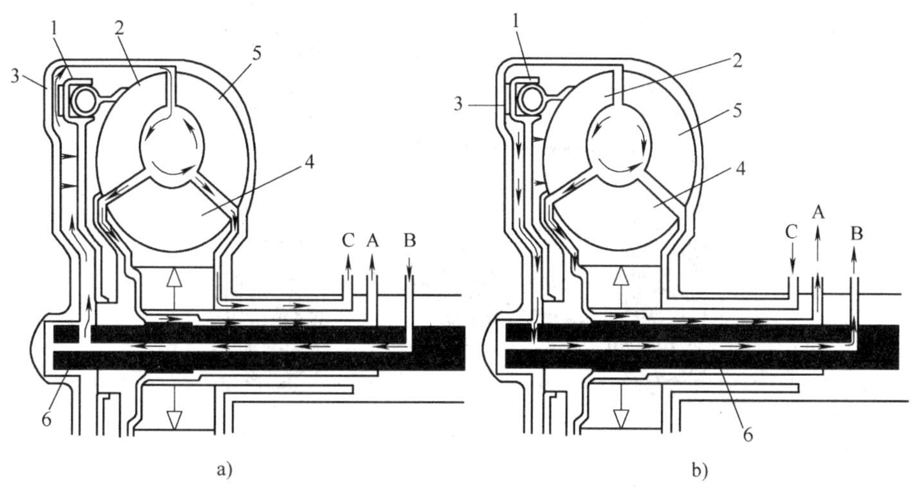

图 2-11　锁止离合器工作原理示意图

a）锁止离合器分离　b）锁止离合器接合

1—锁止离合器压盘　2—涡轮　3—变矩器壳　4—导轮　5—泵轮　6—输出轴

A—变矩器出油道　B、C—锁止离合器控制油道

（6）液力变矩器的工作情况

1）汽车起步或低速行驶时。当汽车起步，泵轮与涡轮的转速差较大时，从涡轮流至导轮的液体冲击导轮叶片的正面，使导轮与泵轮反向转动，导轮被单向离合器锁住不转动，导轮叶片却使液体流向改变，如图 2-12 所示，这样既增强了泵轮转动的能量，同时使得涡轮输出的转矩增加，远远大于泵轮的转矩，有利于汽车起步。当汽车低速行驶时，涡轮的速度比起步时要快，泵轮与涡轮的转速差较小，导轮仍然静止不动，使液体流向改变，如图 2-12 所示，此时涡轮输出的转矩依然大于泵轮的转矩，但随泵轮与涡轮转速差减小而逐渐相同。

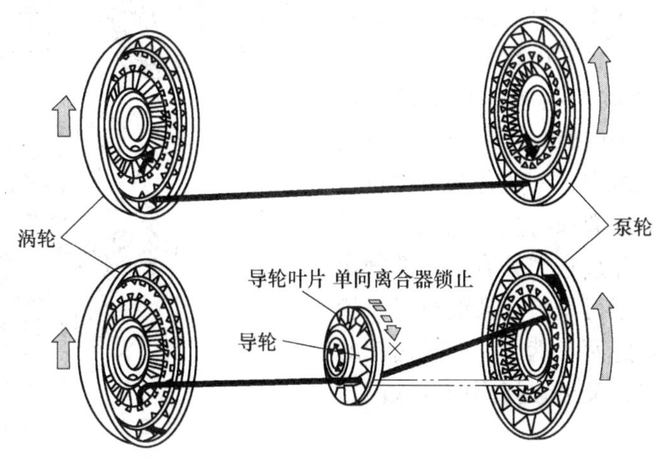

图 2-12　转矩增大时液流流动

2）汽车中速行驶时。涡轮转速是泵轮转速的0.85倍时，从涡轮冲出的涡流正好与导轮叶片相切，如图2-13所示，此时液力变矩器相当于只有泵轮和涡轮的耦合器，对应的转速称为“耦合工作点”。此时涡轮输出的转矩等于泵轮的转矩，没有变矩作用。

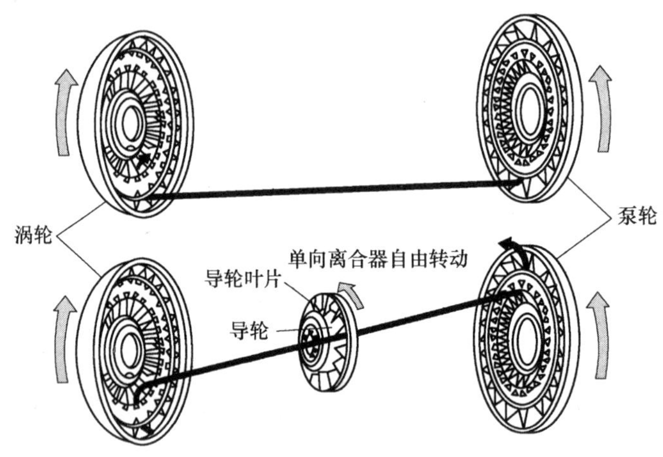

图2-13 转矩耦合时液流流动

3）汽车高速行驶时。汽车高速行驶时，从涡轮冲出的涡流打在导轮的叶片背面，液流的运动方向正好使导轮顺时针旋转而被单向离合器解除锁止，导轮随之自由转动，如图2-13所示，此时也没有变矩作用。

2. 行星齿轮机构

液力变矩器虽能在一定范围内自动、无级地改变转矩和转速比，但存在传动效率低的缺点，且变矩范围最多只能达到2~4倍，难以满足汽车实际使用需要。因此，它在自动变速器中的主要作用是使汽车起步平稳，并在换档时减缓传动系统的冲击载荷。为此，汽车上采用液力变矩器与齿轮变速器串联组成的液力机械传动。齿轮变速器的作用是使转矩、转速再扩大2~4倍的变化范围，同时实现倒档和空档。自动变速器中采用的齿轮变速器有平行轴式和行星齿轮式两种。目前绝大多数轿车自动变速器中的齿轮变速器为行星齿轮式，只有少数车型采用平行轴式普通齿轮式。

（1）行星齿轮机构的组成 行星齿轮机构由一个太阳轮、一个内齿圈、一个行星齿轮架及若干个行星齿轮组成，一般称为单排行星齿轮机构。太阳轮、齿圈和行星齿轮架是行星排的三个基本构件，并且它们具有公共的固定轴线。行星齿轮安装于行星齿轮架的行星齿轮轴上，与齿圈和太阳轮两者啮合。行星齿轮既可绕行星齿轮轴自转，又可在齿圈内绕太阳轮公转，如图2-14所示。

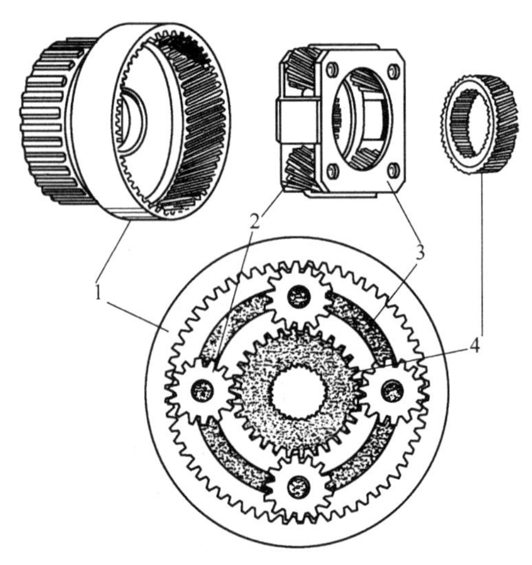

图2-14 行星齿轮机构

1—齿圈 2—行星齿轮 3—行星齿轮架 4—太阳轮

（2）行星齿轮机构各种运动情况分析

设太阳轮、齿圈和行星齿轮架的转速分别为 n_1、n_2 和 n_3，齿圈与太阳轮的齿数比为 a。根据能量守恒定律，由作用在该机构各元件上的力矩和结构参数，可导出表示单排行星齿轮机构一般运动规律的特性方程式为

$$n_1 + an_2 - (1+a)n_3 = 0$$

当行星齿轮机构工作时，将太阳轮、齿圈和行星架这三者任一元件作为主动件，使它与输入轴相连；将另一元件作为被动元件，与输出轴相连；再将第三个元件加以约束，使它转速为零。这样，整个行星齿轮机构即以一定的传动比传递动力。若将这三种元件分别进行固定可形成 6 种不同的传动形式。

1）太阳轮固定，齿圈输入运动，行星架输出运动，如图 2-15 所示，根据特性方程：

$$n_1 = 0$$

$$an_2 - (1+a)n_3 = 0$$

$$\text{传动比 } i = \frac{\text{输入元件转速}}{\text{输出元件转速}} = \frac{n_1}{n_2} = \frac{(1+a)}{a > 1}$$

传动比 i 大于 1 且为正值，因此同向降速。

2）太阳轮固定，齿圈输出运动，行星架输入运动

$$i = \frac{a}{1+a} < 1$$

$$i > 0$$

该运动为超速运动，输入与输出方向相同。

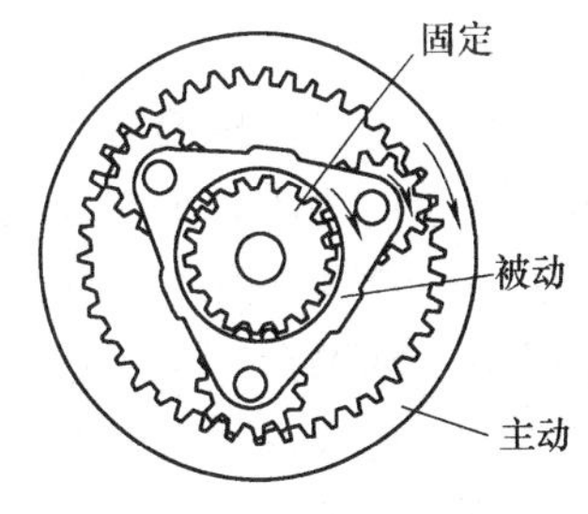

图 2-15　太阳轮固定，齿圈输入运动，行星架输出运动

3）齿圈固定，太阳轮输入运动，行星架输出运动

$$i = (1+a) > 1$$

$$i > 0$$

该运动为减速运动，输入与输出方向相同。

4）齿圈固定，太阳轮输出运动，行星架输入运动

$$i = \frac{1}{1+a} < 1$$

$$i > 0$$

该运动为超速运动，输入与输出方向相同。

5）行星架固定，太阳轮输入运动，齿圈输出运动

$$i = -a$$

$$|i| > 1, i < 0$$

该运动为减速运动，输入与输出的方向相反。

6）行星架固定，太阳轮输出运动，齿圈输入运动

$$i = -\frac{1}{a}$$

$$|i| < 1, i < 0$$

该运动为超速运动，输入与输出的方向相反。

7）任意两个元件互相连接成为一体，则由运动特性方程可知，第三个基本元件的转速必与前两个基本元件的转速相同，即行星排按直接档传动，传动比 $i = 1$。

8）所有元件即不固定也不互相连接，该机构有两个自由度，因此不论以哪两个基本元件为主动件、从动件，都不能传递动力，处于空档状态。

分析得出单排行星齿轮机构可实现5个前进档、两个倒档及1个空档的传递模式，见表2-1。

表2-1　单排行星齿轮机构的传递模式

序号	固定件	主动件	从动件	传动比	输出转速	转矩	一般应用档位
1	齿圈	太阳轮	行星架	$1+a>1$	下降	增大	1档
2		行星架	太阳轮	$1/(1+a)<1$	上升	减小	不采用
3	太阳轮	齿圈	行星架	$(1+a)/a>1$	下降	增大	2档
4		行星架	齿圈	$a/(1+a)<1$	上升	减小	超速档
5	行星架	太阳轮	齿圈	$-a<0$	下降	增大	倒档
6		齿圈	太阳轮	$-1/a$	上升	减小	不采用
7	任意两个元件互相连接成为一体			1	相等	相等	直接档
8	所有元件即不固定也不互相连接			无法传递动力			空档

（3）行星齿轮机构的类型　虽然单排行星齿轮有5个前进档，两个倒档，在数量上满足汽车变速器的要求，但单排行星齿轮的档位之间的传动比不合理及换档执行元件布置极其困难，不能应用在实际的汽车上，因此需要两排以上的行星排才能满足要求。行星齿轮机构主要有辛普森式和拉维娜式两种形式，目前汽车自动变速器是在这两种形式的基础上进行设计制造的。

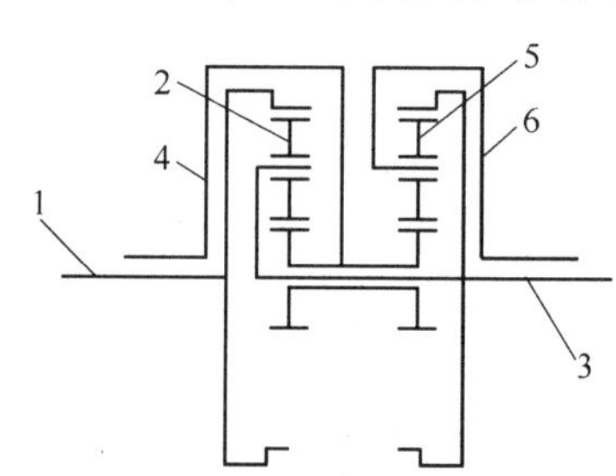

图2-16　辛普森式行星齿轮机构啮合方式
1—前齿圈　2—前行星轮　3—前后齿圈组件　4—前后太阳轮组件　5—后行星轮　6—后行星齿轮架

辛普森式行星齿轮机构采用双行星排，其结构特点是：前、后两个行星排的太阳轮连成一个整体，称为太阳轮组件；前排的行星齿轮架和后排的齿圈连成一体，称为前行星齿轮架和后齿圈组件，通常输出轴与该组件相连，如图2-16所示，该行星机构只有4个独立元件：前齿圈、前后太阳轮组件、后行星齿轮架及前行星齿轮架和后齿圈组件。

拉维娜式行星齿轮机构是一种复合式行星轮机构，它由一个单星行星排和一个双星行星排组合而成，后太阳轮和长行星轮、行星齿轮架、齿圈共同组成一个单星行星排；前太阳轮、短行星轮、长行星轮、行星齿轮架和齿圈共同组成一个双行星轮的行星排，如图2-17所示，两个行星排共用一个齿圈和一个行星齿轮架。因此它只有4个独立元件，即前太阳轮、后太阳轮、行星齿轮

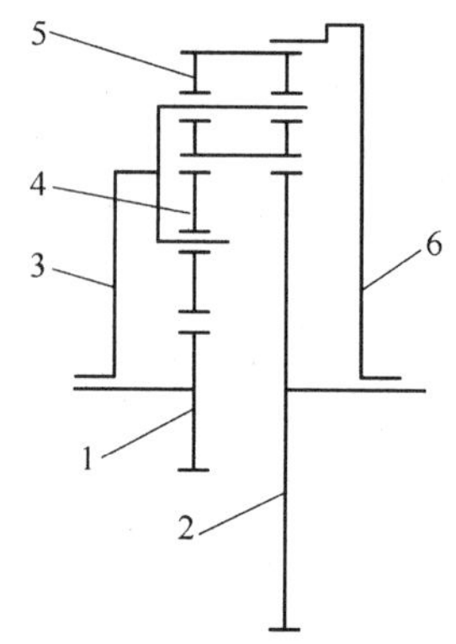

图2-17　拉维娜式行星齿轮机构
1—前太阳轮　2—后太阳轮　3—行星齿轮架　4—短行星轮　5—长行星轮　6—齿圈

架和齿圈。这种行星齿轮机构具有结构简单、尺寸小、传动比变化范围大、灵活多变等特点，自20世纪70年代开始应用于许多轿车自动变速器上，特别是前轮驱动式轿车的自动变速器。

3. 换档执行机构

自动变速器换档执行机构与普通手动变速器换档执行机构不同，自动变速器的离合器、制动器、单向离合器代替了普通手动变速器中的同步器，而且完全由电液系统实现自动控制。

（1）离合器　离合器的作用有两个，一是将行星齿轮机构中某一元件与输入部分相连，使该元件成为主动元件；二是将行星齿轮机构中任意两元件连锁为一体，使3个元件具有相同转速，这时行星齿轮机构作为一个刚性整体实现直接传动。

离合器主要由摩擦片、活塞、离合器鼓和缸体、回位弹簧等组成，如图2-18所示，此外还包括压板、密封圈等零件。

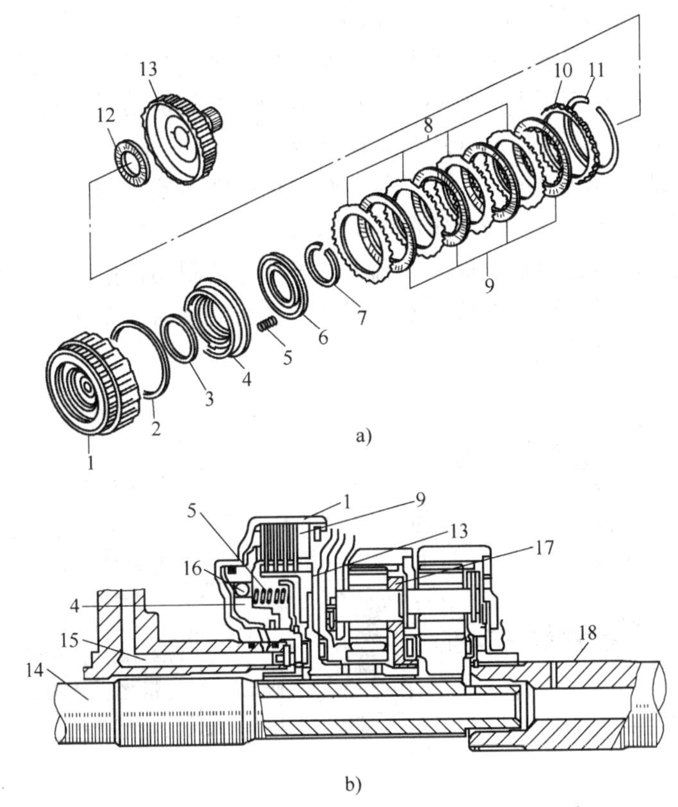

图2-18　离合器

a）离合器组成　b）离合器装配图

1—离合器鼓　2、3—密封圈　4—离合器活塞　5—回位弹簧　6—弹簧座　7、11—卡环　8—钢圈　9—摩擦片　10—挡圈　12—推力轴承　13—离合器鼓　14—行星齿轮变速器输入轴　15—油道　16—单向阀　17—前行星排行星架　18—行星齿轮变速器输出轴

摩擦片一般用纸质浸树脂材料做成，也有的用铜基烧结粉末冶金做成，形状为圆盘形，内圆带齿。摩擦片数目越多，摩擦力越大，一般自动变速器的离合器摩擦片的个数为3～5

个，其中低速档和倒档离合器摩擦片的个数较多。压板用特殊钢制成，形状为圆盘形，外圆带齿。压板与摩擦片配合成对，但也有部分车型在相邻摩擦片之间放多个压板来调整间隙。绝对不能在相邻压板之间放多个摩擦片。活塞用铝合金制成，表面镀有软金属，形状为环状圆柱形，四周加工出单向阀和弹簧座。离合器鼓和缸体一般由铸铁做成，内有液压缸体及相关油道，摩擦片与压板均装于离合器鼓内并用卡簧将压板限位。密封圈在活塞内、外圆各一个，密封圈常用的有 O 形及开口形密封圈，O 形密封圈安装无方向性，但开口形密封圈安装时，开口必须朝向缸体。回位弹簧可减轻活塞工作时的冲击，同时还可使活塞回位。

当需要离合器接合时，自动变速器液压控制系统将液压油通过离合器鼓进油道送到活塞后方，给活塞压力，同时液压油将单向阀关闭，活塞受力克服回位弹簧的弹力，逐渐将压板与摩擦片压紧产生摩擦力。离合器的接合过程要求平稳柔和。当离合器分离时，缸体内主要油压由原油道泄出，同时单向阀打开，帮助泄出残余油压，活塞在回位弹簧的作用下迅速回位，离合器摩擦片与压板分离。离合器的分离过程要求迅速彻底。

（2）制动器　制动器是将行星齿轮机构中某一元件与变速器壳体相连，使该元件受约束而固定的装置。制动器有盘式制动器和带式制动器两种，盘式制动器的结构和工作原理与离合器完全相同，只是在作用上有所不同。盘式制动器连接运动元件与变速器壳体，而离合器连接的是两个运动元件。下面只介绍带式制动器。

带式制动器的结构如图 2-19 所示，其主要组成部件包括：制动带、液压缸和顶杆等，制动鼓通常就是离合器的外壳。当液压油从活塞右端进入时，作用在活塞上的油压克服弹簧力及活塞左端的残余油压，活塞被推向左端，通过顶杆使制动带抱紧离合器的外壳，起制动作用；当需要解除制动时，液压油从活塞左端进入，而活塞的右端卸压，活塞在油压和弹簧力作用下迅速右移，制动带释放。

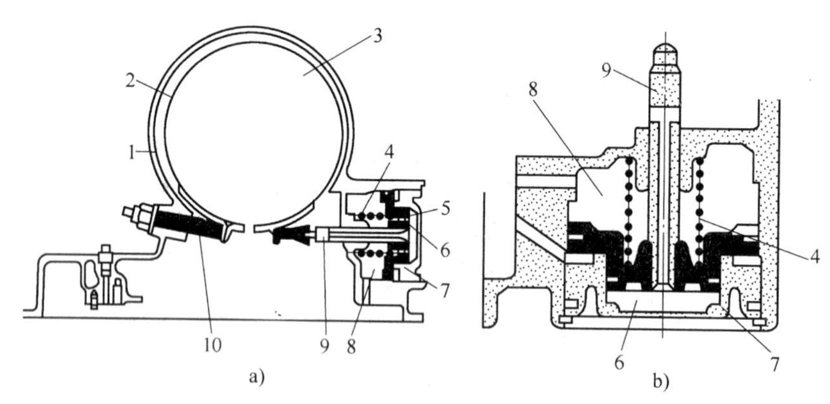

图 2-19　带式制动器

1—变速器壳体　2—制动带　3—制动鼓　4—回位弹簧　5—活塞　6—液压缸施压腔　7—液压缸端盖　8—液压缸释放腔　9—顶杆　10—调整螺钉

4. 辛普森式行星齿轮变速器的结构和工作原理

（1）辛普森式行星齿轮变速器的结构　辛普森式行星齿轮变速器的换档执行元件有 5 个：两个离合器、两个制动器、一个单向离合器。具有 3 个前进档和一个倒档的辛普森式行星齿轮变速器的布置如图 2-20 所示，各换档执行元件作用见表 2-2。

表 2-2 换档执行元件作用

换档执行元件	作用	换档执行元件	作用
前进档离合器 C_2	连接输入轴和前齿圈	2 档制动器 B_1	固定前后太阳轮组件
倒档及高速档离合器 C_1	用于连接输入轴和前后太阳轮组件	低速档及倒档制动器 B_2	固定后排行星架
		单向离合器 F_1	逆时针固定后行星齿轮架

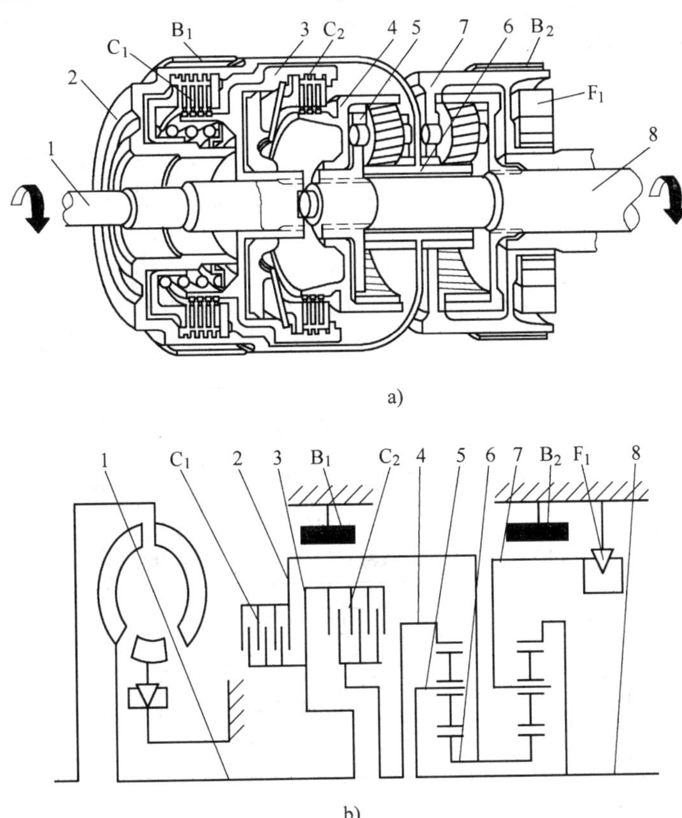

图 2-20 辛普森式三档行星齿轮变速器

a）结构图 b）结构示意图

1—输入轴 2—倒档及高速档离合器鼓 3—前进档离合器鼓和倒档及高速档离合器毂 4—前进档离合器毂和前齿圈 5—前行星齿轮架 6—前后太阳轮组件 7—后行星齿轮架和低速档及倒档制动器鼓 8—输出轴 C_1—倒档及高速档离合器 C_2—前进档离合器 B_1—2 档制动器 B_2—低速档及倒档制动器 F_1—低速档单向离合器

（2）辛普森式行星齿轮变速器的工作原理

1）1 档。D 位 1 档时，C_2 和 F_1 工作。输入轴通过 C_2 带动前齿圈顺时针转动，因前行星齿轮架和后齿圈与输出轴相连，所以在汽车起步前转速为 0（起步后转速也为一个确定的低值），因此前行星轮在前齿圈的驱动下一方面朝顺时针方向公转，带动前行星齿轮架顺时针转动，另一方面作顺时针方向的自转，并带动前后太阳轮组件逆时针转动。在后行星排中，由于和输出轴连接的后齿圈转速很低，后行星轮在后太阳轮驱动下顺时针自转时，对后行星齿轮架产生一个逆时针方向的力矩，而单向离合器 F_1 对后行星齿轮架在逆时针转动时具有锁止作用，因此后行星齿轮架固定不动，使后齿圈在后行星轮的驱使下顺时针转动，如图 2-21 所示。由此可知，D 位 1 档由输入轴传入的动力经前后行星排同时输出，其目的是防止在传递大的转矩时单排传力而出现过载损坏。

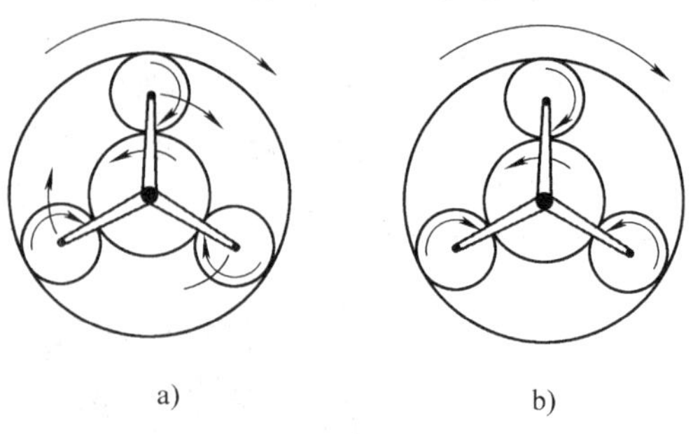

图 2-21　1 档时前后行星排的工作原理示意图
a）前星排　b）后行星排

1 档动力传递路线如图 2-22 所示。

1 档传动比的计算：

根据行星齿轮机构运动规律的特性方程式得：

$$n_{11}+a_1n_{12}-(1+a_1)n_{13}=0 \quad (\text{前行星排})$$
$$n_{21}+a_2n_{22}-(1+a_2)n_{23}=0 \quad (\text{后行星排})$$

式中，$n_{23}=0$；$n_{11}=n_{21}$；$n_{13}=n_{22}$。

经整理得 1 档传动比

$$i_1=n_{12}/n_{13}=(1+a_1+a_2)/a_1$$

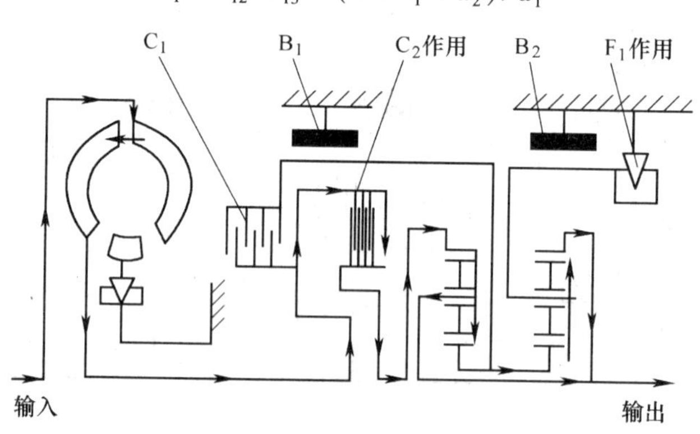

图 2-22　1 档动力传递路线

当汽车在 D 位 1 档工作时，若驾驶人突然松开加速踏板，汽车在惯性作用下仍以原车速前进，由于 F_1 对后行星齿轮架无顺时针锁止作用，后行星齿轮架在后行星轮的带动下顺时针自由转动。此时，无发动机制动，汽车相当于作空档滑行。

为了利用发动机制动，在 L 位 1 档时 C_2、B_2 工作，B_2 代替 F_1 使后行星齿轮架固定，这样可以反向传力，因此可以实现发动机制动。

2）2 档。C_2 和 B_1 工作。输入轴经 C_2 带动齿圈顺时针转动，因前后太阳轮组件被 B_1 制动而固定不动，所以带动前行星齿轮架顺转输出。此时后排处于自由状态，动力只经前排输出，前后行星排旋转方向如图 2-23 所示。

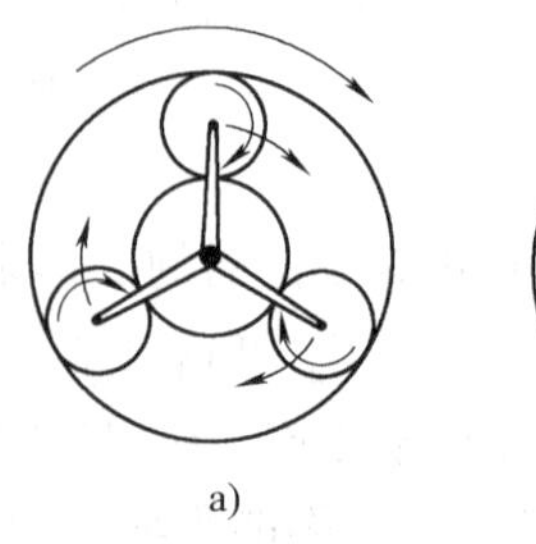

图 2-23　2 档时前后行星排的工作原理示意图
a）前行星排　b）后行星排

2 档动力传递路线如图 2-24 所示。

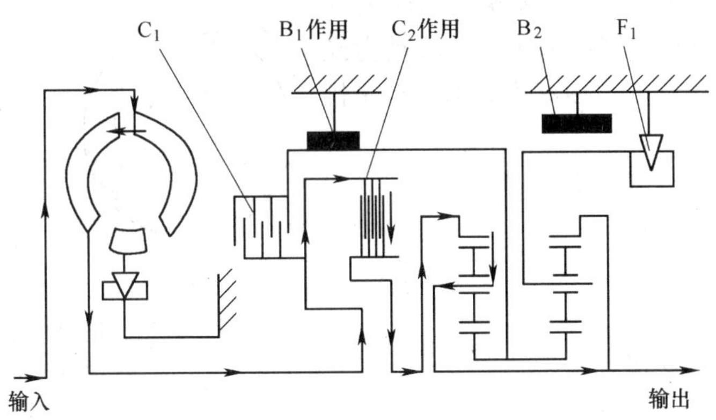

图 2-24　2 档动力传递路线

2 档传动比的计算：

$$n_{11} + a_1 n_{12} - (1 + a_1) n_{13} = 0 \quad （前行星排）$$

式中，$n_{11} = 0$。

经整理得 2 档传动比

$$i_2 = n_{12}/n_{13} = (1 + a_1)/a_1$$

在上述 2 档状态下，汽车滑行时驱动轮的反向力可经行星齿轮变速器传至发动机，即具有发动机制动作用。

3）3 档。C_1 和 C_2 工作。输入轴通过 C_1 和 C_2 将前齿圈和前后太阳轮组件连接为一个整体。由于这时前行星排中有两个基本元件互相连接，从而使前行星排固定地连成一体而同向旋转，输入轴的动力通过前行星排直接传给输出轴，其传动比 i_3 等于 1，即为直接档，前后行星排旋转方向如图 2-25 所示。

在 3 档状态下的行星齿轮变速器具有反向传递动力的能力，当汽车滑行时能实现发动机制动。

3 档动力传递路线如图 2-26 所示。

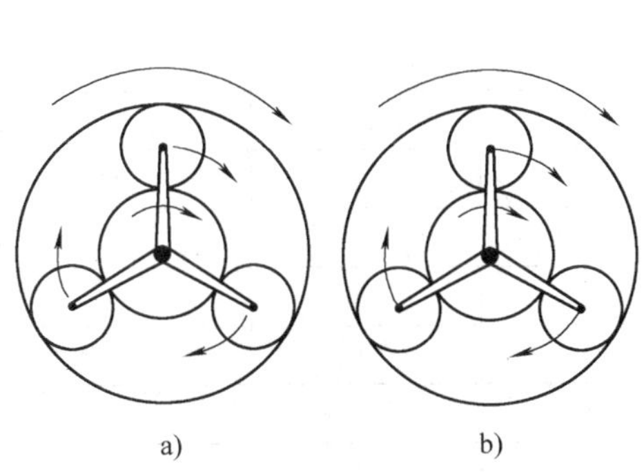

图 2-25　3 档时前后行星排的工作原理示意图
a）前行星排　b）后行星排

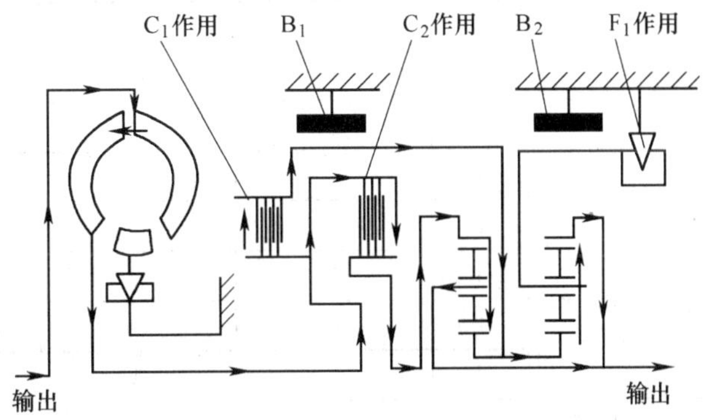

图 2-26　3 档动力传递路线

4）倒档。C_1 和 B_2 工作。输入轴经 C_1 带动前后太阳轮组件顺时针转动，在后排中因 B_2 将后行星齿轮架制动，后行星齿轮架的转速为0，从而带动齿圈逆时针转动输出。此时动力经后排输出，前行星排处于自由状态，前后行星排旋转方向如图2-27所示。

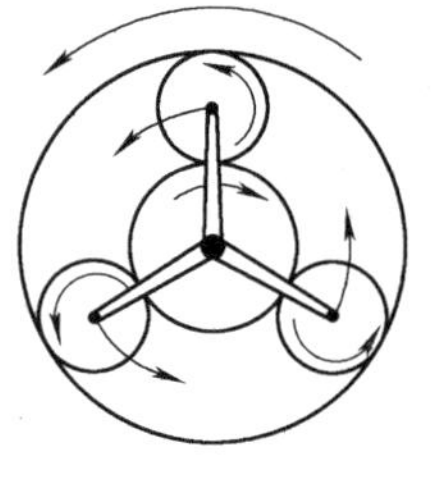

a)

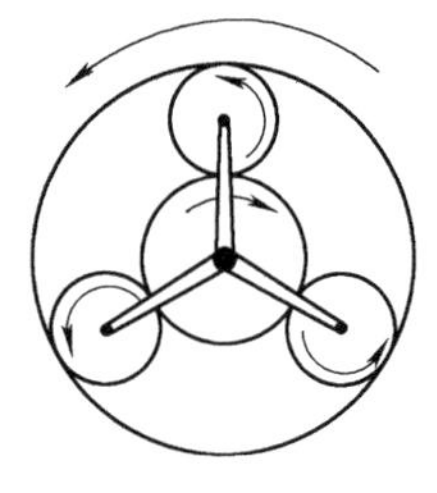

b)

图2-27　倒档时前后行星排的工作原理示意图
a）前行星排　b）后行星排

倒档动力传递路线如图2-28所示。

倒档传动比的计算：

$$n_{21}+a_2n_{22}-(1+a_2)n_{23}=0 \quad（后行星排）$$

式中，$n_{23}=0$。

经整理得3档传动比

$$i_3=n_{12}/n_{13}=-a_2$$

5）空档。离合器、制动器都不工作，液力变矩器的动力不能传至行星齿轮变速器，变速器为空档。

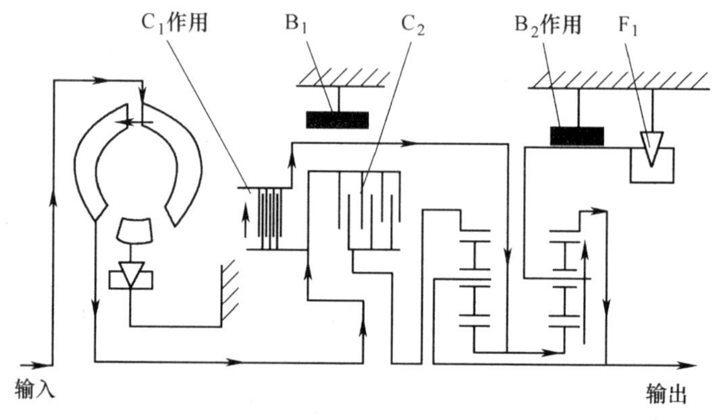

图2-28　倒档动力传递路线

辛普森式行星齿轮自动变速器各档工作情况见表2-3。

表2-3　辛普森式行星齿轮自动变速器各档工作情况

执行机构 / 档位		C_1	C_2	B_1	B_2	F_1
R		○			○	
	1		○			○
	2		○	○		
	3	○	○			
或	1		○			○
	2		○	○		
L(或1)			○		○	

注：○表示执行机构作用。

5. 辛普森式四档行星齿轮自动变速器

辛普森式四档行星齿轮变速器是在辛普森式三档变速器的基础上发展起来的，它有两种类型：一种是在辛普森式三档变速器原有的双排行星齿轮机构的基础上再增加一个单排行星齿轮机构；另一种是对辛普森式双排行星齿轮机构进行改进，通过改变前后行星排各基本元件的组合方式和增加换档执行元件，而成为四档行星齿轮变速器。

图 2-29 所示的自动变速器为 3 行星排辛普森式四档行星齿轮自动变速器，它在辛普森式三档行星齿轮变速器的基础上，通过增加一个单排行星齿轮机构和相应的换档执行元件来产生超速档。这个增加的单排行星齿轮机构称为超速行星排，其行星架是主动件，与变速器输入轴连接；齿圈则作为从动件，与后面的双排辛普森行星齿轮机构连接。另外，还增加了控制超速行星排工作的直接离合器 C_0 和超速制动器 B_0；为了改善换档性能，还增设了直接单向离合器 F_0、2 档制动器 B_2 和 2 档单向离合器 F_2。直接离合器 C_0 用于连接超速行星排的太阳轮和行星架，制动器 B_0 用于固定超速行星排的太阳轮。

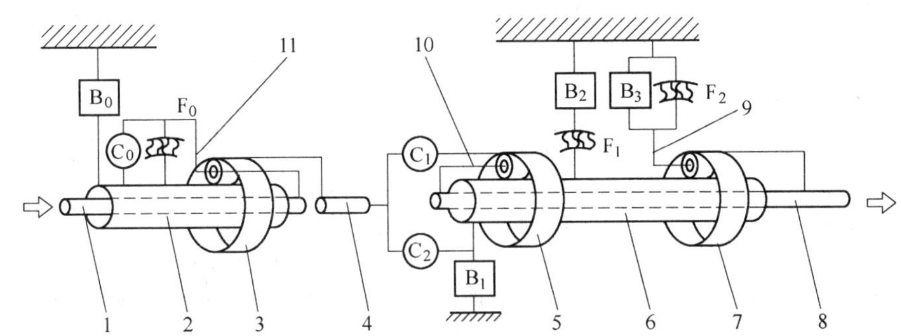

图 2-29　丰田 A340E 自动变速器的结构示意图

1—超速输入轴　2—超速太阳齿轮　3—超速行星齿圈　4—中间轴　5—前行星齿圈　6—太阳齿轮　7—后行星齿圈　8—输出轴　9—后行星架　10—前行星架　11—超速行星架　C_0—超速离合器　B_0—超速制动　F_0—单向离合器　C_1—前进离合器　C_2—直接离合器　B_1—2 档滑行制动带　B_2—2 档制动器　B_3—低速档、倒档制动器　F_1—1 号单向离合器　F_2—2 号单向离合器

新增的制动器 B_2 和单向离合器 F_2 的作用：一是使 2 档与 3 档的换档过程更加平顺，并防止 2 档与 3 档的换档时发生干涉；二是在二档有两种状态，即当制动器 B_2 作用时，有发动机制动，当单向离合器 F_2 作用时，无发动机制动。

各换档执行元件在不同档位的工作情况见表 2-4。

表 2-4　换档执行元件在不同档位的工作情况

档位 \ 执行机构		C_0	F_0	B_0	C_1	C_2	B_1	B_2	B_3	F_1	F_2
R		○	○		○				○		
D1	1	○	○			○					○
	2	○	○			○		○		○	
	3	○	○		○	○		●			
	4			○	○	○		●			
2(S)	1	○	○			○					○
	2	○	○			○	○	●			
L(1)		○	○			○			○		

注：○表示执行机构作用；●表示执行机构作用但不影响该档位工作。

6. 拉维娜式行星齿轮自动变速器的结构和工作原理

（1）拉维娜式行星齿轮变速器的结构　拉维娜式行星齿轮变速器如图 2-30 所示。该变速器的换档执行元件有 5 个，包括前进离合器 C_1、倒档及直接档离合器 C_2、2 档制动器 B_1、低速档及倒档制动器 B_2 和 1 档单向离合器 F_1。各换档执行元件功能见表 2-5。

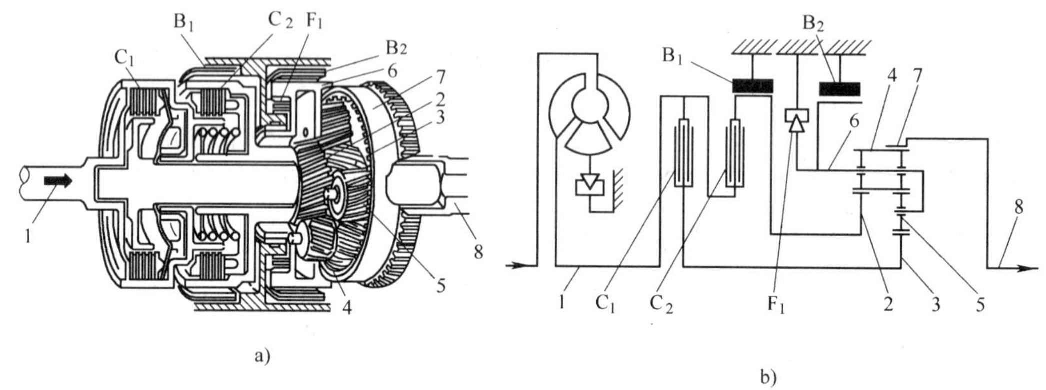

图 2-30　拉维娜式三档行星齿轮变速器

a）结构图　b）示意图

1—输入轴　2—大太阳轮　3—小太阳轮　4—长行星轮　5—短行星轮　6—行星架　7—齿圈　8—输出轴

C_1—前进离合器　C_2—倒档及直接档离合器　B_1—2 档制动器　B_2—低速档及倒档制动器

F_1—1 档单向离合器

表 2-5　拉维娜行星齿轮机构执行器元件功能

零部件名称		功　能
C_1	前进档离合器	离合器 C_1 与小太阳轮连接，在所有的前进档都参加工作
C_2	直接档离合器	离合器 C_2 与大太阳轮连接，在 R 位和 3 档参加工作
B_1	2 档制动器	制动器 B_1 用于在 2 档时固定大太阳轮
B_2	低速、倒档制动器	制动器 B_2 用于固定行星架，在低速档和倒档参加工作
F_1	1 档单向离合器	单向离合器 F_1 档时阻止行星架逆时针转动

（2）拉维娜式行星齿轮变速器档位分析

1）1 档工作过程。

①D 位 1 档。当变速杆处于 D 位起步时，前进档离合器 C_1 接合，液力变矩器的涡轮经过 C_1 驱动小太阳轮顺时针转动，在小太阳轮的驱动下，短行星轮和长行星轮分别逆时针和顺时针转动。此时单向离合器 F_1 将行星架固定，长行星轮的顺时针转动便驱动齿圈转动，并将动力输出。

在车辆滑行时，小太阳轮因为离合器 C_1 与输入轴的连接，其转速仍然是发动机怠速转速，与输出轴连接的齿圈被驱动车轮带动顺时针转动，使行星架顺时针转动。此时，单向离合器的内外圈脱开，不能将动力传给小太阳轮，因此，没有发动机制动。

②1 档（有发动机制动）。当变速杆处于 1 档时，与单向离合器 F_1 并联的制动器 B_2 处于工作状态，由于制动器 B_2 固定了行星架，车辆前进时行星齿轮组的动作与没有发动机的 1 档完全相同。车辆滑行时，输出轴通过长短行星齿轮驱动小太阳轮顺时针加速转动，动力

通过离合器 C_1 反向传至发动机端，实现了发动机制动。

2）2 档工作过程。2 档时工作的执行元件是前进档离合器 C_1 和 2 档制动器 B_1。动力通过前进档离合器 C_1 传给小太阳轮，小太阳轮驱动短行星轮逆时针转动、长行星轮顺时针转动。由于 2 档制动器固定了大太阳轮，长行星轮顺时针滚动并驱动齿圈顺时针转动输出动力。

由于在 2 档没有使用单向离合器，大太阳轮被双向固定，在车辆滑行时，与输出轴连接的齿圈通过长、短行星轮驱动小太阳轮顺时针加速转动，实现发动机制动。

3）3 档工作情况。3 档时工作的执行元件是前进挡离合器 C_1 和直接档离合器 C_2。如果两个离合器同时工作，将动力从大、小太阳轮同时输入，由于大、小太阳轮连接成整体，整个行星齿轮组一起转动，输出轴的转速与输入轴完全一致，传动比等于 1，此时为直接档。由于没有使用单向离合器，3 档也具有发动机制动效果。

4）R 档工作情况。R 档时工作的执行元件是直接档离合器 C_2 和低速、倒档制动器 B_2。通过直接档离合器 C_2 将动力输入大太阳轮，低速、倒档制动器 B_2 固定行星架，大太阳轮顺时针转动，驱动长行星轮逆时针转动，齿圈被驱动逆时针转动输出动力，使车辆倒驶。倒档也没有单向离合器工作，因此，在倒档时也有发动机制动。

拉维娜行星齿轮变速器换档执行元件的工作情况见表 2-6。

表 2-6　拉维娜行星齿轮变速器换档执行元件的工作情况

变速杆位置	档位	换档执行元件				
		前进档离合器 C_1	直接档离合器 C_2	2 档制动器 B_1	低速、倒档制动器 B_2	1 档向离合器 F_1
	1	○				○
	2	○		○		
	3	○	○			
低速档	1	○			○	
	2	○		○		
R	倒档		○		○	

注：○表示执行元件作用。

7. 拉维娜式 5 档行星齿轮自动变速器

为了提高汽车动力性和经济型，可在基本的拉维娜行星齿轮变速器基础上增加一个行星排，使前进档位增加。下面以大众汽车公司 01V 型五档手/自一体自动变速器为例进行介绍。

大众汽车公司 01V 型五档手/自一体自动变速器配备在奥迪 A6、A4 和帕萨特 B5 等车型上。变矩器装有锁止离合器，在 3 档、4 档或 5 档时，锁止离合器根据载荷和速度以特别小的振动接合，使档位处于刚性工作状态（即不打滑），提高了汽车动力性和经济型。

（1）大众汽车公司 01V 型五档手/自一体自动变速器结构简介　01V 型自动变速器的行星齿轮机构由一个拉维娜式主行星齿轮组和一个次行星齿轮组（单行星轮系行星齿轮机构）组合而成，包括小太阳轮、大太阳轮、共用内齿圈、前行星架、后太阳轮和后行星架（最终输出端）。换档执行元件包括 4 个片式离合器 A、B、E、F 及 3 个片式制动器 C、D、G 和 1 个单向离合器 F_f。其机构简图如图 2-31 所示。

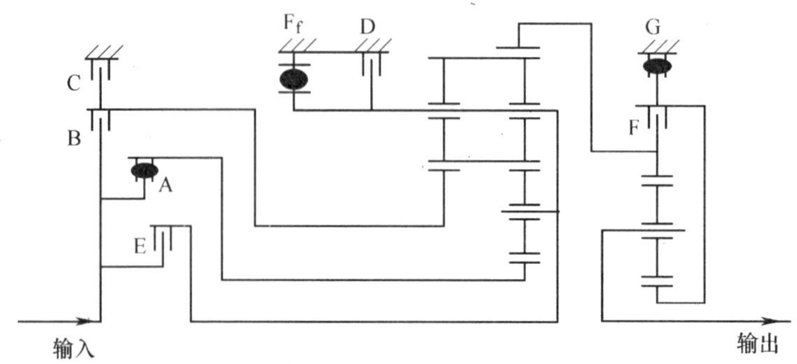

图 2-31　01V 型自动变速器齿轮变速传动机构简图

01V 型自动变速器各换档执行元件的作用见表 2-7。

表 2-7　01V 型自动变速器各换档执行元件的作用

换档执行元件	作　用	换档执行元件	作　用
离合器 A	驱动小太阳齿轮	离合器 E	驱动前行星架
离合器 B	驱动大太阳齿轮	离合器 F	驱动后排中心齿轮
制动器 C	固定小行星齿轮	制动器 G	固定后排星齿轮
制动器 D	固定前行星架	单向离合器 F_f	单向固定前行星架

（2）动力传递路线　D 位 1 档动力传递路线如图 2-32 所示。

主行星齿轮组：离合器 A 工作，驱动大太阳轮（后排太阳轮）；单向离合器 F_f 锁止，单向固定前行星架，则齿圈同向减速输出。

次行星齿轮组：动力由齿圈输入；制动器 G 工作，固定后接太阳轮（太阳轮），则后接行星架同向减速输出。

在 D 位 1 档，因单向离合器 F_f 锁止是动力传递不可缺少的条件，故没有发动机制动。在 2 位 1 档，制动器 D 工作，将行星架双向固定，故有发动机制动。

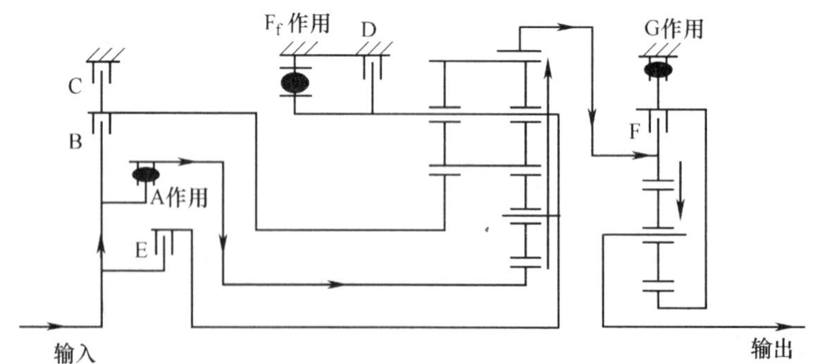

图 2-32　01V 型自动变速器 D 位 1 档动力传递路线

根据换档执行元件工作情况表，用同样的方法自己分析其余各档的动力传动情况。各换档执行元件的工作情况见表 2-8。

表 2-8 换档执行元件的工作情况

换档执行元件 / 变速杆位置	离合器				制动器			单向离合器
	A	B	E	F	C	D	G	F_f
R		○				○	○	
N							○	
D 位,1 档	○						○	○
D 位,2 档	○				○		○	
D 位,3 档	○			○	○			
D 位,4 档	○		○	○				
D 位,5 档			○	○	○			
2 位,1 档	○					○	○	○
D 位,5 档到 4 档	●		○	○	●			

注：○表示元件起作用；●表示根据行驶状态起作用。

8. 液压控制系统

液压控制系统是电控液力自动变速器的重要组成部分。液压控制系统的主要作用是：提供具有一定压力和流量的工作油液，改善工作油液品质，保证自动变速器润滑。

自动变速器的液压控制系统由以下几部分组成：

1）油压提供和限制部分。自动变速器内的零件在液压力的作用下才能有效地工作，为自动变速器提供所需油压的部件是油泵，油泵由变矩器壳驱动，其转速与发动机转速相同。为防止油压过高，设有限制油压的限压阀，以控制系统中的最高压力。

2）油压调节部分。自动变速器在不同工况下工作时，同一部位需要的油压是不同的。另外，在同一工况下工作，不同部位需要的油压也是不同的，因此在液压控制系统中有大量的压力调节阀对油压进行调节以满足使用要求。

3）连动控制部分。驾驶人可以通过改变变速杆、加速踏板的位置或改变一些开关的位置来实现对自动变速器的人为控制，当然这种控制最终通过油压的变化来实现。

4）换档控制和变矩器锁止控制部分。这两个部分是液压控制系统的核心，通过换档阀和锁止阀位置的移动来实现档位的变换和变矩器锁止离合器的控制。

5）其他部分。为配合上述几部分的工作，液压控制系统中还有一些起辅助作用的元件，如液压油散热器、蓄压器等。

（1）油泵　油泵是自动变速器最重要的总成，其技术状况的好坏对自动变速器的使用性能及使用寿命有很大影响。它通常安装在液力变矩器的后方，由变矩器壳后端的轴套驱动。在发动机运转时，不论汽车是否行驶，油泵都在运转。常见的油泵有内啮合齿轮泵、摆线转子泵、叶片泵。

图 2-33 所示为内啮合齿轮泵。内啮合齿轮泵是自动变速器中应用最多的一种油泵，它具有结构紧凑、尺寸小、质量小、自吸能力强、流量波动小、噪声低等特点。内啮合齿轮泵由主动齿轮、从动齿轮、月牙形隔板、泵壳、泵盖等组成。主动齿轮由变矩器壳体后端轴套驱动，月牙形隔板的作用是将工作腔分隔为吸油腔和压油腔，泵壳上有进油口和排油口。发动机运转时，小齿轮带动内齿轮如图中顺时针方向旋转。在吸油腔，因齿轮不断退出啮合，容积增大，形成真空吸油；在压油腔，因齿轮不断进入啮合，容积减小，将液压油压出。

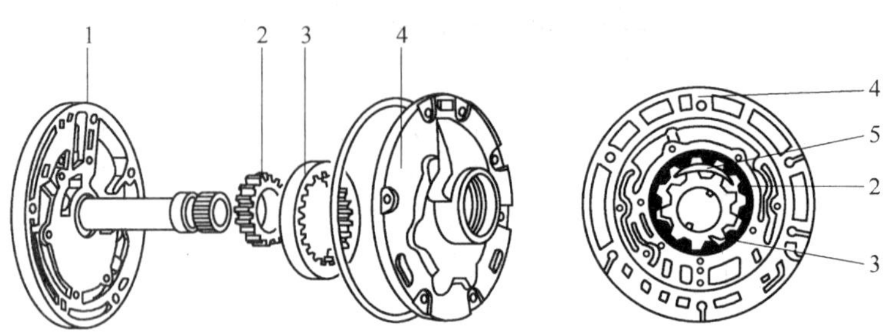

图 2-33　内啮合齿轮泵

1—泵盖　2—主动齿轮　3—从动齿轮　4—泵体　5—月牙形隔板

（2）调压装置　调压装置是液压控制系统中很重要的液压元件，可将油泵泵出的油压稳定在一定的范围之内（通常 0.5～1MPa），以供液压系统在各档位工作时使用。常用的调压装置都采用阶梯式滑阀，有的自动变速器采用导轮反作用力矩调压机构。

图 2-34 所示为阶梯式滑阀调压装置，主要由主阀芯，调压柱塞、调压弹簧、弹簧座、套筒等组成。

阶梯式滑阀调压装置可通过控制泄油孔 10 的开度控制主油道油压的大小，而泄油孔 10 的开度由主阀芯 1 的位置来决定，当主阀芯所受的向上和向下的作用力平衡时，泄油口的开度一定，调节出的主油路油压稳定。

反馈油路 3 的油压来自压力校正阀，当车速较高时，来自压力校正阀的油压较高，通过反馈油路 3 作用在主阀芯 1 的上部，使泄油孔 10 的开度变大，主油路油压下降；反之，当车速较低时，主油路油压上升。当发动机转速上升时，来自节气门阀的反馈油压上升，通过油路 5 作用在调压柱塞底部，使泄油孔 10 的开度变小，主油路油压上升。当变速杆处于 R 位时，来自手控阀的油压通过反馈油路 4 作用在调压柱塞的环形油腔内，使泄油孔 10 的开度变小，主油路油压上升。另外，主油路油压还可以通过油腔 B、油路 11 送到液力变矩器。调压弹簧的弹力始终让泄油孔 10 的开度变小，增大油压。综上所述，阶梯式滑阀调压装置的调压特点如下：

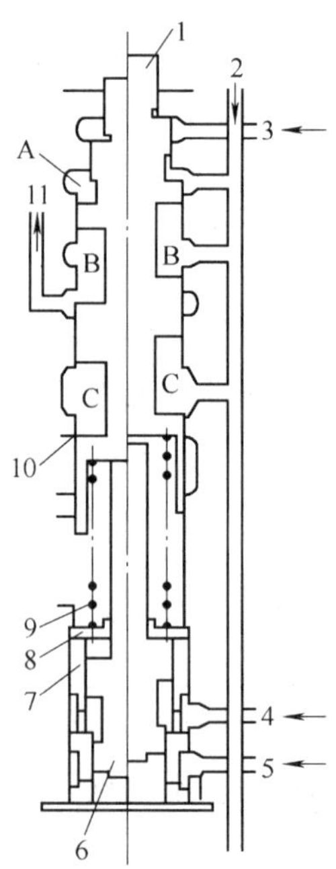

图 2-34　阶梯式滑阀调压装置

1—主阀芯　2—主油路　3—来自压力校正阀的反馈油路　4—来自手动控制阀的倒档反馈油路　5—来自节气门阀的油路　6—调压柱塞　7—套筒　8—弹簧座　9—调压弹簧　10—泄油孔　11—至液力变矩器的油路　A、B、C—油腔

1）当车速较高时，主油路油压较低；反之，主油路油压较高。

2）当发动机转速较高时，主油路油压较高；反之，主油路油压较低。

3）倒档油压比前进档油压高。

4）调压弹簧弹簧力越大，主油路油压越高。

（3）手动控制阀　手动控制阀又称选档阀，它是一种手动控制的多路换向阀，位于控制系统的阀板总成中，经机械传动机构和自动变速器的变速杆相连，由驾驶人手动操作。变速杆处于不同位置时，手动控制阀也随之移至相应的位置，使进入手动控制阀的主油路油压与不同的控制油路接通，或直接将主油路液压油送入不同的控制油路。

图 2-35 所示为典型手动控制阀的结构和工作原理简图。手动控制阀由几段直径相同的阀芯组成，控制阀体上不同油道的开通和关闭，手动控制阀所处的位置与变速杆的位置相同，手动控制阀的进油口与主油路调压阀相通，出油口与各换档阀、顺序动作阀等相通。

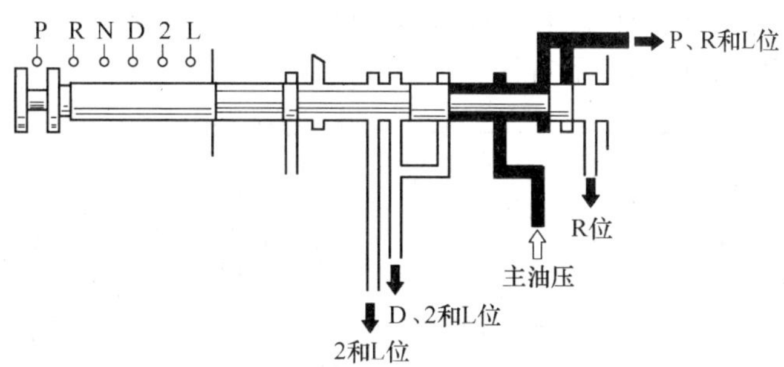

图 2-35　典型手动控制阀的结构和工作原理简图

（4）换档控制阀　换档控制阀（简称换档阀）是一个 2 位换向阀，它根据发动机负荷（节气门开度）或车速的变化自动控制档位的升降，使自动变速器处于最适合汽车行驶状态的档位上。自动变速器都有一个或几个换档控制阀，其数目根据变速器前进档位数而定。

电控液力自动变速器换档阀的工作完全由换档电磁阀控制。控制方式有两种：一种是泄压控制，即通过开启或关闭换档阀控制油路的泄油孔来控制换档阀的工作；另一种是加压控制，即通过开启或关闭换档阀控制油路的进油孔来控制换档阀的工作。泄压控制的工作原理如图 2-36a 所示，当换档电磁阀不通电时，油阀关闭，主油路油压经节流孔后加在换档控制阀的右侧，于是柱塞左移，主油路与高档油路接通，此时为高档状态；当换档电磁阀通电时，油阀打开，主油路油压经节流孔后，再经油阀泄压，柱塞右侧压力下降，柱塞右移，主油路与低档油路接通，此时为低档状态。

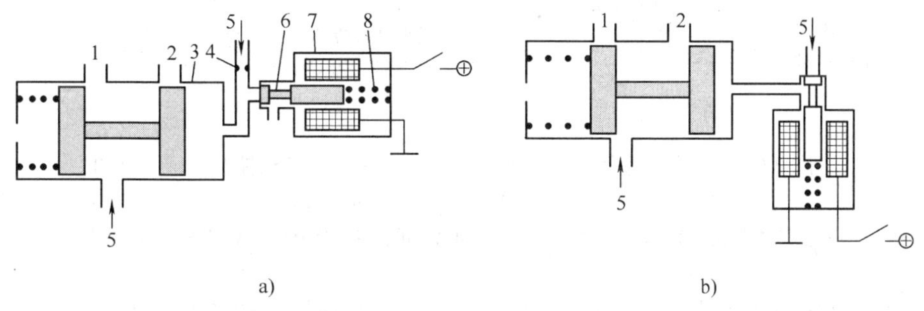

图 2-36　换档控制阀和换档电磁阀

a）泄压控制　b）加压控制

1—高档油路　2—低档油路　3—换档控制阀　4—节流孔　5—主油路

6—油阀　7—换档电磁阀　8—弹簧

加压控制的工作原理如图2-36b所示，当换档电磁阀不通电时，油阀关闭，柱塞在弹簧弹力作用下右移，主油路与低档油路接通，此时为低档状态；当换档电磁阀通电时，油阀打开，主油路油压进入柱塞右侧，柱塞左移，主油路与高档油路接通，此时为高档状态。

有4个前进档的自动变速器通常有3个换档阀（分别为1~2换档阀、2~3换档阀和3~4换档阀）。目前大部分电控液力自动变速器采用由两个电磁阀控制3个换档阀的控制方式。这种换档控制的工作原理如图2-37所示。它采用了泄压控制的方式。由图可知，1~2换档阀和3~4换档阀共同由电磁阀A控制，2~3换档阀则由电磁阀B单独控制。电磁阀不通电时，关闭泄油孔，来自手动控制阀的主油路液压油通过节流孔之后作用在各换档阀右端，使阀芯克服左端弹簧弹力而左移。电磁阀通电时，泄油孔开启，换档阀右端液压油被泄空，阀芯在左端弹簧弹力的作用下右移。

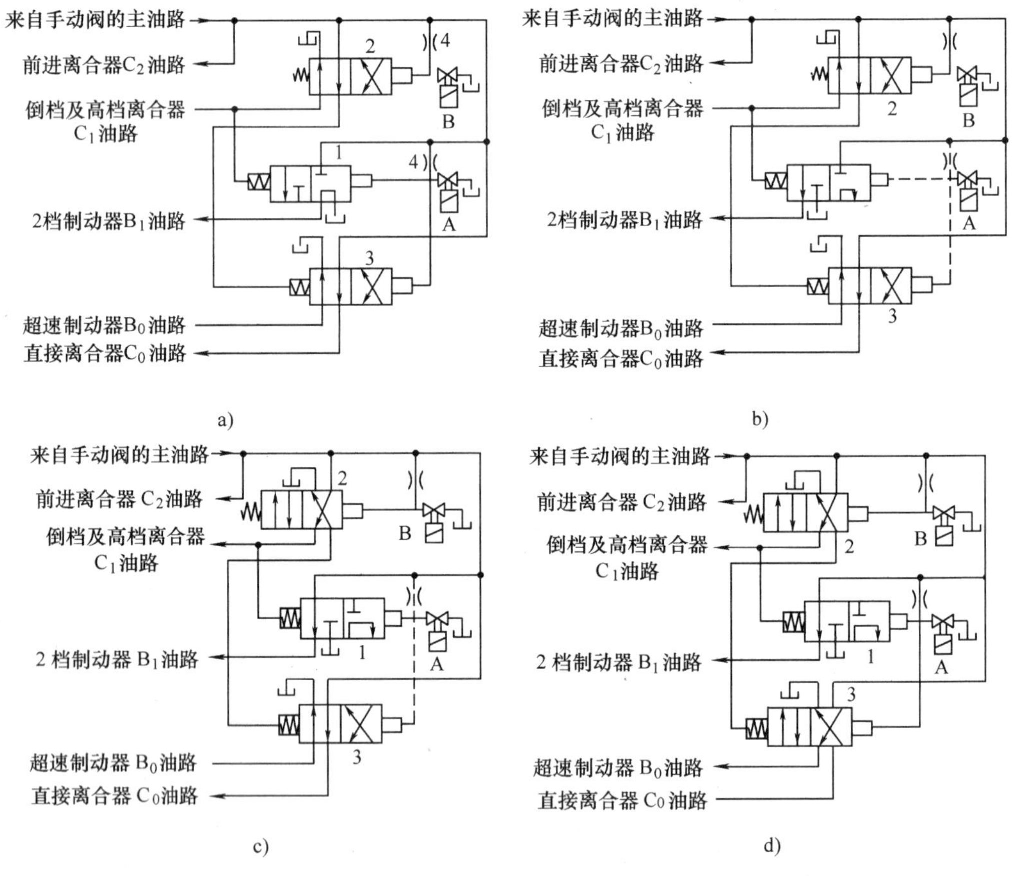

图2-37　有4个前进档的电控液力自动变速器D位换档控制原理示意图

a) 1档　b) 2档　c) 3档　d) 4档

1—1~2换档阀　2—2~3换档阀　3—3~4换档阀　4—节流孔　A、B—换档电磁阀

1档时，电磁阀A断电、电磁阀B通电，2~3换档阀阀芯在弹簧弹力作用下右移；1~2换档阀阀芯在控制油压作用下左移；主油路油压作用在3~4换档阀左端，3~4换档阀锁止在右端位置。于是前进离合器C_2和直接离合器C_0油路接通。

2档时，电磁阀A和B同时通电，1~2换档阀右端油压下降，阀芯右移；3~4换档阀锁止在右端位置。于是前进离合器 C_2、直接离合器 C_0 和 2 档制动器 B_1 油路接通。

3 档时，电磁阀 A 通电、电磁阀 B 断电，2 ~3 换档阀右端油压上升，阀芯左移；同时，主油路油压作用在 1 ~2 换档阀左端，并使 3 ~4 换档阀左端控制压力泄空，3 ~4 换档阀锁止在右端位置。于是 C_2、C_1、B_1 和 C_0 油路接通。

4 档时，电磁阀 A 和 B 均断电，3 ~4 换档阀右端控制压力上升，阀芯左移。1 ~2 换档阀左端作用着主油路油压，虽然右端有控制压力，阀芯仍保持在右端而不能左移。于是 C_2、C_1、B_1 和 B_0 油路接通。

（5）蓄能器　蓄能器又称蓄压器或储能器。其作用是使换档执行元件的接合更为柔和，使换档平稳、无冲击。自动变速器控制系统中采用的一般是弹簧式蓄能器，它由缸筒、活塞和弹簧组成，如图 2-38 所示。当弹簧 3 被压缩时，储存能量，而当弹簧伸长时，释放能量。在换档时，来自换档阀的主油路压力油液经油道 b 进入制动器液压缸的工作侧（无弹簧的一侧），推动液压活塞，使带式制动器夹紧，同时主油路压力油液也进入蓄能器有弹簧一侧的油室。由进油口流入的主油路压力油液有一部分流入蓄能器的下方油室，去充填因活塞上移而空出的容积，结果使流入制动器液压缸工作侧的压力油液减少。所以蓄能器使制动器接合平稳，时机合适，从而减小了接合冲击。

（6）单向节流阀　单向节流阀布置在换档阀至换档执行元件之间的油路中，作用是对流向换档执行元件的液压油产生节流作用，在换档执行元件接合时延缓油压增大的速率，以减小换档冲击。在换档执行元件分离时，单向节流阀对换档执行元件的泄油不产生节流作用，以加快泄油过程，使换档执行元件迅速分离。单向节流阀有两种型式：一种是弹簧节流阀式，如图 2-39a 所示；另一种是球阀节流孔式，如图 2-39b 所示。

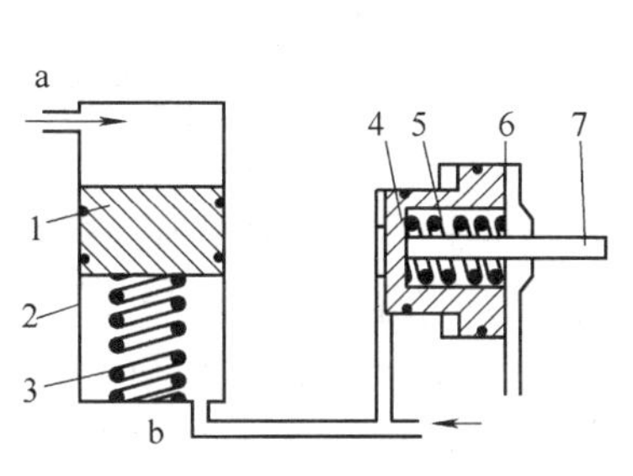

图 2-38　蓄能器

1—蓄能器活塞　2—油缸　3—弹簧　4—制动器液压活塞　5—弹簧　6—制动器液压缸　7—推杆　a—来自油泵的主油路压力油液进油道　b—来自换档阀的主油路压力油液进油道

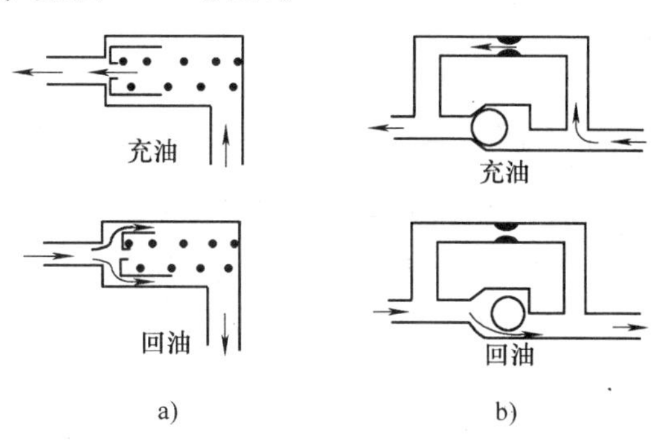

图 2-39　单向节流阀

a）弹簧节流阀式　b）球阀节流孔式

9. 电子控制系统

自动变速器的电子控制系统由各种传感器、执行器、控制开关及电子控制单元等组成，传感器将测得的发动机转速、节气门开度、汽车车速、自动变速器油温等运行参数信号传送到电子控制单元，控制单元通过分析运算，根据各个控制开关送来的操作指令和预先设定的控制程序，向换档电磁阀、油压电磁阀、锁止电磁阀等执行元件发出指令信号，以操纵阀板中各个控制阀的工作，实现变速器的自动换档。电子控制系统的控制原理如图 2-40 所示。

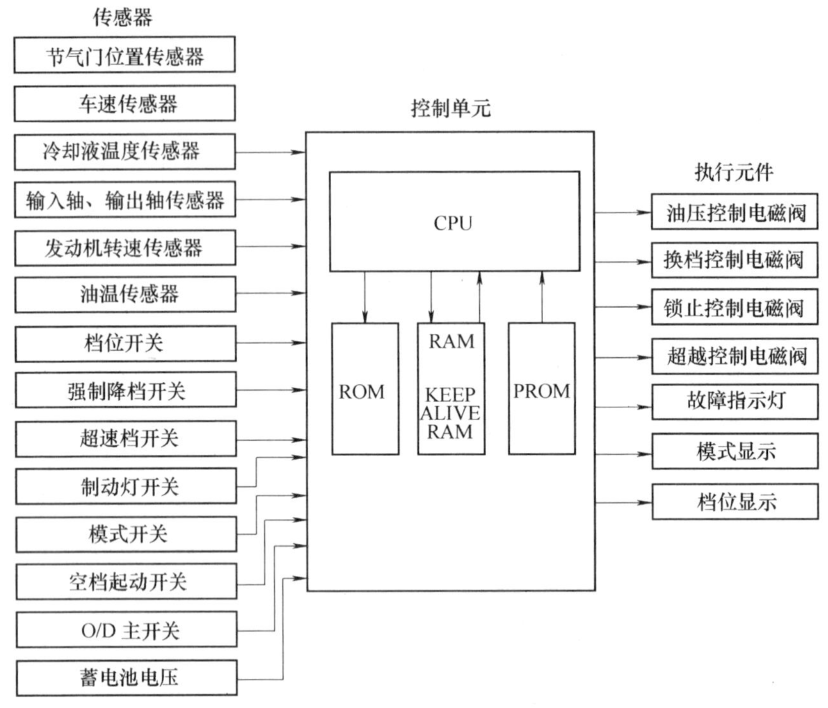

图 2-40　电子控制系统的控制原理

（1）传感器　目前自动变速器常用的传感器有节气门位置传感器、车速传感器及油温传感器。自动变速器中除了包括上述传感器以外，还与发动机上的传感器有密切关系。

1）节气门位置传感器。节气门位置传感器主要作用是将发动机节气门开度的变化转变为电信号输入电子控制单元，电子控制单元根据这一信号对液压系统的油压及自动换档系统进行控制。常见的节气门位置传感器采用线性可变电阻，如图 2-41 所示，由一个线性电位计和一个怠速开关组成，节气门轴带动线性电位计及怠速开关的滑动触点。当节气门轴转动时，电位计所控制的线性电阻值发生变化，所对应的电位也发生变化，变化的电位信号输送给电子控制单元。当节气门关闭时，怠速触点开关闭合，将怠速信号输送给电子控制单元。

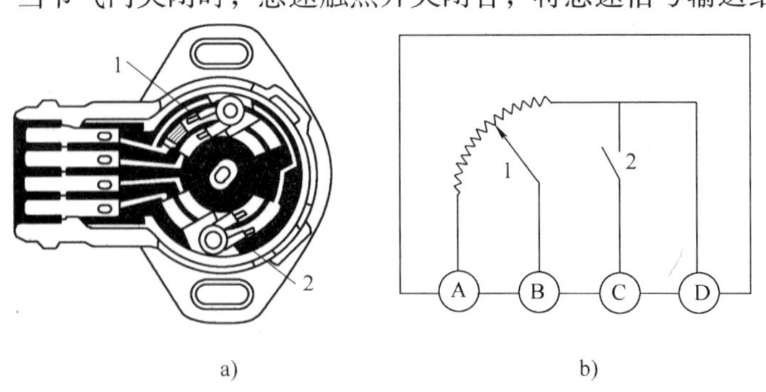

图 2-41　节气门位置传感

a）结构　b）电路

1—怠速开关滑动触点　2—线性电位计滑动触点　A—基准电压

B—节气门开度信号　C—怠速信号　D—搭铁

2）车速传感器。目前车速传感器常采用电磁感应式传感器，主要由永久磁铁和电磁感应线圈组成，如图2-42所示，变速器输出轴上的停车锁止齿轮充当感应转子。当输出轴转动时，感应转子的凸齿不断靠近或离开车速传感器，使感应线圈内的磁通量发生变化，从而产生交流感应电压，如图2-43所示。车速越高，输出轴的转速也越高，感应电压的脉冲频率也越大。电子控制单元根据感应电压脉冲频率的大小计算车速。

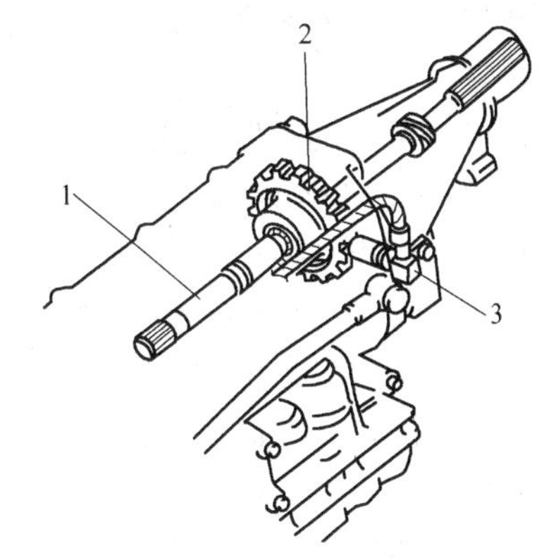

图2-42　自动变速器车速传感器安装位置
1—变速器输出轴　2—停车锁止齿轮（感应转子）　3—车速传感器

3）油温传感器。油温传感器主要由一个具有负温度系数的可变电阻组成，如图2-44所示，当液压油温度变化时，电阻发生变化，产生的电信号发生变化，电子控制单元根据变化的电信号可测出液压油的温度。

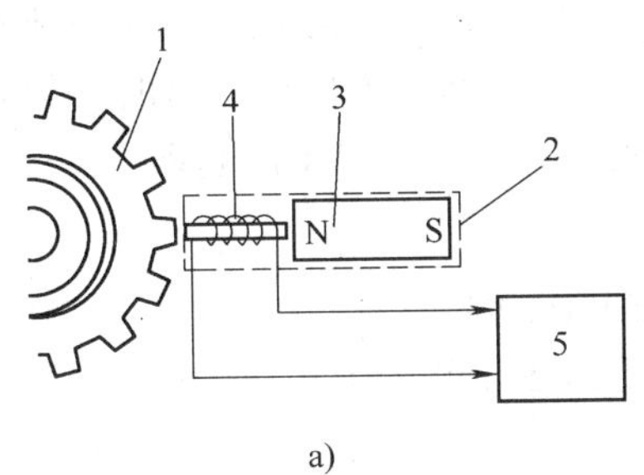

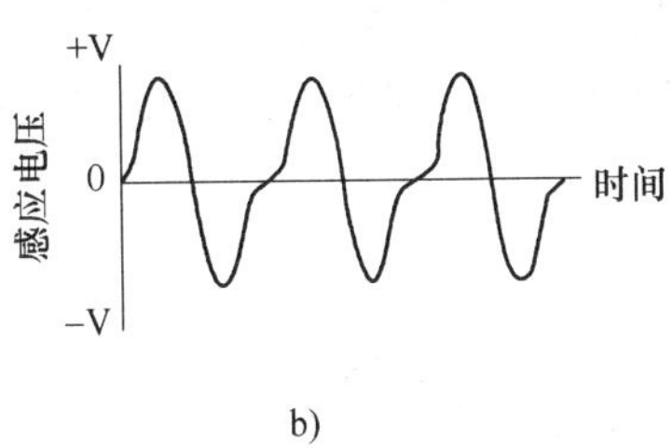

图2-43　车速传感器
a）结构　b）感应电压曲线图
1—电子控制单元　2—车速传感器　3—永久磁铁　4—感应线圈及铁心　5—感应转子

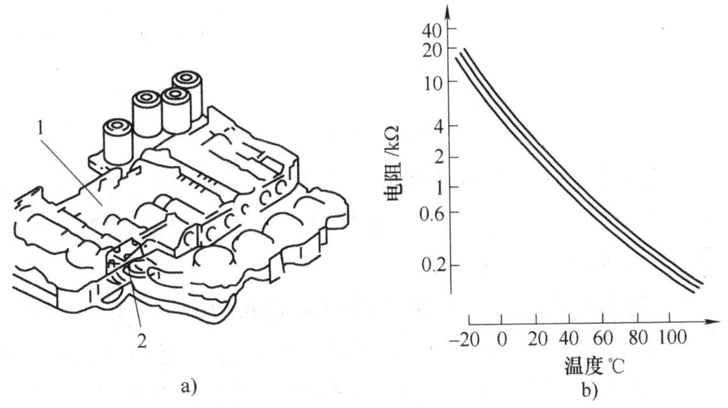

图2-44　油温传感器
a）安装位置　b）电阻变化曲线图
1—阀板　2—油温传感器

4）换档模式选择开关。换档模式选择开关用来选择自动变速器的控制模式，以满足不同的使用要求。它安装在组合仪表盘或变速杆支架上。图 2-45 所示为其中一种型式的模式选择开关。

换档模式常见的有以下几种：

经济模式（ECONOMY）：此模式以汽车获得最佳燃油经济性为目标设计换档规律。在这种模式下工作时，其换档规律能使发动机在汽车行驶过程中经常处在经济转速范围内运转，从而提高燃油经济性。当发动机转速相对较低时就会换入高档，即提前升档，延迟降档。

图 2-45　换档模式选择开关

动力模式（POWER）：此模式以汽车获得最大动力性为目标设计换档规律。在此模式下工作时，其换档规律能使发动机在汽车行驶过程中经常处在大功率、大转矩范围内运转，从而提高汽车的动力性和爬坡能力。只有在发动机转速较高时才能换入高档，即延迟升档，提前降档。

标准模式（NORMAL）：此时换档规律介于经济模式和动力模式之间，兼顾了动力性和经济性。

5）空档起动开关。空档起动开关用以判断变速杆的位置，防止发动机在驱动档位时起动，如图 2-46 所示。当变速杆位于空档或驻车位置时，此开关接通，这时才能够起动发动机。如果变速位于任一驱动位置，则空档起动开关断开，发动机不能起动，从而保证汽车使用安全。

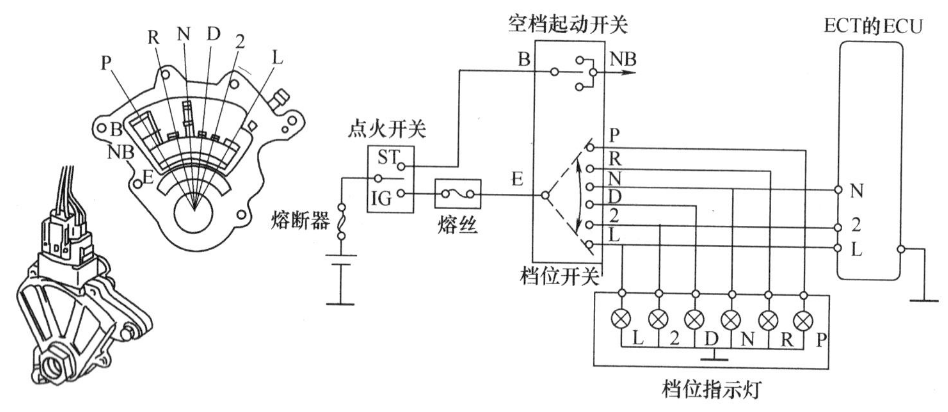

图 2-46　空档起动开关和档位开关

6）制动开关。制动开关安装在制动踏板下面的支架上，也就是制动灯开关。当踩下制动踏板时，制动开关接通，ECU 接收到高电平信号后立即发出解除液力变矩器锁止的指令，使锁止离合器分离，防止制动时发动机熄火。

7）超速档开关。超速档开关用来控制自动变速器的超速档。此开关打开后，超速档控制电路接通，此时若变速杆位于 D 位，当自动变速器随着车速的升高而升档时，最高可升入 4 档（即超速档）。如图 2-47 所示，该开关关闭后，超速档控制电路被断开，仪表盘上的“O/D OFF”指示灯随之亮起（表示限制超速档的使用），当自动变速器随着车速的提高而升档时，最高只能升入 3 档，不能升入超速档。此开关一般为按钮式，设在变速杆上。

8）强制降档开关。强制降档开关用来检测加速踏板是否达到节气门全开的位置。当加速踏板达到节气门全开位置时，强制降档开关接通，并向电控单元输送信号，这时电控单元即按其内存设置的程序控制换档，并使变速器自动下降一个档位，以提高汽车的加速性能。

9）档位开关。档位开关位于自动变速器手动控制阀摇臂轴上或变速杆下方，用于检测变速杆的位置。如图2-46所示，它由几个触点组成。当变速杆位于不同位置时，相应的触点被接通。ECU根据被接通的触点，测得变速杆的位置，从而按照不同的程序控制自动变速器的工作。

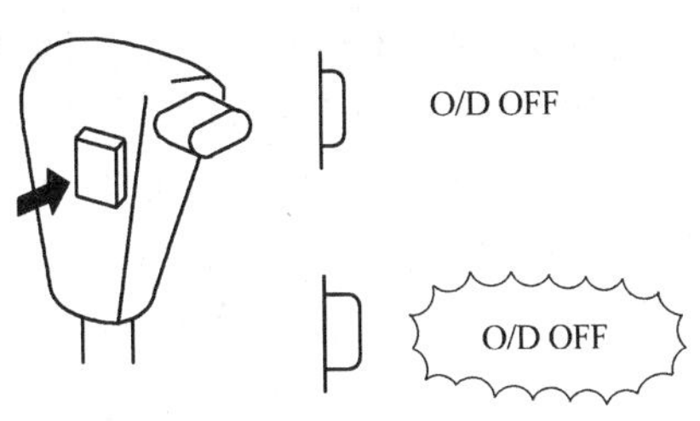

图2-47　超速档开关

（2）电子控制单元　电控液力自动变速器可与发动机电控系统共用一个ECU，也可使用独立的ECU。ECU接受来自传感器的输入信号之后，与存储的数据进行比较，然后进行信息处理。在ECU的存储器中，存储了理想的换档规律和执行的逻辑程序，它们提供了最佳的换档时刻，而且可以设置多种换档规律，以满足汽车在不同使用工况下的最佳换档点。

自动变速器电子控制单元可以实现换档控制、主油路油压控制、锁止离合器、发动机制动控制、换档品质控制、故障自诊断和失效保护控制功能。

（3）执行元件　自动变速器电子控制系统的执行元件主要是各种控制电磁阀。常用的电磁阀有开关式电磁阀和线性磁脉冲式电磁阀两种。

1）开关式电磁阀。开关式电磁阀的作用是开启或关闭液压油路，通常用于控制换档阀及变矩器锁止控制阀。开关式电磁阀由电磁线圈、衔铁、回位弹簧、阀芯和阀球等组成，如图2-48所示。它有两种工作方式：一种是让某一条油路保持油压或泄空，如图2-48a所示，

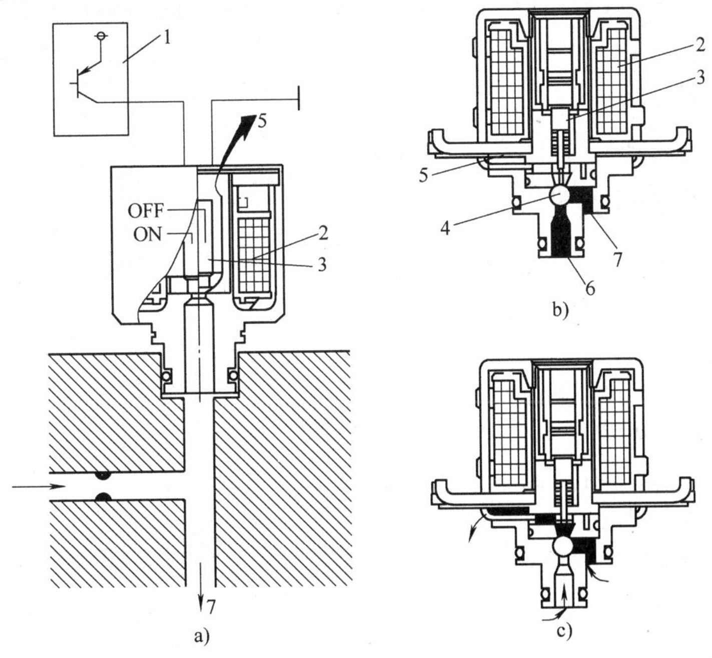

图2-48　开关式电磁阀

a）电磁阀安装位置　b）电磁阀不通电时　c）电磁阀通电时

1—电子控制单元　2—电磁线圈　3—衔铁和阀芯　4—球阀　5—泄油孔　6—主油道　7—控制油道

即当电磁线圈不通电时，阀芯被油压推开，打开泄油孔，该油路的液压油经电磁阀泄空，油路压力下降；当电磁阀线圈通电时，电磁阀使阀芯下移，关闭泄油孔，使油路油压上升。另一种是开启或关闭某一条油路，即当电磁线圈不通电时，油压将阀芯推开，阀球在油压作用下关闭泄油孔，打开进油孔，使主油路液压油进入控制油道，如图2-48b所示；当电磁线圈通电时，电磁力使阀芯下移，推动阀球关闭进油孔，打开泄油孔，控制油道内的液压油由泄油孔泄空，如图2-48c所示。

2）线性磁脉冲式电磁阀。线性磁脉冲式电磁阀的结构如图2-49所示，主要由电磁阀和调节阀两部分组成。当电磁线圈通电时间越长（占空比越大），电磁力越大，阀芯向右移动程度大，调节油压（PSOL）越大；反之，电磁线圈通电时间越短（占空比越小），电磁力越小，阀芯向右移动程度小，调节油压（PSOL）越小。PFB为反馈油压，防止调节油压上升过快。线性磁脉冲式电磁阀常用于油路压力调节和液力变矩器锁定控制。

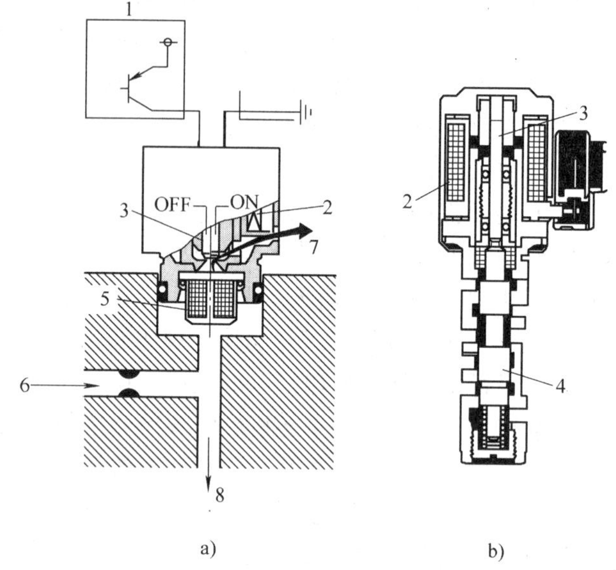

图2-49　脉冲线性式电磁阀

a）普通脉冲线性电磁阀　b）带滑阀的脉冲线性电磁阀

1—ECU　2—电磁线圈　3—衔铁和阀芯　4—滑阀

5—滤网　6—主油道　7—泄油孔　8—控制油道

2.3　能力训练

2.3.1　训练环境条件要求

1. 安全、整洁的汽车维修车间或模拟汽车维修车间。
2. 齐全的消防用具及个人防护用具。
3. 自动变速器总成。
4. 能正常行驶的车辆（自动变速器）。
5. 汽车举升机、常用工具、量具。
6. 自动变速器拆装专用工具。
7. 自动变速器修理包。
8. 自动变速器试验台。
9. 汽车电脑诊断仪。

2.3.2　能力训练任务

电控液力自动变速器模块的能力训练分为七个任务，自动变速器检测维修的内容与实际操作大同小异，在学习过程中要能举一反三。该模块以市场保有量较大的典型的电控液力自动变速器为例进行介绍，其中任务一（从汽车上拆卸与安装自动变速器）和任务二（电控液力自动变速器的分解与装配）两个任务内容以桑塔纳2000型轿车采用的01N型自动变速器为例进行介绍，其余任务中主要以丰田自动变速器为例。

任务一　从汽车上拆卸与安装自动变速器

1. 从汽车上拆装自动变速器

1）对有密码的收音机，先取得密码，脱开蓄电池的搭铁线。

2）拆下发动机室盖。使前轴的适配器冲上。安装好带支撑脚的支撑杆10-222A并且把发动机/变速器支撑在该位置上，如图2-50所示。

3）举升汽车。拆下前车轮、隔音盘和隔音盘支架。

4）如图2-51所示，在箭头C和D的连接处作标记以便重新安装。拆下变速器上的A～D的电气连接点和E处的线束卡箍，脱开变速器上转速表的插头。

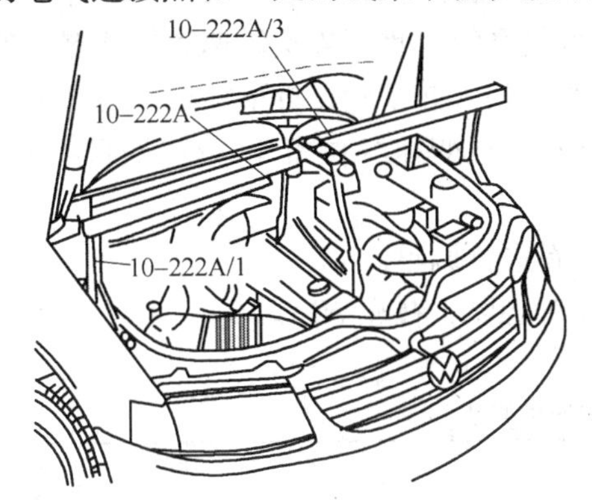

图2-50　支撑杆的安装

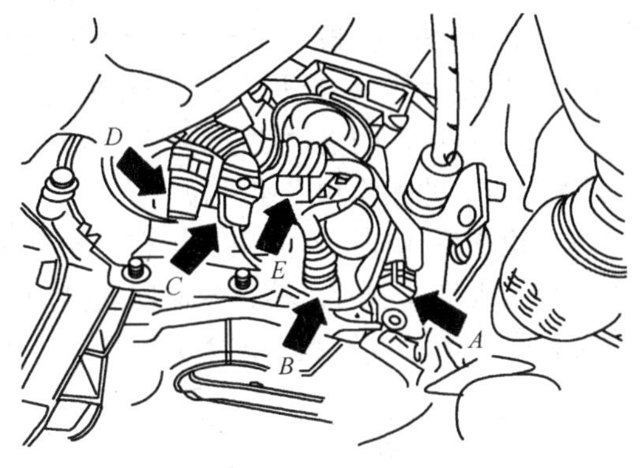

图2-51　装配标记

5）拆下带三元催化装置的前部排气系统。

6）拆下右传动轴保护板、变速杆拉索保护板、变速器右侧粘结橡胶支架保护板。

7）拆下发动机/变速器总成上的ATF加注管并且捆扎好。

8）脱开法兰处的传动轴并且捆扎好。

9）拆下起动机、变矩器上的螺母、发动机/变速器下部的联接螺栓。

10）安装变速器托架，如图2-52所示。通过调整板安装、拆卸自动变速器01N的变速器托架。调整板上的记号代表需要的量，箭头应当指向前方。

11）把带变速器托架的千斤顶移动至变速器的下面并且支撑好变速器。

12）把变速杆移动到P位并且拉出变速杆拉索上的变速杆轴。

13）拆下变速杆拉索支撑支架上的螺栓并且拆下变速杆拉索、带粘结橡胶支架的右侧变速器支架。

14）用千斤顶稍稍放下发动机/变速器总成的后部。

15）拆下发动机/变速器上部的联接螺栓、拉出变速器，使它与发动机分离，把变矩器拉出驱动盘，按住变矩器，使它紧靠ATF泵。放下变速器，固定变矩器。

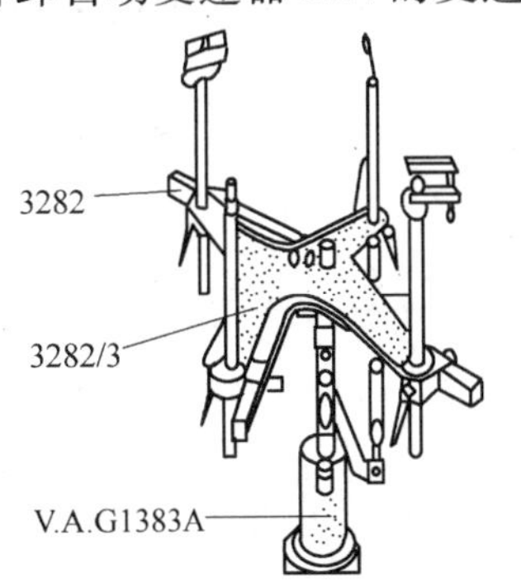

图2-52　变速器托架

2. 将自动变速器安装到汽车上

按从汽车上拆卸自动变速器的相反顺序进行安装，但要注意以下事项：

（1）安装前的注意事项

1）应清洁 ATF 冷却器和 ATF 加注管。

2）应保证变矩器已正确坐落在变速器内。

3）应保证销钉套筒已正确地定位。

4）保证中间板已正确地坐落在发动机上。

（2）在安装过程中的注意

1）安装变速器托架 3282。把变速器放置在变速器千斤顶上，把安全支架锁定在变速器上，把变速器千斤顶上放置在汽车的下面，使变速器与发动机对齐。

2）安装发动机/变速器上部固定螺栓，用千斤顶稍稍举升发动机/变速器总成后部，装入左、右侧带粘结支架的变速器支架，装入发动机/变速器下部固定螺栓，安装起动机。

3）把传动轴安装至变速器，加入 ATF 至规定量。安装橡胶支架保护板、变速杆拉索保护板，右传动轴保护板。安装带三元催化装置的前排气系统。重新连接转速表传感器，各电气连接点接线及线束卡箍。装入隔音盘支架和隔音盘。装入前车轮，拆下托架。装入发动机室盖。连接蓄电池的搭铁线。把变速杆移动至 P 位并且把变速杆拉索压入变速杆轴中，装入支撑支架上的螺栓和变速杆拉索。

4）检查变速杆拉索的调整状态，如有必要，重新进行调整。

5）装入变速器后，检查变速器的机油液位，如有必要，补充 ATF。

6）变速器总成的螺栓拧紧力矩见表 2-9。

表 2-9　变速器总成的螺栓拧紧力矩

位　　置	螺栓/wan	力矩/(N·m)	位　　置	螺栓/wan	力矩/(N·m)
变速器至发动机(图 2-53 中 1)	M12x75	65	传动轴保护板至变速器		25
变速器至发动机(图 2-53 中 2)	M12x90	65	变速杆拉索保护板至变速器		10
变速器至发动机(图 2-53 中 3)	M12x67	65	变速杆拉索保护板至变速器	M10	25
变速器至发动机(图 2-53 中 4)	M12x67	65	右侧粘结橡胶支架保护板至变速器		10
变速器至发动机(图 2-53 中 5)	M12x90	65	支撑支架/变速杆拉索至变速器		23
变速器至发动机(图 2-53 中 6)	M10～45	45	变速扦拉索至支撑支架		12
传动轴至变速器	M8	40	起动机至变速器		65
传动轴至变速器	M10	77	车轮螺栓至车轮轮毂		120
变矩器至驱动盘		85			

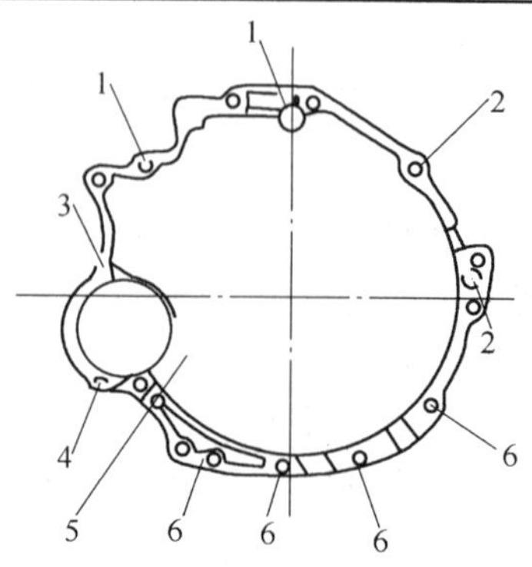

图 2-53　变速器到发动机的联接螺栓

任务二　电控液力自动变速器的分解与装配

1. ATF 加注管的拆卸和安装

ATF 加注管分解图如图 2-54 所示。

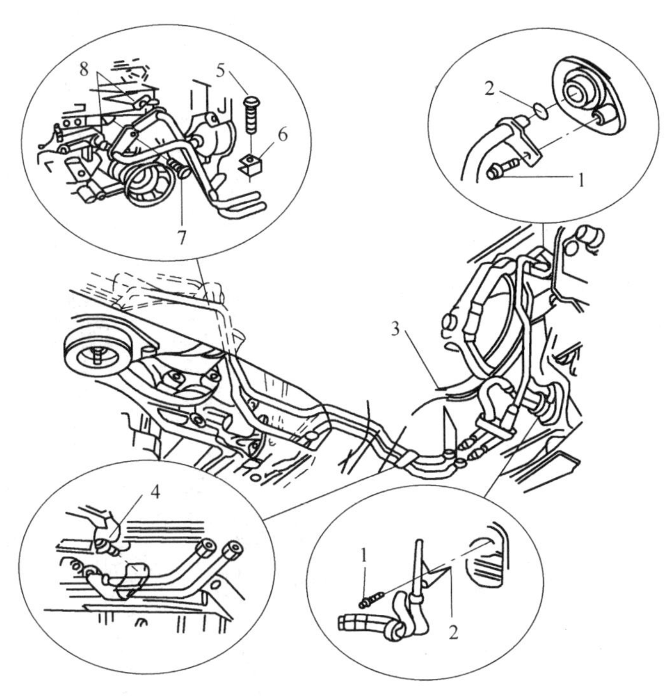

图 2-54　ATF 加注管分解图

1—六角螺栓（5N · m）　2、8—O 形密封圈　3—联接螺母（30N · m）　4—六角螺栓（25N · m）
5—六角螺栓（10N · m）　6—支架　7—六角螺栓（20N · m）

注意：松开插头之前，应彻底清洁插头及周围区域。松开插头后，立即用手把 ATF 加注管插入变速器或冷却器上的制动块，然后拧紧。更换 ATF 加注管后，检查 ATF 液位并进行补充。

2. ATF 加注管和 ATF 冷却器的清洁

1）如图 2-55 所示，拆下变速器和发动机上固定 ATF 加注硬管的支架。松开螺栓 2，拔出变速器上的 ATF 加注管。连接软管至 ATF 加注管 A 并且用软管卡箍固定软管。把软管的另一端悬挂在合适的容器中。用压缩空气彻底吹几次 ATF 加注管 B，把软管从 ATF 加注管 A 更换至 ATF 加注管 B 并且重复该步骤。

2）固定 ATF 加注管，检查、补充 ATF 至规定液位。

3. 行星齿轮减速器的分解与组装

行星齿轮减速器分解总图如图 2-56 所示。ATF 泵至支撑管的元件图如图 2-57 所示。倒档齿轮离合器 K2 至大太阳轮齿轮之间的零件图如图 2-58 所示。自由轮和倒档制动器 B_1 元件图如图 2-59 所示。

图 2-55　拆下 ATF 冷却器

1—密封圈　2—螺栓

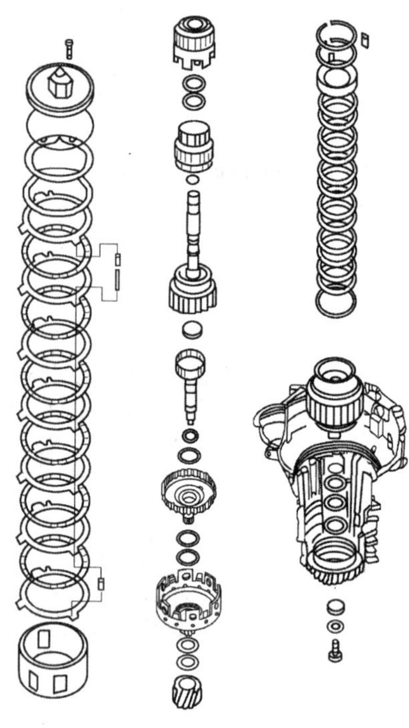

图 2-56　行星齿轮减速器分解总图

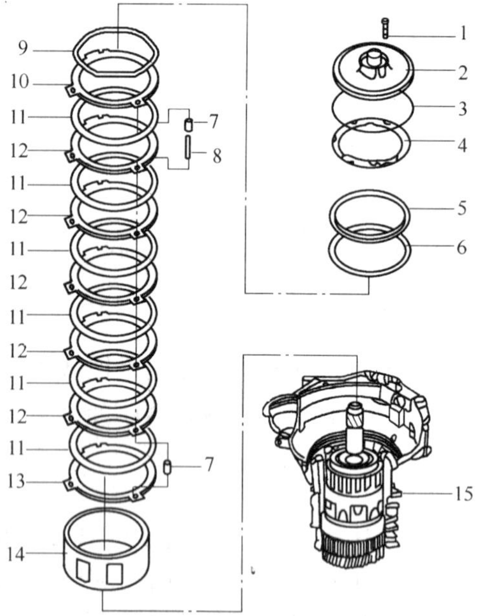

图 2-57　ATF 泵至支撑管的元件图

1—螺栓　2—带 B_2 密封塞的 ATF 泵　3—O 形密封圈　4—密封垫　5—止推环　6—调整垫片　7—弹簧头　8—弹簧　9—波纹形弹簧片　10、12—外摩擦片 B_2　11、13—内摩擦片 B_2　14—支撑管　15—变速器壳体

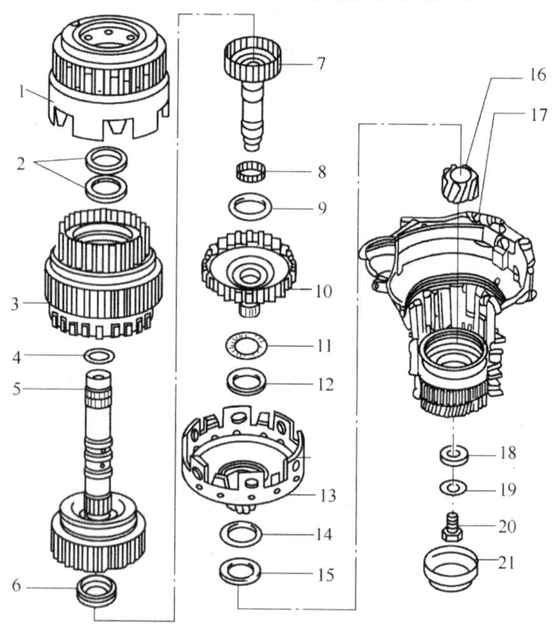

图 2-58　倒档齿轮离合器 K2 至大太阳轮齿轮之间的零件图

1—倒档离合器 K2　2—调整垫片　3—1 至 3 档离合器 K1　4—O 形密封圈　5—带涡轮轴的 3 档和 4 档离合器 K3　6—带垫圈的推力滚针轴承　7—小传动轴　8—滚针轴承　9、11、14—推力滚针轴承　10—大传动轴　12、15—推力滚针轴承垫圈　13—大太阳轮　16—小太阳轮齿轮　17—已装入自由轮和卡环的变速器壳体　18—行星齿轮架调整垫片　19—垫圈　20—螺栓（30N · m）　21—盖板

（1）行星齿轮减速器的分解

1）拆下密封塞和ATF溢流管，排空ATF。取出变矩器，用螺栓把变速器固定在总成支架上，拆下盖板、油底壳、ATF过滤网及带扁平线束的阀体。取出 B_1 的密封塞，如图2-60所示。

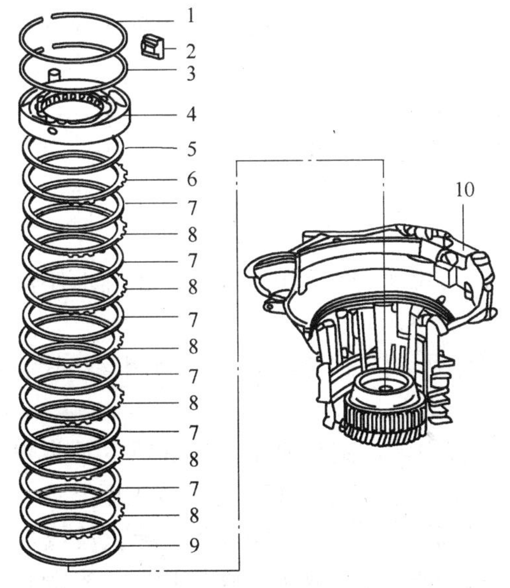

图2-59　自由轮和倒档制动器B1元件图

1—卡环　2—导流块　3—卡环　4—带 B_1 密封塞的自由轮　5—碟形弹簧　6—压力板　7—内摩擦片　8—外摩擦片　9—调整垫片　10—装有行星齿轮架的变速器壳体

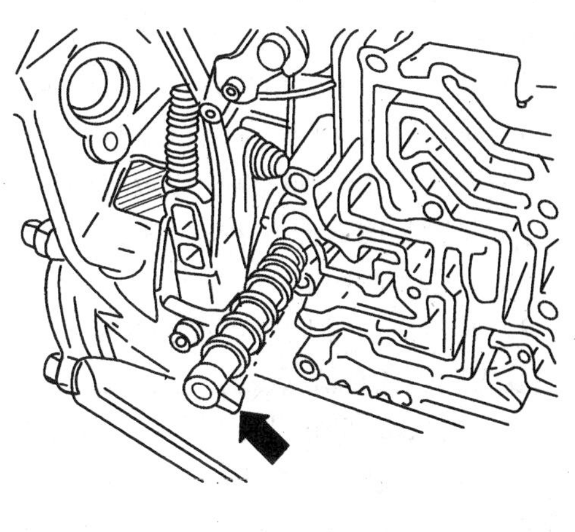

图2-60　取出 B_1 的密封塞

2）拆下ATF泵的螺栓。把螺栓（M8）拧入ATF泵的螺纹孔内，均匀地拧入螺栓，将ATF泵从变速器的壳体内压出。

3）将所有的离合器连同支撑管、B_2 摩擦片、弹簧和弹簧头一起取出。

4）啮合驻车锁，将螺钉旋具穿过大太阳齿轮的孔，松开小传动轴的螺栓。拆下小传动轴的螺栓以及垫圈和调整垫片。行星齿轮架的推力滚针轴承保留在变速器/输入齿轮内。抽出小传动轴、大传动轴和大太阳齿轮。

5）拆下变速器速度传感器、支撑管卡环。拆下导流块，如图2-61所示。

6）拆下自由轮的卡环。用钳子夹住自由轮的定位键，把自由轮从变速器的壳体中抽出。把小太阳齿轮以及垫圈和推力滚针轴承从行星齿轮架中抽出。取出行星齿轮架和碟形弹簧，拆下倒档制动器 B_1 的摩擦片，取出推力轴承和垫圈。

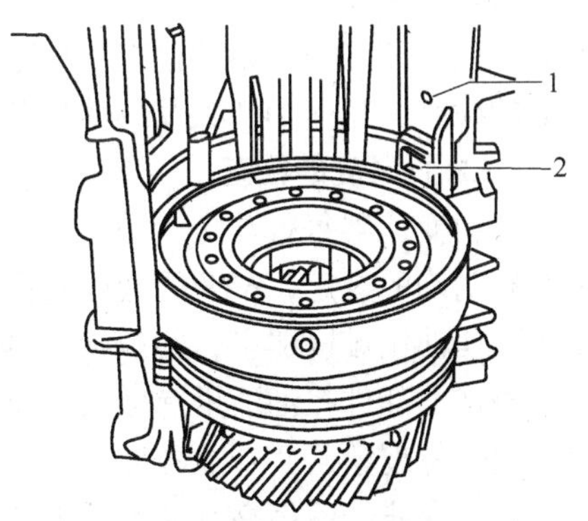

图2-61　拆下导流块

1—变速器速度传感器安装孔　2—导流块

（2）行星齿轮减速器的组装

1）把O形密封圈装入行星齿轮架，推力滚针轴承以及垫圈装入输入齿轮，小太阳齿轮以及垫圈和推力滚针轴承一同插入行星齿轮架内，垫圈和推力滚针轴承调整到小太阳齿轮的中心。

2）装入 B_1 的内、外摩擦片、压力板（平面侧朝着摩擦片，压力板的厚度根据摩擦片的数量而不同）、碟形垫圈（凸起侧朝着自由轮）。

3）装入自由轮（用装配环对自由轮滚柱旋加预紧力）、自由轮的卡环（将卡环的开口装到自由轮的定位键上）。

4）将导流块装入变速器壳体上具有 ATF 通气孔的槽内。

5）将卡环 a 的开口装到自由轮的定位键上。装上变速器速度传感器。

6）依次将大太阳齿轮直到小传动轴装入变速器壳体内。

7）装入小传动轴的螺栓以及垫圈调整垫片。

8）将带垫圈的推力滚针轴承装入 3 档和 4 档离合器 K_3 内，保证活塞环正确地座落在 K_3 上及活塞环的两端相互钩住。

9）装入离合器 K_3，将密封圈装入槽内，装入第 1 至第 3 档离合器 K_1，将调整垫片装入 K_1，装入倒档离合器 K_2。

10）装入 B_2 摩擦片支撑管，使支撑管的槽卡在自由轮的定位键上。然后按以下步骤安装 B_2 摩擦片：装入一个 3mm 的外摩擦片，将 3 个弹簧头装到外摩擦片上，装入压缩环，装入所有的摩擦片，但不装入最后一个摩擦片，装入最后经测量过的摩擦片，装入波纹形垫圈。装入最后一个 3mm 的外摩擦片。装入调整垫片，把止推环放到调整垫片上，光滑侧朝着调整垫片。

11）装入 ATF 泵的密封圈，把 O 形密封圈放到 ATF 泵上，均匀交叉地拧紧螺栓，拧紧力矩为 8N · m，再转 90°。

12）用撞击套管敲入盖板。

13）装入带 O 形密封圈的密封塞，然后依次装入带扁平线束的阀体、油底壳、变矩器，最后加注 3L 的 ATF。

任务三 电控液力自动变速器的基本检查与维护

自动变速器的基本检查与维护项目包括自动变速器油质及油面高度的检查，自动变速器油的更换，节气门拉索的检查与调整，发动机怠速的检查，变速杆位置的检查与调整，档位开关的检查，超速档开关及其他控制开关的检查等。

1. 油面高度的检查

自动变速器每行驶 1 万 km 或 6 个月应检查一次油面高度。各种型号自动变速器的加油量都有明确的规定，ATF 的液面高度应在厂家规定的范围内。低油位会使空气从油泵的进口混入，使油压难以建立，并最终导致换档时打滑；高油位同样能导致空气的混入，当行星齿轮及相连零部件在油液里旋转时，空气会被压入油液。混有空气的 ATF 容易产生泡沫、过热和氧化等现象，并造成各种阀、离合器、伺服机构等部件出现故障。

自动变速器液面高度检查的方法和步骤如下：

1）汽车水平停放，并拉紧驻车制动器操纵杆。

2）让发动机怠速运转 1min 以上。

3）踩住制动踏板，将变速杆拨到各档位上并停留几秒钟，使液力变矩器和所有换档元件中都充满液压油，最后将变速杆拨至P位或N位（遵照厂家规定）。

4）将油尺护罩及变速杆擦净，抽出油尺，擦净后重新插入，然后再抽出油尺，查看油位。

自动变速器油面应位于油尺两刻线之间。由于低温时油液粘度大，有较多的自动变速器油附着在行星齿轮等零件上，因而油面较低；高温时油液粘度小，易流向油底壳，因而油面较高。因此，自动变速器处于冷态（室温低于25℃）时，油面应在油尺刻线的下限（COOL）附近；而处于热态（油温70～80℃）时，油面应在油尺刻线的上限（HOT）附近，如图2-62所示。若油面高度过低，应继续向加油管内加入自动变速器油，直至油面高度符合规定为止。油位低的原因可能是漏油，这时应检查自动变速器箱体、油底壳与冷却器管路是否有泄漏，对泄漏部位要进行密封。

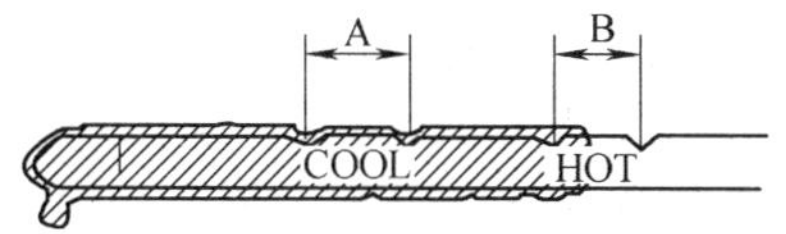

图2-62　自动变速器油面高度的检查

A—冷态时的液面高度范围

B—热态时的液面高度范围

2. 油质的检查

自动变速器每行驶4万km或24个月应检查一次油质。ATF通常被染成红色，以便于在确定渗漏来源时，区别于发动机机油。在进行ATF的油质检查时，可以用有吸附性的白纸擦拭油尺，检查ATF的颜色和气味以及有无杂质。未被污染的ATF呈粉红或红色，无气味，也无任何颗粒沉淀或气泡悬浮。

如果ATF呈深褐色、黑色或有焦臭味，表明过热或没有及时换油，此时应更换ATF和滤清器，并检查变速器。如果ATF呈乳白色，表明发动机的冷却液通过散热器进入了变速器冷却器，此时应彻底冲洗、换油，并检查冷却器。如果ATF中混有黑色颗粒状物，表明已烧片，此时需彻底清洗、检查变速器。如果ATF中混有银白色的金属微粒表明阀体、轴承或行星排严重磨损，此时需检查此类部件。如果油尺上带有气泡，则表明空气渗入了高压油路，此时应换油并检查故障。如果油尺上粘附有难以擦净的胶状物，则表明ATF已过热氧化，应更换ATF和滤清器。

3. 节气门拉索的检查和调整

节气门的开度会影响自动变速器的换档时间，发动机熄火后，节气门应全闭；当加速踏板踩到底时，节气门应全开。节气门拉索的索芯不应松弛，索套端和索芯上限位之间的距离应为0～1mm，如图2-63所示。若节气门拉索调整不当，对于液力控制自动变速器来说，会导致换档时刻不正常，造成过早或过迟换档，使汽车加速性能变差或产生换档冲击；对于电控液力自动变速器来说，会导致主油路压力异常，造成油压过低或过高，使换档执行元件打滑或产生换档冲击。其调整步骤为：

1）推动加速踏板连杆，检查节气门是否全开。如节气门不全开，则应调加速踏板连杆。

2）把加速踏板踩到底，把调整螺母拧松，调整节气门拉索。

3）拧动调整螺母，使橡胶套与拉线止动器间的距离为0～1mm，然后拧紧调整螺母。

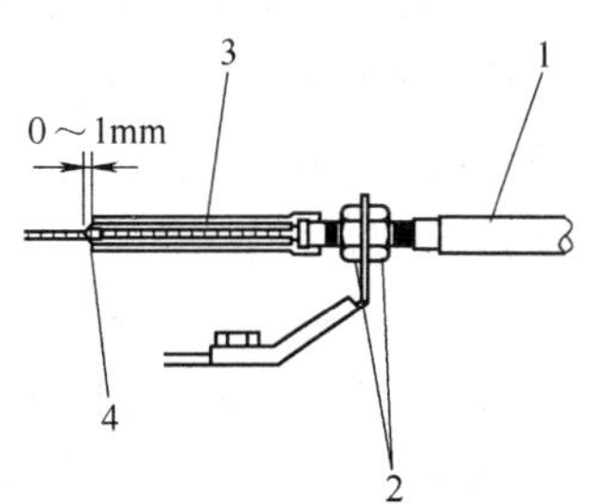

图2-63　节气门拉索的调整

1—橡胶套　2—调整螺母

3—拉丝止动器　4—索芯

4）重新检查调整情况。

4. 发动机怠速的检查与调整

发动机怠速不正常，会使自动变速器工作不正常。如果怠速过高，会出现换档冲击、怠速爬行等故障；如果怠速过低，则容易出现入档熄火现象。因此在对自动变速器作进一步的检查之前，应先检查发动机的怠速是否正常。检查怠速时，应在发动机完成暖机之后，关闭所有用电设备，将自动变速器变速杆置于 P 位或 N 位。发动机的怠速通常与缸数有关，如 4 缸发动机的怠速常为（750 ± 50）r/min，6 缸发动机的怠速常为（700 ± 50）r/min。若发动机怠速过低或过高，都应予以调整。

5. 变速杆位置的检查和调整

变速杆调整不当，会使变速杆的位置与自动变速器阀板中手动控制阀的实际位置不符，造成选档错乱，挂不进 P 位及前进低档，或变速杆的位置与仪表盘上档位指示灯的显示不符，甚至造成在 P 位或 N 位时无法起动发动机。因此必须对变速杆和空档起动开关进行检查。

如图 2-64 所示，变速杆的调整方法如下：

1）拆下变速杆与自动变速器手动控制阀摇臂之间的连接杆。

2）将变速杆拨至 N 位。

3）将手动控制阀摇臂向后拨至极限位置（P 位），然后再退回 2 格，使手动控制阀摇臂处于 N 位。

4）稍稍用力将变速杆靠向 R 位方向，然后连接并固定变速杆与手动控制阀摇臂之间的连杆。

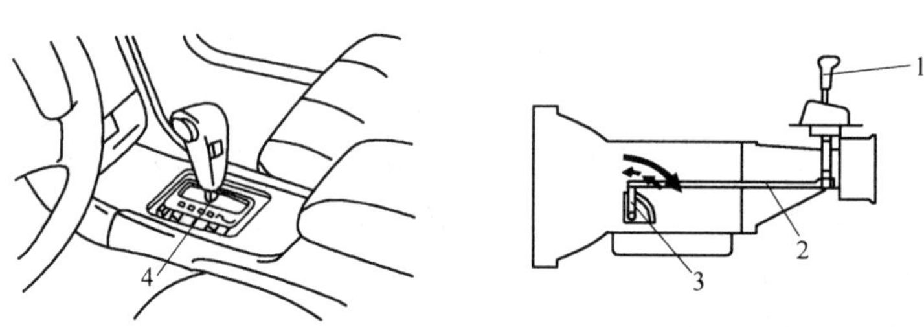

图 2-64　变速杆的调整

1—变速杆　2—连接杆　3—手动控制阀摇臂　4—空档位置

6. 档位开关的检查和调整

将变速杆拨至各个档位，检查档位指示灯与变速杆位置是否一致，P 位和 N 位时发动机能否起动，R 位时倒档灯是否亮。发动机应只能在 N 位和 P 位时起动，其他档位不能起动。若有异常，应调节空档起动开关螺栓和开关电路。

1）松开档位开关的固定螺钉，将变速杆拨到 N 位。

2）将槽口对准空档基准线。有些自动变速器的档位开关外壳上刻有一条基准线，调整时应将基准线和手动控制阀摇臂轴上的槽口对齐，如图 2-65a 所示；也有一些自动变速器的档位开关上有一个定位孔，调整时应使摇臂上的定位孔和档位开关上的定位孔对准，如图 2-65b 所示。

3）将档位开关固定。

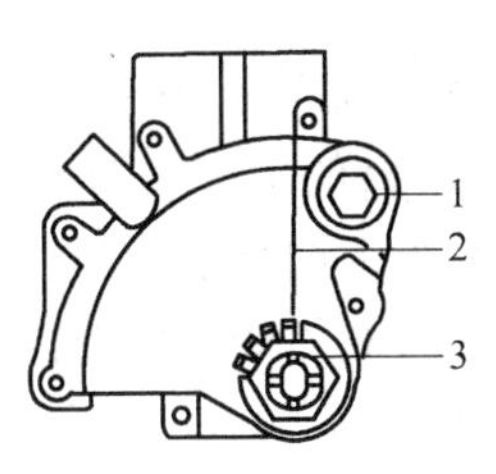

a)

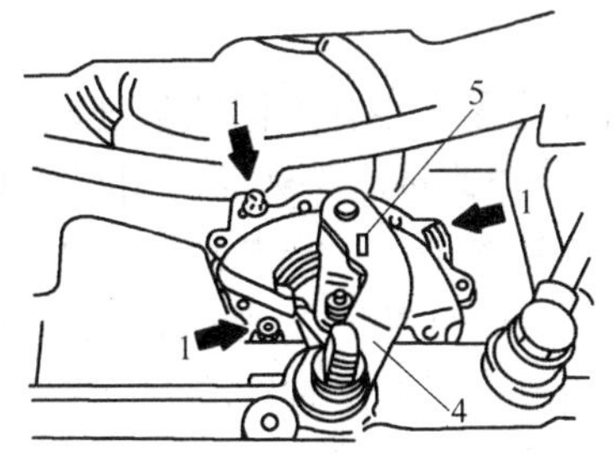

b)

图 2-65　档位开关的调整

a）基准线槽口对齐　b）对准摇臂上和档位开关上的定位孔

1—固定螺钉　2—基准线　3—槽口　4—摇臂　5—调整用定位销

7. 超速档开关的检查

对部分车型而言，这项检验可确认自动变速器的超速档电控系统是否工作正常。检查时的自动变速器油温应处于正常状态（70～80℃），然后将发动机熄火，打开点火开关，按动超速档（O/D）控制开关，查听位于变速器内的相应电磁阀动作时是否发出的“咔嗒”声。如有“咔嗒”声，则说明被检自动变速器的超速档电控系统工作正常。当超速档开关置于ON位置时，自动变速器应能升入超速档，这可通过道路试验来验证。超速档开关置于ON位置时，超速档指示灯（如丰田车系的O/D OFF指示灯）应熄灭，否则应亮。

任务四　电控液力自动变速器的性能测试

自动变速器的性能测试项目包括失速试验、油压试验、换档延迟试验、道路试验和手动换档试验等。

1. 失速试验

失速试验用于检查发动机、液力变矩器及自动变速器中有关的换档执行元件的工作是否正常。失速试验步骤如下：

1）检查自动变速器的油面高度应正常，确认汽车的行车制动和驻车制动性能良好。

2）行驶汽车使发动机和自动变速器均达到正常工作温度。

3）将汽车停放在宽阔的水平地面上，前、后车轮用三角木块塞住。

4）拉紧驻车制动器操纵杆，左脚用力踩住制动踏板。

5）起动发动机，将变速杆拨入D位。

6）右脚将加速踏板踩到底，读取此时发动机的最高转速，然后立即松开加速踏板。

7）将变速杆拨入P位或N位，使发动机怠速运转1min以上，防止自动变速器油因温度过高而变质。

8）将变速杆拨入R位，做同样的试验。

注意，自动变速器失速试验时，加速踏板踩下到松开的整个过程的时间不得超过5s，试验结束后不要立即熄火，应将变速杆拨入空档或停止档，让发动机怠速运转几分钟，以便让液压油温度降至正常。

试验结果分析：

不同车型的自动变速器有不同的失速转速标准，大部分自动变速器的失速转速标准为2300r/min左右。若失速转速与标准值相符，说明自动变速器的油泵、主油路油压及各个换档执行元件的工作基本正常；若失速转速高于标准值，说明主油路油压过低或换档执行元件打滑；若失速转速低于标准值，则可能是发动机动力不足或液力变矩器有故障。例如，当液力变矩器中的单向离合器打滑时，液力变矩器在液力耦合器的工况下工作，其变矩比下降，从而使发动机的负荷增大，转速下降。不同档位失速转速不正常的原因详见表2-10。

表2-10 失速转速不正常的原因

变速杆位置	失速转速	故 障 原 因
所有位置	过高	主油路油压过低；前进档和倒档的换档执行元件打滑；低速档及倒档制动器打滑
	过低	发动机动力不足；变矩器导轮的单向离合器打滑
仅在D位	过高	前进档油路油压过低；前进档离合器打滑
仅在R位	过高	倒档油路油压过低；倒档及高速档离合器打滑

2. 油压试验

油压试验是在自动变速器工作时，测量自动变速器控制系统各油路中的油压，为分析自动变速器的故障分析提供依据。在分解修理自动变速器之前和自动变速器修复之后，都要对自动变速器做油压试验，以保证自动变速器的修复质量。其测试方法及步骤如下：

1）先预热发动机和自动变速器，使其达到正常的工作温度，然后熄火。

2）在自动变速器主油压测试孔上连接量程为2MPa左右的油压表。

3）将全部车轮用三角木塞住，拉紧驻车制动器操纵杆，踩下制动踏板，然后起动发动机。

4）将变速杆挂入D位，测试怠速时的主油路压，然后用左脚踩紧制动踏板，同时用右脚迅速将加速踏板踩到底，测试失速时的主油路压。注意在节气门全开位置上停留不要超过3s。

5）变速杆从D位回到N位怠速运转2min，也可以1200r/min的转速运转1min，以便使ATF得到冷却。

6）再将变速杆挂入R位，记下R位的怠速油压和R位的失速油压。

不同自动变速器的主油路压力有所区别，表2-11给出了丰田A341E自动变速器主油路油压规定值。

表2-11 丰田A341E自动变速器主油路油压规定值

转速	主油路油压/kPa	
	D位	R位
怠速	384～441	579～657
失速	1265～1402	1638～1863

通过与测试值相比较可分析可能的故障点。表2-12列出了主油路油压不正常的原因。

表 2-12　主油路油压不正常的原因

工况	测试结果	故障原因
怠速	所有档位的主油路油压均太低	油泵故障；主油路调压阀卡死；主油路泄漏；主油路调压阀弹簧太软；节气门阀卡滞；节气门拉索或节气门位置传感器调整不当
	前进档和前进低档的主油路油压均太低	前进离合器活塞漏油；前进档油路泄漏
	前进档的主油路油压正常；前进低档的主油路油压太低	1 档强制离合器或 2 档强制离合器活塞漏油；前进低档油路泄漏
	前进档主油路油压正常；倒档主油路油压太低	倒档及高档离合器活塞漏油；倒档油路泄漏
	所有档位的主油路油压均太高	节气门拉索或节气门位置传感器调整不当；主油路调压阀卡死；节气门阀卡滞；主油路调压阀弹簧太硬；油压电磁阀损坏或电路故障
失速	稍低于标准油压	节气门拉索或节气门位置传感器调整不当；油压电磁阀损失速坏或电路故障；主油路调压阀卡死或弹簧太软
	明显低于标准油压	油泵故障；主油路泄漏

3. 换档延迟试验

换档延迟试验测试自动变速器换档的迟滞时间，根据迟滞时间的长短来判断主油路油压及换档执行元件的工作是否正常。其测试方法及步骤如下：

1）行驶汽车，使发动机和自动变速器达到正常工作温度。

2）将汽车停放在水平地面上，拉紧驻车制动器操纵杆。

3）检查发动机怠速。如果不正常，应按标准予以调整。

4）将自动变速器变速杆从 N 位拨至 D 位，用秒表测量从拨动变速杆开始到感觉汽车振动所需的时间，该时间称为 N-D 延时时间。

5）将变速杆拨至 N 位，让发动机怠速运转 1min 后，再做一次同样的试验。

6）上述试验进行 3 次，取其平均值。

7）按上述方法，将变速杆由 N 位拨至 R 位，测量 N-R 延时时间。

试验结果分析：

大部分自动变速器 N-D 延时时间为 1.0～1.2s，N-R 延时时间为 1.2～1.5s。若 N-D 延时时间过长，说明主油路油压过低，前进离合器摩擦片磨损严重或前进单向离合器工作不良；若 N-R 延时时间过长，说明倒档主油路油压过低，倒档离合器或倒档制动器磨损严重或工作不良。

4. 道路试验

道路试验是对汽车自动变速器性能的最终检验，检验内容侧重于换档点、换档冲击、振动、噪声和打滑等。

在道路试验之前，应确认汽车发动机以及底盘各个系统的技术状态完好，并且已经进行了基本检查。让汽车以中低速行驶 5～10min，使发动机和自动变速器都达到正常的工作温度（70～80℃）。

（1）升档车速的检查　起动发动机，将变速杆拨至 D 位，踩下加速踏板，并使节气门保持在某一固定开度，让汽车起步并加速。当感觉到自动变速器升档时，记下升档车速及发动机转速。可以通过与标准的换档规律比较分析可能的故障。图 2-66 所示为丰田 A43DE 自动变速器普通模式（Normal）的换档规律。

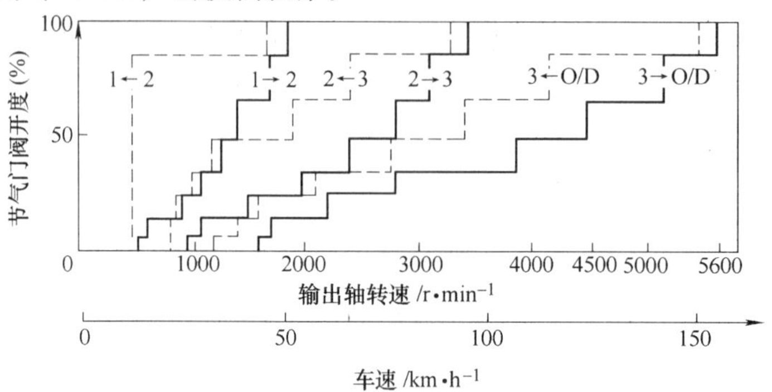

图 2-66　变速杆在 D 位时的普通模式（Normal）换档规律

自动变速器只要升档车速基本保持在上述范围内，而且汽车行驶中加速良好，无明显的换档冲击，都可以认为其升档车速基本正常。若汽车行驶中加速无力，升档车速明显低于上述范围，说明升档车速过低（即过早升档），一般是控制系统的故障所致；若汽车行驶中有明显的换档冲击，升档车速明显高于上述范围，说明升档车速过高（即过迟升档），可能是控制系统的故障所致，也可能是换档执行元件的故障所致。

一般汽车维修手册中都有自动变速器升档（或降档）车速标准表，但表中通常只列出了节气门开或全关时的升档（或降档）车速。然而在道路试验中，汽车以节气门全开状态行驶，往往因道路条件的限制而无法实施，而且以节气门处于全开位置行驶也容易加剧自动变速器内摩擦元件的磨损，一般不宜采用。

（2）换档质量的检查　换档质量的检查内容主要是检查有无换档冲击。正常的电控液力自动变速器的换档冲击应十分微弱。若换档冲击太大，说明自动变速器的控制系统或换档执行元件有故障，原因可能是油路油压高或换档执行元件打滑，应做进一步的检查。

（3）锁止离合器工作状况的检查　自动变速器变矩器中的锁止离合器工作是否正常可以采用道路试验的方法进行检查。试验中，让汽车加速至超速档，以高于 80km/h 的车速行驶，并让节气门开度保持在低于 1/2 的位置，使变矩器进入锁止状态。此时，快速将加速踏板踩下至 2/3 开度，若发动机转速没有太大的变化，说明锁止离合器处于结合状态；反之，若发动机转速升高很多，则表明锁止离合器没有结合，其原因通常是锁止控制系统有故障。

（4）发动机制动作用的检查　检查自动变速器有无发动机制动作用时，应将变速杆拨至前进低档（S、L 或 2、1）位置，在汽车以 2 档或 1 档行驶时，突然松开加速踏板，若车速立即随之下降，说明有发动机制动作用，否则，说明控制系统或相关的离合器、制动器有故障。

（5）强制降档功能的检查　检查自动变速器强制降档功能时，应将变速杆拨至 D 位，保持节气门开度为 1/3 左右。在以 2 档、3 档或超速档行驶时，突然将加速踏板完全踩到底，检查自动变速器是否被强制降低一个档位。在强制降档时，发动机转速会突然上升至

4000r/min 左右，并随着加速升档，转速逐渐下降。若踩下加速踏板后没有出现强制降档，说明强制降档功能失效。若在强制降档时发动机转速异常升高至 5000～6000r/min，并在升档时出现换档冲击，则说明换档执行元件打滑，应拆修自动变速器。

（6）P 位制动效果的检查　将汽车停在坡度大于 9% 的斜坡上，变速杆拨入 P 位，松开驻车制动器操纵杆，检查机械闭锁爪的锁止效果。

5. 手动换档试验

手动换档试验的目的是区分故障是由机械系统、液压系统引起的，还是由电子控制系统引起的。试验方法就是将电控液力自动变速器所有换档电磁阀的线束插头全部脱开，此时 ECU 不能通过换档电磁阀来控制换档，自动变速器的换档取决于变速杆的位置。不同车型的电控液力自动变速器在脱开换档电磁阀线束插头后档位和变速杆的关系不完全相同。表 2-13 为 A341E 自动变速器手动换档工作表。

表 2-13　A341E 自动变速器手动换档工作表

变速杆的位置	P 位	N 位	R 位	L 位	2 位	D 位
对应档位	驻车	空档	倒档	1 档	3 档	4 档

手动换档试验的步骤如下：

1）脱开电控液力自动变速器的所有换档电磁阀线束插头。

2）起动发动机，先将变速杆拨至 L 位，随着车速上升再推入 2 位及 D 位观察发动机转速和车速的对应关系，以判断自动变速器所处的档位。不同档位时发动机转速与车速的关系可参考表 2-14。

表 2-14　不同档位时发动机转速和车速的关系

变速杆位置	发动机转速/（$r \cdot min^{-1}$）	车速/（$km \cdot h^{-1}$）
L 位	2000	18～22
2 位	2000	50～55
D 位	2000	70～75

3）若变速杆位于不同位置时，自动变速器所处的档位与表 2-13 相同，说明电控液力自动变速器的阀板及换档执行元件基本上工作正常。否则，说明自动变速器的阀板或换档执行元件有故障。

4）试验结束后，接上电磁阀线束插头，清除 ECU 中的故障码。

任务五　电控液力自动变速器零件的检修

1. 液力变矩器的检修

1）检查液力变矩器外部有无损坏和裂纹、轴套外径有无磨损、驱动油泵的轴套缺口有无损伤。如有异常，应更换液力变矩器。

2）将液力变矩器安装在发动机飞轮上，用千分表检查变矩器轴套的偏摆量，如图 2-67 所示。如果在飞轮旋转一周的过程中，径向摆动量大于 0.03mm，应采取转换一个角度重新安装予以校正，并在校正后的位置上做记号，以保证安装正确。若无法校正，需更换液力变矩器。

3）首先将单向离合器内座圈驱动杆（专用工具）插入变矩器中，如图2-68a所示，再将单向离合器外座圈固定器（专用工具）插入变矩器中，并卡在轴套上的油泵驱动缺口内，如图2-68b所示。转动驱动杆，检查单向离合器工作是否正常。在逆时针方向上单向离合器应锁止，顺时针方向上应能自由转动，如图2-68c所示。如有异常，说明单向离合器损坏，应更换液力变矩器。

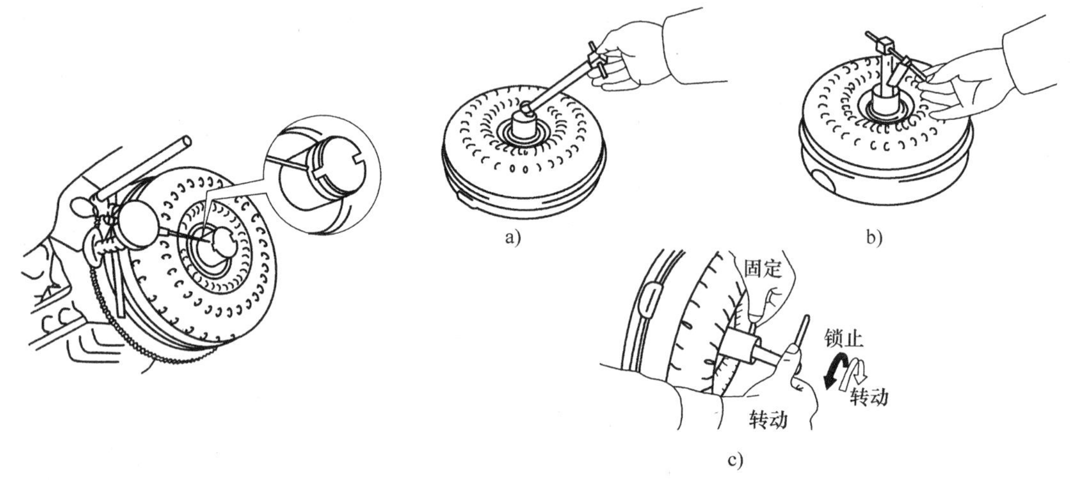

图2-67　液力变矩器轴套偏摆量的检查

图2-68　导轮单向离合器的检查
a）将座圈驱动杆插入变矩器中　b）插入外座圈固定器
c）转动驱动杆检查单向离合器的工作情况

2. 油泵的检修

油泵故障能引起在前进档和倒档车辆均不能移动；前进档和倒档起步无力；自动变速器打滑。叶片泵故障引起自动变速器换档冲击、异响等故障。下面以内啮合齿轮泵为例进行介绍。

内啮合齿轮泵的检查项目主要有：油泵内齿轮外圈与壳体间隙、齿顶与月牙板间隙、齿轮端隙、壳体衬套内径、转子轴套前端直径、转子轴套后端直径。以A340E变速器为例说明，各标准尺寸见表2-15，测量方法如图2-69所示。

表2-15　A340E自动变速器内啮合齿轮泵尺寸

项　　目	标准值/mm	极限值/mm
内齿轮与壳体间隙	0.07～0.15	0.30
齿顶与月牙板间隙	0.11～0.14	0.30
齿轮端隙	0.02～0.05	0.10
壳体衬套内径		38.19
转子轴套前端直径		21.58
转子轴套后端直径		27.08

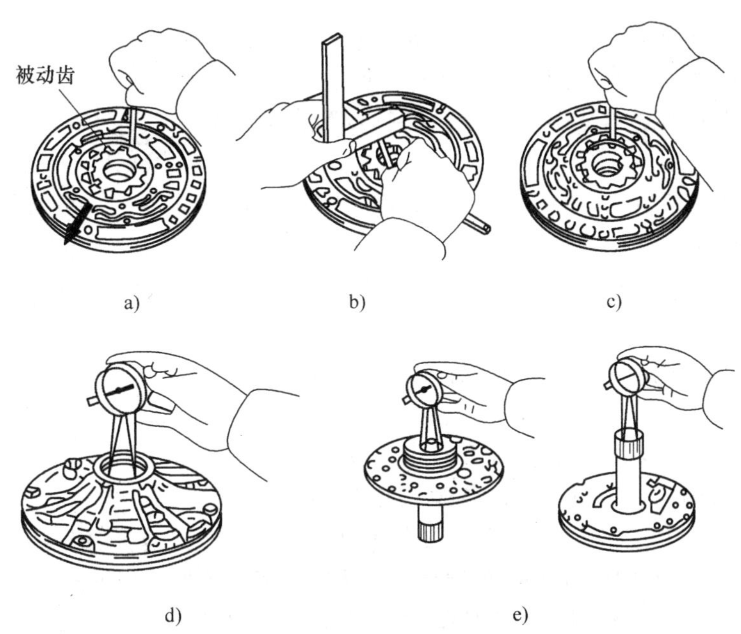

图 2-69　内啮合齿轮泵的检查

a）内齿轮与壳体间隙　b）齿轮端隙　c）齿顶与月牙板间隙　d）壳体衬套内径　e）转子轴套前、后端直径

3. 行星排、单向离合器的检修

1）检查太阳轮、行星齿轮、齿圈的齿面，如有磨损或疲劳剥落，应更换整个行星排。

2）检查行星齿轮与行星架之间的间隙，如图 2-70 所示。其间隙一般为 0.2～0.6mm，最大不得超过 1.0mm，否则，应更换止推垫片或行星架和行星齿轮组件。

3）检查太阳轮、行星架、齿圈等零件的轴颈或滑动轴承处有无磨损。如有异常，应更换新件。

4）检查单向离合器，如果滚柱破损、滚柱保持架断裂或内外圈滚道磨损起槽，应更换新件；如果在锁止方向上出现打滑或在自由转动方向上存在卡滞现象，也应更换，如图 2-71 所示。

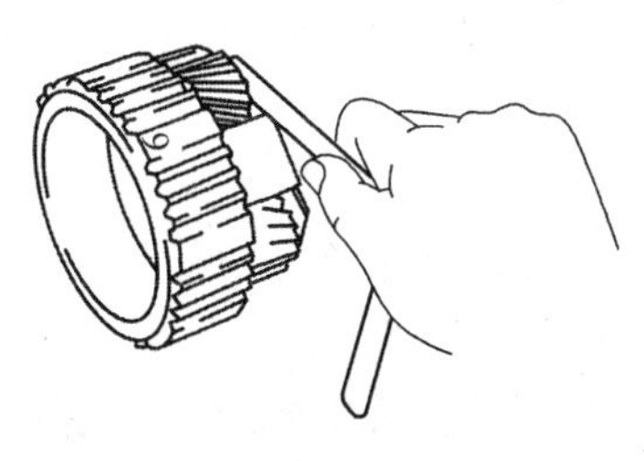

图 2-70　行星齿轮与行星架之间的间隙检查

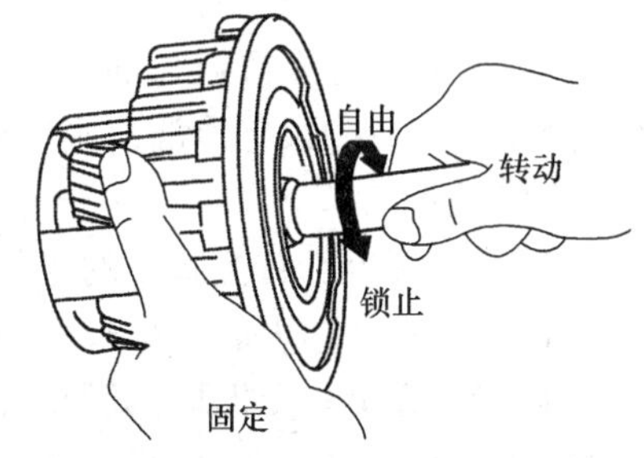

图 2-71　单向离合器锁止方向的检查图

4. 离合器的检修

1）检查离合器的摩擦片，如有烧焦、表面粉末冶金层脱落或翘曲变形，应更换。许多

自动变速器摩擦片的表面上印有符号，若这些符号已被磨去，说明摩擦片已磨损至极限，应更换。也可以测量摩擦片的厚度，若小于极限厚度，则应更换。

2）检查钢片和档圈的摩擦面，如有磨损或翘曲变形，应更换。

3）检查离合器和制动器的活塞，其表面应无损伤或拉毛，否则应更换新件。

4）检查离合器活塞上的单向阀，阀球应能在阀座内活动自如，如图2-72所示。用压缩空气或煤油检查单向阀的密封性，从液压缸一侧向单向阀内吹气，密封应良好。如有异常，应更换活塞。

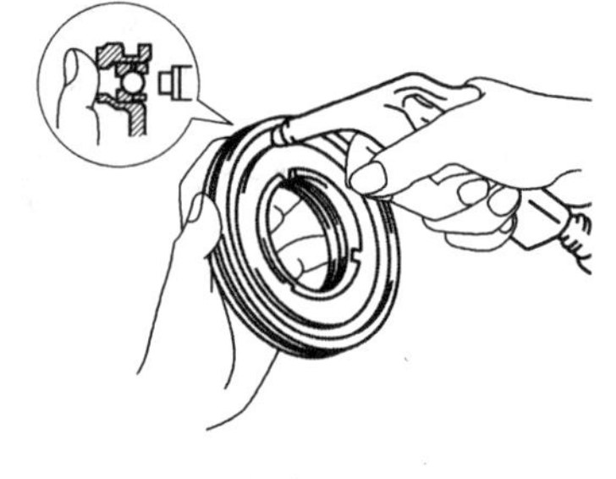

图2-72　离合器活塞单向阀密封性的检查

5）检查离合器鼓，其液压缸内表面应无损伤或拉毛，与钢片配合的花键槽应无磨损。如有异常，应更换新件。

6）测量活塞回位弹簧的自由长度，并与标准值进行比较。若弹簧自由长度过小或有变形，应更换新弹簧。表2-16为A341E型自动变速器的离合器检修标准。

表2-16　A341E型自动变速器的离合器检修标准

离合器的名称	弹簧自由长度标准/mm	自由间隙/mm
超速离合器 C_0	15.8	1.45～1.70
前进离合器 C_1		0.70～1.00
高档、倒档离合器 C_2	24.35	1.37～1.60

注意：在装配离合器之前，应将所有零件用清洁的煤油清洗干净，油道、单向阀孔等处要用压缩空气吹净，不能被脏物堵住。按照与分解相反的顺序装配，应在所有配合零件表面上涂少许自动变速器油。新的摩擦片放在干净的液压油中浸泡30min后安装。每个离合器装配后，都应检查活塞的工作是否正常。若自由间隙不符合标准，可采用更换不同厚度挡圈的方法来调整。

5. 制动器的检修

片式制动器的分解、检验和装配可参照离合器的检修进行。对于带式制动器，检查制动带内表面，如有烧焦、表面粉末冶金层脱落或表面符号已被磨去，应更换。此外，还要检查制动器伺服机构部件有无磨损和划痕，检查制动器的活塞表面有无损伤或拉毛，其液压缸内表面有无损伤或拉毛，如有异常，应更换新件。

6. 阀板的检修

1）将上、下阀板所有控制阀的零件用清洁的煤油或酒精清洗干净。

2）检查控制阀阀芯表面，如有轻微刮伤痕迹，可用金相砂纸抛光。

3）检查各阀弹簧有无损坏，测量各阀弹簧的长度，如不符合规定要求，应更换。

4）检查滤油器，如有损坏或堵塞，应更换。

5）检查隔板，如有损坏，应更换。

6）更换隔板上的纸质衬垫。

7）更换所有塑胶球阀。

8）如果控制阀卡死在阀孔中，应更换阀板总成。

注意：在拆检自动变速器时，并非一定要拆检阀板，只有在自动变速器换档规律失常或摩擦片严重烧毁，阀板内沾有大量摩擦粉末时，才对阀板进行拆检修理，以免无谓的拆装破坏阀板内各个控制阀的装配精度。拆检时，特别要认清上、下阀板油道中所有球阀等零件的位置。

任务六　电控液力自动变速器电控系统的检修

利用故障诊断仪读取故障码，可以找出控制系统大部分故障的大致范围，但要确定故障所在的具体部位，还必须使用万用表等简单工具，按照维修手册中提供的检测方法、检测步骤及标准数据，对各零部件进行检测。另外，一些执行器的机械故障（如卡滞、泄漏等）是无法被 ECU 故障自诊断电路检测出来的，只有通过实际检测才能发现。

1. 车速传感器和输入轴转速传感器的检修

1）感应线圈电阻的测量。关闭点火开关，拔下传感器线束插头。用万用表测量传感器两接线端之间的电阻，如图 2-73 所示。不同车型传感器感应线圈的电阻不完全相同，通常为几百欧到几千欧。如果感应线圈短路、断路或电阻值不符合标准，应更换传感器。

2）传感器输出脉冲的测量。用千斤顶将汽车一侧的驱动轮顶起，将变速杆挂于 N 位，用手转动悬空的驱动轮，同时用万用表测量车速传感器两接线柱之间有无脉冲感应电压。若在转动车轮时传感器有脉冲输出，说明其工作正常；否则，应更换传感器。测量输入轴转速传感器输出脉冲时，应将传感器拆下，用一根铁棒或一块磁铁迅速靠近或离开传感器，如图 2-74 所示。同时，用万用表测量传感器两接线柱之间有无脉冲感应电压。如果没有感应电压或感应电压很微弱，说明传感器有故障，应更换。

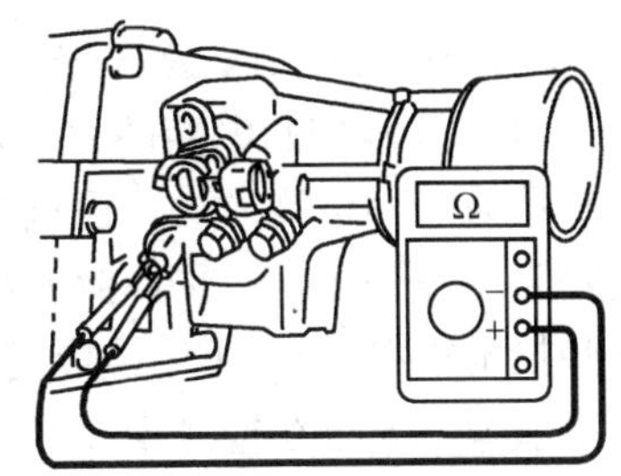

图 2-73　传感器感应线圈电阻的测量

2. 档位开关的检修

将手动控制阀摇臂拨至各个档位，用万用表测量档位开关线束插座内各插孔之间的导通情况。将测量结果与标准进行比较。如果有不符，应重新调整档位开关。

3. 油温传感器的检修

拆下油温传感器。将传感器置于盛有水的烧杯中，加热杯中的水，测量在不同温度下传感器两接线端之间的电阻，如图 2-75 所示。将测量的电阻值与标准值相比较。如果不符合标准，应更换传感器。

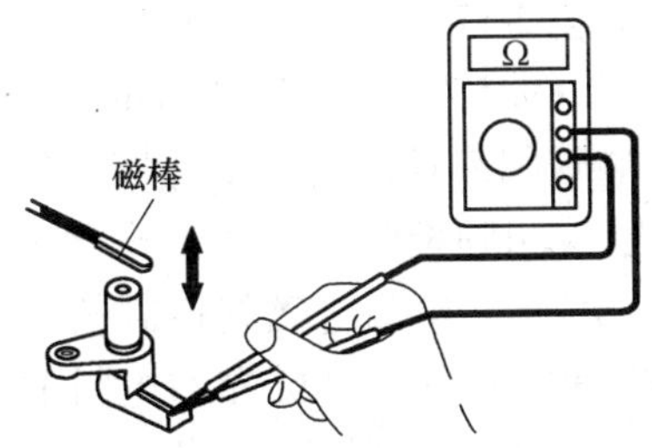

图 2-74　输入轴转速传感器输出脉冲的测量图

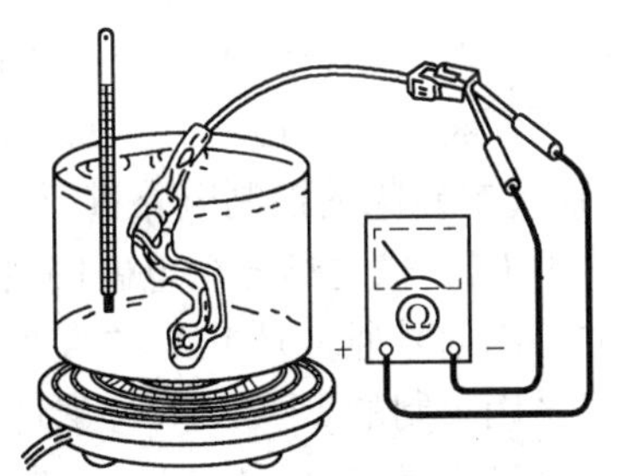

图 2-75　油温传感器的检测

4. 电磁阀的检修

1）电磁阀的就车检查。用万用表测量电磁阀线圈的电阻。开关式电磁阀线圈的电阻一般为 10 ~ 30Ω。脉冲线性式电磁阀的线圈电阻值较小，一般为 2 ~ 6Ω。若电磁阀线圈短路、断路或电阻值不符合标准，应更换。将 12V 电源施加在电磁阀线圈上，应能听到电磁阀工作的“咔嗒”声；否则，说明阀芯卡住，应更换电磁阀。

2）电磁阀的性能检验。开关式电磁阀性能的检验方法：拆下电磁阀，将压缩空气吹入电磁阀进油口。当电磁阀线圈不接电源时，进油孔和泄油孔之间应不通气；接上电源后，进油孔和泄油孔之间应相通。若不满足要求，说明电磁阀损坏，应更换电磁阀。脉冲线性式电磁阀性能的检验方法：拆下脉冲线性式电磁阀，将蓄电池串联一个 8 ~ 10W 的车用灯泡，然后与电磁阀线圈连接（脉冲线性式电磁阀线圈电阻较小，不可直接与 12V 电源连接，否则会烧毁电磁阀线圈）。通电时，电磁阀阀芯应向外伸出；断电时，电磁阀阀芯应向内缩入。如果异常，说明电磁阀损坏，应更换。脉冲线性式电磁阀的另一种检验方法是：将可调电源与电磁阀线圈连接，调整电源的电压，同时观察阀芯的移动情况。当电压逐渐升高时，阀芯应随之向外移动；当电压逐渐减小时，阀芯应随之向内移动。否则，说明电磁阀损坏，应更换。在检验中应注意电流不要超过 1A。

5. ECU 及控制电路检修

ECU 及其控制电路的故障可通过故障诊断仪来检测。如果无法使用故障诊断仪，也可以采用另一种检测方法：通过测量 ECU 线束插头内各接脚的工作电压来判断 ECU 及其控制电路工作是否正常。采用此方法检测故障时，必须以被测车型的详细维修技术资料为依据。这些技术资料包括 ECU 各接线脚（端子）的定义和各接脚在发动机不同工作状态下的标准电压值等。如果在检测中发现某一接脚的实际工作电压与标准值不符，则表明 ECU 或控制电路有故障。

6. 控制系统工作过程的检验

控制系统工作过程的检验就是检查 ECU 向各个电磁阀发出的控制信号是否正常。只要这些控制信号正常，就说明控制系统中的 ECU、传感器及其控制电路的工作是正常的。控制系统的工作过程可以用故障诊断仪来检验，如美国的通用、福特等车型可用这种方法。在无法使用故障诊断仪的情况下，则可以采用以下几种方法来检验控制系统的工作过程。

1）用电压表通过故障自诊断插座进行检测。在某些丰田轿车的故障自诊断插座内有一个 TT 插孔，这是专门用于检测电控液力自动变速器控制系统的。起动发动机并运转至正常工作温度，将超速档开关置于 ON 位置。按下模式开关，使之位于普通模式或经济模式位置。将变速杆拨至 D 位，踩下加速踏板，让汽车行驶并加速。用电压表测量 TT 插孔与 E1 插孔的电压，其电压值与 ECU 发出的换档信号的关系见表 2-17。由表中可知，随着档位的升高，电压值将作阶跃性增大。每次电压增大的时刻即为 ECU 发出升档信号的时刻。

2）通过电磁阀的控制电路进行检测。ECU 是通过电磁阀来控制自动变速器工作的。因此只要检测 ECU 输送给各个电磁阀的控制信号，就可以检测到控制系统的工作状态。由于电磁阀的控制信号通常是 12V 的直流电压或脉冲电压，因此，检测电磁阀控制信号最简便的方法是采用自制的 12V 二极管试灯。12V 二极管试灯串联了一个 1kΩ 左右电阻的发光二极管。将试灯正极与电磁阀控制线路连接，负极一端搭铁，通过观察发光二极管发亮情况来检测电磁阀的工作状态。若在自动变速器工作过程中，与某个电磁阀连接的信号指示灯亮，说明该电磁阀正在工作。

表 2-17　电压与换档信号的关系

档位信号	电压/V
1 档	0
2 档	2
2 档、锁止离合器结合	3
3 档	4
3 档、锁止离合器结合	5
4 档	6
4 档、锁止离合器结合	7

这种方法可以不受任何条件的限制，适用于检测任何车型电子控制自动变速器的控制系统，特别适于检测控制系统的换档信号。只要将测得的各个换档电磁阀的工作状态与不同档位下换档电磁阀的工作规律情况进行比较，就可以知道控制系统向换档电磁阀发出的控制信号是哪个档位。

任务七　电控液力自动变速器的故障诊断

1. 电控液力自动变速器的故障诊断原则

1）发动机、ECU、底盘或变速器本身都会影响变速器性能，检修自动变速器前，必须先确定故障到底发生在哪一部分。

2）确定是由自动变速器引起的故障后，再利用自动变速器各种检查、试验项目判断是由液压控制系统、电控系统还是机械系统引起的。

3）坚持先简后难、逐步深入的原则。按故障的难易程度，先从最简单、最容易检查的部位入手，如开关、拉杆、自动变速器油状况等，从那些最易于接近的部位、易被忽视的部位和影响较大的因素开始，最后再深入到实质性的故障。

4）必须在拆检之后才能确诊的故障应是故障诊断的最后程序，不要轻易分解液力自动变速器。

5）充分利用电控液力自动变速器故障自诊断功能及专用检测仪器。

2. 汽车不能行驶故障的诊断

（1）故障现象

1）无论变速杆位于倒档、前进档还是前进低档，汽车都不能行驶。

2）冷车起动后汽车能行驶一小段路程，但热车状态下汽车不能行驶。

（2）故障原因

1）自动变速器油渗漏，液压油全部漏光。

2）变速杆和手动控制阀摇臂之间的连杆或拉索松脱，手动控制阀保持在空档或停车档位置。

3）油泵进油滤网堵塞。

4）主油路严重泄漏。

5）油泵损坏。

（3）故障诊断与排除　汽车不能行驶的故障诊断与排除流程如图 2-76 所示。

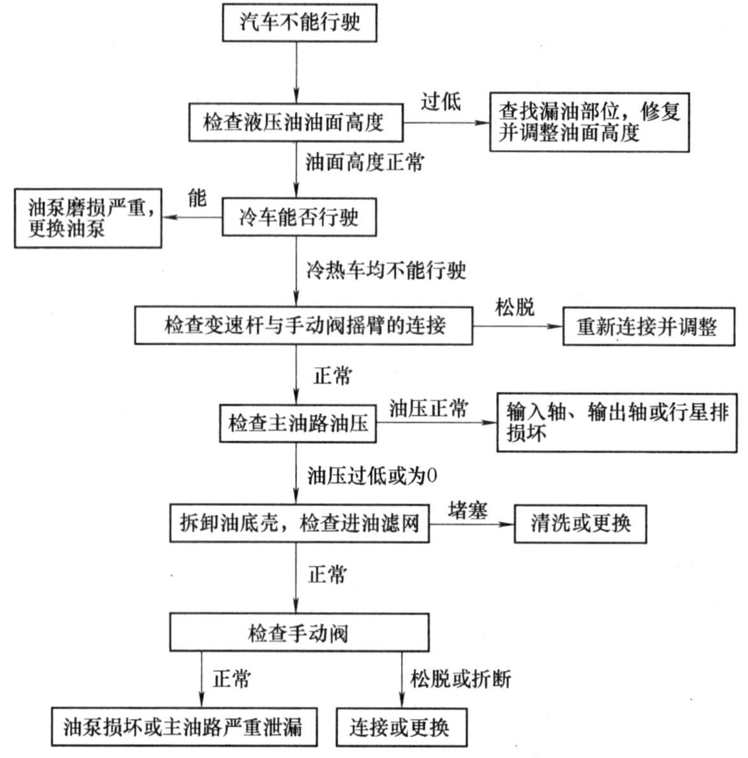

图 2-76　汽车不能行驶的故障诊断与排除流程

3. 无前进档故障的诊断

（1）故障现象

1）汽车倒档行驶正常，在前进档时不能行驶。

2）变速杆在 D 位时不能起步，在 S 位、L 位（或 2 档、1 档）时可以起步。

（2）故障原因

1）前进档离合器严重打滑。

2）前进单向离合器打滑或装反。

3）前进档离合器油路严重泄漏。

4）变速杆调整不当。

（3）故障诊断与排除　自动变速器无前进档的故障诊断与排除流程如图 2-77 所示。

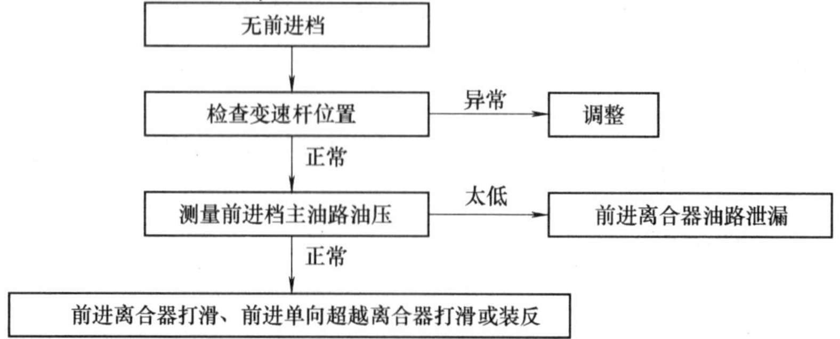

图 2-77　自动变速器无前进档的故障诊断与排除流程

4. 无倒档故障的诊断

（1）故障现象　汽车在前进档能正常行驶，但在倒档时不能行驶。

（2）故障原因

1）变速杆调整不当。

2）倒档油路泄漏。

3）倒档及高速档离合器或低速档及倒档制动器打滑。

（3）故障诊断与排除　自动变速器无倒档的故障诊断与排除流程如图 2-78 所示。

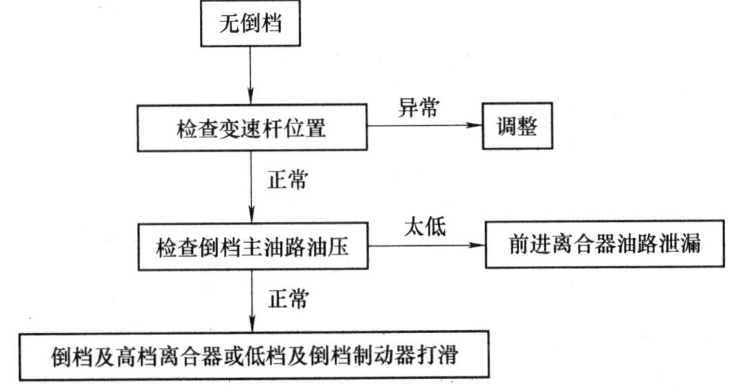

图 2-78　自动变速器无倒档的故障诊断与排除流程

5. 自动变速器打滑故障的诊断

（1）故障现象

1）起步时踩下加速踏板，发动机转速很快升高，但车速升高缓慢。

2）行驶中踩下加速踏板加速时，发动机转速升高，但车速没有很快提高。

3）平路行驶基本正常，但上坡无力，且发动机转速很高。

（2）故障原因

1）自动变速器油油面太低。

2）自动变速器油油面太高，运转中被行星排剧烈搅动后产生大量气泡。

3）离合器或制动器摩擦片、制动带磨损严重或烧焦。

4）油泵磨损严重或主油路泄漏，造成油路油压过低。

5）单向离合器打滑。

6）离合器或制动器活塞密封圈损坏，导致漏油。

7）减振器活塞密封圈损坏，导致漏油。

（3）故障诊断与排除　打滑是自动变速器最常见的故障之一。自动变速器打滑往往都伴有离合器或制动器摩擦片严重磨损甚至烧焦等现象，在更换磨损的摩擦片之前应找出打滑的真正原因。自动变速器打滑的故障诊断与排除流程如图 2-79 所示。

6. 无发动机制动故障的诊断

（1）故障现象

1）在行驶中，当变速杆位于前进低档（S、L 或 2、1）位置时，松开加速踏板，发动机转速降至怠速，但汽车没有明显减速。

2）下坡时，变速杆位于前进低档，但不能产生发动机制动作用。

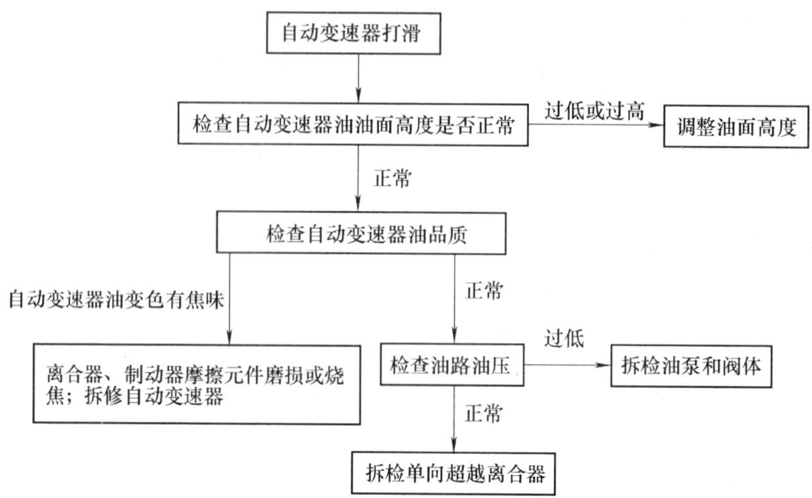

图 2-79　自动变速器打滑的故障诊断与排除流程

（2）故障原因

1）档位开关调整不当。

2）变速杆调整不当。

3）2 档强制制动器打滑或低速档及倒档制动器打滑。

4）控制发动机制动的电磁阀有故障。

5）阀体有故障。

6）自动变速器打滑。

7）ECU 有故障。

（3）故障诊断与排除　无发动机制动的故障诊断与排除流程如图 2-80 所示。

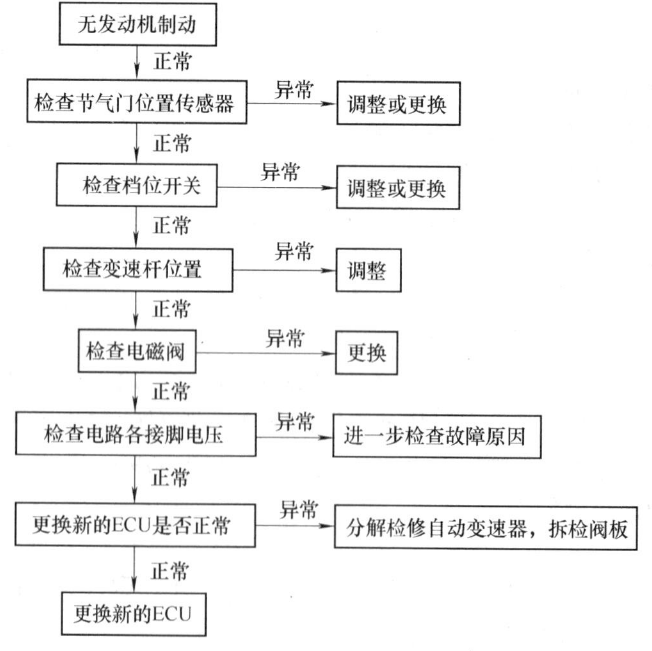

图 2-80　无发动机制动的故障诊断与排除流程

7. 无锁止故障的诊断

（1）故障现象

1）在汽车行驶中，车速、档位已满足锁止离合器起作用的条件，但锁止离合器仍没有产生锁止作用。

2）汽车油耗较大。

（2）故障原因

1）油温传感器有故障。

2）节气门位置传感器有故障。

3）锁止电磁阀有故障或电路短路、断路。

4）锁止控制阀有故障。

5）液力变矩器中的锁止离合器损坏。

（3）故障诊断与排除　自动变速器无锁止的故障诊断与排除流程如图2-81所示。

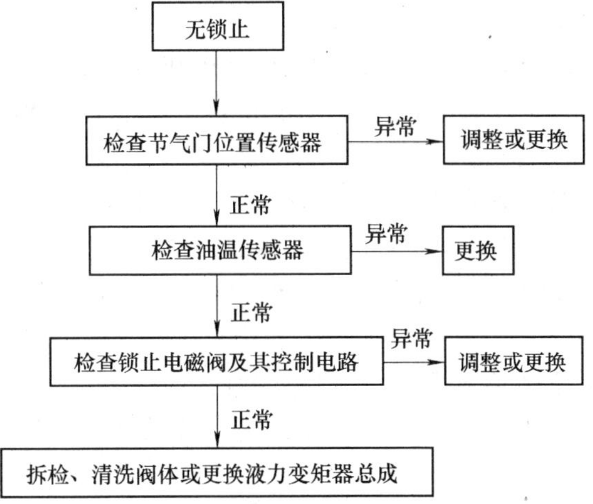

图2-81　自动变速器无锁止的故障诊断与排除流程

练　习　题

一、填空题

1. 电控自动变速器主要由__________、__________、__________、__________和电子控制系统五大部分组成。

2. 在自动变速器中常用的制动器有__________和__________两种。

3. 单向离合器有________和________两种，其作用是__________。

4. 装有自动变速器的汽车升档点和降档点是不同的，在节气门开度不变的情况下，降档车速__________升档车速。

5. 决定油泵使用性能的主要因素是油泵齿轮的工作间隙，主要包括：________、__________、__________。

6. 若失速转速高于标准值，说明__________；若低于标准值则可能是__________。

7. 液力变矩器中的能量损失主要包括__________、__________和__________。

8. 手动档 1 档和 2 档均带有发动机____________，因此不宜长时间使用。

9. 汽车不能行驶，最常见的故障是________________打滑。

10. 轻度的换档冲击通常是由于________和________间隙过大造成的，严重的换档冲击通常是由于___________卡滞或控制阀中___________发生卡滞造成的。

11. 变速杆位置不准确，通常是由于______调整不当造成的。

12. 加速时打滑的原因是主油压________或离合器、制动器间隙____________。

二、判断题

1. 液控自动变速器有节气门拉索，电控自动变速器无节气门拉索。（　）
2. 对于空档起动开关的检修只测电阻不测电压。（　）
3. 若离合器的自由间隙不符合标准值时，可采用更换不同厚度档圈的方法来调整。（　）
4. 节气门开度不变时，汽车升档和降档时刻完全取决于车速。（　）
5. 泵轮与变矩器的壳体是刚性连接的。（　）
6. 液力变矩器可以在一定范围内无级的改变转矩和传动比。（　）
7. 在道路实验中，如无特殊需要，通常将超速档开关置于 ON 位置（即超速档指示灯熄灭）。（　）
8. 液力变距器的外壳是采用焊接式的整体结构，不可分解。（　）
9. 油泵通常安装在液体变矩器后，由飞轮通过液体变矩器壳直接驱动。（　）
10. 只有当行星架制动时，太阳轮齿圈一个为输入、一个为输出才会实现倒档行使。（　）
11. 发动机不工作，油泵也不工作，无压力油输出。（　）
12. 在升档或降档的瞬间，ECU 通过油压电磁阀适当增大主油路油压，以减少换档冲击。（　）
13. 行星齿轮变速器中的所有齿轮都是处于常啮合状态。（　）
14. 内啮合行星齿轮机构比外啮合式相比结构紧凑，但传动效率低。（　）
15. 行星架制动、太阳轮输入、齿圈输出时为减速传动的情况。（　）
16. 自动变速器在 1 档能产生发动机制动作用。（　）

三、简答题

1. 何为自动变速器的时滞实验？时滞实验的目的是什么？简要叙述时滞实验的步骤。
2. 自动变速器的基本检查都包括哪些项目？
3. 何为失速转速？失速实验的目的是什么？详述做失速实验的准备及步骤。
4. 强制降档阀的作用是什么？强制降档阀有哪两种类型？
5. 对于行星排、单向离合器应检验哪些项目？
6. 汽车在前进档能正常行驶，但在倒档时不能行驶，分析其故障原因。
7. 如何进行强制降档功能的检查？
8. 如何进行锁止离合器工作情况的检查？

模块三　机械无级自动变速器

3.1　学习目标

【知识目标】

1. 了解机械无级自动变速器的组成。
2. 了解机械无级自动变速器的基本工作原理。
3. 掌握机械无级自动变速器的结构与工作过程。
4. 掌握机械无级自动变速器常见故障的现象、原因分析方法。

【能力目标】

1. 能拆卸与安装机械无级自动变速器。
2. 能进行机械无级自动变速器的分解与装配。
3. 能进行机械无级自动变速器基本维护。
4. 能分析机械无级自动变速器电路图。
5. 能进行机械无级自动变速器零件、电控系统的检修。
6. 能排除机械无级自动变速器常见故障。

3.2　知识学习

3.2.1　机械无级自动变速器的基本认识

本模块以国产奥迪 01J 型机械无级自动变速器为例进行介绍。

1. 机械无级自动变速器的组成

奥迪 01J 型机械无级自动变速器被称为 Multitronic，主要由减振缓冲装置、动力连接装置、变速控制系统、液压控制单元和电控单元等组成，如图 3-1 所示。

2. 机械无级自动变速器的基本原理

机械无级自动变速器主要包括主动链轮装置、从动链轮装置、传动链和液压缸等基本部件，主要结构如图 3-2 所示。

工作时，通过主动链轮装置与从动链轮装置的可动盘做轴向滑动来改变可动盘和固定盘锥面与 V 形传动带啮合的工作半径，从而改变传动比，如图 3-2 所示。两个链轮装置可以实现反向调节，即当其中一个链轮装置凹槽逐渐变宽时，另一个链轮装置凹槽就会逐渐变窄。可动盘的轴向移动量是由控制系统调节主、从链轮装置液压缸的压力来实现的。由于主、从动链轮装置的工作半径可以实现连续调节，从而实现了无级变速。两组链轮装置中的可动盘必须同时移动相同距离，这样才能保证传动链始终处于张紧状态，并有足够的传动链和链轮之间的接触压力。

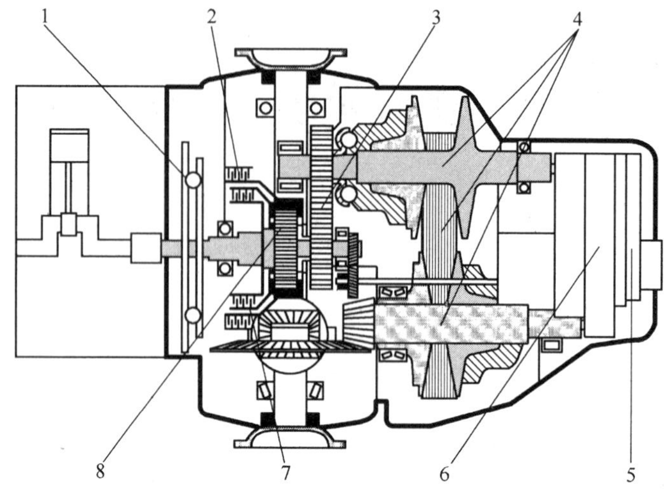

图 3-1　奥迪 01J 型机械无级自动变速器的结构

1—减振缓冲装置　2—倒档制动器　3—辅助减速齿轮组　4—变速器及传动链
5—变速器电子控制单元　6—液压控制单元　7—前进档离合器　8—行星齿轮组

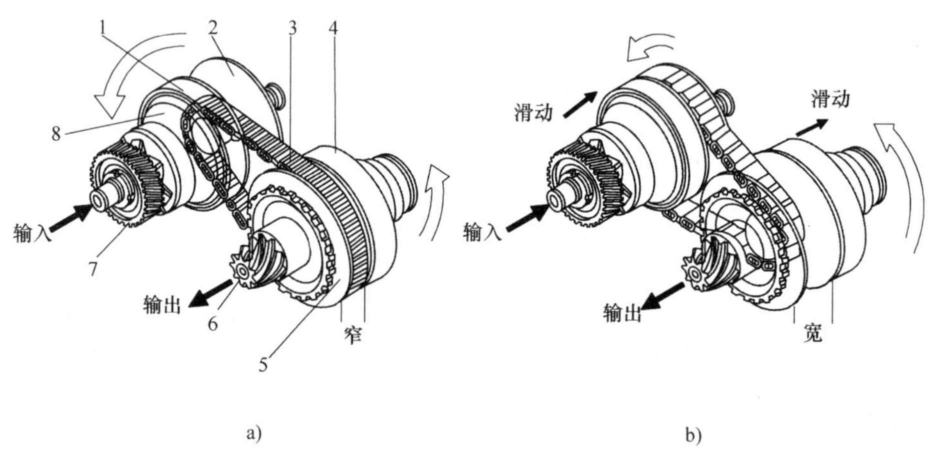

图 3-2　变传动比系统

a）传动比大　b）传动比小

1—可动盘（主动链轮装置）　2—固定盘（主动链轮装置）　3—传动链　4—可动盘（从动链轮装置）
5—固定盘（从动链轮装置）　6—输出齿轮　7—驱动齿轮　8—液压缸

3.2.2　机械无级自动变速器的结构与工作原理

1. 动力传递装置

机械无级自动变速器的动力传递装置主要由减振缓冲装置、前进档及倒档控制装置、辅助减速齿轮、链轮装置与传动链组成，其示意图如图 3-3 所示。发动机动力通过减振缓冲装置传递给变速器输入轴，再通过行星齿轮机构、一对辅助减速齿轮组传递到传动链轮装置，由传动链轮无级变速后，动力经过主减速器和差速器，传递到驱动轮。

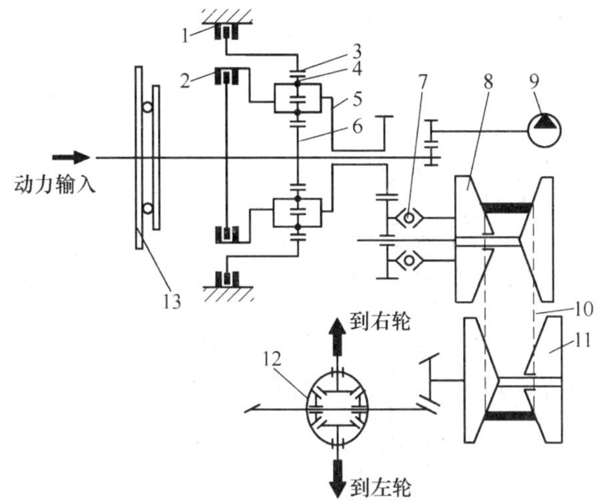

图3-3　奥迪01J型机械无级自动变速器动力传递装置示意图
1—倒档制动器　2—前进档离合器　3—齿圈　4—行星轮　5—行星架　6—太阳轮
7—转矩感应装置　8—链轮装置1　9—油泵　10—传动链　11—链轮装置2
12—差速器　13—减振缓冲装置

（1）减振缓冲装置　奥迪01J型机械无级自动变速器取消了变矩器。由于飞轮在工作时转动是不均匀的，即在做功行程转得快，而在其他行程则转得慢。这种转动的不均匀性传递到变速器内就会形成振动。因此需要一个减振缓冲装置来缓冲这种振动。目前，奥迪V62.8L发动机采用飞轮减振装置，奥迪A41.8L四缸发动机采用双质量飞轮作为减振缓冲装置，如图3-4所示。

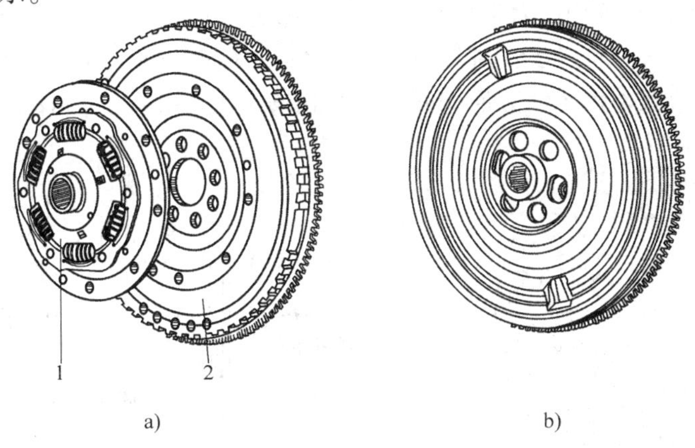

图3-4　减振缓冲装置
a）飞轮减振装置　b）双质量飞轮
1—减振装置　2—飞轮

（2）前进档及倒档控制装置　前进档及倒档控制装置主要由行星齿轮装置、前进档离合器和倒档制动器组成。奥迪Multitronic CVT（无级传动）前进档离合器和倒档制动器配合单排行星齿轮机构实现对前进档和倒档的控制。前进档离合器和倒档制动器采用了湿式多片式摩擦片，用于起步并将转矩传递给辅助减速齿轮组，如图3-5所示。起步和转矩传递过程由电子和液压控制单元监控和调整。行星齿轮机构如图 3-6 所示。在奥迪 Multitronic CVT 中，行星齿轮机构唯一的功能是改变变速器输出轴的旋转方向。

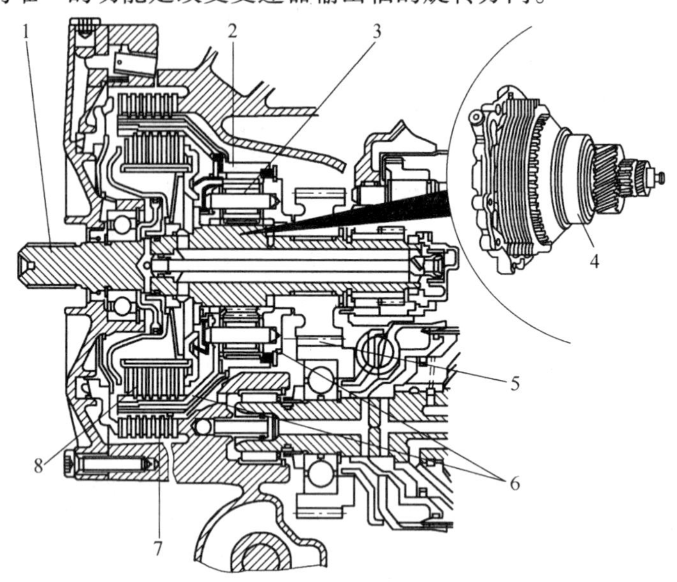

图 3-5　离合器、制动器及行星齿轮机构

1—变速器输入轴　2—齿圈　3—行星齿轮　4—行星齿轮机构　5—辅助减速齿轮组　6—行星架　7—倒档制动器　8—前进档离合器

1）车辆停止时：前进档离合器与倒档制动器均不起作用，此时行星排处于自由状态，齿圈空转，不能传递动力。

2）车辆前进时：前进档离合器钢片与太阳轮连接，摩擦片与行星齿轮架相连接。当前进档离合器作用时，太阳轮（变速器输入轴）与行星齿轮架（输出）连接，行星齿轮系被成为一个整体，并与发动机运转方向相同，传动比为 1∶1，如图 3-7 所示。

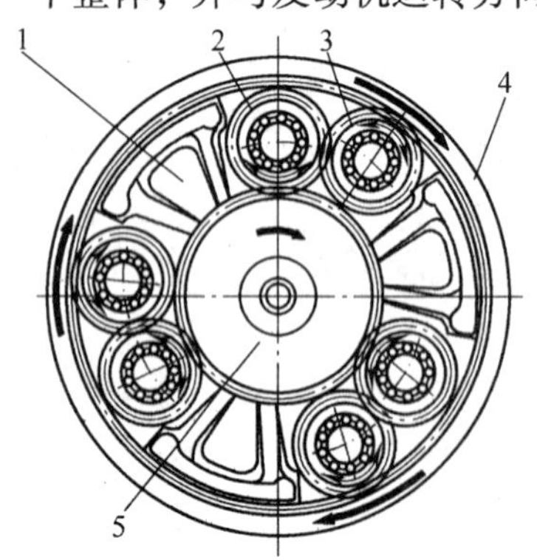

图 3-6　行星齿轮机构

1—行星架　2—行星轮 1　3—行星轮 2　4—齿圈　5—太阳轮

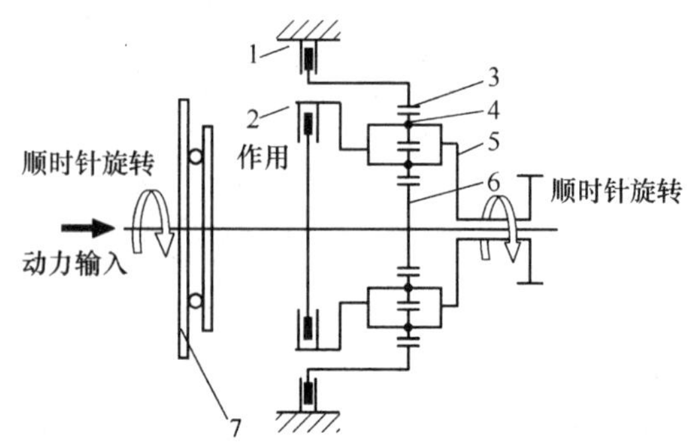

图 3-7　车辆前进时的动力传递情况

1—倒档制动器　2—前进档离合器　3—齿圈　4—行星轮　5—行星架　6—太阳轮　7—减振缓冲装置

3）车辆倒退时：倒档制动器摩擦片与齿圈相连接，钢片与变速器壳体相连接。当倒档制动器作用时，齿圈被固定，太阳轮（输入轴）为主动轮，转矩传递到行星齿轮架，由于是双行星齿轮（其中一个为惰轮），所以行星齿轮架就会以与发动机旋转方向相反的方向运

转，车辆向后行驶，如图 3-8 所示。

（3）辅助减速齿轮　由于受空间布置的限制，转矩通过辅助减速档齿轮传递到变速器，如图 3-9 所示。辅助减速档齿轮传动副传动比为 1.109，以适应发动机到变速器的变化，从而使变速器在其最佳转矩范围内工作。

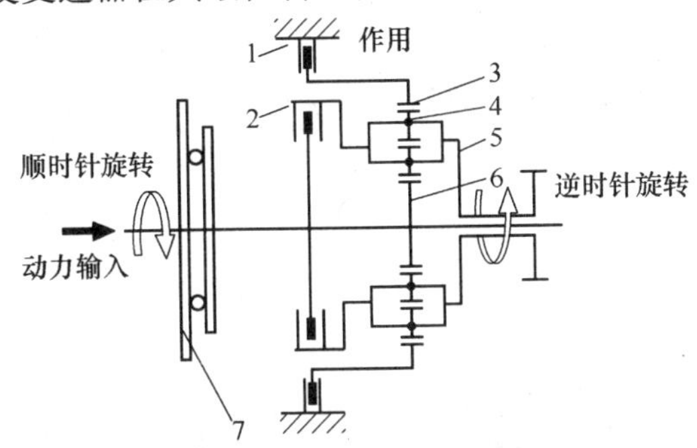

图 3-8　车辆倒退时的动力传递情况

1—倒档制动器　2—前进档离合器　3—齿圈　4—行星轮　5—行星架　6—太阳轮　7—减振缓冲装置

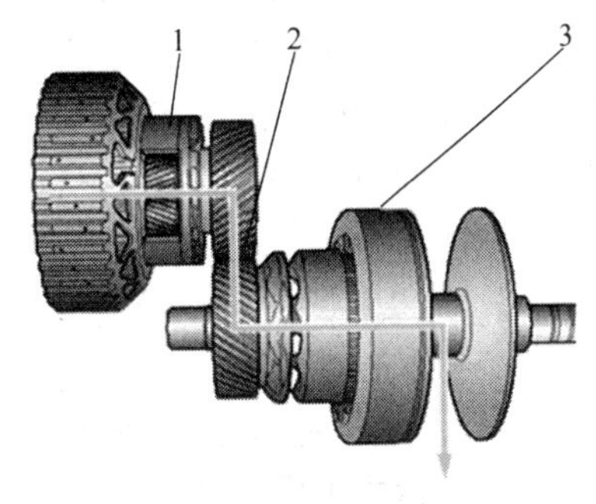

图 3-9　辅助减速齿轮

1—行星齿轮机构　2—辅助减速齿轮　3—主动链轮装置

（4）链轮装置与传动链　如图 3-2 所示，链轮装置由主动链轮装置和从动链轮装置组成，主、从动链轮装置都是由可动盘和固定盘组成的，可动盘与液压缸靠近的一侧带轮可以在轴上滑动，另一侧固定。可动盘与固定盘都是锥面结构，它们的锥面形成 V 形槽与 V 形传动链啮合。发动机输出轴输出的动力首先传递到 CVT 的主动链轮装置，然后通过 V 形传动带传递到从动轮链轮装置，最后经主减速器、差速器传递给车轮来驱动汽车。

传动链是 Multitronic 变速器的关键部件，传动链具有转矩大和效率高等特点，如图 3-10 所示。传动链的相邻链节通过转动压块连接成一排（每个销子连接两个链节），转动压块在变速器链轮间“跳动”。转矩靠转动压块正面和链轮接触面的摩擦力来传递，两个转动压块组成一个转动节。转动压块相互滚动，当其在链轮跨度半径范围内驱动传动链时，几乎没有摩擦。尽管转矩和弯曲角度大，动力损失和磨损却最小，因此可使其使用寿命延长并提高效率。传动链是由两种不同长度的链节构成的，使用两种不同长度链节的目的是防止共振并减小运动噪声。

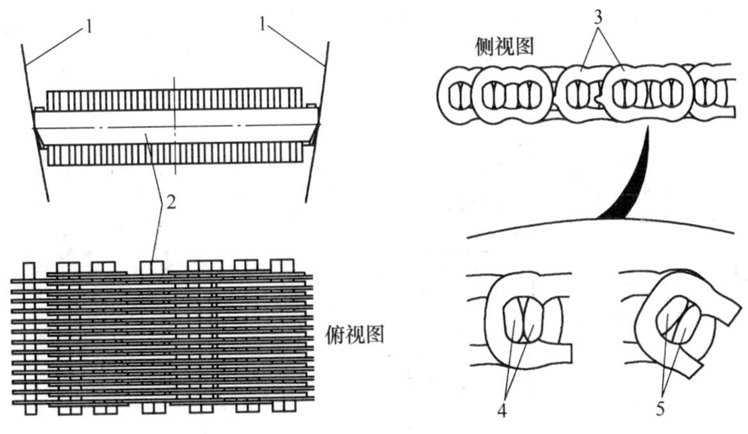

图 3-10　传动链

1—变速器锥面链轮　2—转动压块　3—链节　4—转动压块　5—转动节

2. 变速控制系统

奥迪 01J 型机械无级自动变速器的关键部件是变速控制系统，如图 3-11 所示。链轮装置 5 和 10 各有一个压力缸 2、8 和分离缸 6、11。当一个分离缸进油，而另一个分离缸泄压时，即可调整变传动比。链轮和传动链之间的接触压力由压力缸内的油压来保证。当液压系统泄压时，主动链轮膜片弹簧和从动链轮螺旋弹簧产生一个额定的传动链基础张紧力（接触压力）。在泄压状态下，变速器起动转矩变传动比由从动链轮的螺旋弹簧弹力调整，基本工作原理示意如图 3-12 所示。

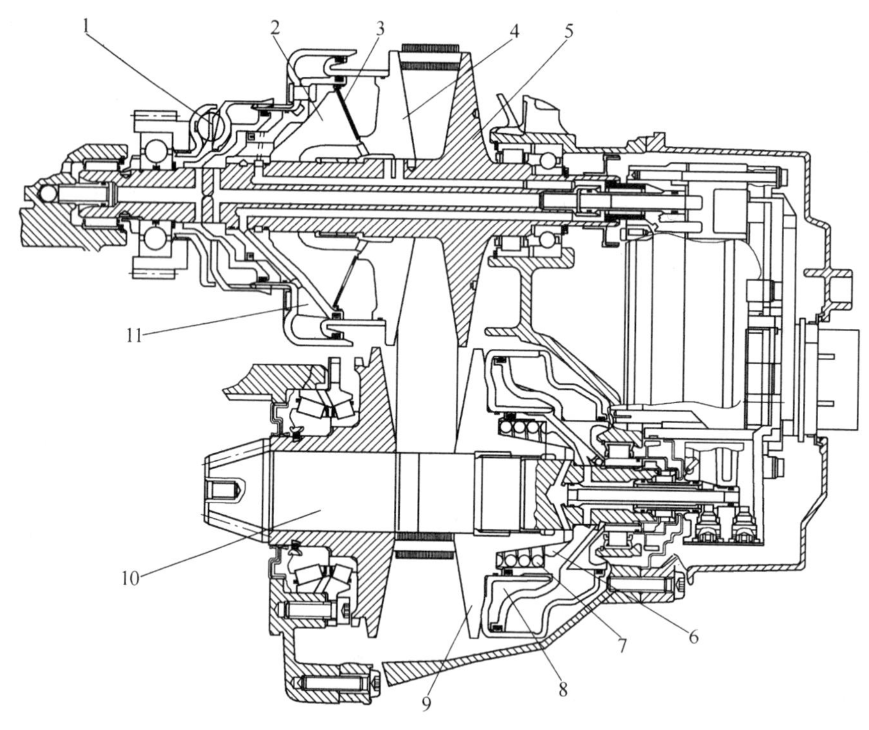

图 3-11　变速控制系统的结构

1—转矩传感器　2、8—压力缸　3—膜片弹簧　4、9—变速器链轮　5、10—链轮装置　6、11—变速器分离缸　7—螺旋弹簧

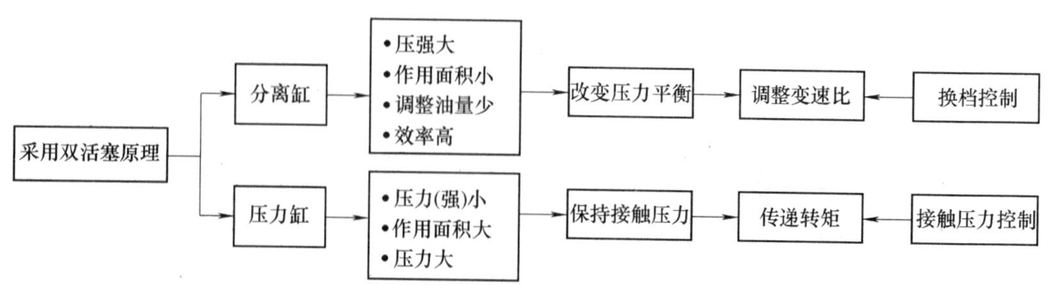

图 3-12　变速控制系统工作原理示意图

3. 变速杆选档轴和停车锁

变速杆选档轴和停车锁机构如图 3-13 所示。奥迪 01J 型机械无级自动变速器变速杆位置有 P、R、N、D 及手动选档位置。选择手动模式时，仪表会显示 6、5、4、3、2 或者 1。通过变速杆可触发液压控制单元手动阀、控制停车锁、触发多功能开关以识别变速杆位置。

4. 液压控制系统

（1）供油系统　奥迪 01J 型机械无级自动变速器装有高效率的月牙形内啮合齿轮泵，它作为一个部件集成在液压控制单元上，并直接由输入轴通过直齿轮和泵轴驱动。油泵内部密封良好，如图 3-14 所示，因此在发动机低速下仍可产生高压。

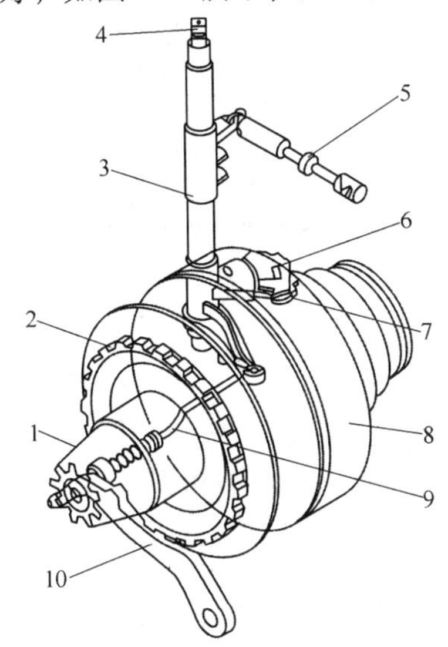

图 3-13　选档轴及驻车机构

1—驱动小齿轮　2—驻车锁止齿轮　3—选档轴　4—外选档机构　5—手动阀　6—电磁铁　7—锁止通道　8—链轮装置 2　9—锁止推杆　10—锁止爪

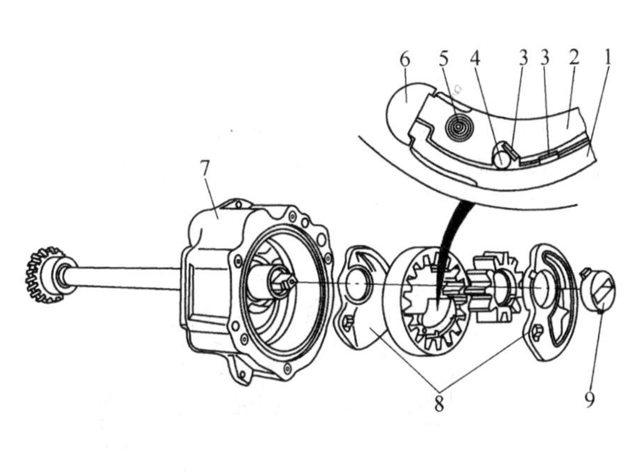

图 3-14　油泵

1—外扇形块　2—内扇形块　3—扇形弹簧　4—密封滚柱　5—弹簧杆　6—锁止销　7—液压泵壳体　8—轴向垫片　9—驱动元件

供油系统为了保证充分冷却离合器和制动器，装有吸气喷射泵，如图 3-15 所示。吸气喷射泵集成在离合器冷却系统中，以供应冷却离合器所需的冷却液量。吸气喷射泵为塑料结构，并且凸向油底壳深处，从而保证吸油能力。

吸气喷射泵根据文丘里管原理工作，如图 3-16 所示。当离合器需要冷却时，冷却液（液压油）由油泵泵出来，通过吸气喷射泵（吸气泵）进行导流并形成动力喷射流，冷却液流经泵的真空部分产生一定真空，将其从油底壳中吸出，并与动力喷射流一起形成一股大流量的油流，在不增加油泵容量的情况下，冷却液量几乎加倍。单向阀阻止吸气喷射泵（吸气泵）空转并且有助于对冷却液供应做出迅速的反应。

（2）液压控制单元　液压控制单元可完成下述功能：前进档/倒档离合器控制，离合器压力调节，离合器冷却，为接触压力控制提供液压油，传动控制和为飞溅机油罩盖供油。

液压控制单元由手动阀、9 个液压阀（包括限压阀 DBV1、离合器冷却阀 KKV、离合器控制阀 KSV、最小压力阀 MDV、安全阀 SIV、减压阀 UV、体积改变率限制阀 VSBV、施压阀 VSPV 和输导压力阀 VSTV）和 3 个电磁阀组成，如图 3-17 和图 3-18 所示。液压控制单元和变速器控制单元直接插接在一起。

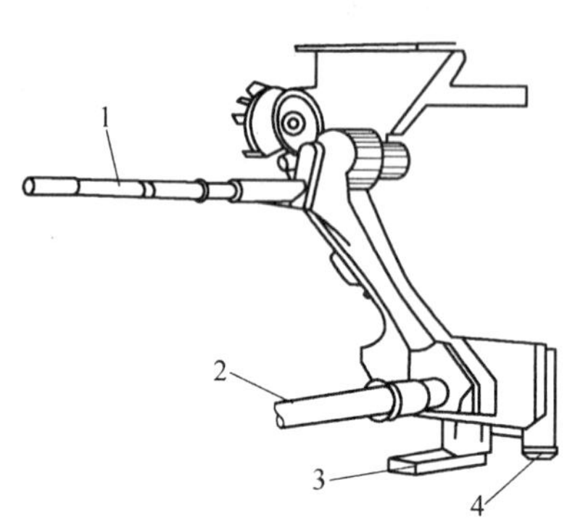

图 3-15　吸气喷射泵

1—前进档离合器中的压力油管　2—从液压控制单元到吸气喷射泵的压力管　3—进油管　4—ATF 溢流管

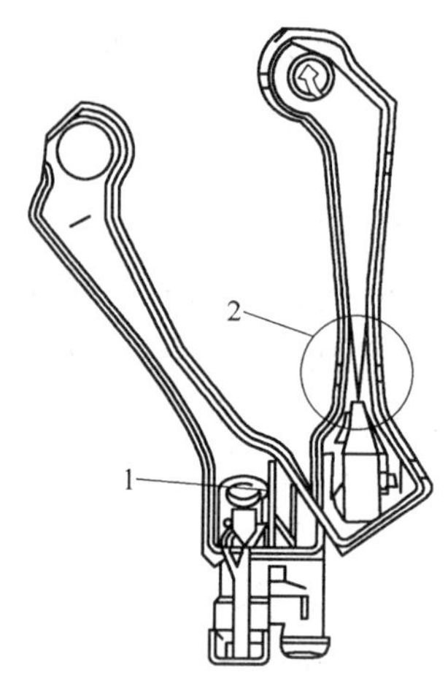

图 3-16　吸气喷射泵内部结构

1—单向阀　2—文丘里管

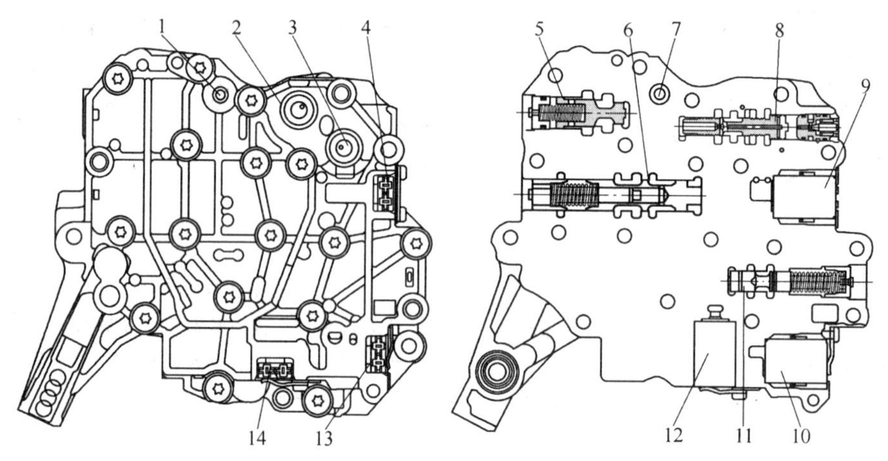

图 3-17　液压控制单元（一）

1、7—限压阀 DBV1　2—连接 G193　3—连接 G194　4—电磁阀 N215 插头　5—最小压力阀 MDV　6—离合器冷却阀 KKV　8—离合器控制阀 KSV　9—电磁阀 N215　10—电磁阀 N216　11—输导压力阀 VSTV　12—电磁阀 N88　13—电磁阀 N216 插头　14—电磁阀 N88 插头

限压阀 DBV1 用于将油泵产生的最高压力限制为 0. 82MPa。输导压力阀 VSTV 用于向 3 个压力调节电磁阀提供一个恒定的 0. 5MPa 的输导控制压力。最小压力阀 MDV 用来防止汽车起动时油泵吸入空气，当油泵输出功率高时，压力阀 MDV 打开，允许机油从回油管流到油泵吸入侧，提高油泵效率。施压阀 VSPV 控制系统压力，在特定功能下，能始终提供足够油压（应用接触压力或调节压力）。电磁阀 N88、N215 和 N216 为压力调节电磁阀，它们将控制电流转变成相应的液压控制压力，如图 3-19 所示。

（3）离合器和制动器的控制压力

离合器和制动器压力的大小取决于电磁阀 N215 控制电流的大小，而电磁阀 N215 控制电流的大小又取决于电控单元的指令。其控制流程如图 3-20 所示。

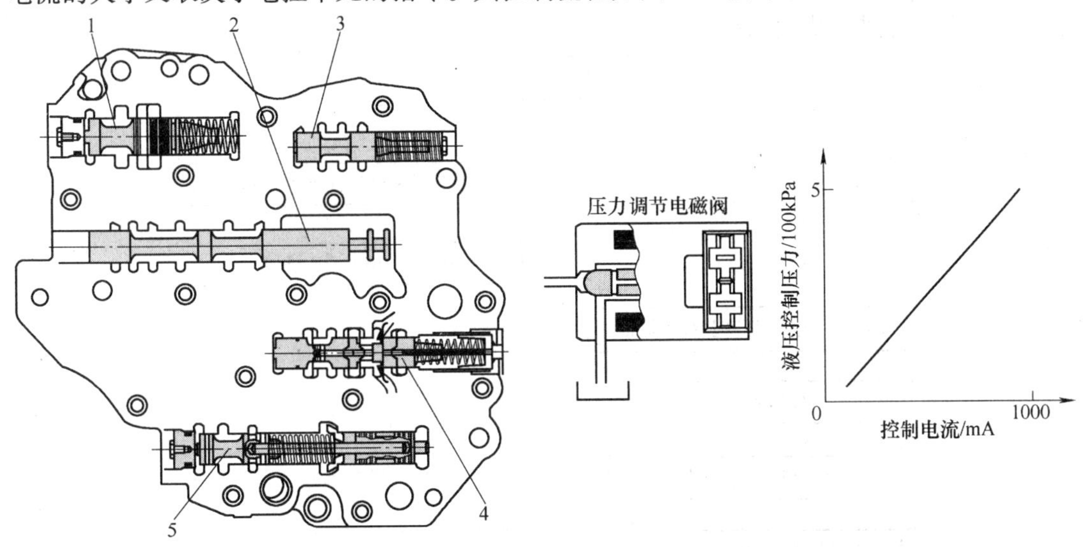

图 3-18　液压控制单元（二）

1—体积改变率限制阀 VSBV　2—手动阀 HS　3—溢流阀 SIV　4—减压阀 UV　5—施压阀 VSPV

图 3-19　压力调节电磁阀控制图

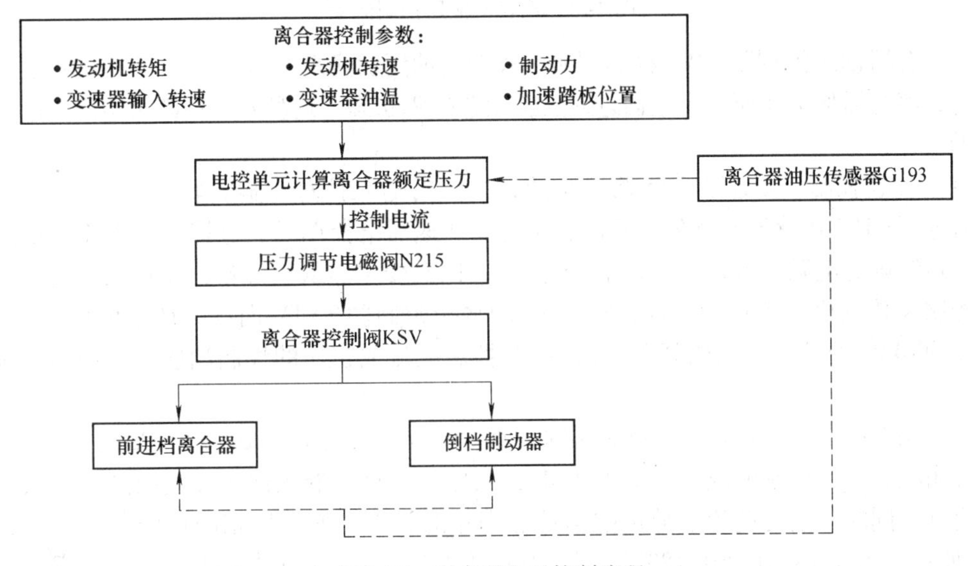

图 3-20　离合器电子控制流程

前进档离合器的液压控制流程如图 3-21 所示。液压控制阀体中的输导压力阀 VSTV 向压力调节电磁阀 N215 提供一个 500kPa 的常压，电磁阀 N215 产生与控制电流成正比的控制油压，该油压的大小决定离合器控制阀 KSV 的位置，并由离合器控制阀 KSV 产生离合器油压（高控制油压产生高离合器油压）。离合器油压通过安全阀 SIV 传递到手动阀 HS，若手动阀处于 D 位，则前进档离合器接合；若手动阀处于 R 位，则倒档制动器接合；若变速杆位于 P 位和 N 位，则手动阀切断供油，前进档离合器和倒档制动器的油路都与油底壳相通。

离合器油压传感器 G193 检测液压控制系统中离合器或制动器的实际油压，然后与变速器控制单元计算出的额定压力进行比较。若两者差值超过一定范围，电子控制单元便会对离合器或制动器压力进行优化和修正。

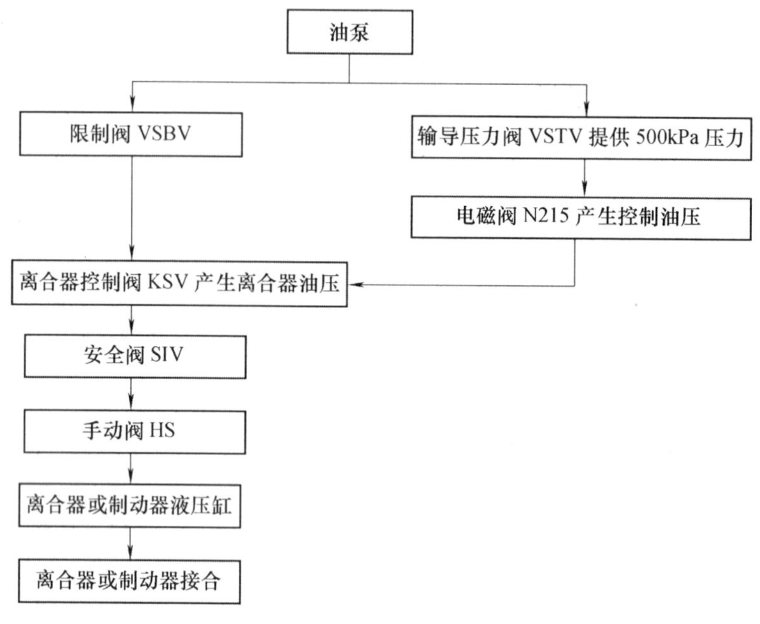

图 3-21　离合器液压控制流程

当离合器油压传感器 G193 检测到实际离合器油压明显高于 ECU 所计算出的离合器额定压力时，离合器便会泄压，变速器进入安全紧急故障状态。这种安全切断是由安全阀 SIV 来实现的。

（4）变速控制　变速器升降档控制的最主要的输入信息有输入转速（G182 传感器）、输出转速（G195 传感器）和发动机的转速等。变速器电控单元通过接收各个输入信息加以计算，最终确定电磁阀 N216 的控制电流大小，以改变主、从动链轮分离缸压力，从而实现变速控制（传动比变换）。液压控制阀体中的输导控制阀 VSTV 向压力调节电磁阀 N216 提供一个 500kPa 的常压，电磁阀 N216 产生与控制电流成正比的控制油压，并作用到减压阀 UV 上。

减压阀 UV 的位置取决于控制油压的大小。当控制油压在 180～220kPa 时，减压阀 UV 处于关闭状态。当控制油压高于 220kPa 时，减压阀右移，液压油通过减压阀进入从动链轮的分离缸，同时，主动链轮的分离缸与油底壳相通，于是变速器朝减速的方向换档，如图 3-22a 所示。当控制油压低于 180kPa 时，减压阀左移，液压油通过减压阀 UV 进入主动链轮的分离缸，同时，从动链轮的分离缸与油底壳接通，变速器朝增速的方向进行变速，如图 3-22b 所示。变速控制流程如图 3-23 所示。

奥迪 01J 型无级变速器的换档控制与电控自动变速器的换档控制既有相同之处，又有很大的不同。相同之处就是影响换档控制的主要输入信息都是一致的，即发动机的负荷信息和变速器的输入、输出转速信息。不同之处在于：在电控 4 速自动变速器中，换档控制至少需要两个电磁阀来完成 4 个档位的升降档控制；而奥迪 01J 型无级变速器只需一个电磁阀 N216 即可完成无数个前进档的升降档变化。变速器是升档还是降档由电磁阀 N216 接受的电流大小来决定。

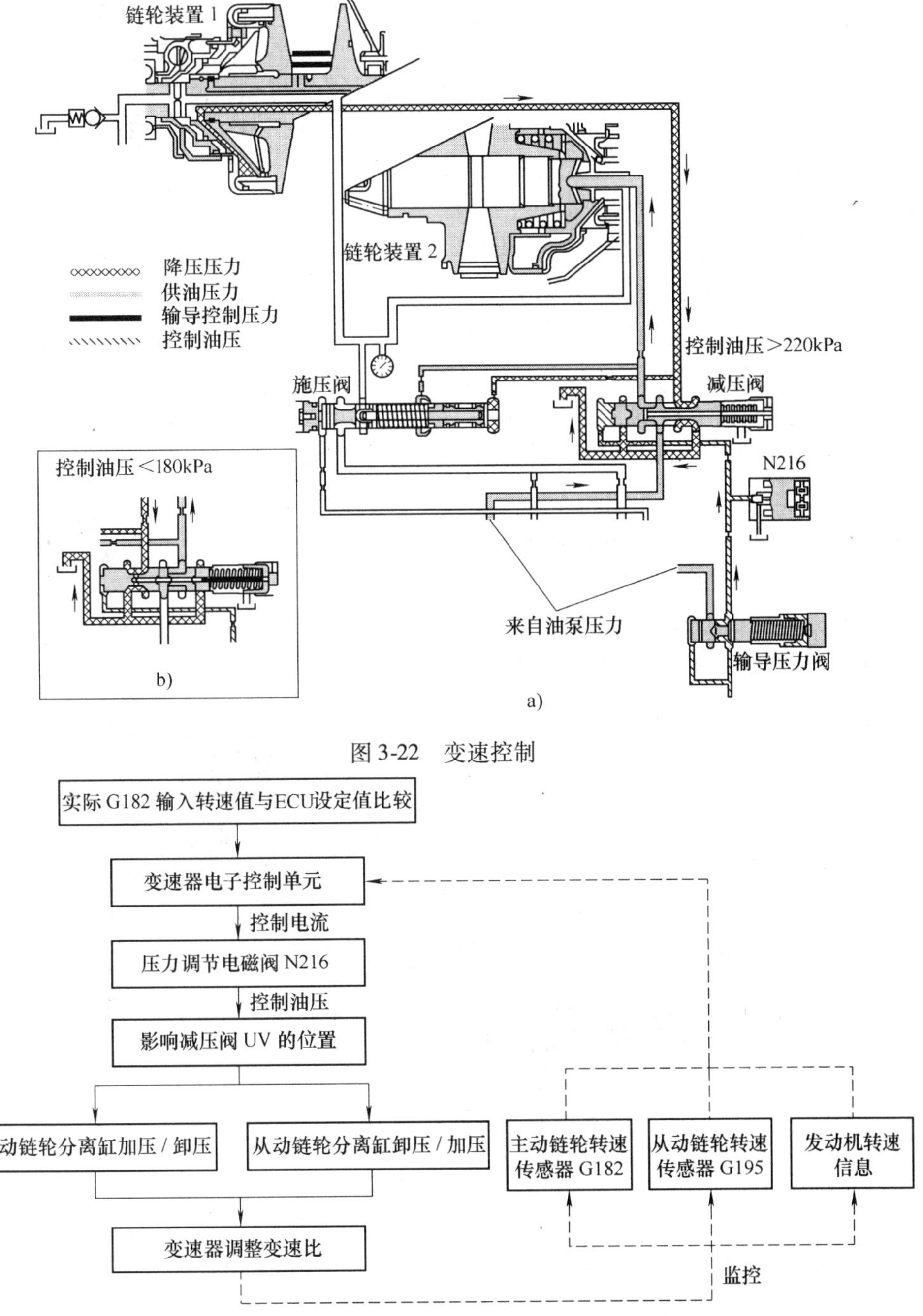

图 3-22　变速控制

图 3-23　变速控制流程

（5）接触压力控制　传动链和链轮之间的接触压力由压力缸中的油压产生。若传动链和链轮之间的接触压力过高就会降低传动效率；相反，若接触压力过低，会造成传动链与传动链轮之间出现打滑现象，因此传动链和链轮之间必须时刻有一个合适的接触压力。

主动链轮内集成有机械液压式转矩传感器，一旦感知链轮打滑或牵引阻力改变，即改变压力缸中油压，进行增压或减压。如轮胎在冰面打滑或在粗糙路面上牵引阻力加大时，就会改变压力缸中的活塞油压。转矩传感器的结构如图 3-24 所示。转矩传感器主要部件为两个滑轨架，每个支架有 7 个滑轨，滑轨中装有滚子。

滑轨架 1 装于主动链轮的输出齿轮中（辅助减速齿轮），滑轨架 2 通过内花键与主动链轮连接，并可以轴向移动且由转矩传感器活塞支撑。转矩传感器活塞调整接触压力，并形成两个压力腔：转矩传感器腔 1 和转矩传感器腔 2。转矩传感器产生的轴向力作为控制力，与发动机转矩成正比，压力缸中的压力与控制力成正比。转矩传感器支架彼此间可径向旋转，将转矩转化为轴向力（因滚子和滑轨的几何关系），此轴向力施加于滑轨支架 2 并移动转矩传感器控制凸缘关闭或打开转矩传感器腔输出端，如图 3-25 所示。

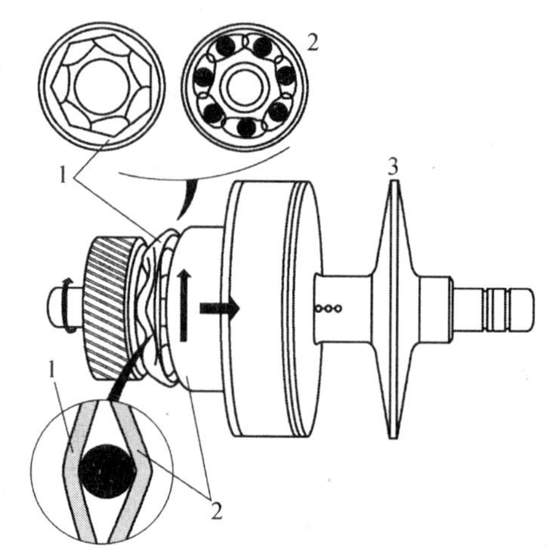

图 3-24　转矩传感器结构

1—滑轨架 1　2—滑轨架 2　3—链轮

1）输入转矩低时：转矩传感器腔 1 直接与压力缸相通。发动机转矩产生的轴向力与压力缸内的压力达到平衡。在汽车稳定运行的情况下，出油孔只部分关闭，打开排油孔（转矩传感器）后压力下降，出油孔进油压力降低，直至恢复压力平衡。

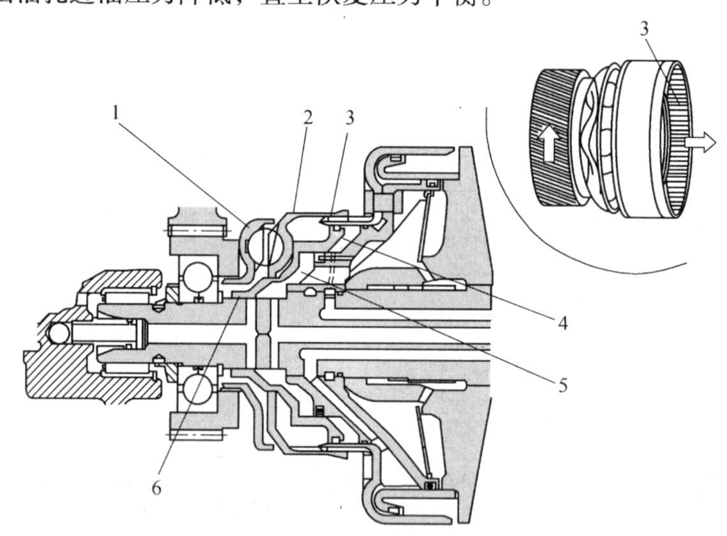

图 3-25　转矩传感器工作原理

1—滑轨架 1　2—滑轨架 2　3—花键　4—转矩传感器腔 2　5—转矩传感器腔 1　6—转矩传感器活塞

2）输入转矩高时：当转矩达到峰值时，控制凸缘完全关闭出油孔；若转矩传感器进一步移动，将会起到油泵的作用。此时，被排出的油使压力缸内的压力迅速上升，这样就及时地调整了接触压力。

3）低速行驶时：提高或降低转矩传感器腔 2 内的压力，压力缸内的压力也发生变化。转矩传感器腔 2 内的压力受链轮轴上的两个横向孔控制。该孔通过变速器链轮的轴向位移关闭或打开。当变速器位于起动转矩档（低速档）时，横向孔打开（转矩传感器腔 2 泄压）。

4）高速行驶时：当变速器换到高转速档时，横向孔立即关闭，左侧横向孔打开。此时，油通过相关的可变链轮孔与压力缸相通，再传入转矩传感器腔2。该压力克服转矩传感器的轴向力并使转矩传感器活塞向左移动，控制凸缘进一步打开出油孔，减小压力缸内的油压。

（6）系统油路　液压控制系统油路图如图3-26所示。

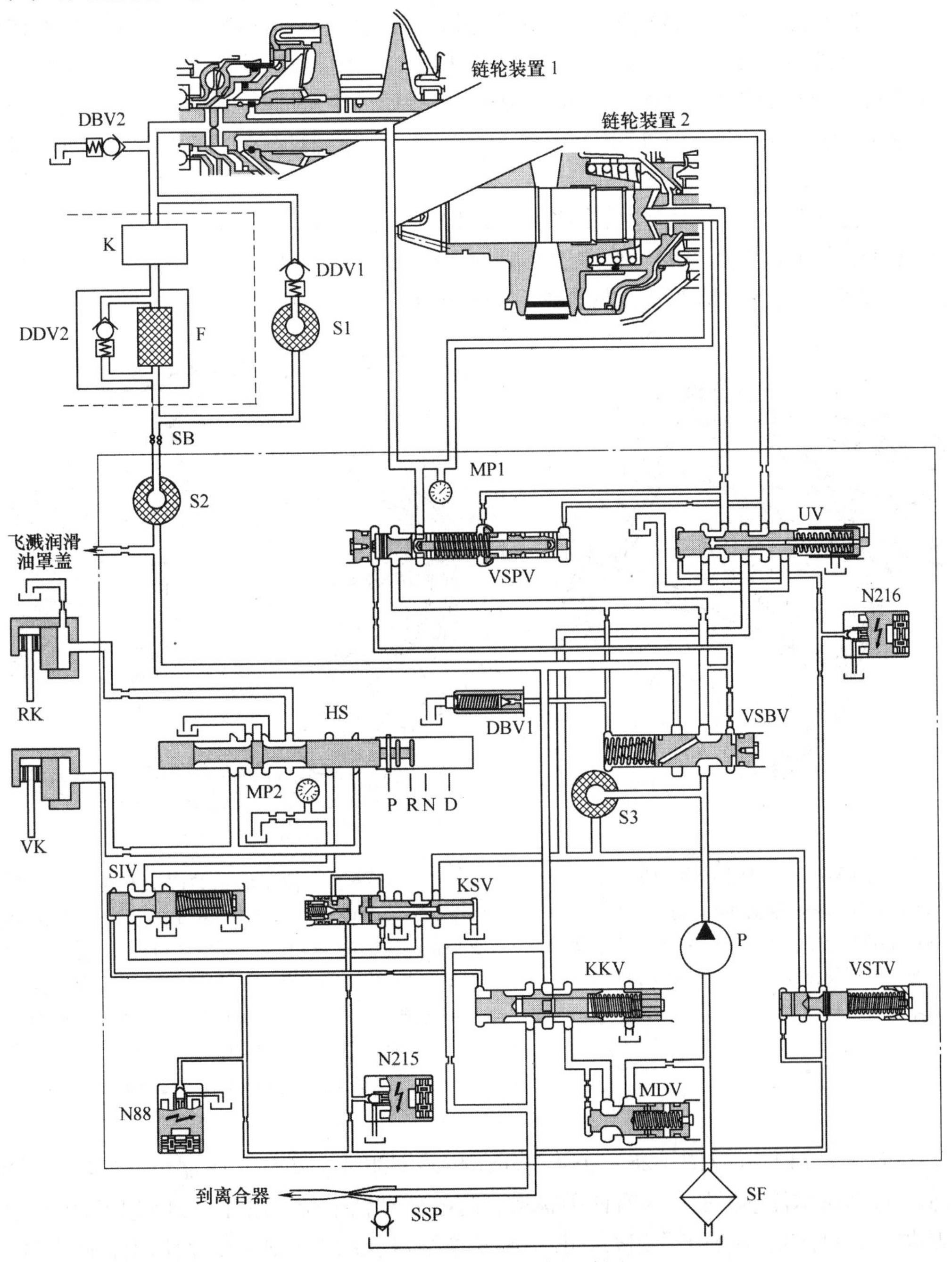

图3-26　液压控制系统油路图

DBV1—限压阀1　DBV2—限压阀2　DDV1—差压阀1　DDV2—差压阀2　F—ATF滤清器　HS—手动阀　K—ATF冷却器　KKV—离合器冷却阀　KSV—离合器控制阀　MDV—最小压力阀　MP1—接触压力测试点（由G194监测）　MP2—离合器压力测试点（由G193监测）　N88—电磁阀　N215—电磁阀　N216—电磁阀　P—油泵　RK—倒档离合器　S1—ATF滤清器1　S2—ATF滤清器2　S3—ATF滤清器3　SB—链轮润滑/冷却喷孔　SF—ATF滤清器　SIV—安全阀　SSP—吸气喷射泵　UV—减压阀　VK—前进档离合器　VSBV—体积改变率限制阀　VSPV—施压阀　VSTV—输导压力阀

5. 电子控制系统

奥迪 01J 型机械无级自动变速器电控系统由三部分组成：控制单元、输入装置（传感器、开关）和输出装置（电磁阀）。电控单元集成在变速器内，并直接用螺栓紧固在液压控制单元上。3 个压力调节电磁阀与控制单元通过坚固的插头（S 形插头）连接，没有任何接线，汽车外部线束直接与控制单元的 25 针插座相连，如图 3-27 所示。J217 的底座为一块坚硬的铝壳板，所有的传感器都集成在此铝壳板上，因此传感器与控制单元间不再需要线束和插头，这种结构大大提高了 J217 的可靠性。但若某个传感器损坏，则必须更换变速器控制单元。

控制单元内集成的传感器包括多功能开关 F125、变速器输入转速传感器 G182、变速器输出转速传感器 G195 和 G196、变速器油温传感器 G93、自动变速器油压传感器 1（离合器压力）G193 和自动变速器油压传感器 2（接触压力）G194，其安装位置如图 3-28 所示。

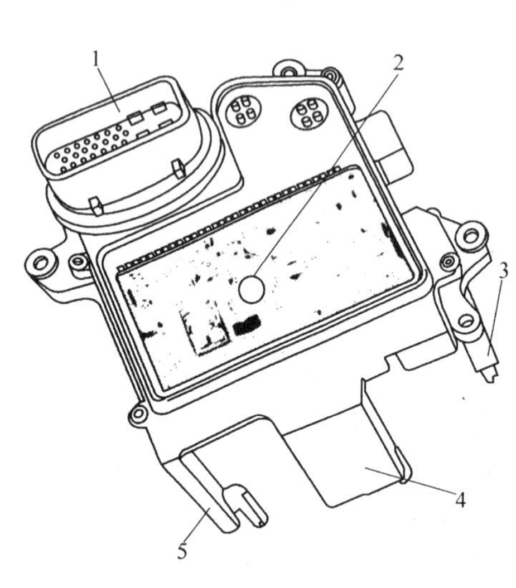

图 3-27　电控系统的组成

1—25 针插头　2—变速器油温传感器　3—变速器输入转速传感器 G182　4—多功能开关 F125　5—变速器输出转速传感器 G195 和 G196

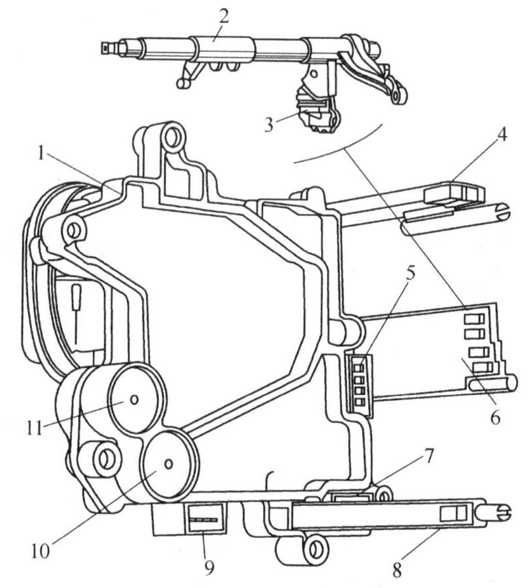

图 3-28　控制单元 J217 及传感器

1—控制单元 J217　2—选档轴　3—电磁铁　4—变速器输出转速传感器 G195 和 G196　5—N215 电磁阀连接　6—多功能开关 F125（有 4 个霍尔传感器）　7—N216 电磁阀连接　8—变速器输入转速传感器 G182　9—N88 电磁阀连接　10—自动变速器油压传感器 2（接触压力）G194　11—自动变速器油压传感器 1（离合器压力）G193

多功能开关 F125（见图 3-28）由 4 个霍尔传感器组成，霍尔传感器由选档轴上的电磁铁控制。每个霍尔传感器的信号有两种状态：高电位和低电位，且用二进制 1 和 0 表示。4 个传感器一共可产生 16 种工作组合，其中 4 个换档组合用于变速杆位置识别，两个换档组合用于监测中间位置（P—R，R—N—D），10 个换档组合用于故障分析，见表 3-1。

示例：当变速杆位于 N 位时，若霍尔传感器“C”损坏，则换档组合为“0001”，变速器控制单元将不能识别变速杆位置“N”位，控制单元会识别出此换档组合为故障状态，并使用合适的替代程序。若霍尔传感器“D”损坏，将不能完成点火功能。变速器控制单元需要根据变速杆位置信息完成以下功能：起动机锁止控制；倒车灯控制；P/N 位内部锁止控制。

表 3-1　多功能开关 F125 换档组合表

变速杆位置	霍尔传感器				变速杆位置	霍尔传感器			
	A	B	C	D		A	B	C	D
P	0	1	0	1	R	0	1	1	0
P—R	0	1	0	0	R—N	0	0	1	0
N	0	0	1	1	故障	1	0	0	1
N—D	0	0	1	0	故障	1	0	1	1
D	1	0	1	0	故障	1	1	0	0
故障	0	0	0	0	故障	1	1	0	1
故障	0	0	0	1	故障	1	1	1	0
故障	0	1	1	1	故障	1	1	1	1
故障	1	0	0	0					

Tiptronic 的手动模式开关 F189 集成在齿轮变速机构的鱼鳞板中，由 3 个霍尔传感器组成，如图 3-29 所示。霍尔传感器由鱼鳞板上的电磁铁激活。鱼鳞板上有 7 个 LED 指示灯：4 个用于变速杆位置显示，1 个用于“制动”信号，其余两个用于 Tiptronic 护板上的“+”和“-”信号。每个变速杆位置指示灯 LED 都由单独的霍尔传感器控制。当被激活时，F189 开关将变速器控制单元搭铁，同时相应的指示灯亮。

奥迪 01J 型机械无级自动变速器数据传输除少量接口外，信息都通过 CAN 总线在变速器控制单元和区域网络控制单元之间进行交换。由于传感器集成在变速器中，因此传感器信号不能再用传统的设备来测量，只能用自诊断接口进行检测。

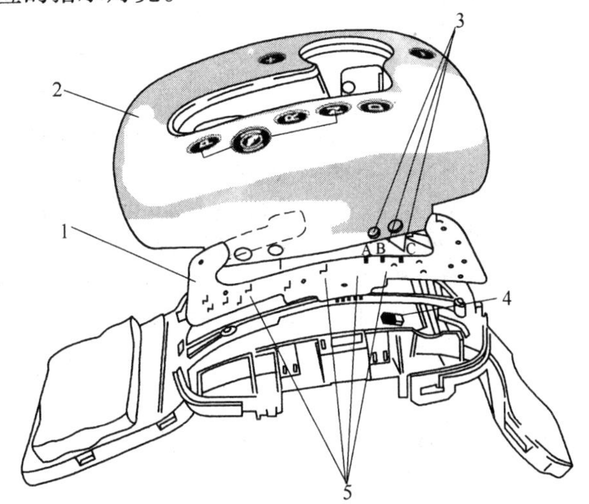

图 3-29　Tiptronic 的手动模式开关 F189
1—变速杆护板鱼鳞板　2—变速杆护板　3—3 个霍尔传感器（A、B、C）　4—霍尔传感器电磁阀　5—4 个霍尔传感器（用于确定变速杆位置）　A—减档传感器　B—Tiptronic 识别传感器　C—升档传感器

奥迪 01J 型机械无级自动变速器输出装置采用 3 个电磁阀：N88、N215 和 N216，它们将控制电流转变成相应的液压控制压力，最终实现不同的工作使命。各电磁阀位置参见图 3-17。电磁阀 N88 有两个功能：通过控制离合器冷却阀（KKV）和安全阀（SIV）来实现离合器冷却控制和变速器安全模式控制。电磁阀 N215 通过（离合器压力调节电磁阀 1）控制离合器控制阀（KSV），以实现离合器压力控制完成“坡道停车”功能和离合器转矩控制匹配功能。电磁阀 N216 通过（换档压力调节电磁阀 2）控制离合器减压阀

(UV)，以实现传动比转换控制，完成升降档功能。

奥迪 01J 型机械无级自动变速器控制系统电路如图 3-30 所示。

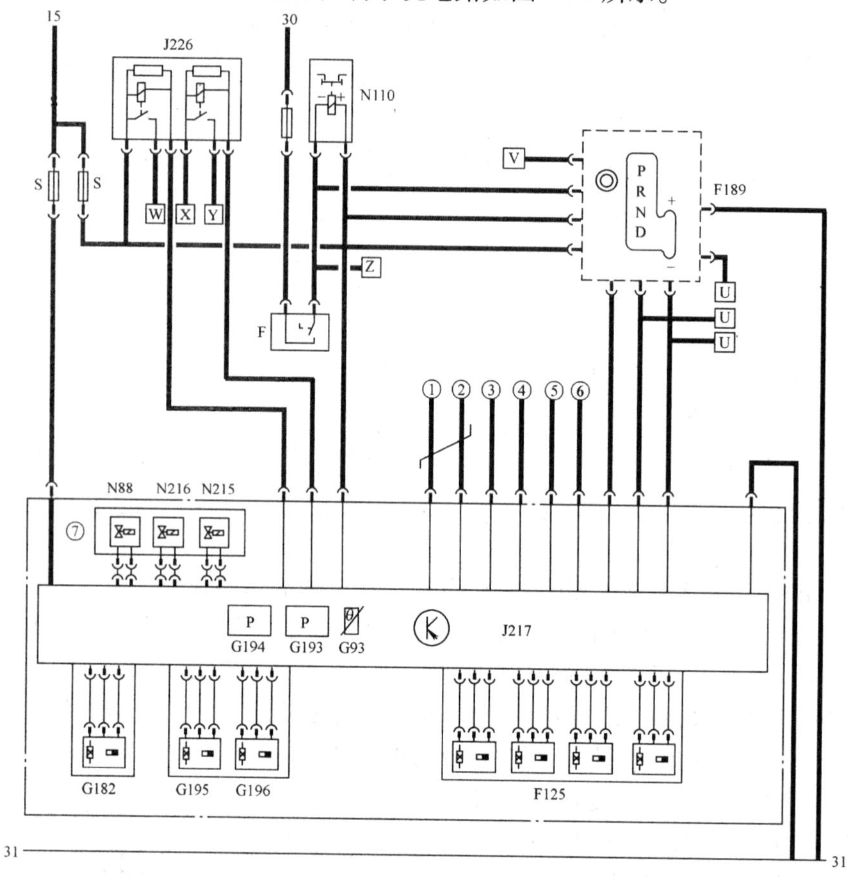

图 3-30　奥迪 01J 型机械无级自动变速器控制系统电路图

F—制动灯开关　F125—多功能开关　F189—Tiptronic 开关　G93—变速器油温传感器　G182—变速器输入转速传感器　G193、G194—自动变速器油压传感器　J217—控制单元　G195、G196—变速器输出转速传感器　N88—电磁阀　N110—变速杆锁止电磁阀　N215、N216—自动变速器压力调节电磁阀　J226—起动锁止和倒车灯继电器　S—熔断器　U—到 Tiptronic 转向盘（选装）　V—来自接线柱 58d　W—到倒车灯　X—来自点火开关接线柱 50　Y—到起动机接线柱 50　Z—到制动灯　1—传动系 CAN 总线，低位　2—传动系 CAN 总线，高位　3—换档指示信号　4—车速信号　5—发动机转速信号　6—诊断插头　7—电磁阀

3.3　能力训练

3.3.1　训练环境条件要求

1. 安全、整洁的汽车维修车间或模拟汽车维修车间。
2. 齐全的消防用具及个人防护用具。
3. 机械无级自动变速器总成。
4. 能正常行驶的车辆（带机械无级自动变速器）。
5. 汽车举升机、常用工具、量具。

6. 奥迪自动变速器拆装专用工具及仪器。
7. 奥迪自动变速器修理包。
8. 机械无级自动变速器试验台。
9. 汽车电脑诊断仪。

3.3.2 能力训练任务

任务八　机械无级自动变速器故障诊断与检修

无级变速器的故障维修与自动变速器的故障维修在电子控制方面有诸多的共同特征，但对于机械液压系统的故障检修是截然不同的。

奥迪 Multitronic 是在原有无级变速器的基础上安装了多片式链传动组件并配合两组锥面链轮来实现升降档传动比的，同时，使用多片离合器或多片制动器作为起动和动力连接装置来将发动机动力输出至变速器的。只有派力奥 Speedgear 车系的动力连接装置使用的是传统的液力变矩器。

在进行 CVT 维护时，不同厂家生产的 CVT 维护周期也是有区别的，当然 ATF 的使用也有所区别；同时，当其发生故障需要牵引时，不同厂家的牵引要求也是不一样的（详见维修手册）。

1. 故障诊断流程

无论是使用液力变矩器作为汽车动力连接装置的 CVT，还是使用多片式离合器作为起动装置的 CVT，其电子控制系统、机械液压控制系统的故障诊断流程基本有以下几个环节。

（1）问诊　问诊主要是技术人员通过对车主的询问来了解故障信息的来源，故障发生前的故障征兆，故障发生的过程、时间及各种因素等，以便对下一步检测维修提供更有效的依据。

（2）基本检查　主要是一些外围的检查，包括：发动机转速的检查、变速器油面高度的检查、油质的检查、外围连接部件的检查以及利用专用检测仪器的诊断（无级变速器系统、发动机控制系统、ABS 等），特别是奥迪 01J 型 CVT，其电控单元与传感器集成在一起，因此对其传感器的检查不能再利用传统检测工具，只能利用专用检测仪器进行检测。

（3）维修前的路试　路试是进一步确认故障信息最佳的、最有效的途径，同时，路试还可以验证通过初步判断的故障信息是否与客户所描述的故障信息吻合。通过路试可以初步确认故障部位，当然，有必要利用随车诊断功能（通过专用检测仪器读取汽车行驶时的动态数据）为下一步维修提供有效的帮助。

（4）电子液压控制系统的检修　某些 CVT 的液压控制系统是可以直接通过油压试验的方法来检查故障原因的（例如派力奥 Speedgear 变速器装有油压检测孔）。大多数 CVT 的液压系统是通过油压传感器来反映变速器内部工作油压的，因此必须使用专用检测仪器通过读取汽车运行状态下的动态数据来进一步确认故障信息。对于液压控制元件（阀体）和液压执行元件（离合器或制动器），可进行液压测试和解体检查。

对于 CVT 电子控制系统的故障检修与电控自动变速器的故障检修几乎是一样的，可通过专用检测仪器进行故障码的分析、动态数据流的分析、波形分析、ECU 电路以及对网络数据通信的分析。同时，可对电子元件（传感器、开关、电磁阀）进行元件测试、对比试验等来进行故障排除。

（5）机械元件的检修　对于 CVT 机械元件的检修，只能做解体检查或故障部位的修理和更换。不同厂家的变速器分解步骤也有所不同（详见各维修手册）。

2. 国产奥迪 Multitronic 检测与维修

由于新款奥迪 Multitronic 是集机、电、液于一体的，在维修方面有较高的难度。因此在检测与维修方面需要一些必备的条件。

（1）维修工作注意事项

1）发动机处于运转状态，对乘用车进行维修作业前务必将变速杆挂入 P 位，并拉紧驻车制动器操纵杆，谨防发生事故。

2）车辆静止，变速杆挂入 D 位后，切勿因一时疏忽打开节气门（例如在发动机室内作业时不慎用手碰开节气门）。若发生此种情况，乘用车将立即起步行驶，即使拉紧驻车制动器操纵杆也无法阻止乘用车移动。

3）不允许用超声波清洗装置来清洁液压控制单元和 CVT 控制单元（J217）。

4）当挡盖已取下或未加注 ATF 时，绝不可起动发动机或拖动车辆。

（2）检查操纵锁止机构（外围检查）

1）检查点火开关钥匙，拔下锁止机构。

①打开点火开关。

a）踏下制动踏板并保持该状态：按下变速杆手柄上的按键后，变速杆应能脱离 P 位。在变速杆处于除 P 位以外的其他档位时，应不能拔出点火开关钥匙。

b）将变速杆置于 P 位；点火开关钥匙应能顺利地拔出。

②拔出点火开关钥匙：在已按下按键且踏下制动踏板时，变速杆应不能脱离 P 位。

2）检查换档操纵机构。

①变速杆置于 P 位或 N 位，且打开点火开关。

a）变速杆被锁止，在按下按键后不能脱离档位，变速杆锁止电磁阀锁止变速杆。

b）踏下制动踏板，变速杆锁止电磁阀松开变速杆，按下按键后可挂入任一档位，从 P 位将变速杆移入 R、N、D 位，检查一下组合仪表上的档位显示是否与实际挂入的档位一致。

②变速杆置于 D 位且打开点火开关及灯。

a）将变速杆从 D 位挂入 Tiptronic（自动变速器）通道，变速操纵机构壳体上发亮的符号“D”应熄灭，符号“+”及“-”应亮起。

b）Tiptronic 组合仪表显示检查：起动发动机，使之怠速运转；拉紧驻车制动器操纵杆，踏下制动踏板，在将变速杆推入 Tiptronic 通道时，组合仪表上的档位显示将从“PRND”变为“654321”。

（3）内部控制装置的检查与维修　在检测与维修奥迪 Multitronic 内部控制装置之前，一定要对该款变速器的几个重要部分有充分的了解和认识。在奥迪 Multitronic 里有三种特别重要的“压力”，它们涉及变速器的动力起动控制、传动比变换控制、功率损失控制等。这三种压力分别是“离合器和制动器的控制压力”、“为实现换档控制的链轮分离缸的压力”、“传动链和传动链轮之间的接触压力”。其中，离合器和制动器的控制压力见前文所述，在此只介绍后两种压力。

1）传动比变换压力的控制。传动比变换压力的控制主要是电子控制单元通过接收各个输入信息加以逻辑分析并计算，最终控制 N216 电磁阀电流的大小来改变主、从动链轮分离缸压力来实现传动比变换的。其控制流程如图 3-31 所示。

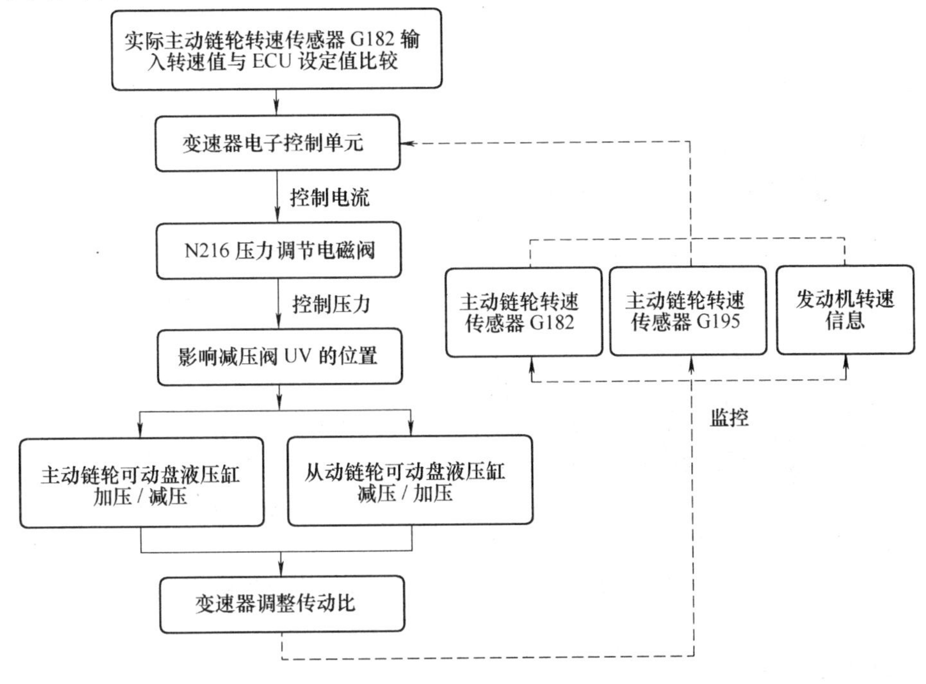

图 3-31　传动比变换压力的控制流程图

从传动比控制流程图中不难看出，奥迪 Multitronic 的换档控制与传统的电子控制自动变速器的换档控制既有相同之处，又有很大的不同。相同之处就是影响换档控制的主要输入信息都是一致的，即发动机的负荷信息和变速器的输入及输出转速信息；不同之处在于，在传统的电子控制 4 前进档自动变速器中，换档控制至少需要两个电磁阀来完成 4 个档位的升降档控制，而新款的奥迪 Multitronic 只需一个电磁阀（N216）即可完成无数个前进档的升降档变化。变速器升降档的控制最主要的输入信息是：变速器输入转速信息（输入转速信息通过 G182 传感器获得），变速器输出转速信息（通过 G195 传感器获得），以及发动机的转速信息（通过安装在发动机上的转速传感器获得）。执行器 N216 电磁阀主要由 ECU 来控制，根据其接收的电流大小来决定变速器是升档还是降档。

2）传动链和传动链轮之间接触压力的控制。传动链和传动链轮之间的接触压力在整个奥迪 Multitronic 中是非常重要的。这是因为，一旦传动链和传动链轮之间的接触压力过高就会造成功率降低；反之，接触压力过低会造成传动链与传动链轮之间出现打滑现象，从而使输出功率严重损失。因此传动链和传动链轮之间必须时刻有一个合适的接触压力，其压力控制流程如图 3-32 所示。

从传动链和传动链轮之间的接触压力控制流程中可以得知：

①在传动比相同的情况下，实现合适的接触压力主要取决于发动机输入转矩的大小。输入转矩大，产生的接触压力就大；输入转矩小，产生的接触压力就小。

②在输入转矩相同的情况下，实现合适的接触压力主要看实际车速的大小。车速高，产

生的接触压力小；车速低，产生的接触压力就大。

为了保证在任何工况下传动链和传动链轮之间都有一个合适的接触压力，满足汽车的行驶要求，保证发动机的输出功率完美输出，可以通过 G194 压力传感器的反馈信息利用机械液压式转矩传感器来不断调整并达到最合适的接触压力。

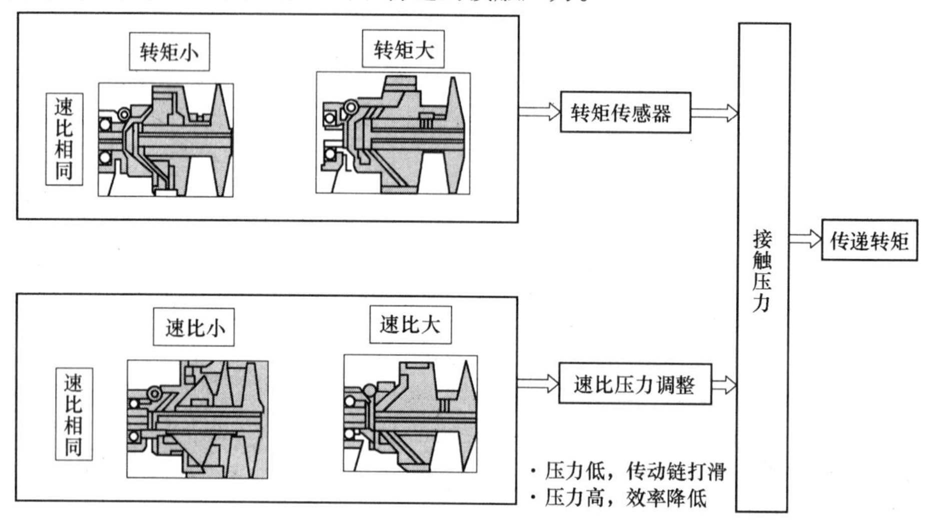

图 3-32 传动链与传动链轮之间接触压力控制流程图

3. 常见故障及原因

就奥迪 A6、A4 汽车来说，除一些人为故障以外（事故车或因操作不当引起的各种故障），一般比较常见的问题大致归纳为以下几种情况：

1）漏油问题（烧差速器）。漏油问题大多反映在 2004 年以前生产的车型，主要是由于车辆长时间涉水，造成差速器进水导致齿轮轴锈蚀，铁锈使双面油封损坏导致漏油。在维修此类故障时，一定要提醒驾驶人一旦发现漏油问题要及时更换双面油封并改进进水处。

2）奥迪 A6 2.8L 不带 S 档 CVT R 档问题（入档接合时间长、接合粗暴、起步耸车）。奥迪 A6 2.8L 不带 S 档 CVT R 档冲击、接合时间长以及起步耸车的问题大多都是液压控制单元的问题，主要是阀体中滑阀磨损所致，目前只有更换液压控制单元才能解决。

3）奥迪 A6 2.8L 不带 S 档 CVT 前进档、R 档起步耸车或前进档在低速时急加速耸车。奥迪 A6 2.8L 不带 S 档（CVT）前进档、R 档起步耸车或前进档在低速时急加速耸车，这种问题一般在考虑液压控制单元、油泵的同时，必须还要考虑电子控制单元的指令以及前进档和倒档用油元件本身。

4）2003 年后生产的奥迪 A6 2.4L 带 S 档 CVT 经常无规律地出现仪表档位指示灯闪烁的问题，重新关闭发动机再起动后故障消失（通常故障码为 F125 多功能开关）。当出现这种问题时，更换电子控制单元即可。

5）发动机怠速时挂前进档溜车（坡道停车功能失效）。通过专用检测仪器读取其动态数据来判断问题所在。因为坡道停车功能一定要在满足离合器的工作压力的同时，还要保证足够的接触压力才能使汽车停在坡道上。这种问题一般都是由于前进档离合器磨损使其工作间隙过大造成的，更换输入轴总成即可。

6）发动机在怠速时异响，变速杆在 P/N 位时变速器内部发出液体声音。这种情况大多都是由于冷却液管路受阻造成的，同时不排除液压控制系统故障。

7）2003 年后生产的奥迪 A6 2.4L、2.8L 带 S 档车型，常在踩制动踏板快停车时出现冲击现象。出现这种故障的主要原因是前进档离合器工作油压不稳定造成的。工作油压不稳定的原因在于 KSV 阀与阀体之间磨损，更换阀体总成即可排除故障。

练　习　题

一、填空题

1. 机械无级自动变速器主要包括________、________、________和________等基本部件。

2. 机械无级自动变速器动力传递装置主要由____________装置、____________及装置、________、________装置与________组成。

3. 传动链是机械无级自动变速器的关键部件，传动链具有________和________等特点。

4. 吸气喷射泵根据________原理工作。当离合器需要冷却时，冷却液（液压油）由油泵出来，通过吸气喷射泵（吸气泵）进行________并________，润滑油流经泵的真空部分产生一定________，将油从油底壳中吸出。

5. 奥迪 01J 型机械无级自动变速器电磁阀 N88 有两个功能：通过控制离合器________和________以实现离合器冷却控制和变速器安全模式控制。

二、简答题

1. 叙述机械无级自动变速器的基本原理。

2. 简述奥迪 Multitronic 变速控制流程。

3. 故障诊断流程有哪些基本环节？

4. 奥迪 Multitronic 内部控制装置的检查与维修内容有哪些？

模块四　防抱死制动系统

4.1　学习目标

【知识目标】

1. 了解 ABS 的作用。
2. 掌握 ABS 的基本组成。
3. 掌握 ABS 主要零部件的结构与工作情况。
4. 了解电子制动力分配的作用。
5. 掌握 ABS 常见故障的现象、原因分析方法。

【能力目标】

1. 能进行 ABS 的拆卸及安装。
2. 能区分 ABS 和常规制动系统故障。
3. 能分析 ABS 电路图。
4. 能对 ABS 常见故障进行分析与检修。

4.2　知识学习

4.2.1　防抱死制动系统的基本认识

1. 汽车制动效果分析

车辆在路面上的行驶状况取决于轮胎与路面之间的附着力，附着力的大小与垂直载荷和附着系数有关，其关系为

$$F_\mu = G\mu$$

式中　F_μ——轮胎与路面间的附着力（N）；

G——轮胎与路面间的垂直载荷（N）；

μ——轮胎与路面间的附着系数。

即轮胎与路面间的附着系数μ大小的变化会影响汽车运动状态变化。将附着系数μ分解为纵向附着系数μ_x与横向附着系数μ_y，汽车的加速和减速运动主要受纵向附着系数μ_x限制；抵抗外界横向力作用的能力则主要受车轮横向附着系数μ_y的限制。汽车的安全性重要指标就是横向稳定性，当横向附着系数μ_y变化时，汽车横向稳定也会发生变化。一旦横向附着系数μ_y变得很低，汽车就处于极不稳定状态，容易发生横向滑移，此时汽车处于不安全状态。

影响附着系数主要因素有：

1）路面状况。

2）轮胎。

3）轮胎与路面之间的相对运动关系。

路面状况、轮胎在某一阶段是不会变化的。以轮胎与路面之间的相对运动关系来分析，制动时车轮在路面上的运动形式为滑移，表示车轮滑移的程度，用滑移率来表示：

$$S=(v-\omega r)/v\times 100\%$$

式中 S——车轮的滑移率；

r——车轮的自由滚动半径（m）；

ω——车轮的转动角速度（rad/s）；

ωr——轮速（m/s）；

v——车速（车轮中心的纵向速度）（m/s）。

当车轮作纯滚动时，车速与轮速相等，即 $S=0$。当车轮被抱死时，即轮速 $wr=0$，$S=100\%$ 时，车轮作纯滑动。当车轮既有滚动又有滑动时，即滑移率在 0～100% 之间时。车轮制动时的关系及制动时轮胎的地面印痕见表 4-1。

表 4-1 车轮制动时的关系及制动时轮胎的地面印痕

车速与轮速的关系	车轮运动状态	滑 移 率	制动时轮胎的地面印痕
$\omega r=v$（轮速 = 车速）	纯滚动	$S=0$	
$\omega r=0$（轮速 = 0）	纯滑动（车轮完全抱死滑移）	$S=100\%$	
$\omega r<v$（轮速 < 车速）	既滚动又滑动	$0<S<100\%$	

车轮与硬实路面间附着系数与滑移率的关系如图 4-1 所示。从图中的 μ_x（μ_y）曲线可以看出，当滑移率 S 为 20% 左右时，纵向附着系数 μ_x 最大，横向附着系数 μ_y 也较大，制动效果好，此时制动点称为最佳制动点，附着系数称为峰值附着系数 μ_p。相同情况下峰值附着系数越大，制动效果越好，峰值附着系数的大小主要与路面状况有关。表 4-2 为路面状况与峰值附着系数 μ_p 与滑动附着系数 μ_s 的关系。

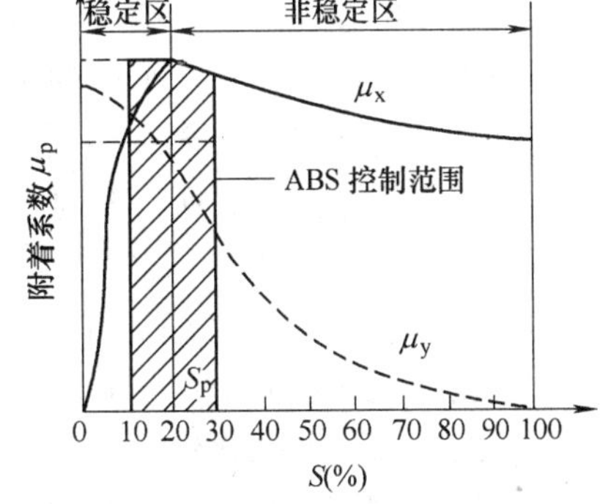

图 4-1 滑移率和附着系数的一般性关系

干的沥青路面和水泥路面的峰值附着系数最大，能达到 0.8 以上，在冰面上较小，只有 0.1 左右。随着滑移率 S 的增大，μ_x 和 μ_y 都下降，制动效果变差。

当滑移率 S 为 100% 时，制动力约为最大制动力的 70%，而 μ_y 更是接近于零，这时车轮被完全抱死，路面对车轮的侧向附着力几乎完全消失，汽车制动距离加长，易产生侧滑而发生交通事故。但是在实际制动过程中，由于各部分装置都有一定的延迟和滞后，不能精确地控制滑移率在最佳制动点，通常不同形式的 ABS 都将车轮的滑移率控制在 15% ~25% 范围内。

表 4-2　路面状况与峰值附着系数 μ_p 与滑动附着系数 μ_s 的关系

路面种类及状况	峰值附着系数 μ_p	滑动附着系数 μ_s
干的沥青和水泥路面	0.8 ~ 0.9	0.75
湿的水泥路面	0.8	0.7
湿的沥青路面	0.5 ~ 0.7	0.45 ~ 0.6
石子路面	0.6	0.55
干土路	0.68	0.65
湿土路	0.55	0.4 ~ 50.5
压实的雪面	0.2	0.15
冰面	0.1	0.07

2. ABS 的作用

由于 ABS 能够使被控制的车轮获得较大的纵向和横向的附着力，因此可以大大提高汽车的行驶性能，具体有以下几个作用：

1）改善汽车制动时转向操纵性。没有 ABS 的汽车在紧急制动时，如果前轮抱死，因横向力附着力几乎为零，汽车就丧失转向操纵性，此时即使转动转向盘，汽车也不能转向，只能沿着惯性力的方向前进，最后无法躲避障碍物导致事故发生。当装上 ABS 后，因汽车仍有足够的转向操纵性，汽车可以通过转向避让障碍物。

2）增加汽车制动时的方向稳定性。装有 ABS 的汽车在紧急制动时，能将滑移率控制在理想滑移率附近，具有较大的横向附着力，有足够抵抗横向干扰的能力，从而提高了汽车制动时的方向稳定性，可以避免汽车侧滑和“甩尾”。

3）缩短制动距离。装用 ABS 后，在汽车制动过程中，因为能始终保持车轮和路面间附着系数的最佳利用，有效地利用最大纵向附着力，因而能在最短的距离内制动停车。通常情况下，一般驾驶人操作时，制动距离会比没有 ABS 时短，特别是在湿滑和冰雪路面上时，制动距离可以明显缩短，一般可缩短 10% ~20%。

但值得注意的是：在不平整的路面上，或者在砂砾以及积雪的路面上，由于汽车制动抱死时，其表面物质（如砂砾、积雪等）会被铲起并堆在车轮前面形成楔形物，反而构成一种阻力，易于汽车制动，所以此时带有 ABS 的车辆的制动距离会比没有 ABS 的车辆的制动距离稍长。

4）减少轮胎磨损。由于装有 ABS 的汽车制动时，车轮处于边滚动边滑移状态，避免了制动时车轮抱死在地面上的滑拖，从而可以减少轮胎局部磨损，从而提高了轮胎的使用寿命，一般约提高 6% ~10%。

5）减少驾驶人的紧张情绪。装有 ABS 的汽车，驾驶人在制动时，只需要把脚尽力踏在制动踏板上，ABS 就会代替驾驶人自动进入最佳制动的状态，此时驾驶人可以比较放心地操纵转向盘。特别在冰雪道路上，可以减少驾驶人的不安全感。

3. 汽车制动防抱死控制系统的基本组成

一般来说，带有ABS的汽车制动系统，由基本制动系统和制动力调节系统两部分组成，前者是由制动主缸、制动轮缸和制动管路等构成的普通制动系统，用来实现汽车的常规制动；而后者是由传感器、控制器、执行器等组成的压力调节控制系统，如图4-2所示。

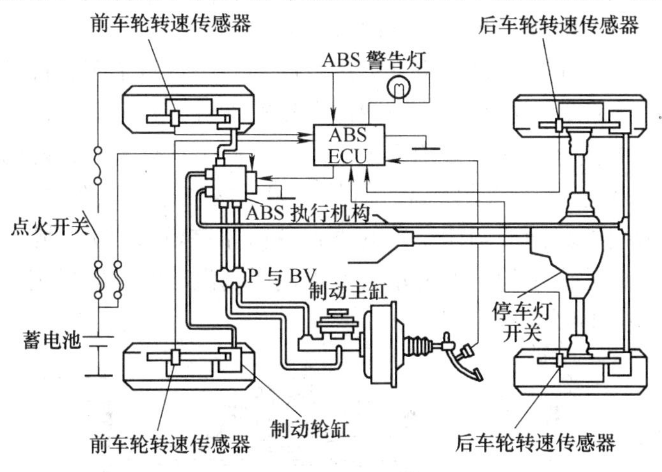

图4-2　ABS的基本组成

制动过程中，车轮趋于抱死时，ABS中的ECU才控制制动压力调节器对制动压力进行调节：ABS工作时的车速必须大于5～8km/h（我国一般在15km/h），若小于该车速，ABS不工作，制动时车轮仍可能抱死；常规制动系统出故障时，ABS随之失去控制作用；ABS出故障时，将自动关闭该系统，同时ABS警告灯亮，但常规制动系统仍可正常工作。在制动压力调节系统中，传感器承担感受汽车行驶状态参数、将运动的物理量转换成电信号的任务。控制器，即电子控制装置（ECU），根据传感器信号及其内部存储信号，经过计算、比较和判断后，向执行器发出控制指令，同时监控系统的工作状况。而执行器（制动压力调节器）则根据ECU的指令，依靠由电磁阀及相应的液压控制阀组成的液压调节系统对制动系统实施增压、保压或减压的操作，让车轮始终处于理想的运动状态。ABS组件在汽车上的安装位置如图4-3所示。

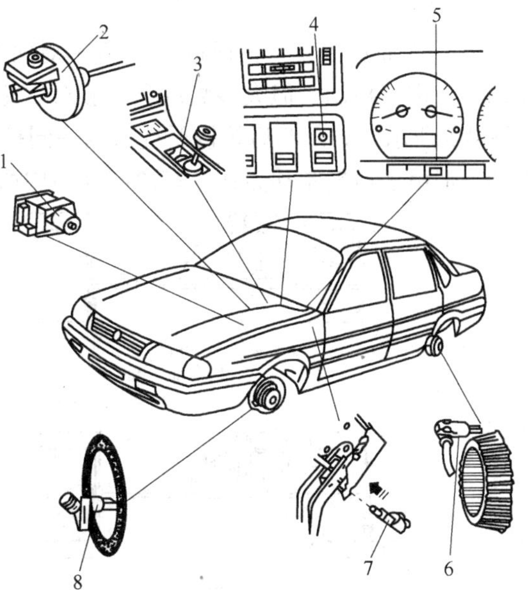

图4-3　ABS组件在汽车上的安装位置

1—ABS控制器　2—制动主缸和真空助力器　3—自诊断插口　4—ABS警告灯　5—制动警告灯　6、8—车轮转速传感器　7—制动灯开关

4. ABS控制通道

ABS中能够独立进行制动压力调节的制动管路称为控制通道。如果车轮的制动压力可以进行单独调节，则称该车轮为独立控

制；如果两个（或两个以上）车轮的制动压力是一同进行调节的，则称该两车轮为一同控制。在两个车轮一同控制时，如果以保证附着力较大的车轮不发生制动抱死为原则进行制动压力调节，称为按高选原则的一同控制；如果以保证附着力较小的车轮不发生制动抱死为原则进行的制动压力调节，称为按低选原则的一同控制。

ABS 按控制通道可分为四通道系统、三通道系统、双通道系统和单通道系统。

（1）四通道 ABS　四通道 ABS 有两种结构形式，如图 4-4 所示。由于四通道 ABS 可以保证最大限度地利用每个车轮的最大附着力进行制动，而且每个车轮都具有较高的抵抗外界横向力作用的能力，因此，当汽车左、右两侧车轮的附着力相近时，两侧车轮所产生的制动力几乎相等，而且该力接近于附着力的极限。所以，汽车不仅具有良好的方向稳定性和转向操纵能力，而且能够获得最短制动距离。但是，如果两侧车轮的附着力相差太大（例如汽车行驶于附着系数分离的路面或两侧车轮的垂直载荷相差较大时），制动过程中两侧车轮的制动力就相差较大，由此产生的横摆力矩会严重地影响汽车的方向稳定性，所以，ABS 通常不对 4 个车轮进行独立的制动压力调节。

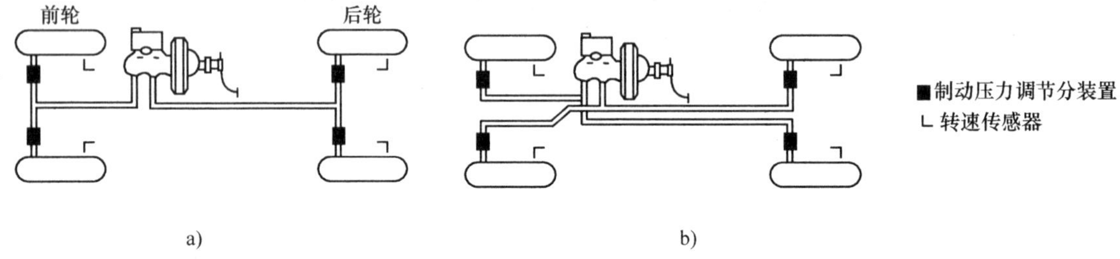

图 4-4　四通道 ABS

a）四通道 4 传感器前、后制动管路用　b）四通道 4 传感器 × 形制动管路用

（2）三通道 ABS　三通道 ABS 都是对两个前轮进行独立控制，对后轮可按低选原则或高选原则进行控制，但大多数汽车一般对后轮均按低选原则进行一同控制。各种三通道 ABS 如图 4-5 所示。如果两后轮按低选原则一同控制，可能会使附着力较大的后轮不能产生充分制动，但由于后轮制动力在汽车总制动力中所占的比例本来就较小，所以由此造成的制动力

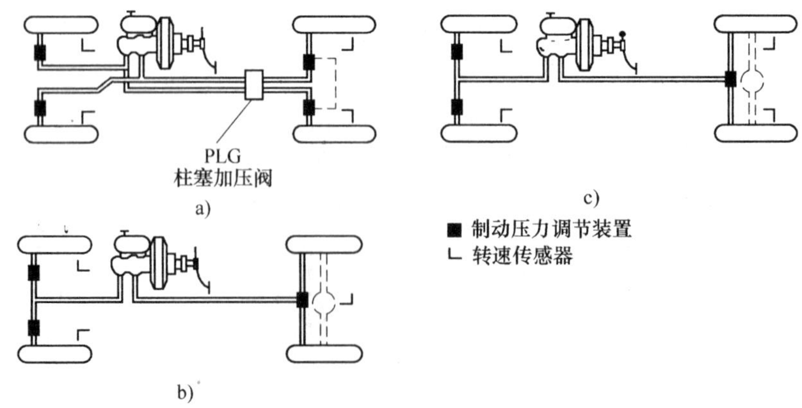

图 4-5　三通道 ABS

a）4 传感器三通道带加压泵 × 形制动管路用　b）3 传感器三通道前、后制动管路用

c）4 传感器三通道前后制动管路用

损失并不显著。尽管两前轮独立控制可能会导致两前轮制动力的不平衡，但由于两前轮制动力不平衡，对汽车行驶方向稳定性的影响较小，而且还可以通过转向操纵，对由此造成的影响进行修正，因此，ABS大都为三通道控制系统。

（3）双通道ABS　为了减少制动压力调节分装置的数量，降低系统的成本，双通道ABS也曾被采用（如本田4WALB）。图4-6所示为双通道ABS布置形式。由于双通道ABS难以在方向稳定性、转向操纵能力和制动距离各方面得到兼顾。所以，双通道系统目前很少被采用。

（4）单通道ABS　单通道ABS都是在按前、后布置双管路制动系统的后制动总管路中，设置一个制动压力调节装置，对于后轮驱动的汽车，则只需在传动系统中安置一个车轮转速传感器，如图4-7所示。单通道ABS具有结构简单、成本低的优点，单通道ABS一般都是对两后轮按低选取原则进行一同控制，其主要作用是提高汽车的制动方向稳定性。目前在少数轻型汽车上应用。

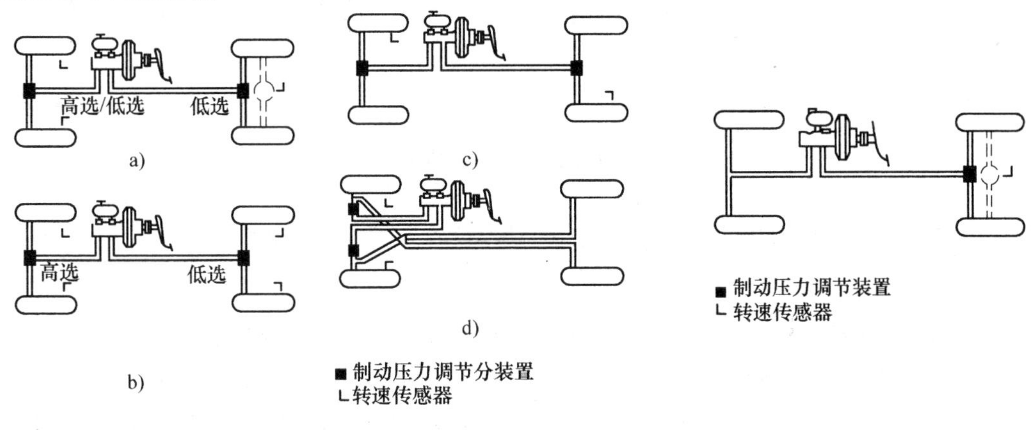

图4-6　双通道ABS

图4-7　单通道ABS

4.2.2　ABS主要零部件的结构与工作原理

1. 车轮转速传感器

车轮转速传感器是在汽车行驶过程中将车轮轮速以电信号形式传给电子控制单元，通过处理后判断车轮的运动状态而决定是否开始进行防抱死制动控制的传感器。

车轮转速传感器由齿圈和电磁感应式传感头两部分构成，安装在车轮上。用于感测非驱动车轮转速的转速传感器都设置在车轮处；用于感测驱动车轮转速的转速传感器通常也设置在车轮处，如图4-8所示，但在对后轮进行同一控制的防滑控制系统中，有些车型上该传感器则安装在主减速器或变速器中，这样测量的是左、右驱动轮的平均转速，如图4-9所示。这种安置形式有利于转速传

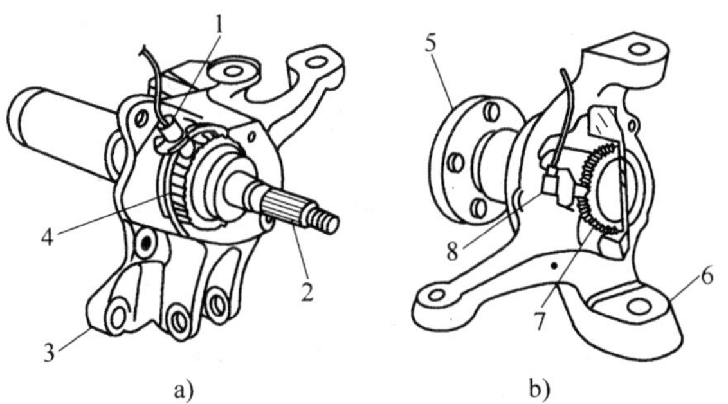

图4-8　转速传感器在车轮上的安置

a）驱动车轮　b）非驱动车轮

1—电磁感应式传感器　2—半轴　3—悬架支承　4—齿圈　5—轮毂　6—万向节　7—齿圈　8—电磁感应式传感器

感器的保护，也减少了转速传感器的数量。传感头是一个静止部件，安装在半轴套管、制动底板或万向节上。齿圈是一个运动部件，与半轴或车轮一起旋转，齿圈上齿数的多少与车型、ABS计算机有关，如福特系列车型有104个齿（用35脚的计算机芯片）、90个齿（天蝎座车型）和50个齿（用32脚的计算机芯片），而博世公司生产的车，则有100个齿。传感头与齿圈之间的间隙很小，通常只有1mm左右，多数车轮转速传感器的间隙是不可调的。车轮转速传感器的传感头主要由永磁性磁心和感应线圈组成。齿圈由磁阻较小的铁磁材料制成的。

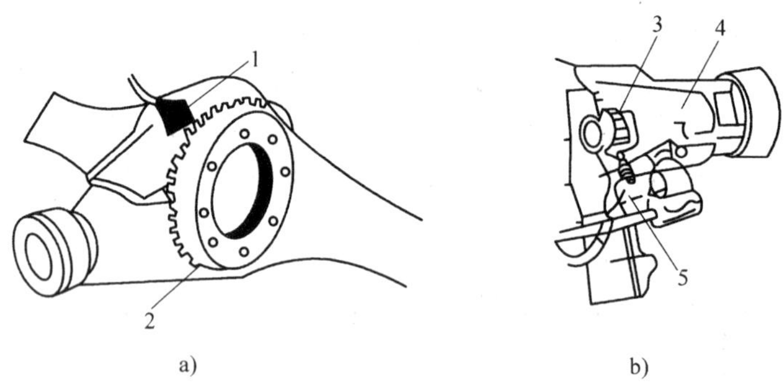

图4-9　转速传感器在传动系统中的安置

a）主减速器　b）变速器

1—电磁感应式传感器　2—主减速器从动齿轮　3—齿圈　4—变速器

5—电磁感应式传感器

电磁感应式车轮转速传感器的工作原理如图4-10所示。汽车行驶时，齿圈随车轮转动，磁心对应的齿圈部分在齿顶与齿根之间变化，从而使通过感应线圈的磁通量发生交替变化，产生交变电压，交变电压的频率及大小与齿圈的转速成正比，通过感应线圈送来的电压信号的频率来确定车轮的转速，通过电压信号频率变化率来判断车速的圆周加、减速度。如果计算机发现车轮的圆周加、减速度急剧增加，滑移率超过规定值时，就会立刻给压力调节装置发出指令，使ABS或ASR调节制动压力或控制发动机转矩的输出，从而控制车轮的滑移率。

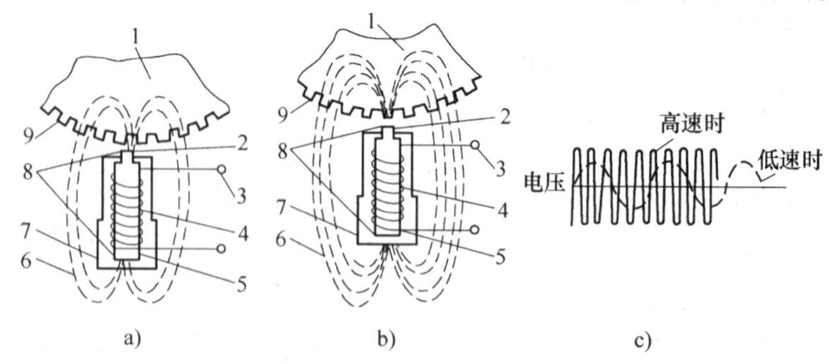

图4-10　电磁感应式车轮转速传感器的工作原理

a）齿隙与磁心端部相对时　b）齿顶与磁心端部相对时　c）传感器输出电压信号

1—齿圈　2—磁心端部　3—感应线圈引线　4—感应线圈　5—永磁性磁心

6—磁力线　7—电磁感应式传感器　8—磁极　9—齿圈齿顶

根据传感器磁心端部的形状，可将传感器分为柱式和凿式，如图4-11所示。

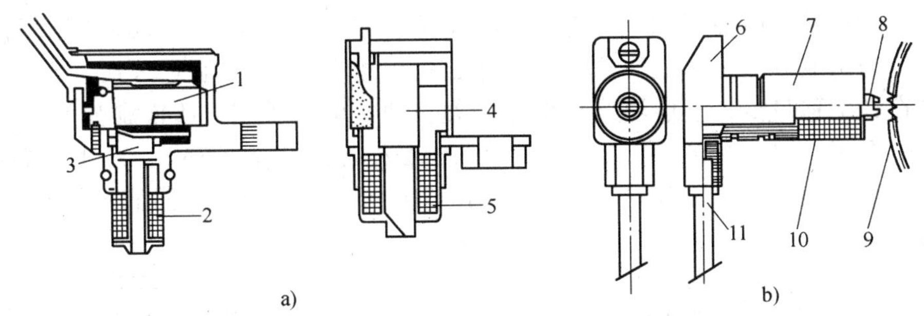

图 4-11　转速传感器

a）柱式转速传感器　b）凿式转速传感器

1—输出电路　2、5、10—感应线圈　3、4—永磁性磁心　6—弯头

7—壳体　8—凿形端部　9—齿圈　11—信号输出

2. 制动压力调节装置

ABS 液压控制总成是在普通制动系统的液压装置上加装 ABS 液压调节器形成的。普通制动系统的液压装置一般包括真空助力器、双缸式制动总泵（主缸）、储油箱、制动分泵（轮缸）和液压管路等。除了普通制动系统的液压部件外，ABS 制动压力调节器通常由回油油泵、蓄能器、主控制阀、电磁阀和一些控制开关等组成。实质上，ABS 就是通过电磁阀控制分泵上的液压，使之迅速变大或变小，从而实现防抱死制动功能。

ABS 制动压力调节器串接在制动主缸与轮缸之间，通过电磁阀直接或间接地控制轮缸的制动压力。通常，电磁阀直接控制轮缸制动压力的调节器称为循环式制动压力调节器，把间接控制制动压力的调节器称为可变容积式制动压力调节器。

（1）循环式制动压力调节器　循环式制动压力调节器如图 4-12 所示。这种制动压力调节器是在制动总缸与制动轮缸之间串联一个电磁阀，直接控制轮缸的制动压力。这种压力调节系统的特点是制动压力油路和 ABS 控制压力油路相通，由电磁阀直接控制轮缸的制动压力，多采用三位三通电磁阀和二位二通电磁阀，在 ECU 控制下使电磁阀处于“升压”、“保压”、“减压”三种位置。

1）三位三通电磁阀工作过程。三位三通电磁阀的结构及符号如图 4-13 所示。三位三通电磁阀由进液阀、回液阀、主弹簧、副弹簧、固定铁心及衔铁套筒等组成。

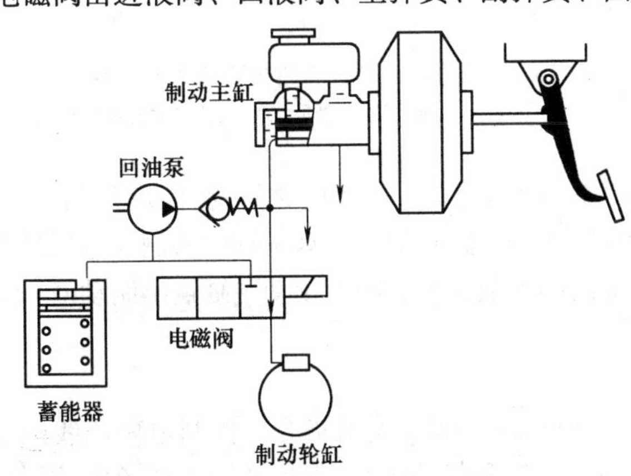

图 4-12　循环式制动压力调节器

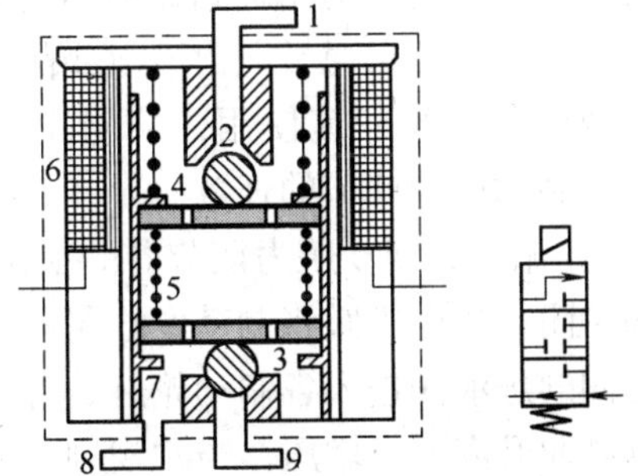

图 4-13　三位三通电磁阀的结构及符号

1—进液口　2—进液阀　3—回液阀　4—主弹簧

5—副弹簧　6—电磁线圈　7—衔铁套筒

8—出液口　9—回液口

其工作过程是：电磁线圈未通电时，在主弹簧张力作用下，进液阀打开，回液阀关闭，进液口与出液口保持畅通——增压；电磁线圈通入较小电流（2A），产生电磁吸力小，吸动衔铁上移量少，但能适当压缩主弹簧，使进液阀关闭，放松副弹簧，回液阀并不打开——保压，如图 4-14 所示；电磁阀线圈通入较大电流（5A），产生电磁吸力大，吸动衔铁上移量大，同时压缩主、副弹簧，使进液阀仍保持关闭，回液阀打开——减压，如图 4-15 所示。

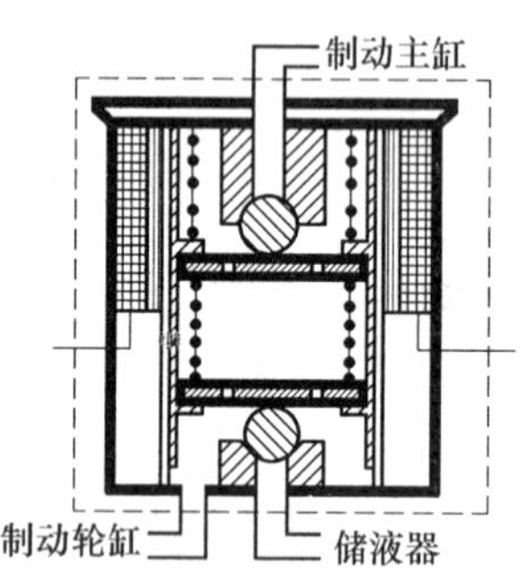

图 4-14　三位三通电磁阀（保压）

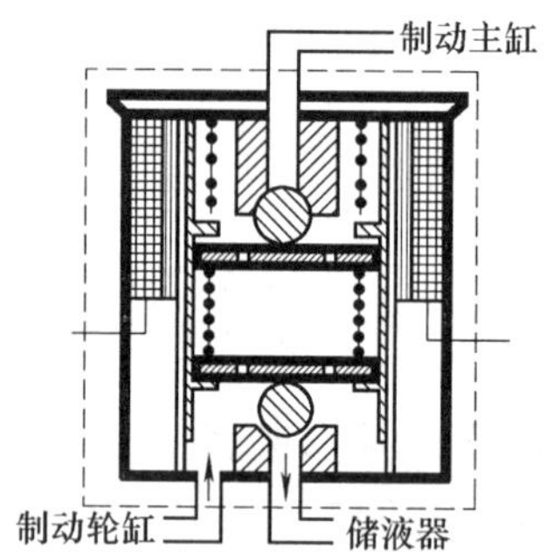

图 4-15　三位三通电磁阀（减压）

因为该电磁阀工作有 3 个状态（增压、保压、减压）则为“三位”，对外具有 3 个接口（进液口、出液口、回液口）则为“三通”，所以该电磁阀称为“三位、三通”电磁阀，常写成 3/3 电磁阀。

2）二位二通电磁阀工作过程。二位二通电磁阀的结构及符号如图 4-16 所示。二位二通电磁阀又分为二位二通常开电磁阀和二位二通常闭电磁阀。两个电磁阀均由阀门、衔铁、电磁线圈和回位弹簧等组成。

常态下，二位二通常开电磁阀阀门在弹簧张力作用下打开，二位二通常闭电磁阀阀门在弹簧张力作用下闭合。二位二通常开电磁阀用于控制制动主缸到制动轮缸的制动液通路，又称为二位二通常开进液电磁阀。二位二通常闭电磁阀用于控制制动轮缸到储液器的制动液回路，又称为二位二通常闭出液电磁阀。

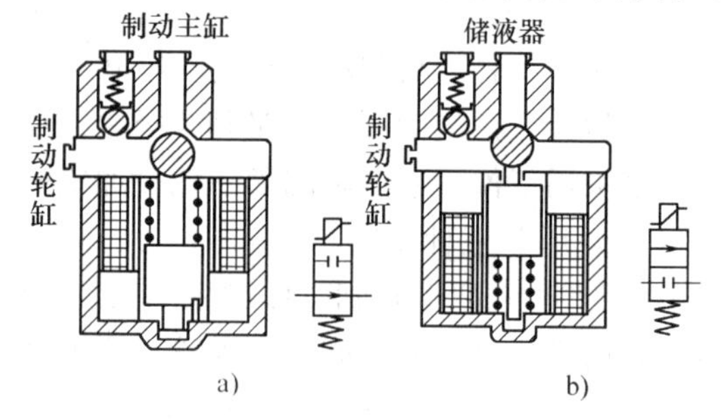

图 4-16　二位二通阀的结构及符号
a）二位二通常开电磁阀　b）二位二通常闭电磁阀

两个电磁阀配套使用，共同完成 ABS 工作中对制动压力调节的任务。

3）循环式制动压力调节器的工作过程。踏下制动踏板，由于电磁阀的进液阀开启、回液阀关闭，各电磁阀将制动主缸与各制动轮缸之间的通路接通，制动主缸中的制动液通过各电磁阀的进液阀进入各制动轮缸，各制动轮缸的制动液压力将随着制动主缸输出制动液压力的升高而升高——增压，与常规制动相同。

①升压（常规制动），如图 4-17 所示。

②保压。当某车轮制动中，滑转率接近于 20% 时，ECU 输出指令，控制电磁阀线圈通过较小电流（约 2A），使电磁阀的进液阀关闭（回液阀仍关闭），保证该控制通道中的制动轮缸制动压力保持不变——保压，如图 4-18 所示。

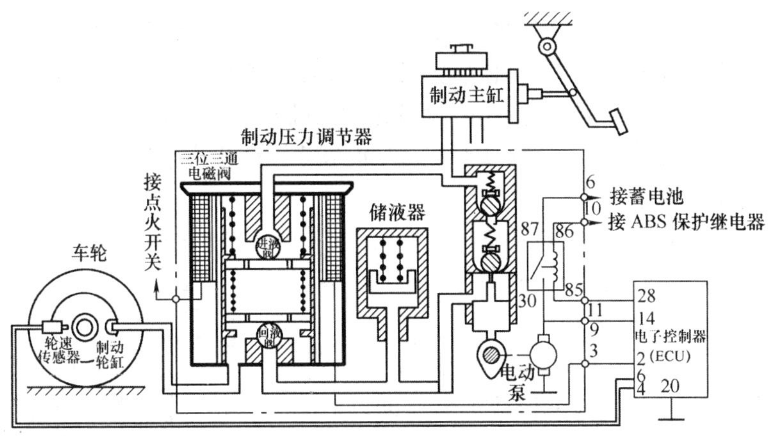

图 4-17　制动压力调节原理（压力增大）

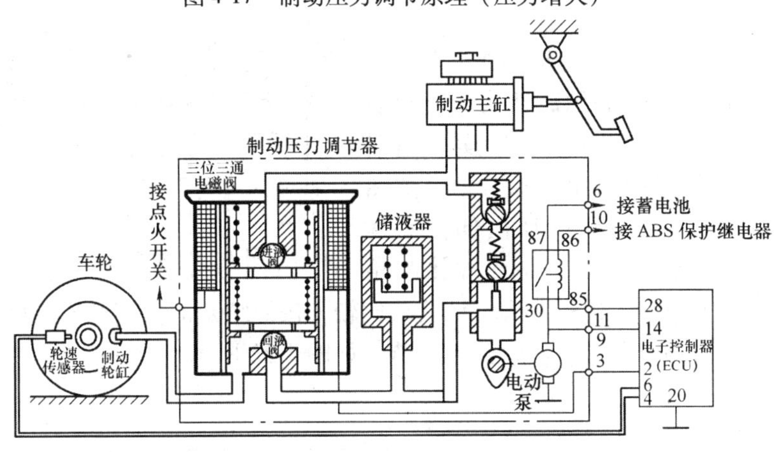

图 4-18　制动压力调节原理（压力保持）

③减压。当某车轮制动中，滑转率大于 20% 时，ECU 输出指令，控制电磁阀线圈通过较大电流（约 5A），使电磁阀的进液阀关闭，回液阀开启，制动轮缸中的制动液通过回液阀流入储液器，使制动压力减小——减压，如图 4-19 所示。与此同时，ECU 控制电动泵通电运转，将流入储液器的制动液泵回到制动主缸出液口。

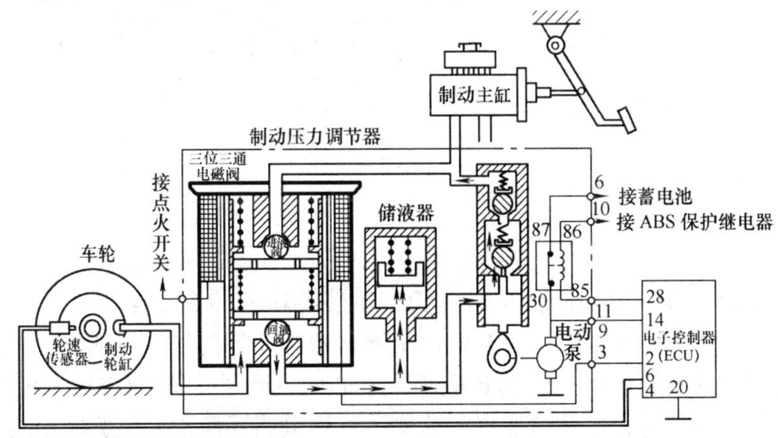

图 4-19　制动压力调节原理（压力减小）

（2）可变容积式制动压力调节器　可变容积式制动压力调节器是在汽车原有制动管路上增加一套液压控制装置，用它控制制动管路中制动液容积的增减，从而控制制动压力的变化。也就是说，可变容积式调节器是电磁阀间接控制制动压力的制动压力调节器。如图4-20所示，这种压力调节器的特点是制动压力油路和ABS控制压力油路是相互隔开的。

可变容积式制动压力调节器特征：

1）ABS作用时制动踏板无抖动感。

2）活塞的往复运动可由滚动丝杆或高压蓄能器推动。

3）采用高压蓄能器作为推动活塞的动力时，蓄能器中的液体和轮缸的工作液是隔离的，前者仅仅作为改变轮缸容积的控制动力。

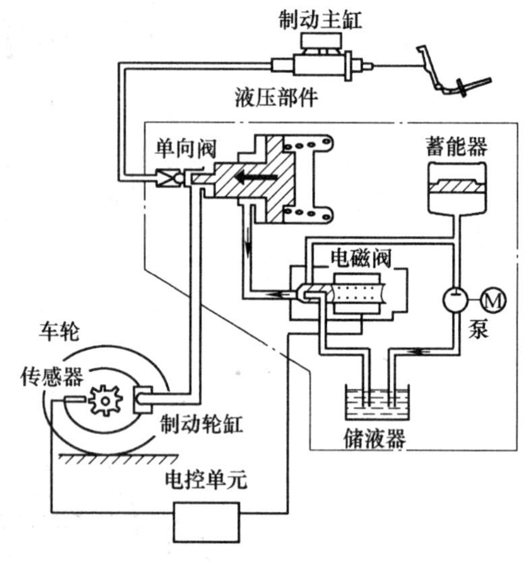

图4-20　可变容积式压力调节器

3. 电子控制单元

ABS ECU是一个微型计算机，硬件主要由安装在印制电路板上的电子元器件构成，封装于金属壳体内；软件则是固存于只读存储器（ROM）中的一系列控制程序和试验参数。如图4-21所示，尽管各车用ABS ECU内部控制程序、参数不同，但其作用是一样的，即接收轮速传感器及其他开关信号，进行放大、计算、比较，按照特定的控制逻辑分析、判断后输出指令，控制制动压力调节器进行制动压力调节，如图4-22所示。

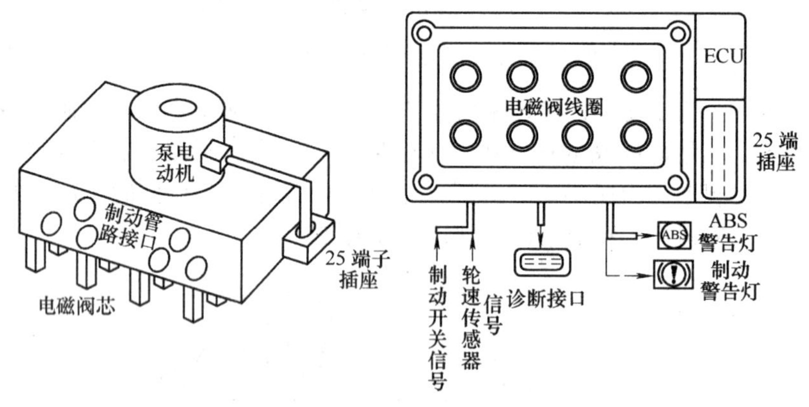

图4-21　桑塔纳2000GSi轿车ABS控制模块

（1）输入电路　输入电路的作用是对轮速传感器输入的交变电压信号、点火开关、制动开关、液位开关、电磁阀继电器、泵电动机继电器等外部信号进行预处理，并将模拟信号转换成计算机识读的数字信号送入运算电路。不同的ABS中，轮速传感器的数量和信号电路数目是一致的。为了对轮速传感器进行检测，计算电路还经输入电路输出相应的检测信号至各轮速传感器，然后再经输入电路将反馈信号送入运算电路。

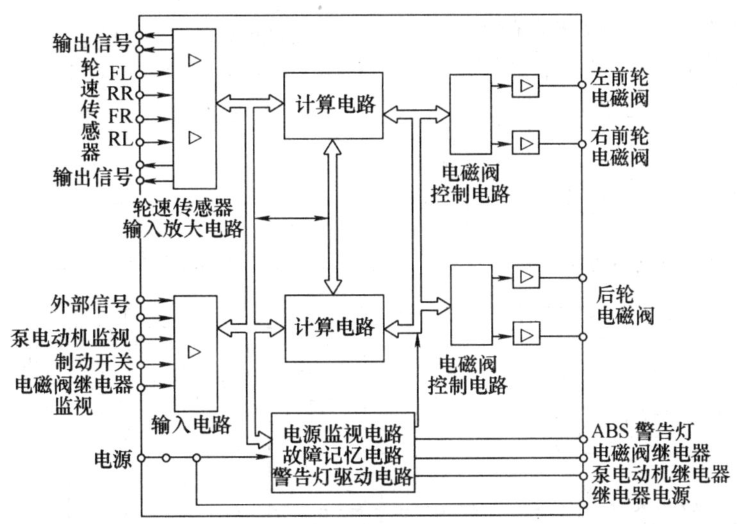

图 4-22　ABS ECU 电路框图

（2）运算电路　运算电路的功用是根据轮速传感器信号，计算出车轮瞬时速度，而后得出加（减）速度、初始速度、参考车速及滑转率。最后根据设定的控制指令，向电磁阀控制电路输出增压、保压或减压的控制信号。运算电路不仅能检测自己内部的工作过程，而且还能监测系统中有关部件的工作状况，如轮速传感器、泵电动机工作电路、电磁阀工作电路等。当监测到这些电路工作不正常时，可向保护电路输出停止 ABS 工作的指令。

（3）输出电路　输出电路的主要功用是将运算电路输出的增压、保压或减压的控制信号，通过控制功率放大器、驱动执行器实施调节。

（4）安全保护电路　安全保护电路由电源监控、故障记忆、继电器驱动、ABS 警告灯驱动等电路组成。其主要功用是对电源电压进行监控，并将电源电压转换成 ECU 所需的稳定工作电压；监控轮速传感器信号、运算电路、电磁阀控制电路，当这些电路不正常时，停止驱动继电器，使 ABS 不工作，同时使 ABS 警告灯亮，并将故障信息以故障码的形式存储在存储器内，供维修时使用，如图 4-23 所示。

（5）故障警告灯　ABS 带有两个故障警告灯，一个是红色制动故障警告灯，另一个是黄色 ABS 故障警告灯。两个故障警告灯正常闪亮的情况如下：当点火开关打开时，制动灯与 ABS 灯同时亮，制动灯亮的时间较短，ABS 灯会亮的长一些（约 3s）；起动发动机后，蓄能器要建立系统压力，此时两灯泡会再亮一次，时间可达十几秒甚至几十秒。制动灯在驻车制动时也应亮。如果在上述情况下不亮，就说明故障警告灯本身及电路有故障。制动警告灯常亮，说明制动液不足或蓄能器中的压力下降（低于 14 000kPa），此时普通制动系统与 ABS 均不能正常工作，要检查故障原因及时排除。ABS 故障警告灯常亮，说明 ABS ECU 发现 ABS 中有问题，要及时检修。

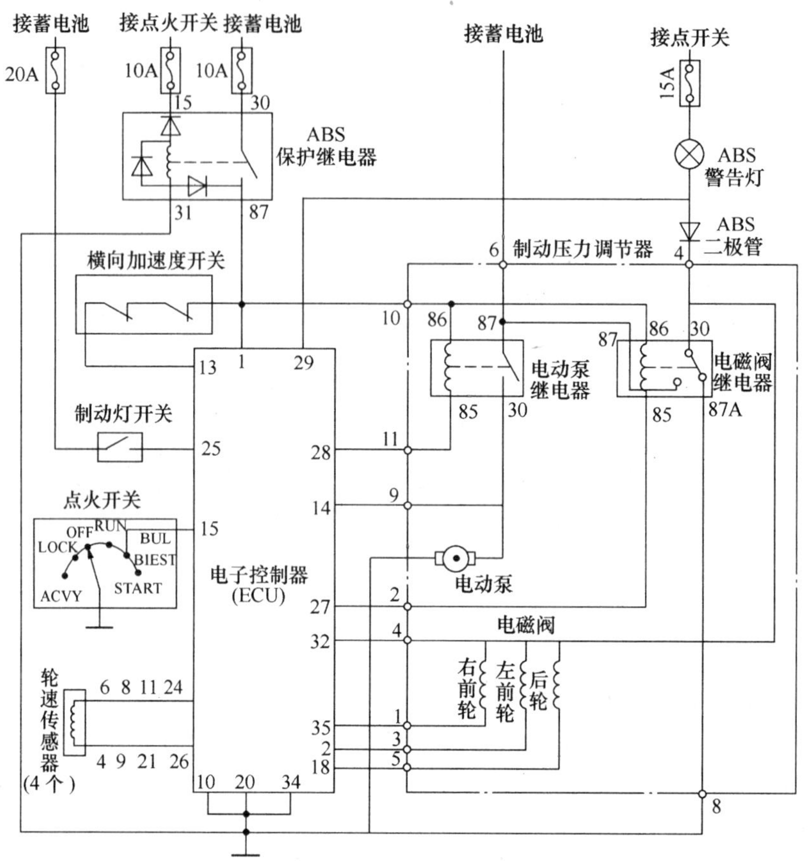

图 4-23　博世 ABS 控制系统

4.2.3　电子制动力分配

汽车制动时，如果 4 个轮胎附着地面的条件不同，比如，左侧轮附着在湿滑路面，而右侧轮附着于干燥路面，4 个车轮与地面的附着力不同，在制动时（4 个车轮的制动力相同）就容易产生打滑、倾斜和侧翻等现象。传统的制动系统会平均将制动主缸的力量分配至 4 个车轮，这样的分配并不符合制动力的使用效益。

电子制动力分配（Electric Brakeforce Distribution，EBD）能自动调节前、后轴的制动力分配比例，提高制动效能（在一定程度上可以缩短制动距离），并配合 ABS 提高制动稳定性。其原理就是在汽车制动的瞬间，高速计算出 4 个轮胎由于附着不同而导致的摩擦力数值，然后调整制动装置，使其按照设定的程序在运动中高速调整，达到制动力与附着力的匹配，以保证车辆的平稳和安全。

当紧急制动车轮抱死的情况下，EBD 在 ABS 动作之前就已经平衡了每一个轮的有效地面抓地力，可以防止汽车出现甩尾和侧移，并缩短汽车制动距离。前、后车轮有无 EBD 时制动力的比较如图 4-24 所示，对车辆稳定性调节效果如图 4-25 所示。

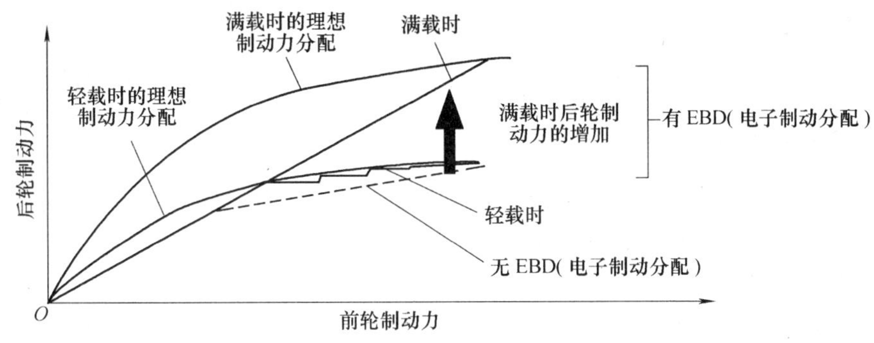

图 4-24　前、后车轮有无 EBD 时制动力的比较

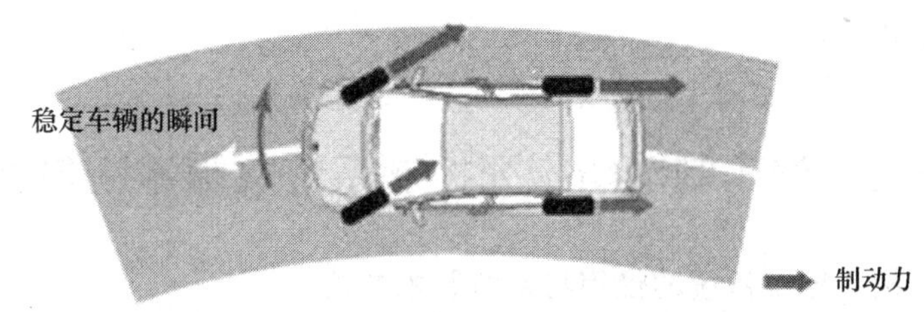

图 4-25　EBD 对左、右车轮制动力调节效果

由于 EBD 实际上是 ABS 的辅助系统，它可以改善并提高 ABS 的功效。所以在安全指标上，一般把两个系统统一叫做“ABS + EBD”。

当车辆急转向，比如紧急避让障碍物时，由于车辆的重心偏移，4 个轮子与地面的附着力也会不同，在制动时也容易产生打滑、倾斜和侧翻等现象。EBD 系统在弯道之中进行制动的操作亦具有维持车辆稳定的功能，增加弯道行驶的安全。图 4-26 所示为车辆避让障碍物时有无配备“ABS + EBD”的运动轨迹图。

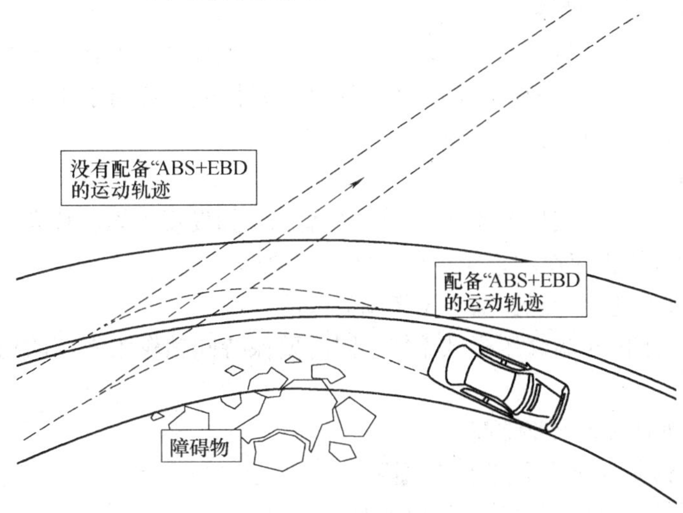

图 4-26　车辆避让障碍物时有无配备“ABS + EBD”的运动轨迹

4.3 能力训练

4.3.1 训练环境条件要求

1. 安全、整洁的汽车维修车间或模拟汽车维修车间。
2. 齐全的消防用具及个人防护用具。
3. 带 ABS 的轿车。
4. 汽车维修举升机、常用工具、量具。
5. ABS 试验台。
6. 汽车电脑诊断仪。

4.3.2 能力训练任务

任务九 汽车制动防抱死控制系统故障诊断与检修

1. 汽车制动防抱死控制系统的使用与检修基本方法

（1）ABS 动作正常时的情形 在大多数的车辆上，当 ABS 正常时，ABS 警告灯会在钥匙打开的数秒内即熄灭。但若车辆停置数天后再起动，警告灯可能会亮起约 30s，待系统压力建起后才熄灭。在发动机起动期间，除了 ABS 警告灯亮起以外，有些车种的制动警告灯（“BRAKE”）也会亮起，并在发动机起动后，两个警告灯相继熄灭。在大多数车型上，常常在钥匙打开后，两个警告灯都会亮起。在进行路试 ABS 的动作时，以 32 ~ 48km/h 的速度行驶下猛踩制动踏板，若 ABS 动作正常，踏板可感觉液压回馈的振动，而且车辆行驶印迹应相当平直。

（2）使用装备 ABS 的车辆的注意事项

1）要保持足够的制动距离。

2）切忌反复踩制动踏板。踩下制动踏板时，应使施加在制动踏板上的力持续且稳定。

3）ABS 正常时，会产生液压工作噪声和制动踏板振颤，这属于正常现象。在紧急制动时，应直接将加速踏板踩到底，且不放松。

4）不要忘记控制转向盘。

5）在行车中应留意仪表板上的 ABS 警告灯情况，如发现闪烁或长亮，说明已不具 ABS 功能，但常规制动系统仍起作用，应尽快到修理厂检修。

6）要保持装在车轮上传感器探头及齿圈的清洁。

7）应严格按规定的轮胎气压标准充气，同时要保持同轴轮胎气压的均衡，严禁使用不同规格的轮胎。

8）ABS 对制动液的要求非常高。

①沸点高，保证制动时不会产生“气阻”。

②运动粘度要低，以保证制动时反应及时。

③对金属橡胶无腐蚀性。

④能长期保存，性能稳定。

⑤吸湿沸点要高。

添加或更换制动液应严格按照车辆使用说明书上的要求，禁止掺杂不同型号的制动液。

（3）区分 ABS 和常规制动系统故障

1）噪声。大多数的 ABS 在工作时，都会产生一定程度的噪声，例如制动压力调节器内的电磁阀动作噪声等。

2）制动抱死。制动抱死大多出现在常规制动系统中，ABS 很少发生这种情形，但有几种情形会造成 ABS 制动抱死，例如前轮回路的 ABS 分离阀卡在开关位置。

3）制动踏板振动。ABS 工作时的液压回馈到制动踏板时，会引起制动踏板快速振动。但在常规制动工作时，若有振动发生，则应检查制动盘是否不平；另外，制动鼓失圆或者车轮轴承松动，也会造成制动踏板振动。

4）迟滞。在常规制动时，若制动迟滞，容易出现抱死的倾向，则应检查制动蹄片是否脏污，并且检查制动盘、制动鼓是否严重磨损。

5）拖曳。在附带驱动力控制系统的 ABS 中，当电流流经驱动力控制系统中的控制电磁阀及油泵时，可能会引起系统对驱动轮加以制动而发生拖曳的现象。

6）制动踏板下沉。发生这种现象时，应检查制动主缸是否磨损；在有油平面指示灯的系统中，检查 ABS 或制动警告灯。

7）制动踏板过硬。在整体式的 ABS 中，制动踏板变硬可能表示 ABS 中发生故障，因为在整体式 ABS 中制动主缸及蓄能器不良，或蓄能器无法蓄压时，都会导致制动踏板变硬。可根据上面的现象来判断 ABS 故障的部位。

（4）ABS 维修的基本方法及流程

1）制动系统发生故障由 ABS 警告灯和制动装置警告灯指示。有时，ABS 警告灯和制动装置警告灯不亮，但制动效果仍不理想，则可能是系统放气不干净或在常规制动系统中存在故障。

2）制动不良时，先区分是机械故障还是 ABS 故障。

区分方法：拆下 ABS 继电器线束插接器或 ABS 制动压力调节器电磁阀线束插接器，使 ABS 制动压力调节器电磁阀不能通电工作。让汽车以常规制动方式工作，如制动不良故障消失，则说明故障在 ABS，如制动不良故障依然存在，则为机械故障。

3）确定为 ABS 故障后，应首先对 ABS 的外观进行检查，检查制动油路和泵及阀有无泄漏、导线的插头和插接器有无松脱，蓄电池电压是否亏电。在检查电路故障时，不应漏检熔断器。

4）若外观检查正常，应用故障诊断仪或人工调取的方式查询故障码，检查故障所在。

5）不要轻易拆检 ECU 和液压控制器件，如果怀疑其有问题，可用替换法检查。在拆检 ABS 液压控制器件时，应先进行卸压，以免高压油喷出伤人。卸压方法：关闭点火开关，反复踩制动踏板 20 次以上，直到感觉踩制动踏板的力明显增加并且制动踏板变得非常硬时为止。

6）开始维修前，应关闭点火开关，从蓄电池上拆下搭铁线。特别注意，拔 ABS 电气插头之前，必须关闭点火开关。

7）拆卸前，必须彻底清洁连接点和支承面，清洁时不要使用汽油、稀释剂等及与之类似的清洁剂，拆下的零件必须放在干净的地方，并覆盖好。

8）把 ABS ECU 和液压控制单元分开后，必须把液压控制单元放在专用支架上，以免在搬运中碰坏阀体。

9）制动系统打开后不要使用压缩空气，也不要移动车辆。

10）拆下的部件如果不能立刻完成修理工作，必须小心地盖好或者用塞子封闭，以保证部件的清洁。

11）更换配件时，必须使用质量良好的配件。配件要在安装前才从包装内取出。

12）一定要按维修手册的要求进行安装调整。

13）维修 ABS 后，按规定加装制动液，并要对系统进行放气。

14）在试车中，至少进行一次紧急制动。当 ABS 正常工作时，会在制动踏板上感到有反弹，并可感觉到车速迅速降低而且行驶平稳。

2. 汽车制动防抱死控制系统常见故障分析与检修

（1）ABS 的故障自诊断

1）ABS 的自检。

①点火开关一接通，ECU 就会立即对其外部电路进行自检。两个故障警告灯正常亮的情况是：当点火开关打开到起动至自检结束（大约 3s），在拉紧驻车制动装置时制动警告灯亮，ABS 警告灯亮后，又熄灭。如果上述情况灯不亮，说明故障警告灯本身或电路有故障。

如果 ABS 故障灯常亮，说明 ABS 出现故障；如果制动装置警告灯常亮，说明制动液缺乏。

②发动机起动后，车速第一次达到 60km/h 时 ABS 完成自检。

在自检过程中，如发现异常或在工作中 ABS 工作失常，ECU 就会停止使用 ABS，同时 ABS 警告灯亮起，并储存故障码。

2）故障码的显示方式因车型不同而不同，大致有如下几种：

①仪表板上的警告灯闪烁，或 ECU 盒上的发光二极管闪烁直接显示故障码。

②将检查插接器或 ECU 机盒上的有关插孔跨接，使仪表板上的 ABS 灯闪烁显示故障码。

③使用专用故障检测仪器读取故障码。

3）目前常用的 ABS 故障码调取与清除仪器主要有大众公司的 V. AG. 1551 专用诊断仪、大众公司的 VAS5052 专用诊断仪、丰田车系专用诊断测试仪、修车王汽车电脑诊断仪、金德 K80 和 K81 多功能诊断仪、金奔腾中文 1552 诊断仪、数字电流表等。

下面使用故障诊断仪来对车辆的 ABS 进行检测：上海桑塔纳 2000GSi 轿车 ABS 故障码调取与清除；丰田威驰轿车 ABS 故障码调取与清除；丰田车系故障码的调取与清除（人工调码）。

故障码的调取：

①将点火开关置于 OFF 位置，打开发动机室盖，找到 ABS 故障诊断座插接器的 W_A 和 W_B 端子并抽出短路销。

②用专用跨接线跨接诊断插座中的 Tc 和 E_1 端子，如果 ABS 有故障，打开点火开关，ABS 指示灯在 4s 后闪烁故障码。

③将点火开关置于 ON 位置，以正确的方法取读警告灯或发光二极管的闪烁次数，读出故障码。故障码为两位数，第一次闪烁的为故障码的十位数，停顿 1.5s 后闪烁的为个位数；

如果 ABS 有多个故障，系统会停顿 2.5s 后继续闪烁第二个故障码，所有故障码完全显示以后，系统再停顿 4s，随后从第一个故障码开始重复显示。

如果 ABS 正常，ABS 警告灯会以每隔 0.25s 的频率闪烁。

清除故障码的方法：

①汽车停稳。

②诊断座 Tc 与 E_1 端子跨接。

③维修插接器插头分开或 W_A 与 W_B 之间的短接插销拔出。

④点火开关接通。

在以上条件下，3s 内连续踩制动踏板 8 次，即可消除故障码。

故障码消除后，将 Tc 与 E_1 端子跨接线拆去，将维修插接器插头插好或 W_A 与 W_B 之间的短接插销插好。

车速传感器信号故障码的调取：

①将维修插接器插头分开或 W_A 与 W_B 之间的短接插销拔出。

②将诊断座或 TDCL 插接器的 Tc 与 E_1 端子跨接。

③起动发动机怠速运转，仪表板上的 ABS 警告灯闪烁。

④驾驶汽车上路，使车速达到 90km/h 以上并保持数秒后停车。

⑤再将诊断座或 TDCL 插接器的 Tc 与 E_1 端子跨接。

此时仪表板上的 ABS 警告灯将会闪烁。警告灯以 2 次/s 的频率闪烁为正常，否则，会闪烁出故障码。车速传感器信号故障码的清除与 ABS 故障码的相同。

（2） ABS 故障的一般检查方法

1） 车速传感器故障的检查。

常见故障：

①感应线圈短路、断路或接触不良。

②齿圈有缺损或脏污。

③探头部分安装不牢、磁极与齿圈之间有脏物、或磁极与齿圈之间的间隙过大。

检查方法：

①直观检查传感器、导线及插接件有无松动。

②用电阻表检测传感器感应线圈电阻，若电阻过大或过小，应更换。

③用交流电压表测量传感器的输出信号电压，车轮转动时，应为 2V 以上，并随转速的升高而升高。

④用示波器检测传感器的输出信号电压波形，正常的波形应是均匀稳定的正弦电压波。

2） ECU 的检查。

①检查 ECU 线束插接器、连接导线有无松动。

②检查 ECU 线束插接器各端子的电压值、波形或电阻，如果与标准值不符且与之相连的部件和线路正常，应更换 ECU 后再试。

③直接采用替换法检验，即在检查其他部件无故障时，可用新的 ECU 替代，如果故障消失，则为 ECU 故障。

3） 压力调节器的检查。

常见故障：

①电磁阀线圈不良。

②阀有泄漏。

故障检查方法：

①用电阻表检查电磁阀线圈的电阻，若电阻无穷大或过小，则电磁阀有故障。

②加电压实验。将电磁阀加上其工作电压，如果不能正常动作，则应更换。

③解体后检查。

4）ABS 控制继电器的检查。

常见故障：

①触点接触不良。

②继电器线圈不良。

检查方法：

①对继电器施加正常工作电压，若能正常动作，再测继电器触点间的电压和电阻，正常情况下，触点闭合时电压为零。若电压大于0.5V，说明触点接触不良。

②继电器线圈电阻应在正常范围内。

（3）ABS 制动液及制动液的更换　通常，当 ABS 工作时，要以 10～20 次/s 的工作频率在减压、保压和增压状态之间切换，因此，系统对制动液的要求比普通制动系统的要求更高。概括地说，有以下几点：

1）为保证制动时不产生气阻，制动液的沸点要高（不低于 260℃）。

2）为确保 ABS 在减压、保压和增压状态间循环有足够的反应速度，制动液运动粘度要低。

3）对金属和橡胶等制品无腐蚀。

4）在各种工作条件下性能稳定。

5）制动液在吸湿率（含水率）3.5%时的吸湿沸点同样要高。采用乙二醇为基液的 DOT3 和 DOT4 制动液是一种吸湿性较强的液体，一年的吸湿率可达 3%。因使用条件和环境不同，其吸湿率会有所不同。一旦制动液中含有水分，其沸点便会下降，从而容易引起气阻，制动的可靠性下降。同时，制动液含水分后，其腐蚀性大为增加。所以，当制动液使用两年后，为确保制动可靠性应更换制动液。

ABS 中出现的气体是非常有害的，它可能会破坏系统对制动压力的正常调节，严重时可导致 ABS 失去作用。当修理过程中对系统进行过分解后，或制动踏板发软、变低、制动效果变差时，需要对 ABS 排气。ABS 的排气比普通的制动系统要复杂，通常可借助自诊断仪器进行（如德国大众产品可利用 V. G. A1552 对制动系统实施排气）。若以一般的方法进行排气，则应注意参照相应的保养手册进行操作，以便能达到良好的效果。

（4）ABS 的常见故障诊断

1）ABS 的常见故障。

①系统电路故障：它多为连接线短路或断路、插接器接触不良等原因引起，一般可由万用表的电阻档进行检测。

②传感器信号故障：可能由传感头安装位置是否正确、传感头与齿圈间隙是否标准、传感头是否松动等引起。

③电源故障：一般由电压不稳、发电机故障、电压调节器故障等引起。

④油路故障：因油泵转子卡死、油泵电动机搭铁线断路、电磁阀损坏、调压器进有空气等引起。

2）故障诊断前的注意事项。当 ABS 出现故障后，一般可将故障诊断过程分为初步检查和故障码诊断（扫描检测仪诊断）两个阶段。在进行故障诊断前，首先注意以下几点。

①汽车所用轮胎大小与型号必须与厂家推荐的保持一致，否则会降低制动效率，导致汽车损坏甚至人员伤亡。

②对具有高压蓄能器的 ABS，在维修前，必须使用专用工具对其实行减压，减压后才可进行维修。在压力未卸除前，不要尝试刺穿或拆卸高压蓄能器，或将蓄能器靠近过热区域和火源，否则引起爆炸。

③制动液含有脱漆剂，必须避免将制动液溢流到车身漆面上。

④若 ABS 调压器进有空气，会导致泵电动机运转时间延长，且 ABS 警告灯亮。

3）初步检查。ABS 诊断前期，应进行初步检查，完成以下检查项目。

①检查制动主缸储液器中制动液面高度。若液压控制单元具有单独储液器，则应检查两个储液器的液面，应满足厂家规定要求。

②检查 ABS 液压系统是否有液体泄漏。

③检查 ABS 是否有机械零件损坏，如制动衬块、制动蹄、摩擦片等。

④检查所有轮胎，确保轮胎大小与弹性满足厂家规定。

⑤检查 ABS 中所有导线的连接是否松动、腐蚀和损坏。

⑥检查轮速传感器齿盘齿圈的完好性。

⑦若轮速传感器是可调的，应按照厂家规定调整。

⑧检查 ABS 的所有熔丝及熔断器的连接。

4）故障码诊断。若经过初步诊断后仍无法排除 ABS 故障，可借助系统自诊断功能，依靠故障码进一步寻找故障发生部位。现代汽车 ABS 中均具有故障自诊断功能，当 ABS ECU 检测到系统故障信息时，会立即使仪表板上的 ABS 警告灯亮，告知驾驶人 ABS 出现故障，同时将故障信息以诊断故障码（DTC）的形式存储在存储器中。诊断 ABS 故障时，按照设定的程序和方法，可通过 ABS 警告灯的闪烁读出故障码，也可通过专用扫描检测诊断仪解读故障码。故障排除以后，需要将已有故障码清除。各类车型调取故障码的操作方式略有不同，必须按厂家维修手册要求进行。

（5）桑塔纳 2000 GSi 轿车和捷达王轿车 ABS 无故障码故障的诊断

1）ABS 主要故障症状。桑塔纳 2000 GSi 轿车和捷达王轿车 ABS 没有故障码，但是常出现的故障症状主要有：点火开关转到“ON”（发动机处于熄火状态）位置时，ABS 警告灯不亮；ABS 工作异常，两侧制动力不均匀；ABS 工作异常，制动力不足；ABS 工作异常，轻踩制动踏板时 ABS 工作（汽车处于静止状态）；ABS 工作异常，轻踩制动踏板时 ABS 工作（汽车处于行驶状态）；ABS 工作时，制动踏板剧烈振动；制动踏板行程过长；需用很大的力踩制动踏板才有制动效果；无故障码输出（无法与 V. A. G1552 通信）。

2）点火开关在“ON”位置（发动机熄火），ABS 警告灯不亮故障的检测诊断方法。产生该故障的可能原因有：熔丝烧毁、ABS 警告灯灯泡烧毁、电源电路断路、ABS 警告灯控制器损坏等，应重点检查相关部位。

3）发动机起动后，ABS 警告灯常亮故障的检测诊断方法。发动机起动后，ABS 警告灯常亮故障产生的可能原因有：警告灯控制器损坏、ABS 警告灯控制器电路开路、ABS ECU 损坏等，应重点检查相关部位。

4）ABS 工作异常故障检测诊断方法。ABS 工作异常故障产生的可能原因有：传感器安装不当、传感器线束有问题、传感器损坏、齿圈损坏、传感器粘附异物、车轮轴承损坏、ABS ECU（液压控制单元）损坏、ABS ECU（电子控制单元）损坏等，应重点检查和清洁相关部位。

5）制动踏板行程过长故障检测诊断方法。制动踏板行程过长故障产生的可能原因有：制动液泄漏、常闭阀关闭不严、系统中有空气、制动盘严重磨损、驻车制动调整不当等，应重点检查相关部位。

6）需用很大的力踩制动踏板才有制动效果的故障检测诊断方法。需用很大的力踩制动踏板才有制动效果的故障产生的可能原因有：助力器有问题、常开阀有问题等，应重点检查相关部位。

7）无故障码输出（无法与 V. A. G1552 通信）故障检测诊断方法。无故障码输出（无法与 V. A. G1552 通信）故障产生的可能原因有：熔丝烧毁、诊断线断裂或插头松脱、ABS ECU 损坏、V. A. G1552 有问题等，应重点检查相关部位。

8）ABS ECU 的编码方法和步骤。当更换 ECU 或修复 ECU 时，应对新的 ECU 进行编码，否则，ABS 警告灯闪烁，ABS 不能正常工作。用 V. A. G1552 对 ABS ECU 进行编码的步骤如图 4-27 所示。

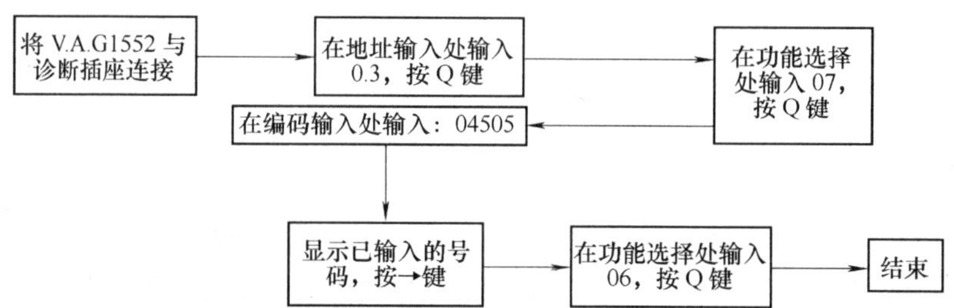

图 4-27　用 V. A. G1552 对 ABS ECU 进行编码的步骤

9）ABS 的检测。ABS 的检测方法和标准值见表 4-3 和表 4-4。

表 4-3　ABS 的检测方法和标准值（一）

检查项目	点火开关档位	接线柱	标准值	单位
蓄电池电压(电动机)	OFF	25—8	10.1～14.5	V
蓄电池电压(电磁阀)	OFF	9—24	10.1～14.5	V
电源绝缘性能	OFF	8—23	0.00～0.5	V
搭铁绝缘性能	OFF	8—24	0.00～0.5	V
电源电压	ON	8—23	10.0～14.5	V
ABS 警告灯	OFF	ECU 未接	警告灯熄灭	
	ON		警告灯亮	
	OFF	连接 ECU	警告灯熄灭	
	ON		警告灯亮约 1.7s 后熄灭	

（续）

检查项目	点火开关档位	接线柱		标准值	单位
制动灯开关功能（制动踏板未踩下）	ON	8—12		0.0～0.5	V
制动灯开关功能（制动踏板踩下）	ON	8—12		10.0～14.5	V
诊断插头	OFF	诊断插头		0.0～0.5	Ω
		K	13		
左前轮速度传感器电阻值	OFF	11—4		1.0～1.3	kΩ
右前轮速度传感器电阻值	OFF	18—3		1.0～1.3	kΩ
左后轮速度传感器电阻值	OFF	2—10		1.0～1.3	kΩ
右后轮速度传感器电阻值	OFF	1—17		1.0～1.3	kΩ
左前轮传感器输出电压	OFF	11—4		3.4～14.8（脉冲输出）	mV
右前轮传感器输出电压	OFF	18—3		3.4～14.8（脉冲输出）	mV
左后轮传感器输出电压	OFF	2—10		>12.2	mV
右后轮传感器输出电压	OFF	1—17		>12.2	mV
传感器输出电压比	最高峰值电压/最低峰值电压≤2				
车型识别	OFF	6—22		0.0～1.0	Ω

表4-4　ABS系统的检测方法和标准值（二）

检查项目	钥匙开关档位	操作	标准值	备注
左前轮常开阀及常闭阀密封性	ON	踩制动踏板	左前轮无法转动时，制动踏板不下沉	常闭阀检查
	ON（两阀和泵同时通电）	踩制动踏板	左前轮可自由转动时，制动踏板不下沉	常开阀检查
右前轮常开阀及常闭阀密封性	ON	踩制动踏板	右前轮无法转动时，制动踏板不下沉	常闭阀检查
	ON（两阀和泵同时通电）	踩制动踏板	右前轮可自由转动时，制动踏板不下沉	常开阀检查
左后轮常开阀及常闭阀密封性	ON	踩制动踏板	左后轮无法转动时，制动踏板不下沉	常闭阀检查
	ON（两阀和泵同时通电）	踩制动踏板	左后轮可自由转动时，制动踏板不下沉	常开阀检查
右后轮常开阀及常闭阀密封性	ON	踩制动踏板	右后轮无法转动时，制动踏板不下沉	常闭阀检查
	ON（两阀和泵同时通电）	踩制动踏板	右后轮可自由转动时，制动踏板不下沉	常开阀检查

注：进行检查时，须有真空作用在真空助力器上。

10）加液与排气。

制动系统放气：

①使用专用放气装置放气。接通专用放气装置进行制动系统放气，按规定顺序打开放气螺栓，如图4-28所示；然后排出制动钳和车轮制动轮缸中的气体，用专用排液瓶盛放排出的制动液。制动系统放气顺序如下：右后车轮制动轮缸→左后车轮制动轮缸→右前车轮制动轮缸→左前车轮制动轮缸。

②不用专用放气装置放气。

a）将一根软管一端接到放气螺钉上，一端插入排液瓶。

b）另一人用力迅速踩下并缓慢放松制动踏板，如此反复数次后，踩下制动踏板，并保持一定高度不动。

c）另一人拧松放气螺钉，管路中空气随制动液顺着胶管排出制动系统。排出空气后再将放气螺钉拧紧。

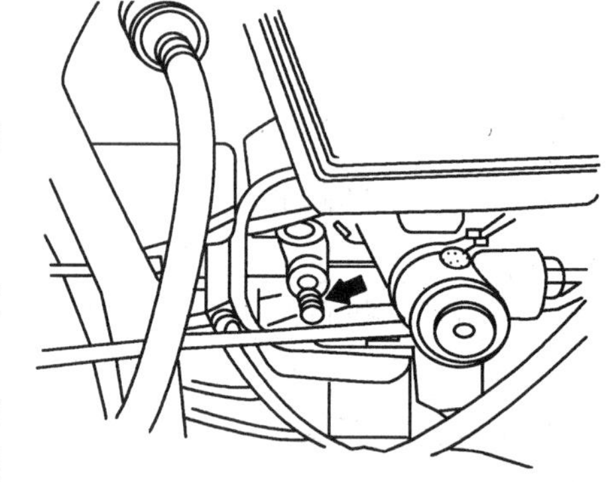

图4-28　制动系统放气

d）重复上述步骤多次，直至容器中制动液里无气泡为止。

e）观察储液罐制动液面高度，必要时添加制动液。

ABS人工排气：

先排除制动系统中存在的故障，并检查制动液压系统中的管路及其插头，如发现管路破裂或插头松动，应进行修理；检查储液器中的液位情况，如果发现液位过低，应先向储液器补充制动液；在蓄能器中往往蓄积着压力很高的制动液或矿物油，如果在松开排气螺钉时不注意，高压油液可能会喷出伤人。

①博世ABS人工排气。点火开关置于OFF位置，踩制动踏板25次以上，使蓄能器中蓄积的制动液完全释放。对制动管路进行空气排除可以采用压力排气法或人工排气法，排气顺序为右后、左后、右前、左前。对制动液压总成进行空气排除，先将蓄能器制动液完全释放，将储液器中的制动液加注到最高液位标记处，再将一根透明塑料软管的一端连接在制动液压总成右侧的排气螺钉上，而将软管的另一端浸入盛有制动液的容器中，随后将排气螺钉拧开1/2～3/4圈，将点火开关置于ON位置，使电动泵泵出的制动液中没有气泡时，再将排气螺钉拧紧，取下排气软管，将点火开关置于OFF位置，使电动泵停止运转。

②BENDIX-6 ABS人工排气。人工排气法按右后、左后、右前、左前的顺序进行。如果在制动压力调节装置中也有空气侵入，按下述步骤对制动压力调节装置进行空气排除：将排液软管与第二排气螺钉连接，轻轻地踩下制动踏板，拧松蓄能器第二排气螺钉，通过解码器（如克莱斯勒的DRB-Ⅱ）的电磁阀控制功能，使左前进液电磁阀和左前出液电磁阀进入工作循环。排出的制动液中无气泡时，将储液器第二排气螺钉拧紧。通过储液器第一排气螺钉按上述步骤进行排气，通过解码器使右前进液电磁阀和右前出液电磁阀进入工作循环。通过蓄能器第一排气螺钉进行空气排除，通过解码器先使右前/左后隔离电磁阀动作，再使右前进液电磁阀和右前出液电磁阀动作。

练 习 题

一、填空题

1. 电控 ABS 由________、________和________组成。

2. 车速传感器主要由________和________组成。

3. 液压制动压力调节器主要由________、________和________等组成。

4. 可变容积式调节器的基本结构主要由________、________、________和________组成。

5. ABS 按制动压力调节器结构不同分类：________和________。

6. ABS 按功能和布置形式不同分类：________和________。

7. ABS 按控制通道数目分类：________、________、________和________。

8. 循环式制动压力调节器在汽车制动过程中，ECU 控制流经制动压力调节器电磁线圈的电流大小，使 ABS 处于________、________、________减压三种状态。

9. 本田车系 ABS 采用________控制方式，每个车轮上有一个制动压力调节器调节制动压力。

二、判断题

1. 评价制动性能的指标主要有制动效能和制动稳定性。 （ ）

2. 地面制动力的最大值等于制动器的制动力。 （ ）

3. 制动压力调节器的功用是接受 ECU 的指令，通过电磁阀的动作来实现车轮制动器制动压力的自动调节。 （ ）

4. ABS 排气时间要比普通制动系统短，消耗的制动液也少。 （ ）

5. 刚刚放出的制动液不能马上添回储液器，需在加盖的玻璃瓶中静置 12h 以上，待制动液中的气泡排尽后才能使用。 （ ）

6. 车轮抱死将导致制动时汽车稳定性变差。 （ ）

7. 电控 ABS 主要由传感器、电子控制单元和执行机构组成。 （ ）

8. 在可变容积式压力调节器中，减压时，电磁线圈无电流通过。 （ ）

9. 在可变容积式压力调节器中，保压时，电磁线圈无电流通过。 （ ）

三、简答题

1. 按不同的分类方式，可将 ABS 分为哪些种类？

2. 简述电控 ABS 的工作原理。

3. 车速传感器的故障有哪些，如何检查？

4. ECU 的故障检查方法有哪些？

5. 对 ABS 制动液有哪些要求？

6. ABS 常见故障有哪些？

7. 制动系统排气应注意哪些问题？

模块五　驱动防滑控制系统

5.1　学习目标

【知识目标】

1. 了解 ASR 的功用。
2. 了解 ASR 的构造、工作原理。
3. 了解 ASR 的要求和分类。
4. 掌握 ASR 常见故障的现象、原因分析方法。

【能力目标】

1. 能分析 ASR 电路。
2. 能拆装 ASR 部件。
3. 能分析 ASR 故障原因。
4. 能诊断及排除 ASR 常见故障。

5.2　知识学习

5.2.1　驱动防滑控制系统的基本认识

1. ASR 的控制基本理论

汽车驱动时，驱动车轮也有横向滑移趋势，横向稳定性与横向附着系数 μ_y 有关。影响附着系数的主要因素与轮胎与路面之间的相对运动关系有关。

驱动时，车轮在路面上的运动形式为滑转，车轮滑转的程度用滑转率来表示：

$$S=(wr-v)/wr\times 100\%$$（符号含义见滑移率公式的符号标注）

当车轮作纯滚动时，车速与轮速相等，即 $S=0$；当车轮原地空转，车速 $v=0$，$S=100\%$ 时，车轮作纯滑转；当车轮既有滚动又有滑转时，滑转率在 0～100% 之间。

图 5-1 所示为滑转率与横向附着系数之间的关系，由图中可以看出：

1）横向附着系数随路面的不同而呈大幅度的变化。

2）在各种路面上，当滑转率为 20% 左右时，横向附着系数达到峰值。

3）上述趋势，无论制动还是驱动时都几乎一样。

实际进行驱动轮的控制过程中，由于各部分装置都有一定的延迟和滞后，不能精确地控制滑转率在最佳制动点（20% 左右），同时，为防止车轮因滑转率过大而磨损过快，通常都将车轮的滑转率控制在 5%～15%。

2. ASR 的控制方法

防止驱动轮滑转的控制方法主要有：控制发动机的输出转矩，控制变速器的传动比，控制驱动轮的制动力以及控制防滑转差速器的锁止程度等。这些控制方法的最终目的都是调节驱动轮上的驱动力，并将驱动轮的滑转率控制在最佳滑转率范围内。

1）控制发动机的输出转矩。通过调节发动机的输出转矩来调节驱动轮的驱动力，这种控制方法能够保证发动机输出转矩与地面提供的驱动转矩达到匹配，因此可以改善燃油经济性，减少轮胎磨损。在装备电子控制燃油喷射系统的汽车上，普遍采用了控制发动机输出转矩的方法来实现防滑转控制。

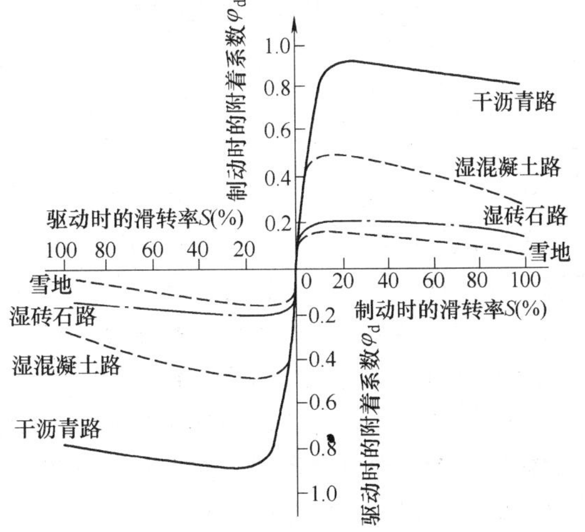

图 5-1　滑转率与附着系数之间的关系

控制发动机输出转矩的方法有：控制点火时间，控制燃油供给量，控制节气门开度等。

在采用电控燃油喷射系统的汽车上，ASR ECU 根据驱动轮滑转率的大小，通过控制节气门开度和燃油喷射量等调节发动机的输出转矩。当驱动轮滑转率超出规定值范围时，ASR ECU 便向执行器发出控制指令，减小节气门的开度、缩短喷油器的喷射时间或中断个别喷油器喷油，达到迅速降低发动机的输出转矩的效果，从而防止驱动轮滑转。

2）控制变速器的传动比。对于装备自动变速器的汽车，在驱动车轮发生滑转时，可由驱动防滑转电子控制装置与变速器电子控制装置进行通信，修正其换档规律，保证在发动机输出转矩不增大的情况下，使作用于驱动车轮的驱动力矩有所减小，从而控制驱动车轮的滑转。该控制模式可以利用变速器电子控制系统进行控制，但反应较慢，且变化突然，一般不作为单独的控制模式。

3）对驱动轮的制动控制。对驱动轮的制动控制实际上是利用差速器的差速作用来获得较大的驱动力。对驱动轮施加制动力是使驱动轮保持最佳滑转率且响应速度较快的控制方法，一般作为仅采用控制节气门开度来调节发动机输出转矩的补充控制。在设计控制系统时，为了保证乘坐舒适性，制动力不能太大；为了避免制动器过热，制动时间也不能太长。因此，这种方法只限于低速行驶时短时间使用。

4）防滑差速（Limited Slips Differential，LSD）控制。当驱动车轮单边滑转时，控制器输出控制信号，使防滑差速器锁止装置和制动压力调节器动作，对滑转车轮施以制动力，使车轮的滑转率控制在目标范围之内。这时，非滑转车轮仍有正常的驱动力，从而提高了汽车在光滑路面上起步和加速能力及行驶方向的稳定性。LSD 能对差速器锁止装置进行控制，使锁止范围从 0 到 100%。带防滑差速器（LSD）的 ASR 如图 5-2 所示。

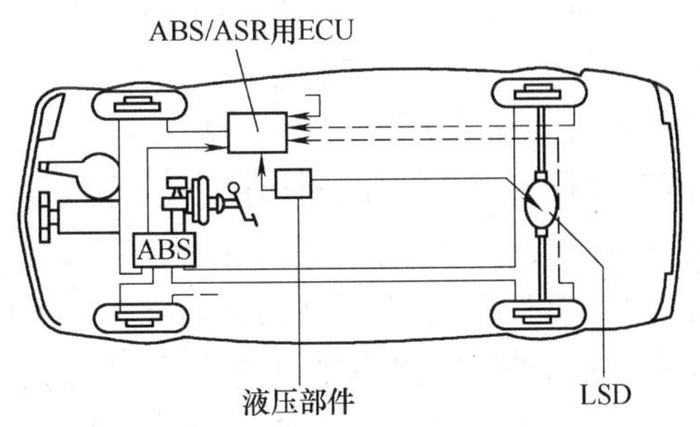

图 5-2　带防滑差速器（LSD）的 ASR

以上介绍了汽车驱动防滑控制系统的主要控制模式，但各种控制模式都有各自的优、缺点，所以一般都采用组合控制模式。例如，丰田汽车的 TRC 采取的是发动机节气门开度调节和驱动车轮制动力控制相结合的控制方式，就是目前国外广泛采用的一种组合控制模式。

3. ASR 与 ABS 的区别

ASR 和 ABS 都是用来控制车轮相对地面的滑动，以提高车轮与地面之间的附着力。但 ABS 控制的是汽车制动时车轮的“滑移”，主要是用来提高汽车的制动效能和制动时的方向稳定性；而 ASR 是控制汽车行驶时的驱动车轮“滑转”，用于提高汽车起步、加速及在光滑路面行驶时的牵引力和确保行驶稳定性。一般在车速很低（小于 8km/h）时 ABS 不起作用，而 ASR 一般在车速很高（大于 80km/h）时不起作用。

ABS 是利用传感器来检测轮胎何时要被抱死，再减少制动器制动压力以防被抱死，它会快速地改变制动压力，以保持该轮在即将被抱死的边缘；而 ASR 主要是利用发动机点火的时间、变速器档位和供油系统来控制驱动轮打滑。

ASR 对汽车的稳定性有很大的帮助，当汽车行驶在易滑的路面上时，没有 ASR 的汽车在加速时驱动轮容易打滑，如果驱动轮是后轮，将会造成甩尾，如果驱动轮是前轮，汽车方向就容易失控，导致汽车向一侧偏移；而有了 ASR，汽车在加速时就能够避免或减轻这种现象，使汽车保持正确方向行驶。

虽然 ASR 也可以和 ABS 一样，通过控制车轮的制动力大小来控制驱动车轮相对地面的滑动，但 ASR 只对驱动轮实施制动控制。

在 ASR 应用时，可以在仪表板显示出地面是否有打滑的现象发生，它有一个控制旋钮，如果想要人工控制，在适当的时机可以将系统关掉，汽车重新起动时 ASR 就会自动投入。

ASR 和 ABS 可共用车轴上的轮速传感器，并与行车计算机连接，不断监视各轮转速。当在低速发现打滑时，ASR 会立刻通知 ABS 动作来减低此车轮的打滑。若在高速发现打滑时，ASR 立即向行车 ECU 发出指令，指挥发动机降速或变速器降档，使打滑车轮不再打滑，防止车辆失控甩尾。现代汽车上大多将 ASR 与 ABS 一起使用，通常称为“ABS/ASR”。

5.2.2 ASR 的结构与工作原理

1. ASR 的结构

典型的 ASR 结构示意图如图 5-3 所示。它由 ASR 选择开关、车轮转速传感器、防抱死制动和驱动防滑转电子控制单元（ABS 和 ASR ECU）、制动主继电器、制动执行装置、制动灯开关、节气门继电器、主节气门位置传感器、副节气门位置传感器、副节气门执行器、ASR 执行器、ABS 执行器、故障指示灯及液面高度警告灯组成。

其中，车轮转速传感器用来检测各车轮的转速；节气门位置传感器检测主、副节气门位置；电控单元根据车轮转速信号、发动机节气门开度信号等判断汽车的行驶状况，向制动执行器和副节气门执行装置发出控制指令，并可在系统出现故障时，记录故障码，点亮故障警告灯；制动主继电器向制动执行装置和泵电动机继电器提供电流；节气门继电器向副节气门执行器提供电流；副节气门执行器接受电控单元的指令信号，控制副节气门的开启角度；ASR 及 ABS 执行器接受电控单元的指令信号，控制各制动工作缸中的制动压力；故障警告灯指示系统装置是否工作正常，并可闪烁出故障码；空档起动开关向防抱死制动和驱动防滑转电控单元提供变速杆位置；液面高度、压力传感器和执行器控制调节系统油液量和压力。其中许多传感器和执行器可以与 ABS 共用。

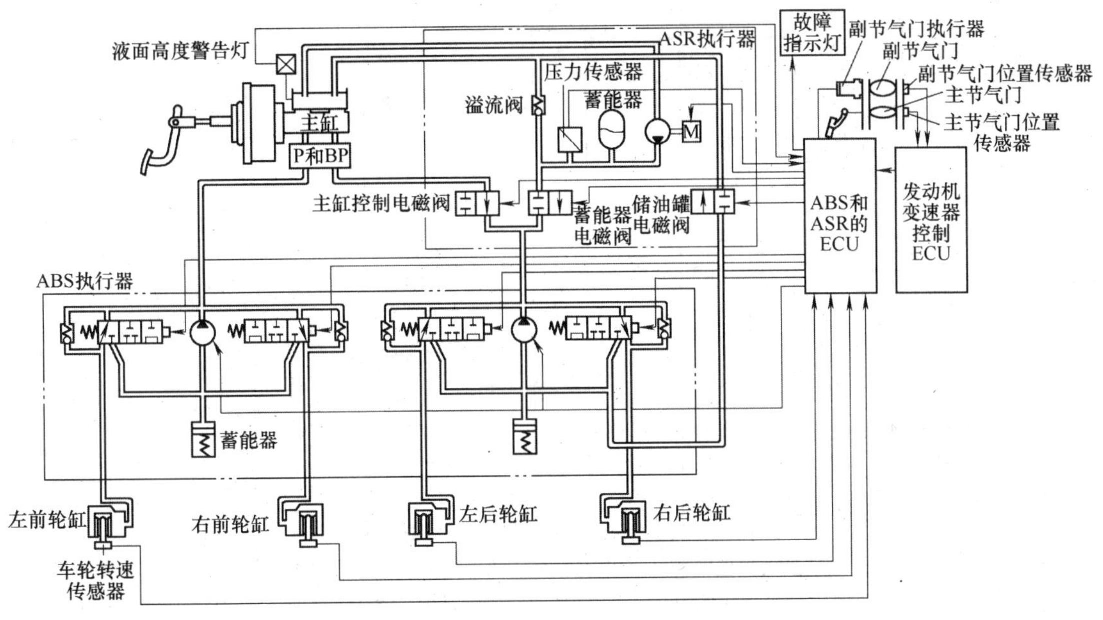

图 5-3　典型的 ASR 结构示意图

2. ASR 的工作原理

ASR 各部分的工作流程如图 5-4 所示。

车轮转速传感器将驱动轮和非驱动轮转速转变为电信号输入给控制器，控制器根据这些信号计算出驱动轮的滑动率，当滑动率超出设定范围时，电子控制器便依据节气门开度信号、发动机转速信号、转向盘转向信号等选定控制方式，然后向各执行器发出控制指令，最终将驱动轮的滑动率控制在目标范围内。

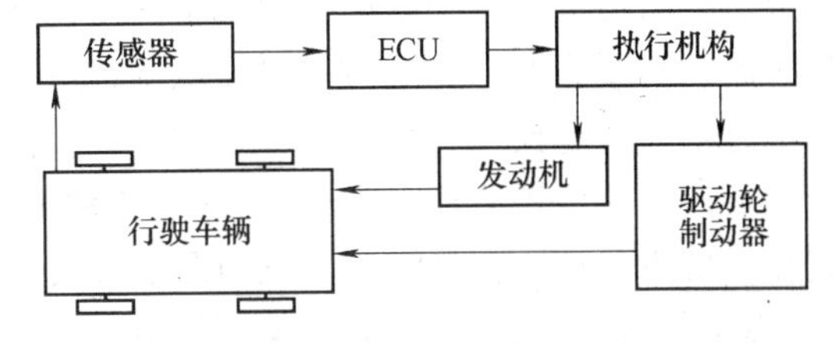

图 5-4　ASR 工作流程

当 ASR 出现故障时，系统以警告灯告知驾驶人，发动机和制动系统正常工作不受影响。

1）ASR 的输入。ASR 的传感器主要有车轮转速传感器和节气门开度传感器，车轮转速传感器与 ABS 共用，而节气门开度传感器则与发动机电子控制系统共用，其结构不再赘述。

ASR 选择开关是系统的另一个输入装置，如将 ASR 选择开关切断（处于 OFF 位置），系统可以靠人工使系统退出工作状态，以便适应某些特殊的需要。例如，为了检查汽车传动系统或其他系统故障时，让系统停止工作，可以避免因驱动轮悬空，ASR 对驱动轮施加制动而影响故障检查。

2）ASR 的 ECU。ASR 电子控制器以微处理器为核心，配以输入、输出电路及电源电路等。为了减少电子元器件的数目，简化和紧凑结构，ASR 控制器通常均与 ABS 控制器组合为一体，如图 5-5 所示。ASR ECU 的输入信号来自 ABS ECU、发动机控制 ECU 和几个选择控制开关。根据上述输入信号，ASR ECU 通过计算向制动器与发动机节气门发出工作指令，并通过指示灯显示当前的工作状态。一旦 ASR ECU 检测到任何故障，则立即停止 ASR 调节，此时，车辆仍可以保持常规方式行驶，同时系统会将检测出的故障信息存入计算机的 RAM，所诊断的故障码输出到多路显示 ECU，并让警告指示灯闪烁。

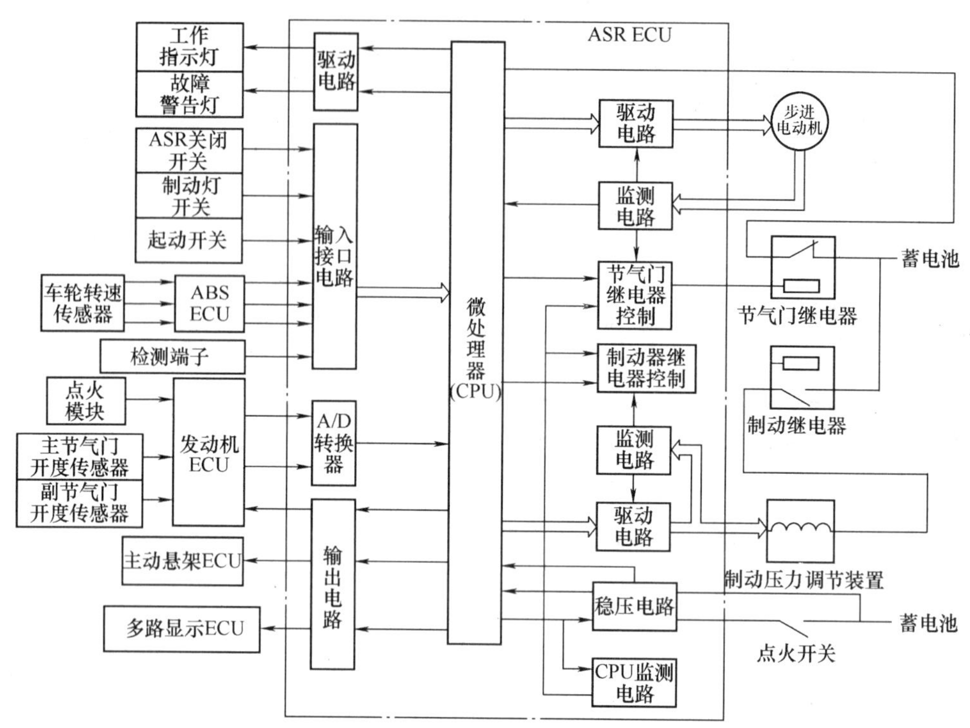

图 5-5　ASR 的控制器及其输入与输出

3）ASR 的执行机构工作原理。ASR 制动压力调节器执行 ASR 控制器的指令，对滑转车轮施加制动力，并控制制动力的大小，以使驱动轮的滑动率处于目标范围内。高压蓄能器是 ASR 的制动压力源，而经过制动压力调节电磁阀可以调节驱动轮制动压力的大小。ASR 制动压力调节器有独立和组合两种结构形式，前者指 ASR 与 ABS 制动压力调节器彼此分立的结构形式，它比较适合将 ASR 作为选装系统的车辆，布置较灵活，但结构不紧凑，连接点较多，易泄漏；后者是将两套压力调节装置合二为一的结构形式，特点与独立式结构相反。

ASR 的单独调节方式如图 5-6 所示。当三位三通电磁阀处于断电状态而取左位时，调压缸右腔与储液室相通，压力较低，故缸内活塞在回位弹簧推力作用下被推至右极限位置，此时，一方面可借助调压缸中部的通液孔将 ABS 制动压力调节器与车轮上制动轮缸导通，使 ASR 不起作用，而保证 ABS 实现正常调压；另一方面也可实现 ASR 对制动轮缸的减压。

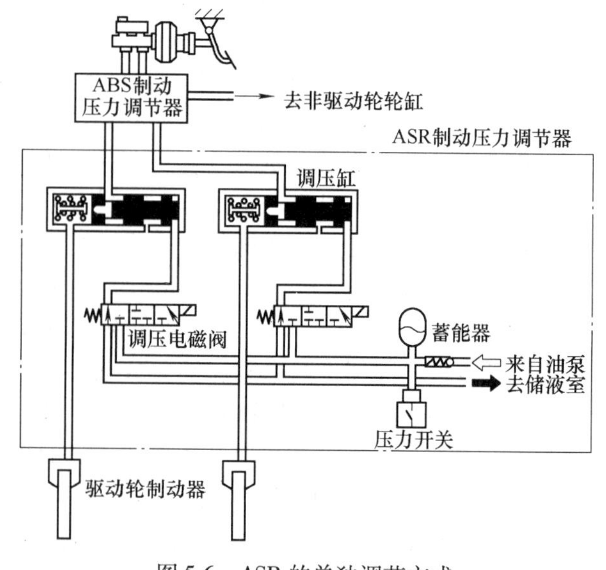

图 5-6　ASR 的单独调节方式

若电磁阀通电而处于右位时，调压缸右腔与储液室隔断，但与高压蓄能器导通，具有一定压力的液体将调压缸活塞推向左端，截断 ABS 制动压力调节器与制动轮缸的联系，调压缸左腔的压力会随活塞的左移而增大，从而带动制动轮缸压力的上升，实现对驱动轮制动压力的增压调节。

当电子控制器使电磁阀半通电而处于中间位置时，调压缸与储液室和高压蓄能器均相通，调压缸活塞保持不动，驱动轮制动轮缸压力维持不变。

ASR 的组合调节方式如图 5-7 所示。当 ASR 调节电磁阀断电而取左位时，ASR 不起作用。通过两调压电磁阀的作用，可对两驱动轮 ABS 的制动压力进行调节。当 ASR 调节电磁阀通电而取右位时，若调压电磁阀仍处于断电状态而取左位，这时，高压蓄能器的液压油可通入驱动车轮制动轮缸，达到制动增压的目的。

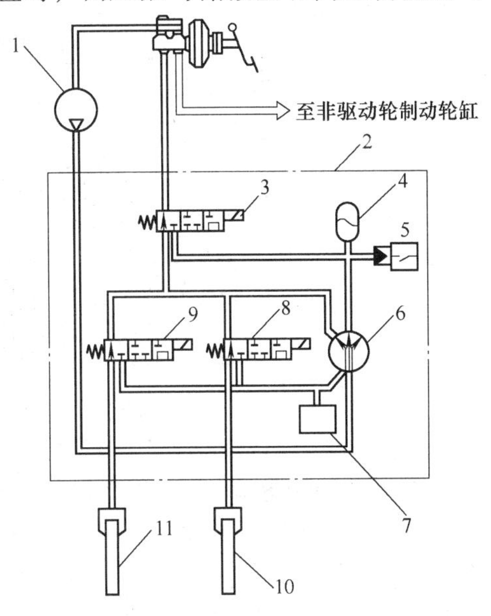

图 5-7　ASR 的组合调节方式

1—油泵　2—ARS/ASR 制动压力调节器　3—ASR 调压电磁阀　4—蓄能器　5—压力开关　6—循环泵　7—储液室　8、9 —调压电磁阀　10、11 —驱动轮制动器

若 ASR 调节电磁阀半通电，处于中间位置时，则切断了高压蓄能器与制动主缸的联系，驱动轮制动轮缸压力维持不变。当两调压电磁阀通电而取右位时，驱动轮制动轮缸与储液室导通，制动压力下降，实现制动减压。

ASR 以副节气门控制发动机输出功率是应用最广的方法。当 ASR 不起作用时，副节气门处于全开状态，控制副节气门开度便可实现发动机输出功率的调节。节气门驱动装置一般由步进电动机和控制机构组成，步进电动机根据 ASR 电子控制器输出的控制脉冲使副节气门转过规定的角度。

5.2.3　丰田轿车牵引力控制系统（TRC）

1. 丰田 LS400 轿车 TRC 的构成

丰田轿车 TRC 在 LS400 轿车上的布置如图 5-8 所示，TRC 构成示意图如图 5-9 所示。

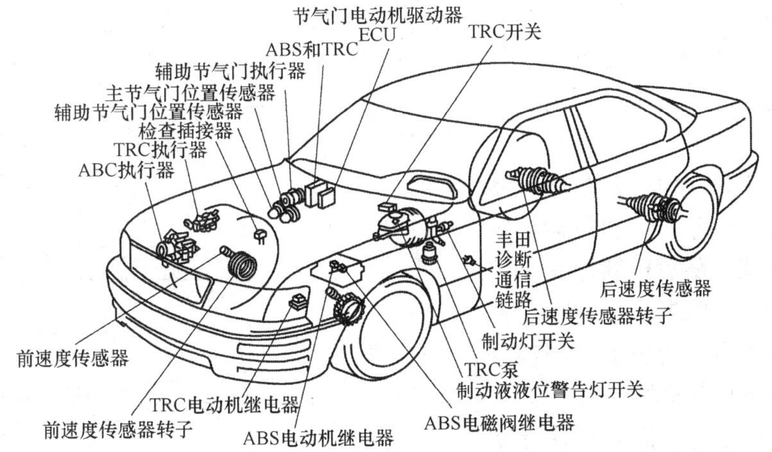

图 5-8　LS400 轿车上 TRC 部件布置图

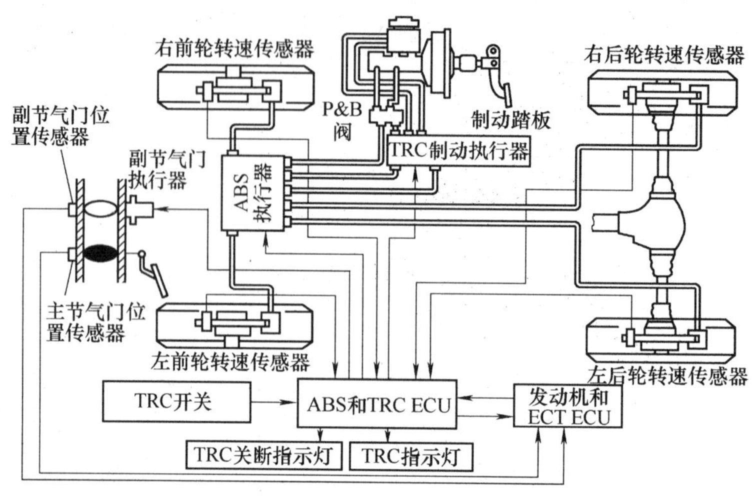

图 5-9　LS400 轿车 TRC 构成示意图

2. 丰田 LS400 轿车 TRC 车轮转速控制原理

车轮转速控制如图 5-10 所示。ECU 不断收到来自 4 个车轮转速传感器的信号，并不断计算每个车轮的转速。同时，ECU 根据两个前轮的转速估计车速，设定目标控制速度。

在摩擦因数小的道路上突然踩下加速踏板，而且后轮（驱动轮）开始空转，后轮转速就会超过目标控制速度。ECU 于是发出关闭副节气门信号至副节气门执行器。同时，它还发送一个信号至 TRC 制动执行器，使其输出较高压力的制动液至后轮盘式制动分泵。ABS 执行器的三位置电磁阀转换至控制后轮制动分泵液压，从而阻止车轮空转。

1）在起动和突然加速时，若后轮空转，其转速就不会与前轮转速相匹配。ABS 和 TRC ECU 感知这一情况，便启动 TRC。

①ABS 和 TRC ECU 关闭副节气门，减少进气量，从而减小发动机转矩。

②ABS 和 TRC ECU 控制 TRC 制动执行器电磁阀，将 ABS 执行器设置为“加压”模式。随后已储存在 TRC 蓄能器中的制动液的压力，加上由 TRC 泵产生的压力，会施加到制动分泵上，从而控制驱动轮的制动。

③当制动开始时，后轮加速度减小，ABS 和 TRC ECU 将 ABS 三位置

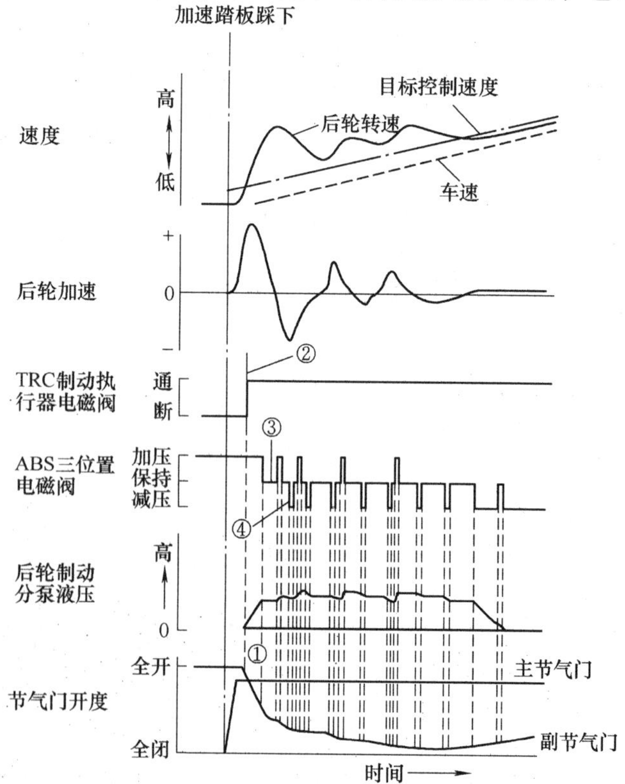

图 5-10　车轮转速控制

电磁阀切换至“保持”模式。

④如果后轮加速度减小得太多，这个电磁阀就转换至“减压”模式，降低制动分泵中的液压，恢复后轮加速度。

通过反复进行上述控制，ABS 和 TRC ECU 使转速保持在目标控制速度附近。

2）当满足以下所有条件时，车轮转速被控制：

①主节气门不应全闭（IDL1 应断开）。

②变速器杆应位于 L、2、D 或 R 位（P 和 N 信号应关断）。

③车辆应以大于 9km/h 的速度行驶，制动灯开关应断开（若车速低于 9km/h 时，可以接通）。

④TRC 开关应断开。

⑤ABS 不应工作。

⑥TRC 不应处在传感器检查模式或故障码输出模式。

3. 丰田 LS400 轿车 TRC 制动执行器的工作过程

丰田 LS400 轿车 TRC 制动执行器中各部件的功能见表 5-1，执行器的液压控制图如图 5-11 所示。

表 5-1　TRC 制动执行器部件的功能

部　　件	功　　能
蓄能器切断电磁阀	在 TRC 工作时，将来自蓄能器的液压传送至盘式制动分泵
总泵切断电磁阀	当蓄能器中的液压正被传送至盘式制动分泵时，这个电磁阀阻止制动液流回到总泵
储液室切断电磁阀	在 TRC 工作时，这个电磁阀使制动液从盘式制动分泵流回至总泵储液室
压力传感开关或压力传感器	监测蓄能器中的压力，将这一信息发送至 ABS 和 TRC ECU，ECU 根据这一数据控制泵的工作

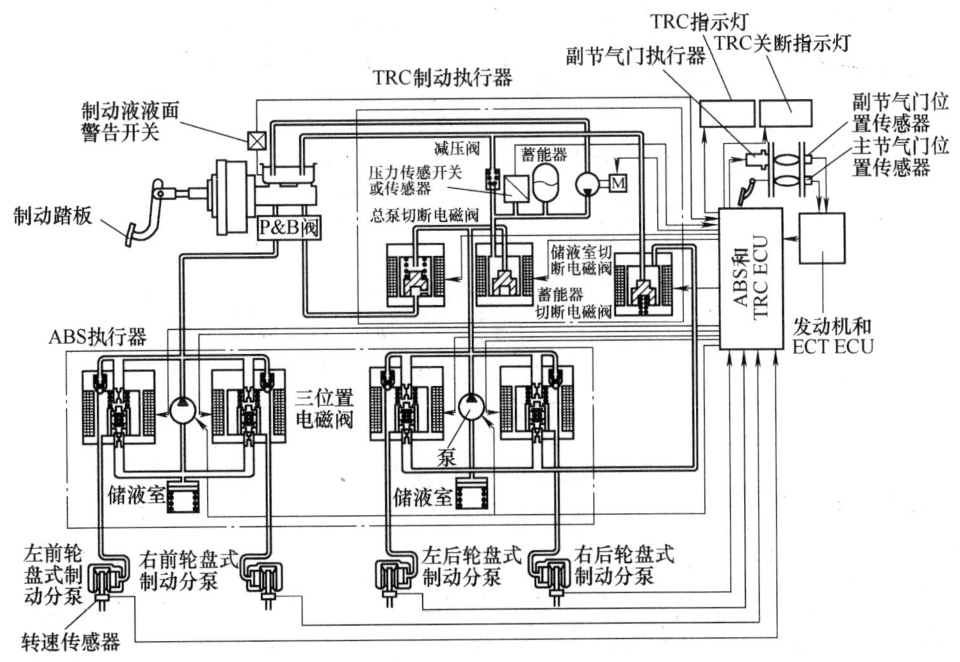

图 5-11　TRC 执行器的液压控制图

（1）在正常制动中（TRC 未起动）　当施加制动力时，TRC 制动执行器中所有电磁阀（总泵切断电磁阀、蓄能器切断电磁阀、储液室切断电磁阀）都关闭。如图 5-12 所示，当 TRC 在此状态下，将制动踏板踩下时，总泵内产生的液压经总泵切断电磁阀和 ABS 执行器的三位置电磁阀作用在盘式制动分泵上。当松开制动踏板时，制动液从盘式制动分泵流回到总泵。

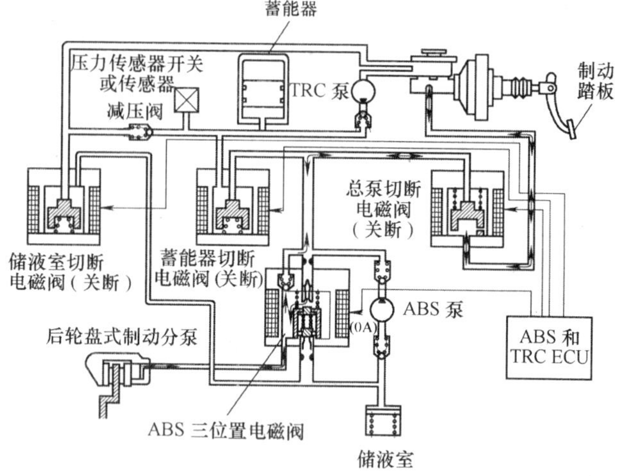

图 5-12　正常制动时液压控制图

（2）在车辆加速中（TRC 起动）　在加速中如果后轮空转，ABS 和 TRC ECU 会控制发动机转矩和后轮的制动，以避免发生空转。左、右后轮制动器中的液压分别由三种模式（加压、保持和减压）控制，工作过程分别如下：

1）“加压”模式。当踩下加速踏板，一个后轮开始空转时，TRC 执行器的所有电磁阀都由来自 ECU 的信号接通，同时，ABS 执行器的三位置电磁阀也转接至“加压”模式。如图 5-13 所示，在这一模式，总泵切断电磁阀接通（闭合），蓄能器切断电磁阀接通（打开）。这就使蓄能器中的加压制动液经蓄能器切断电磁阀和 ABS 中的三位置电磁阀，作用在盘式制动分泵上。当压力传感开关检测到蓄能器中压力下降时（不论 TRC 如何工作），ECU 便接通 TRC 泵以提高液压。

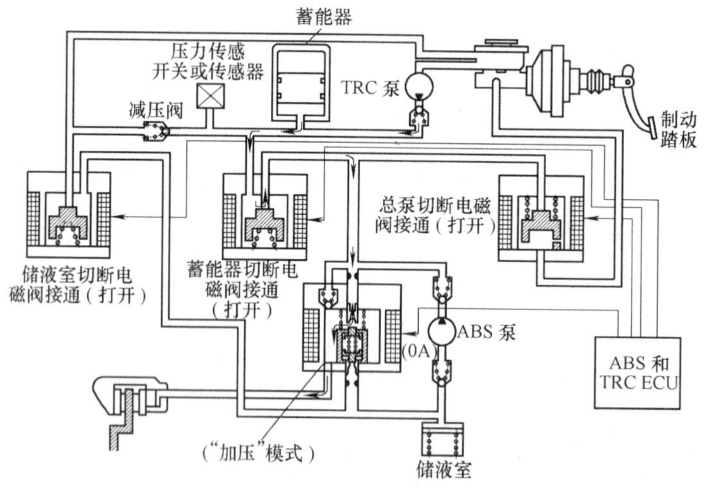

图 5-13　“加压”模式液压控制图

2）“保持”模式。如图 5-14 所示，当后轮盘式制动分泵中的液压提高或降低到所需要的压力时，系统就切换至“保持”模式。ABS 泵总泵切断电磁阀、蓄能器切断电磁阀、储液室切断电磁阀均接通。模式转换是由 ABS 执行器的三位置电磁阀的切换完成的。其结果是阻止蓄能器中的压力降低，保持盘式制动分泵中的液压。

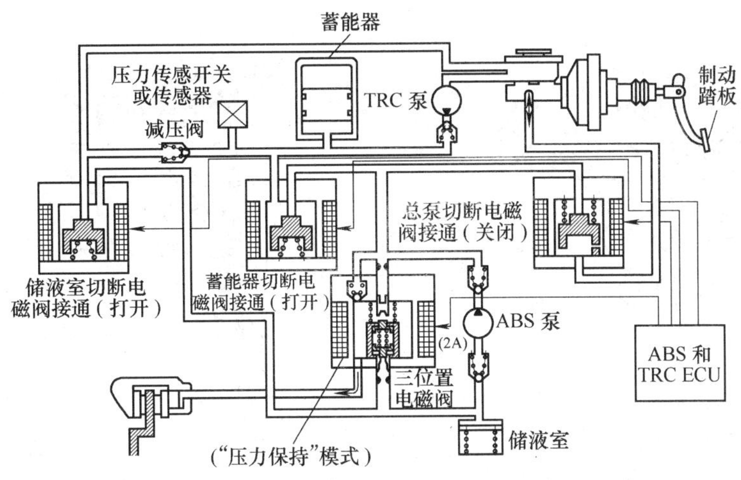

图 5-14　“保持”模式液压控制图

3）“减压”模式。当需要降低后轮盘式制动分泵中的液压时，ABS 和 TRC ECU 将 ABS 执行器的三位置电磁阀转换至“减压”模式。这就使盘式制动分泵中的液压经 ABS 三位置电磁阀和储液室切断电磁阀流回至总泵储液室，导致液压降低，如图 5-15 所示。这时 ABS 执行器保持不工作。

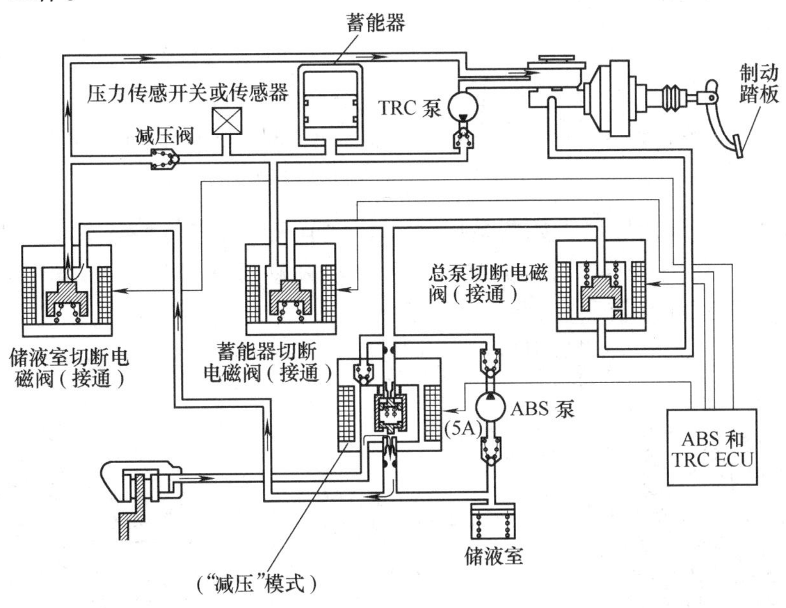

图 5-15　“减压”模式液压控制图

4. 丰田 LS400 轿车 TRC 主要构件

（1）副节气门执行器　如图 5-16 所示，副节气门执行器安装在节气门体上，根据来自 ABS 和 TRC ECU 的信号控制副节气门开度，从而控制发动机输出功率。

1）构造。副节气门执行器是由永久磁铁、线圈和转子轴组成的一个步进电动机，由来自 ABS 和 TRC ECU 的信号使之转动，如图 5-17 所示。在转子轴末端安装有一个小齿轮，使安装在副节气门轴末端的凸轮轴齿轮转动，从而控制副节气门开度。

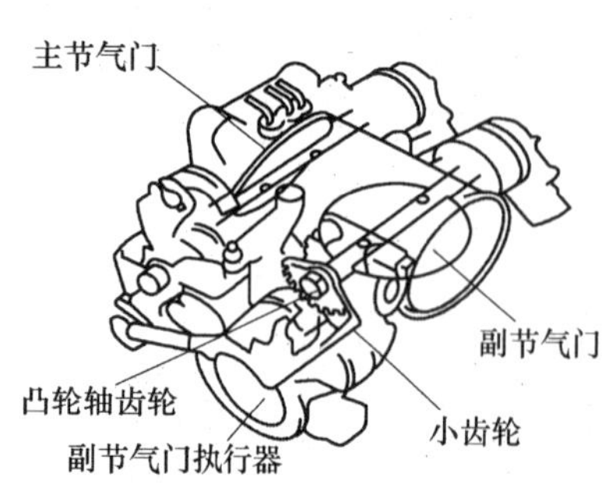

图 5-16　副节气门执行器

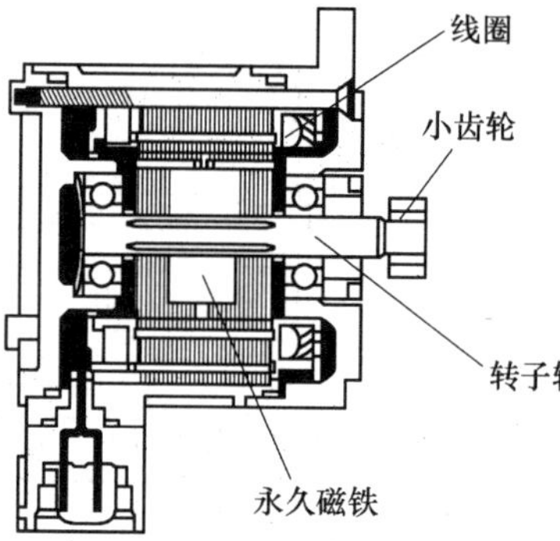

图 5-17　副节气门执行器结构图

2）运作。如图 5-18 所示，当 TRC 不工作时，副节气门完全打开，对发动机的工作没有影响；当 TRC 部分工作时，副节气门打开一定角度；当 TRC 完全工作，副节气门完全关闭。

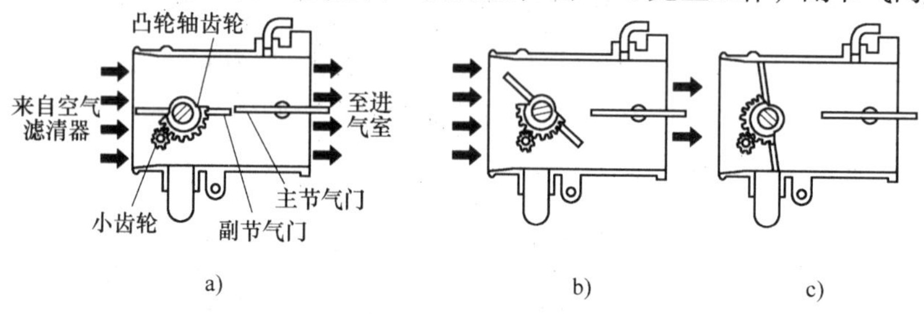

图 5-18　副节气门工作原理图

a）TRC 不工作，副节气门全开　b）TRC 部分工作，副节气门开度为 50%

c）TRC 完全工作，副节气门全闭

（2）副节气门位置传感器　如图 5-19 所示，副节气门位置传感器安装在副节气门轴上，将副节气门开度转换为电压信号，并将这一信号经发动机和 ECT ECU 发送至 ABS 和 TRC ECU，其电路如图 5-20 所示。

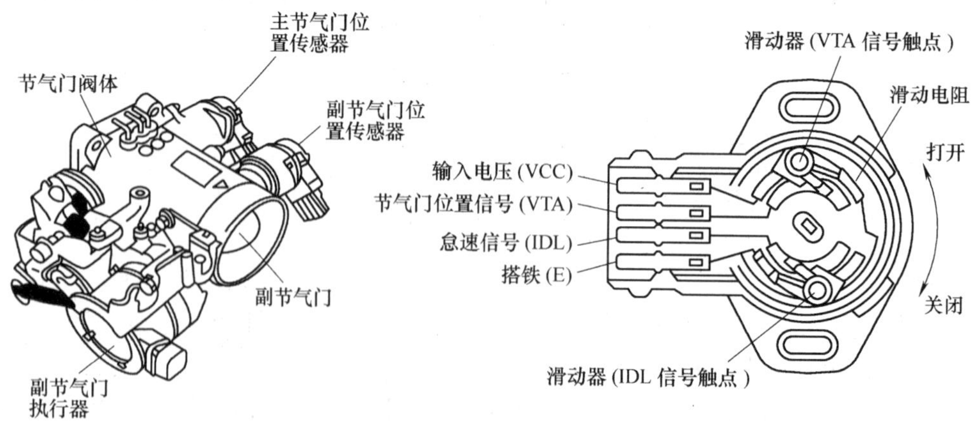

图 5-19　副节气门位置传感器安装位置及结构图

（3）TRC 制动执行器　TRC 制动执行器由一个泵总成和一个制动执行器组成，如图 5-21 所示。泵总成产生液压，制动执行器将液压传送至盘式制动分泵然后将其释放。左、右后轮盘式制动分泵中的液压由 ABS 执行器根据来自 ABS 和 TRC ECU 的信号分别控制。

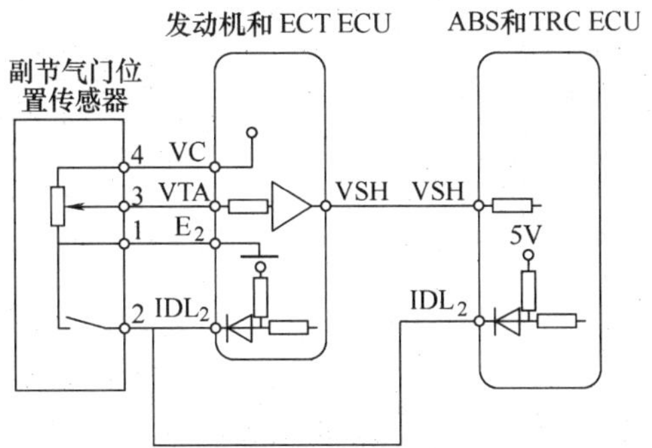

图5-20　副节气门位置传感器电路

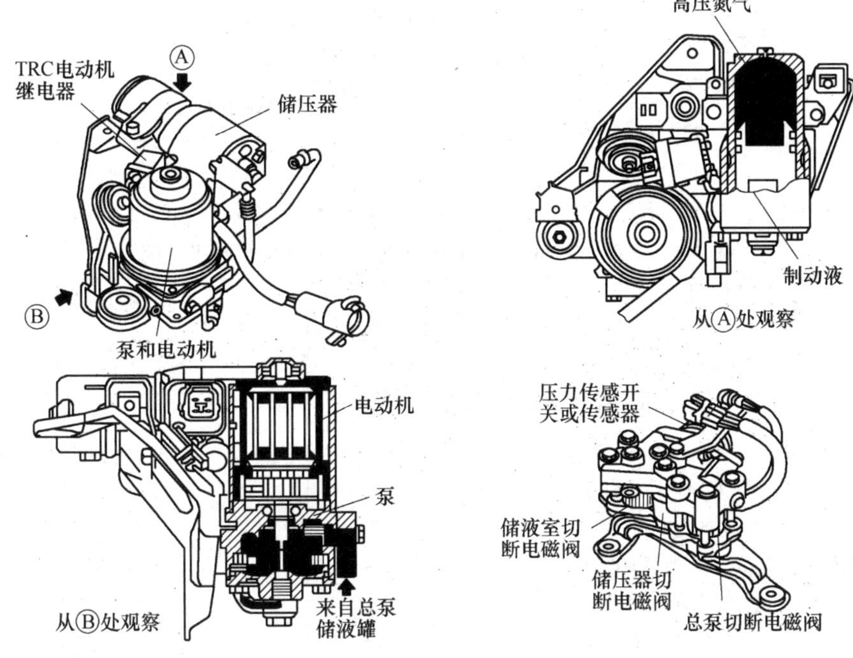

图5-21　TRC制动执行器结构图

（4）压力传感开关（或传感器）　压力传感开关（或传感器）用于接通和切断 TRC 泵。其安装位置如图5-22所示，其工作过程和电路如图5-23所示。左置转向盘的车辆，采用接触型压力传感开关；右置转向盘的车辆，则采用无接触型压力传感器。

（5）ABS 和 TRC ECU　ABS 和 TRC ECU 将 ABS 和 TRC 的控制功能结合为一体。ABS 和 TRC ECU 用所输入的4个车轮转速传感器的转速信号计算车轮空转情况和路面状况，用以减小发动机转矩和控制车轮制动力，从而控制车轮转速。另外，ABS 和 TRC ECU 均有初始检查功能、诊断功能和失效保护功能。

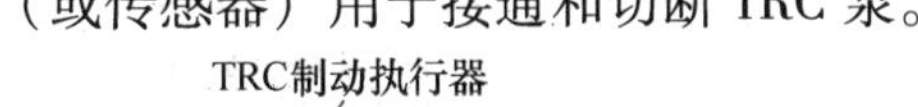

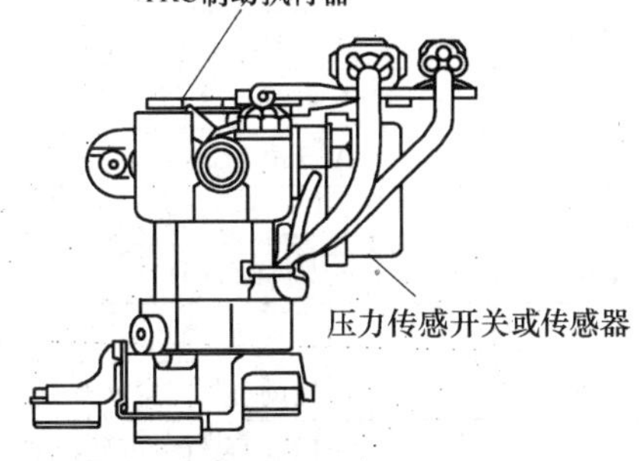

图5-22　压力传感开关（或传感器）安装位置

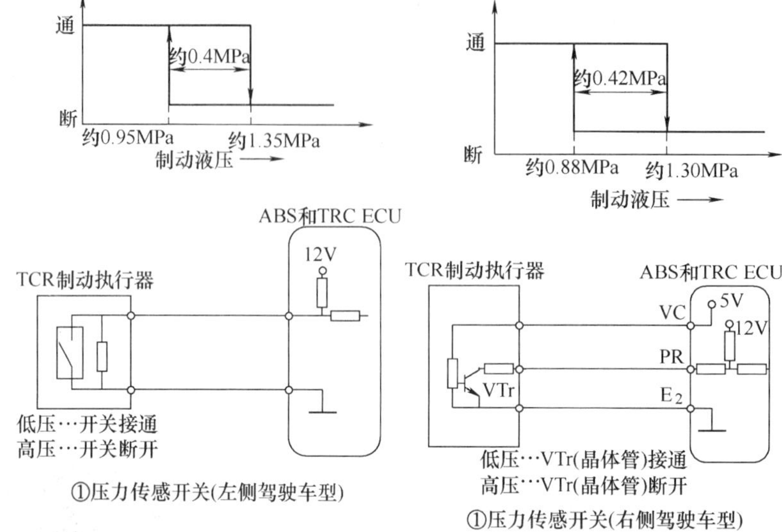

图 5-23　压力传感开关（或传感器）电路

TRC 电路图如图 5-24 所示，TRC ECU 插接器各端子的名称见表 5-2。

表 5-2　丰田 LS400 轿车 ABS/TRC ECU 插接器端子说明

符　号	端子名称	符　号	端子名称
SMC	M/C 关闭电磁阀	BCM	步进电动机
SRC	储液器关闭电磁阀	GND	搭铁
R－	继电器搭铁线	SRR	右后电磁阀
TSR	TRC 电磁阀继电器	BAT	备用电源
MR	ABS 油泵继电器	PKB	驻车制动开关
SR	ABS 电磁阀继电器	TC	诊断
TMR	TRC 油泵继电器	Neo	Ne 信号
TTR	TRC 节气门继电器	VTH	主节气门位置传感器
A	步进电动机	WA	ABS 警告灯
A－	步进电动机	TR2	发动机通信
BM	步进电动机	WT	TRC 关闭指示灯
ACM	步进电动机	TR5	发动机检查警告灯
SFL	左前电磁阀	LBL1	制动液面警告灯开关
SAC	ACC 关闭电磁阀	CSW	TRC 开关
VC	ACC 压力开关	VSH	辅助节气门位置传感器
AST	ABS 电磁阀继电器监控器	D/G	诊断
NL	空档开关	IND	TRC 指示灯
IDL1	主节气门怠速开关	SFR	右前电磁阀
PL	空档开关	GND	搭铁
IDL2	辅助节气门怠速开关	RL＋	左后轮速传感器
MTT	TRC 油泵继电器监控器	FR－	右前轮速传感器
B	步进电动机	RR＋	右后轮速传感器
B－	步进电动机	FL－	左前轮速传感器

（续）

符　号	端子名称	符　号	端子名称
E1	搭铁	FR +	右前轮速传感器
MT	ABS 油泵继电器	RR -	右后轮速传感器
ML -	TRC 油泵闭锁继电器	FL +	左前轮速传感器
PR	ACC 压力开关	E2	搭铁
IG	电源	E1	搭铁
SRL	左后电磁阀	TS	轮速传感器检查用
GND	搭铁	ML +	TRC 油泵闭锁传感器
RL -	左后轮速传感器	STP	停车灯开关

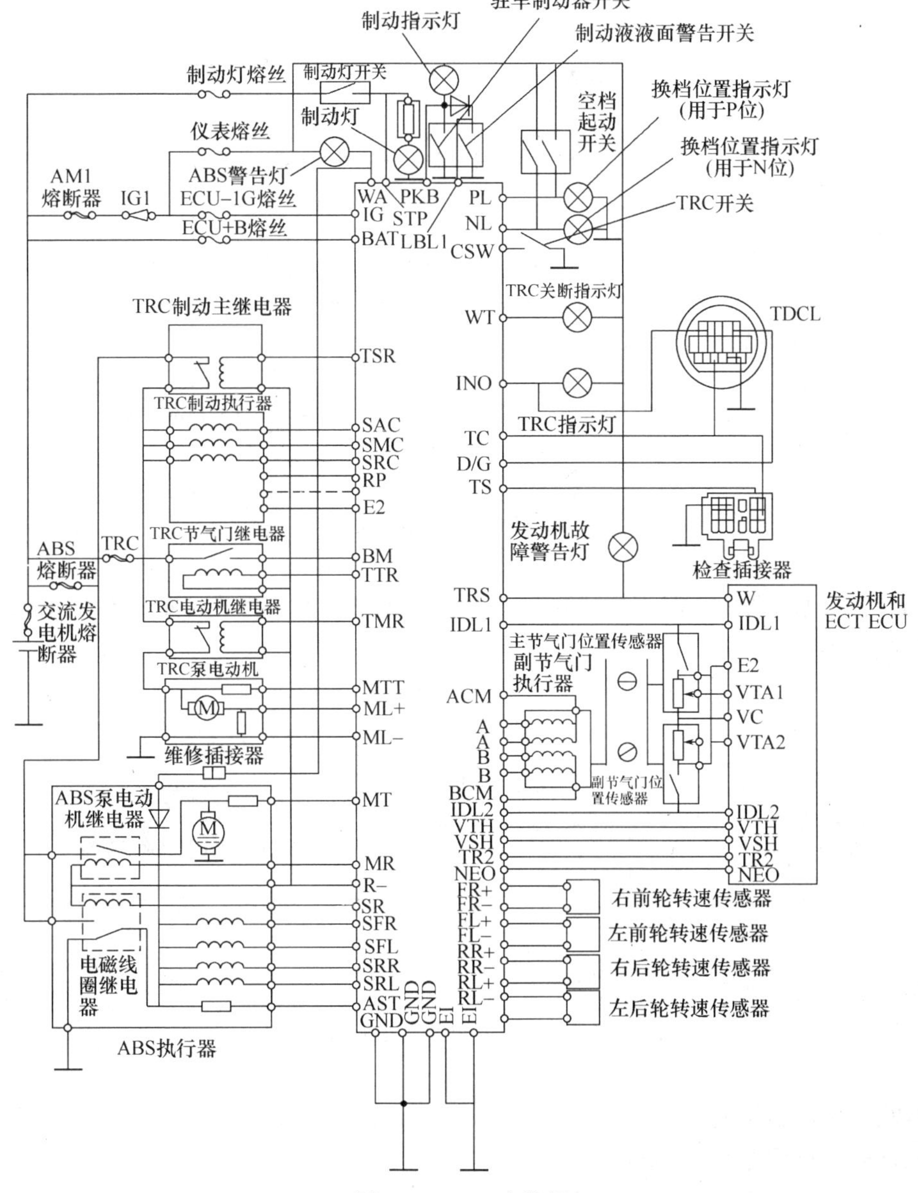

图 5-24　TRC 电路图

（6）TRC 制动器主继电器和 TRC 节气门继电器

1）TRC 制动器主继电器和 TRC 节气门继电器电路如图 5-25 和图 5-26 所示，只要 TRC、ABS 和发动机电子控制系统没有故障，当点火开关接通时，ECU 就会接通 TRC 制动器主继电器和节气门继电器。当点火开关断开时，这些继电器就断开。如果 ECU 检测到故障，ECU 就会断开这些继电器。

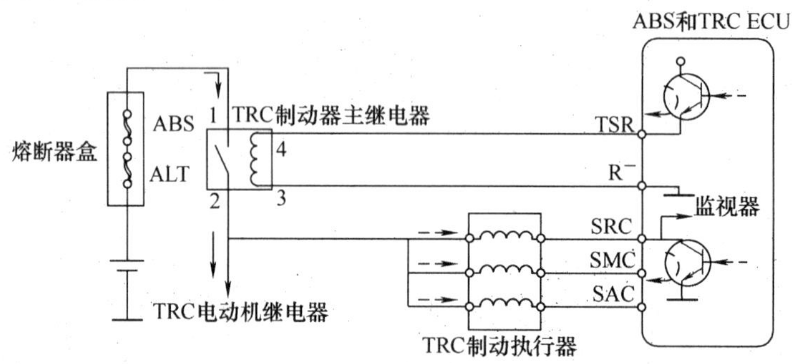

图 5-25　TRC 制动器主继电器电路

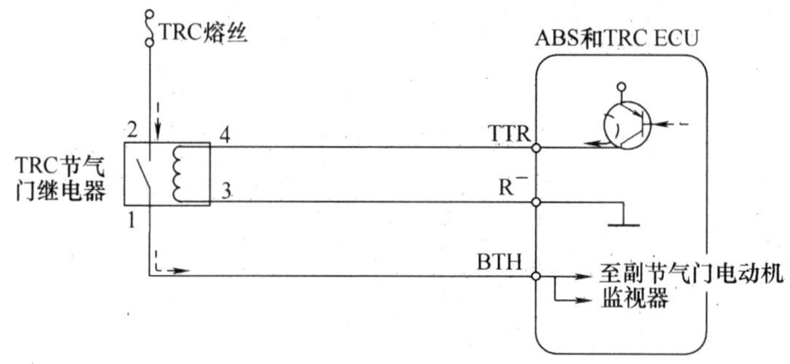

图 5-26　TRC 节气门继电器电路

2）TRC 泵电动机继电器。如图 5-27 所示，满足当以下条件时，ABS 和 TRC ECU 接通泵电动机继电器：

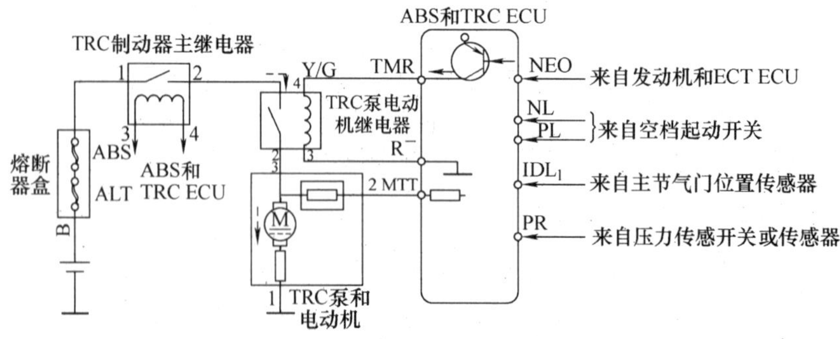

图 5-27　TRC 泵电动机断电器控制电路

①TRC 主继电器接通。

②发动机转速超过 500r/min。

③变速杆在 P 或 N 位以外的档位。

④IDL1 信号断开。

⑤压力传感开关信号接通。

5.2.4 防滑差速器

1. 防滑差速器简介

防滑差速器的作用是防止车轮打滑，它是一种能自动防止汽车驱动轮打滑的差速装置，属于主动安全传动装置。

当汽车在好路上行驶时，防滑差速器具有正常的差速作用；当汽车在坏路上行驶时，它的差速作用被锁止，从而能起到防止驱动车轮滑转的作用。装有防滑差速器的汽车，当某一车轮发生滑转时，它能将驱动力矩的大部分或全部传给不滑转的驱动车轮，充分利用不滑转车轮与地面间的附着力产生足够的牵引力，使汽车越过障碍，继续前进。

汽车防滑差速器大致有两大类：一类是强制锁止式差速器，它通过电子控制或者气控锁止机构，人为地将差速器锁止，使左、右半轴连成一个整体转动；另一类防滑差速器是自动锁止（自锁）式差速器，它在滑路面上可以自动地增大锁止系数，直至差速器完全锁止，这类差速器有多种结构形式，例如摩擦片和自动（爪型）离合器式等。

2. 电子控制式防滑差速器

电子控制式防滑差速器目前主要是装有湿式差速器（Vehicle Tracking Control System，V-TCS）的防滑控制和主动防滑控制（Limited Slip Differential，LSD）差速器两种。其电子控制均采用模糊控制技术。

湿式防滑差速器是根据汽车驱动轮的滑移量，通过电子控制装置来控制发动机转速和汽车制动力进行工作的；也有按照左、右车轮的转速差来控制转矩，并采用提高转向性能的后湿式防滑差速器与后轮制动器相结合的方法，最优分配后轮的驱动力，同时减少侧向风力的影响，从而实现增强车辆行驶的稳定性。这种防滑差速器已在日本日产（Nissan）公司生产的总统（President）牌和公爵（Cedric）牌轿车上得到应用。

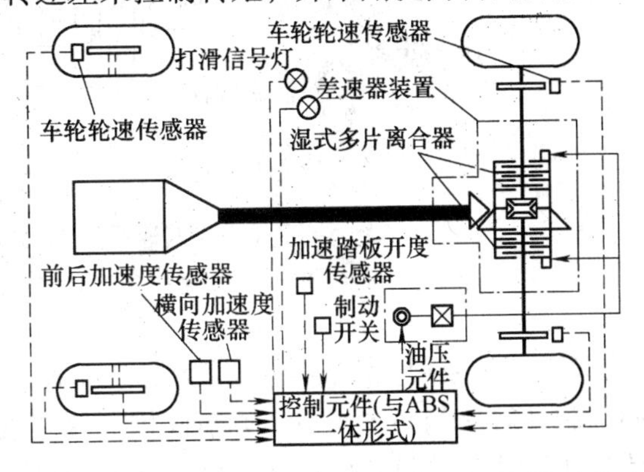

图 5-28 LSD 型防滑差速器控制系统结构框图

主动防滑控制差速器的工作是利用车上某些传感器，掌握各种道路情况和车辆运动状态，通过操纵加速踏板和制动器，采集或读取驾驶人所要求的信息，并按照驾驶人的意愿和要求来最优分配左、右驱动车轮的驱动力。LSD 型防滑差速器控制系统结构框图如图 5-28 所示。这种防滑差速器在日本日产（Nissan）地平线牌轿车上被使用。

3. 四轮驱动防滑差速器

1）四轮驱动防滑差速器的基本结构。如图 5-29 所示是具有油压多片式离合器差动限制器的四轮驱动汽车的动力传递路线。从发动机输出的动力经过变速器变速后，从驱动小齿轮传递到环齿轮，由中央差速器分配到前、后驱动轴，而且前差动器（前差速器）、后差动器分别传递到左、右车轮。该差速传动系统主要由中央差速器和差速限制机构等组成。

①中央差速器：中央差速器具有两大功能。第一个功能是把变速器输出的动力均匀分配到前、后轮驱动轴上；第二个功能是吸收车轮转动时前轮驱动轴和后轮驱动轴的转速差。右侧齿轮经过分动齿轮箱、主动齿轮、分动箱从动齿轮，使驱动力被传递到差速器，左差速器经过前差速器箱把驱动力传向前差速器。

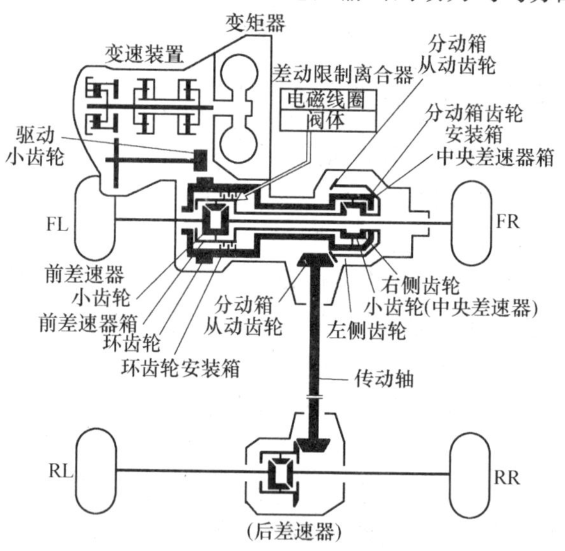

图 5-29　四轮驱动的差速传动系统的组成

②差速限制机构：当前轮与后轮之间发生转速差时，按照此转速差控制油压多片离合器的接合力，从而控制前、后轮的转矩分配。差动限制离合器由湿式多片离合器盘、摩擦片以及活塞构成，如图 5-30 所示。改变环齿轮安装箱和前差速器箱的接合状态，亦即按照作用于活塞的油压大小，改变多片离合器的压紧力，从而控制向前差速箱分配转矩。此外，按照车辆行驶状态的差动限制量，由电子控制器 ECU 进行判别，由电磁阀控制活塞的工作油压。

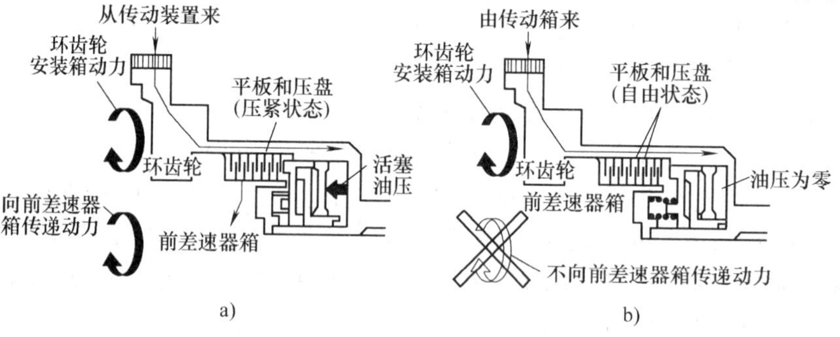

图 5-30　（中央差速器）差动限制离合器的结构和工作示意图

a）差动限制自动开启（Auto）　b）差动限制关闭（OFF）

2）工作原理。图 5-31 所示为防滑差速器电子控制系统，该系统主要由传感器、ECU、调节阀（转换阀）等组成。调节阀用于调节液压系统管路压力，利用 1 号（NO. 1）转换阀使油压Ⓔ升高，调节阀向上升起，以提高Ⓐ的调节压力。

在该图上，1 号与 2 号电磁线圈均处于断开状态。这时 1 号转换阀输出口被关闭，不向活塞室供给油压，差动限制离合器处于自由状态。当 1 号与 2 号电磁线圈都接通时，由于 1 号和 2 号转换阀上部的油分别由各自的电磁线圈作用而排出，转换阀由于回位弹簧的弹性作用向上顶起，所以，管路油压（高压）经过图中的箭头所指的路径由输出道口Ⓓ供给并与差动限制离合器的活塞接合。只有当 1 号电磁线圈接通时，被控制的管路油压，经过Ⓐ、Ⓑ、Ⓓ的路径作用于活塞，这时油压低，离合器接合力变弱。只有当 2 号电磁线圈接通时，被调节的油压才经过Ⓐ、Ⓒ、Ⓓ的路径作用于活塞上。这时的油压由于 1 号转换阀的作用，管路油压向Ⓔ反馈，所以变为中油压，见表 5-3。

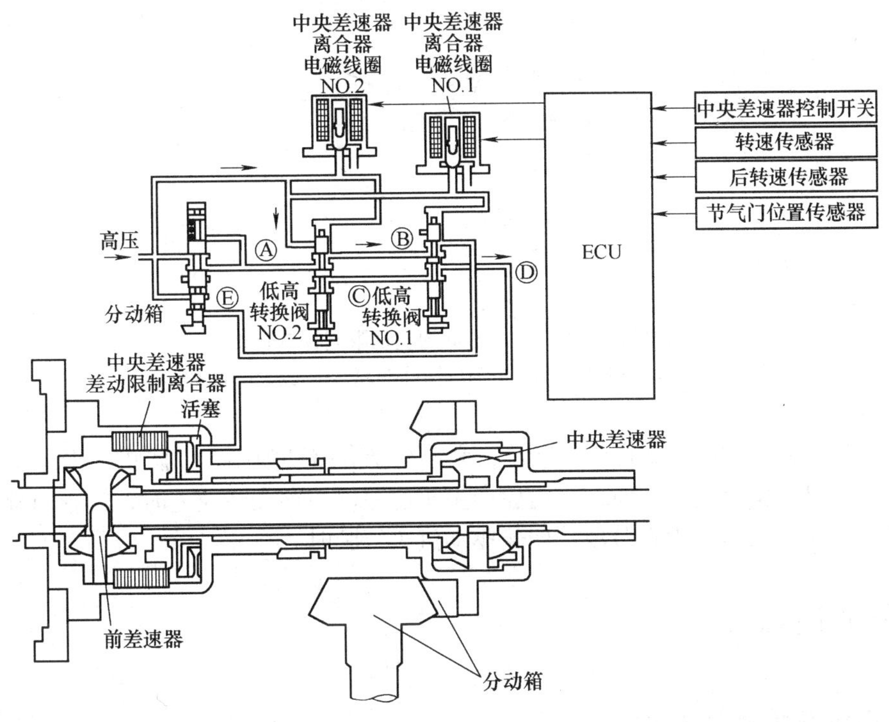

图 5-31　防滑差速器电子控制系统

表 5-3　电磁线圈工作情况

差动限制离合器接合油压	1 号电磁线圈	2 号电磁线圈
无(Free)油压	关	关
低(Low)油压	开	关
中(Medium)油压	关	开
高(High)油压	开	开

通常在驾驶室旁装有四轮驱动的控制开关，能够选择差动限制接合（ON）或断开(OFF)。例如，左前轮在泥泞道路中，控制开关在“AUTO”时，就能对中央差速器的转速差动进行自动限制。由此，与差动限制力相匹配的驱动力被分配到后差速器一侧，由于驱动力全部传递到没有空转的后轮胎上，因为车轮就可从泥泞道路中出来。当控制开关置于 OFF 位置时，中央差速器中没有差动限制，前差速器及中央差速器引起旋转差动，驱动力不向左前轮以外的车轮传递。当差动限制在自由档的断开工况（OFF）时，仅应用于牵引行驶和装卸紧急时的轮胎上。

3）控制特性。防滑差速器的差动限制控制特性或控制范围如图 5-32 所示，主要根据节气门开度、车速和变速器的变速位置信号，由 ECU 控制并改变差动限制离合器的压紧力。

①起步时控制：在 1 档、低速档，节气门开度大时，接合油压增强到中等“Medium”，由此能提高滑动路面或一个车轮脱落时的起步能力。

②打滑控制：如图 5-32 所示，节气门开度与车速关系处于 B 区域，前、后轮的转速差按照速度差换算超过 2～3km/h 时，接合油压变为“High”，差动限制达到最大值。

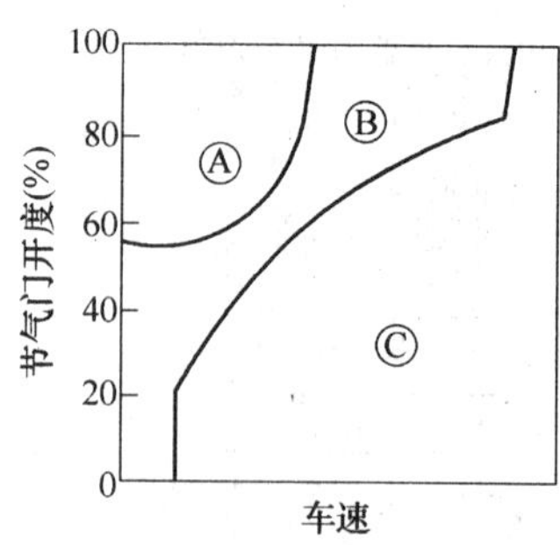

图 5-32　防滑差速器的差动限制控制特性

A—起动时控制区域　B—打滑控制区域　C—通常控制区域

4）通常控制：当接合油压为“Low”，则进行微弱差动限制，以防止产生急转弯制动现象。急转弯制动现象是指转弯时前、后轮产生车速差，当存在转速差时，转弯困难，就如制动器一样。此现象大多发生在分段式四轮驱动汽车行驶时。

5.3　能力训练

5.3.1　训练环境条件要求

1. 安全、整洁的汽车维修车间或模拟汽车维修车间。
2. 齐全的消防用具及个人防护用具。
3. 汽车维修举升机、汽车电脑诊断仪及各种常用工具。
4. 带 ASR 的轿车。
5. ASR 试验台。

5.3.2　能力训练任务

任务十　驱动防滑控制系统故障诊断与检修

本任务以丰田 LS400 轿车驱动防滑控制系统为例进行讲解与操作。

1. 认识丰田 LS400 轿车牵引力控制系统（TRC）

1）在车上找到 TRC 主要部件，并熟悉名称。

2）参阅资料认识典型的 TRC 结构、工作原理及其元件名称。

2. 丰田 LS400 轿车 TRC 主要元件的拆装

（1）注意事项　在车辆使用中，若怀疑或确定防滑转控制系统元件有故障，一般都需将可疑元件拆下进行检查或更换。拆装时应注意以下几点：

1）由于蓄能器使管路中的制动液保持着一定的压力，在拆卸油管时要注意高压制动液的喷出。

2）安装时，要按规定的力矩拧紧管路的螺纹联接件，拧得过松容易造成松动和泄漏，拧得过紧又容易造成变形和滑丝。

3）与 ABS 和普通制动系统一样，由于维修中拆动了液压系统元件，安装后必须对液压系统进行排气。

（2）丰田 LS400 轿车 TRC 主要元件的拆装

1）TRC 油泵与蓄能器总成的拆装。TRC 油泵与蓄能器总成的拆装参照图 5-33 进行。拆卸连接蓄能器的液压管路前，先放出高压制动液。其放出方法如下：

①拆下空气滤清器。

②在 TRC 制动压力调节器的放气螺栓上接一软管，并在软管另一端接一容器。

③拧松放气螺栓，将高压制动液放出。

④制动液放净后，拧紧放气螺栓。

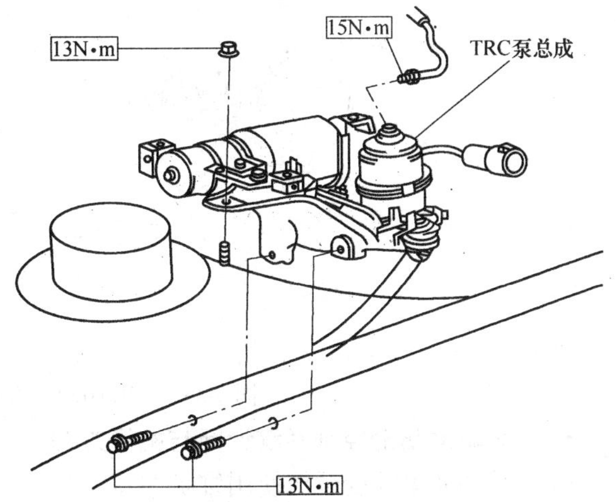

图 5-33　TRC 油泵与蓄能器总成的拆装

2）TRC 油泵与蓄能器的分解和装配。TRC 油泵与蓄能器的分解和装配参照图 5-34 进行。

注意：液压软管的两面都有 O 形密封圈，安装时不要漏装；拆装后必须更换新的 O 形密封圈，其螺栓的拧紧力矩为 46N · m。

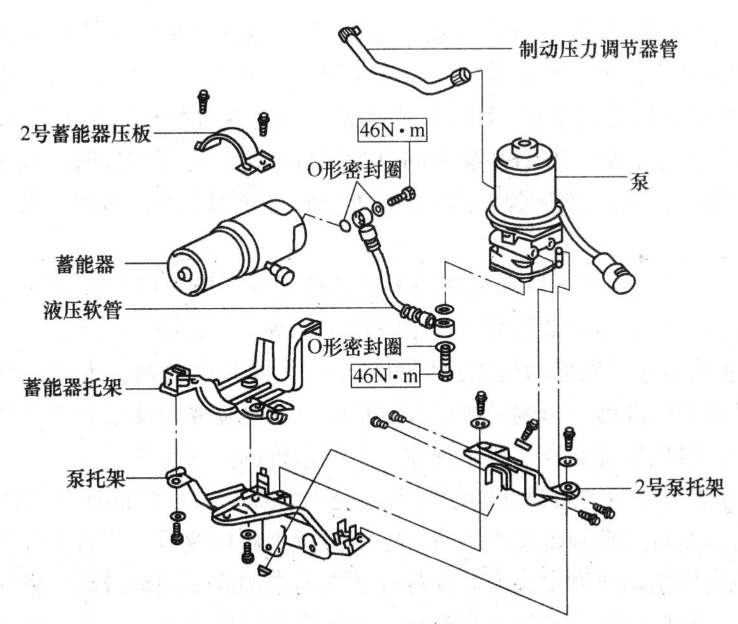

图 5-34　TRC 油泵与蓄能器的分解和装配

3）TRC 制动压力调节器的拆装。TRC 制动压力调节器的拆装参照图 5-35 进行。注意：在拆开连接蓄能器的液压管路时，必须确认是否已放出高压制动液。

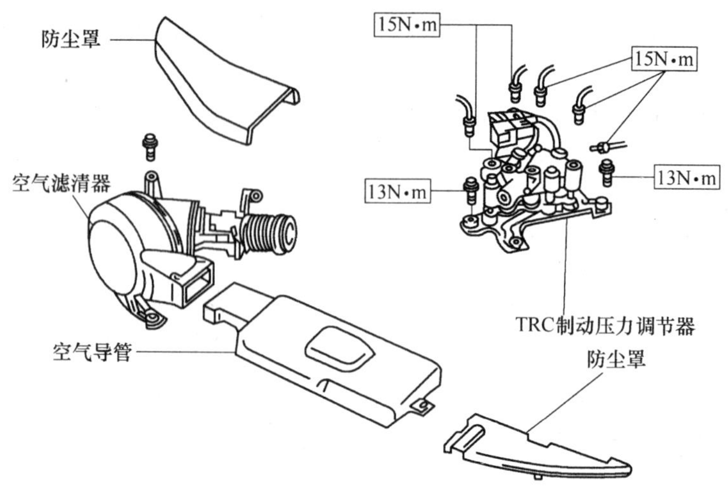

图 5-35　TRC 制动压力调节器的拆装

3. 汽车驱动防滑控制系统诊断与检修方法

（1）驱动防滑控制系统使用维护注意事项　ABS 的作用是在汽车制动过程中，防止被控制车轮发生制动抱死；ASR 的作用是在汽车驱动过程中，防止驱动轮发生驱动滑转。一般无需对汽车驱动防滑控制系统进行特别的维护，但为确保汽车 ASR 工作的可靠性和耐久性，在实际使用中，以下方面应引起特别注意：

1）拆装系统中的电器元件和线束插头时，应将点火开关断开，否则会损坏电子控制装置。

2）不可向电子控制装置提供过高的电压，否则，容易损坏电子控制装置。所以不可用充电机直接起动发动机，也不要在蓄电池与汽车电气系统连接的情况下对蓄电池进行充电。

3）在对汽车进行烤漆作业时，因环境温度高，为避免损坏电子控制装置，应将电子控制装置从车上拆下置于它处。在对系统中的电器元件或电路进行维修时，也应将线束插头从电子控制装置上拆下，并注意避免电子控制装置受到碰撞和敲击，否则，极易损坏电子控制装置。

4）不要让电子控制装置，特别是其端子受到油污等污染，以免线束插头接触不良，影响系统的正常工作。不要用砂纸打磨系统中各插头的端子，否则，也易造成接触不良。

5）不要使车轮转速传感器和传感器齿圈沾上油污或其他脏物，否则，车轮转速传感器产生的轮速信号将不够准确，影响系统的控制精度，甚至使系统无法正常工作。此外，不可敲击转速传感器，以免传感器发生消磁现象，影响系统的正常工作。

6）由于在很多具有驱动防滑功能的制动系统中，都有供给防抱死制动压力调节所需能量的蓄能器，所以在对这类制动系统的液压系统进行维修作业时，应首先释放蓄能器中的高压制动液，以免高压制动液喷出伤人。在释放蓄能器中的高压制动液时，应先将点火开关断开，然后反复踩下和放松制动踏板，直到制动踏板变得很硬为止。此外，要注意在制动系统装复之前，切不可接通点火开关，以免电动泵通电运转。

7）大多数汽车驱动防滑控制系统中的车轮转速传感器、电子控制装置和制动压力调节装置都是不可修复的，如果发生损坏，应进行整体更换。

8）制动系统维修结束后，在使用过程中如果发现制动踏板变软，应按照要求的方法和顺序对制动系统进行空气排除。在空气排除之前，须检查储液器中的液位情况，如果发现液位过低，应先向储液器补充制动液。

9）更换轮胎时，应选用汽车生产厂家推荐的轮胎。如果换用其他型号的轮胎，应该选用与原车所用轮胎的外径、附着性能和转动惯量相近的轮胎，但不能混用不同规格的轮胎，否则将影响驱动防滑控制系统的制动效能。

10）在防抱死警告灯持续亮的情况下进行制动时，应注意适当控制制动强度，以免因制动防抱死系统失效而使车轮过早发生制动抱死。

（2）进行故障诊断检测时还应满足的要求

1）车轮和轮胎大小及型号要相同，轮胎气压正常。

2）制动系统机械/液压部件正常，液压接头和管路无泄漏（对液压单元、制动钳、制动分泵及串联总泵目视检查）。

3）车轮轴承和车轮轴承间隙正常。

4）车轮转速传感器安装正确。

5）电源供电正常（不低于10.0V）。

6）控制单元插头安装正确，定位卡爪已卡紧。

7）只有当汽车静止且点火开关打开（或发动机运转时）时才可进行自诊断。如果车轮转速超过2.75km/h，自诊断不能进行；车速超过20km/h时，自诊断中断。

8）检测ABS/EDS或ASR时，必须保证汽车电气系统不受电磁干扰，因而应使汽车远离电流消耗大的设备，如电焊机。

（3）进行ABS/EDS/ASR故障诊断时要注意的安全措施

1）ABS/EDS/ASR是一种汽车安全系统，从事该项检修诊断工作的工作人员要求具备该系统的相关知识。

2）在对ABS/EDS/ASR装置进行检修之前，原则上要查询故障码。

3）在拔下ABS/EDS/ASR控制单元插头的情况下不要驾车。

4）ABS/EDS/ASR装置的元器件插头只有在关闭点火开关时才可拔下或插上。

5）不允许松开液压单元的螺栓。在更换回油泵继电器和电磁阀时，继电器罩盖螺栓除外。

6）在涉及与制动液有关的作业时，要注意采取有效的安全防范措施。

7）指示灯亮说明在ABS/EDS/ASR中有故障。因为某些故障有可能在行驶时才被识别出，因此必须在修理工作结束后进行试车。在试车时，车速不低于60km/h的行驶时间应超过30s。

（4）警告灯故障诊断功能　正常情况下，在接通点火开关后，丰田车系仪表板上的TRC警告灯应变亮并持续3s后熄灭，如图5-36a所示，如果不亮，应对警告灯系统进行检查。如果电子控制单元检测到TRC出现了故障，它就会使仪表板上的TRC警告灯闪烁并存储故障码。如果制动系统功能不正常，但ABS/EDS警告灯和红色的制动警告符号不亮，则说明故障出在制动系统的机械和液压部件上。

1）故障码的读取。

①接通点火开关，用故障诊断专用检查线或普通导线（应确保连接可靠）将如图5-36b或图5-36c所示的故障诊断仪通信线接口或故障诊断接口中的TC和E_1连接起来。

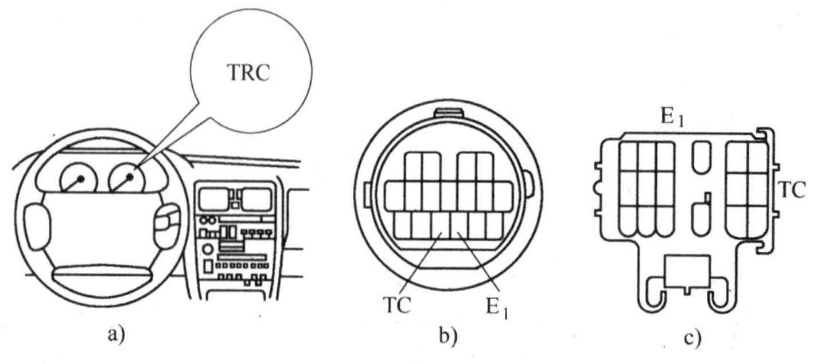

图 5-36　故障诊断仪通信线接口

a）TRC 警告灯在仪表板的位置　b）故障诊断仪通信线接口　c）故障诊断接口

②此时仪表板上的 TRC 警告灯将显示故障码。当 TRC 同时出现两个或两个以上故障时，故障码将会由低到高的顺序显示出来。故障码闪烁方式如图 5-37 所示。

③故障码读取完毕后，将故障诊断专用检查线从 TC 和 E_1 接口上取下，开始检查与排除故障。

2）清除故障。

①同故障码的读取步骤①。

②在 3s 内踏下制动踏板 8 次以上，即可清除存储在电子控制单元中的故障码。

③查看 TRC 警告灯是否显示正常码。若仍显示故障码，则表明故障没有排除，应继续排除故障。

④从故障诊断仪通信或故障诊断接口中取下故障诊断专用检查线。

（5）故障检测与诊断　有些故障只能在汽车行驶时查到，因此可在试车时检查。将车速提高到 60km/h，持续 30s，确认安全后，用力踏下制动踏板以起动 ABS 功能（可感到制动踏板的振动）。

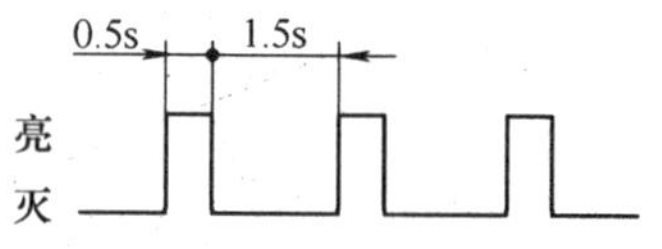

正常码

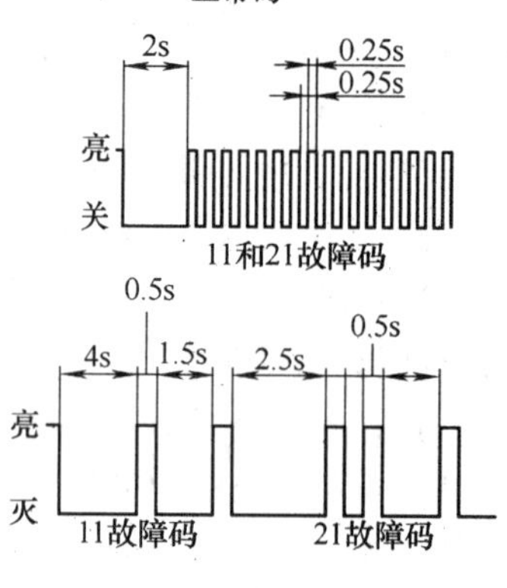

图 5-37　故障码闪烁方式

按下述步骤进行故障查寻：

1）打开点火开关，观察警告指示灯。

2）用故障解码仪查询故障码，如果有故障，记下故障码后清除，结束输出。

3）按故障码排除故障，再次查询并清除故障码。

4）须保证在所有插头都已接好的情况下路试。路试时，警告指示灯应不亮，如果亮了，则重复上述故障查询过程。

注意：

如果自诊断发现故障后仍继续开车，则有发生事故的可能。这时制动系统的功能已受到影响，因为此时电子制动力分配功能已不再控制后轮制动压力。如果制动力过大，会出现甩尾现象。

如果试车过程中拔下某一控制单元的插头，那么会导致另一个控制单元故障存储器内存储一个根本不存在的故障，制动系统的功能就会受到影响。由于电子制动力分配功能不再控制后轮制动压力，如果制动力过大，则会出现甩尾现象，极易发生交通事故。

故障诊断排除时应注意以下几点：

1）拆装部件前，应关闭点火开关。查取收录机防盗码并断开蓄电池搭铁线。

2）重新接上蓄电池后，应再次起动收录机和电动玻璃单触功能，时钟也须重调。

3）如果显示某部件有故障，只有在确定该部件导线无故障时，才可更换该部件。该部件导线应能传递信号，检查导线有无插头和搭铁点锈蚀或触点松动。如果有插头触点弯曲、折断或锈蚀，可先修理；检查导线有无断路或对正极或地短路。

4）更换控制单元时，型号不要弄错。先查询控制单元版本号，接好故障解码仪后，显示屏上就会出现版本号，或用功能“查询控制单元版本号”来查询。也可从位于备胎凹槽内的汽车数据标签上获取汽车上的装备情况。1AC 表示防抱死制动系统；1AH 表示带电子差速锁（EDS）的防抱死制动系统；1AJ 表示带电子差速锁（EDS）和驱动防滑调节装置（ASR）的防抱死制动系统。

5）检修液压单元时，必须保证清洁。仔细清洗液压管接头及其周围区域，不可使用腐蚀性清洁剂。拆下的部件要放在干净表面并盖好，不要使用带绒毛的抹布。

6）只可使用原装备件，只有在马上要安装时才可打开备件包装。

7）制动系统打开后，要对其进行排气。焊接可能影响 ABS/EDS、ABS/EDS/ASR 功能，应尽量避免。

（6）电控系统主要部件的检测　检测时应取下被检部件的线束插接器（也叫维修接口），使用阻抗大于 10kΩ/V 的万用表或电阻表、电压表，测量线束插接器传感器或继电器端子的电阻值或电压值并与标准值进行比较，从而判断部件的技术状况。

1）副节气门开度传感器的检测。副节气门开度传感器安装在节气门轴上，作用是将副节气门开启角度转换为电压信号并将信号输送给 TRC 电子控制单元。其检测方法如下：

①取下副节气门位置传感器线束插接器。接线端子如图 5-38 所示。

②用电阻表测量 E_2 端子与 VC、VTA、IDL 端子的电阻值，应符合规定值。

2）TRC 开关的检测。

①取下 TRC 开关线束插接器。

②如图 5-39 所示，用电阻表测量 3、4 端子的导通性。

③当 TRC 开关接通时应导通，TRC 切断开关断开时应不通，否则为异常。

3）TRC 制动主继电器的检测。

①取下 TRC 制动主继电器的插接器。

②用电阻表测量 1、2 两端子应不导通，3、4 端子应导通。

③如图 5-40 所示，在端子 3、4 之间施加 12V 电压，测 1、2 两端子时应导通。

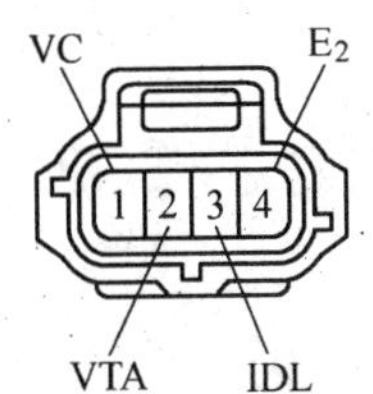

图 5-38　副节气门位置传感器线束插接器端子

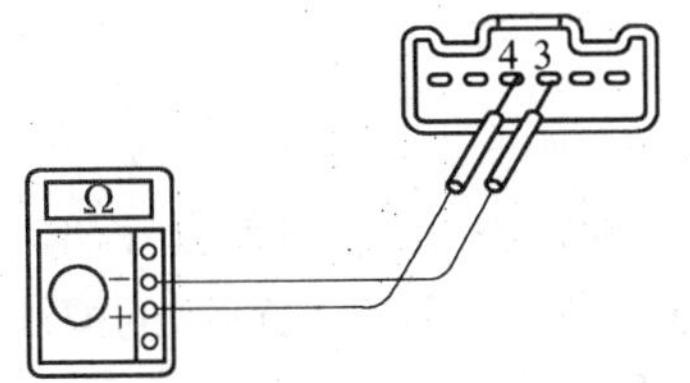

图 5-39　电阻表测量

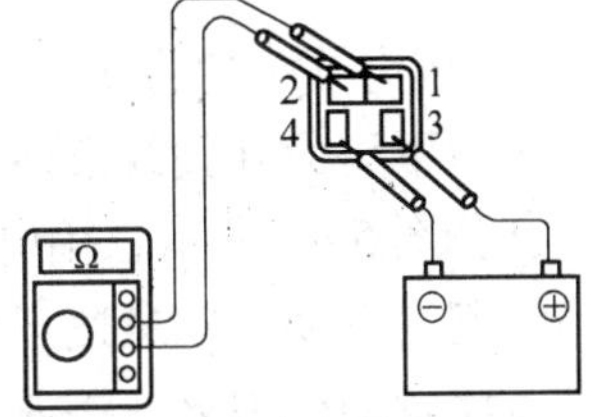

图 5-40　测 1、2 两端子

4）TRC 节气门继电器的检测。

①取下 TRC 节气门继电器线束插接器。

②用电阻表测量 1、2 端子应不导通，3、4 端子应导通。

③如图 5-41 所示，在 3、4 端子之间施加 12V 电压，测 1、2 两端子时应导通。

5）TRC 制动执行器的检测。

①取下 TRC 制动执行器线束插接器。

②如图 5-42 所示，用电阻表检测 BSR、SRC 两端子应导通，BSM、SMC 两端子应导通，BSA、SAC 两端子也应导通。

6）副节气门执行器的检测。

①取下副节气门执行器线束插接器。

②如图 5-43 所示，用电阻表测量端子 1、2、3 间应导通，端子 4、5、6 间也应导通。

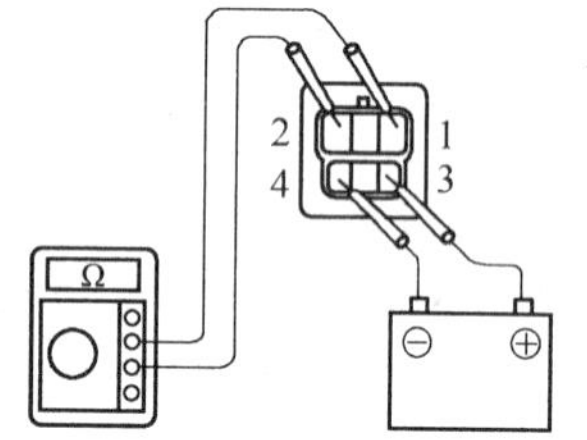

图 5-41　测 1、2 两端子

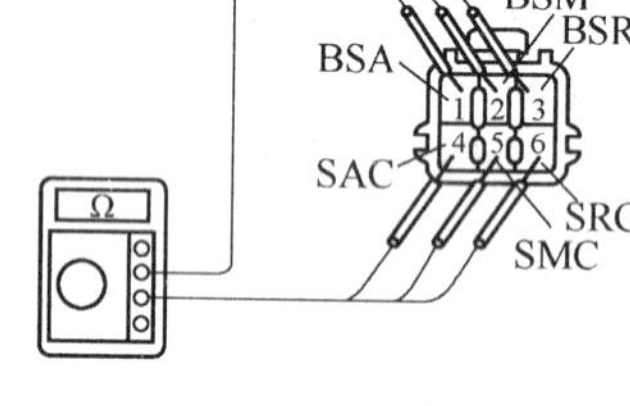

图 5-42　TRC 制动执行器的检测

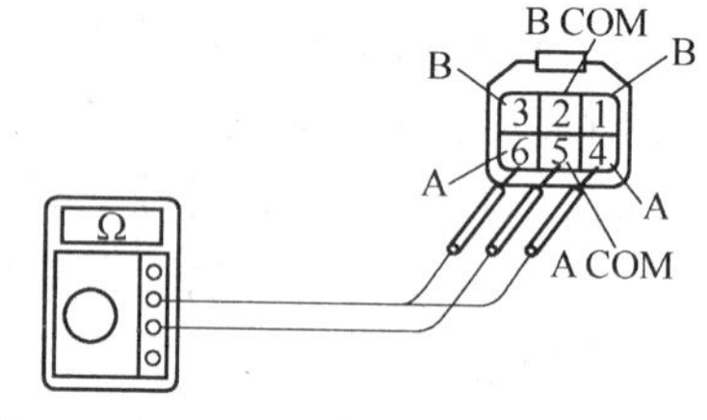

图 5-43　副节气门执行器的检测

7）TRC 泵电动机的检测。

①取下 TRC 泵电动机线束插接器。

②如图 5-44 所示，用电阻表测量 BTM、MTT 两端子，电阻值应为 4.5～5.5Ω。

③如图 5-45 所示，在端子 BTM 与 E_2 间施加 12V 电压（通电不超过 3s）进行运转试验，TRC 泵电动机应运转。

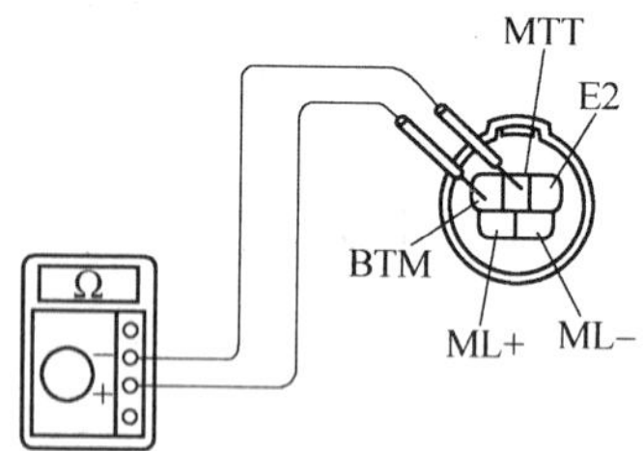

图 5-44　测 BTM、MTT 两端子

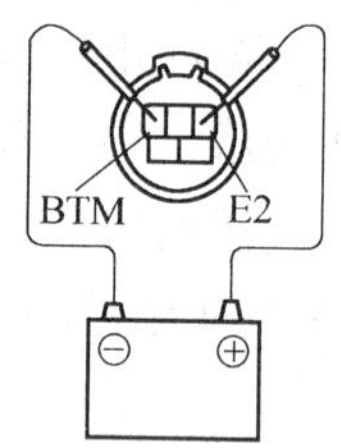

图 5-45　进行 TRC 泵的运转试验

8）压力开关的检测。

①取下压力开关线束插接器。

②如图 5-46 所示，用电阻表测量 PR、E_2 端子应导通。

③起动发动机并怠速工作 30s（提高 TRC 执行器的液压）。

④将发动机熄火，接通点火开关。

⑤测量 PR、E_2 端子的电阻值应为 1.5kΩ 左右。

9）压力传感器的检测。

①取下压力传感器线束插接器并严格按图5-47所示的方法连接电路。

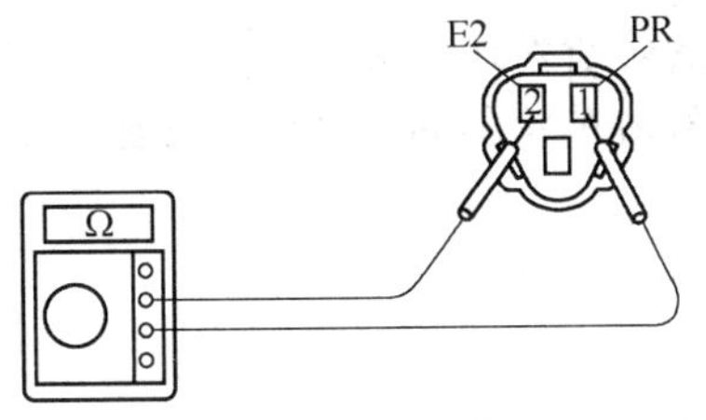

图5-46　压力开关的检测

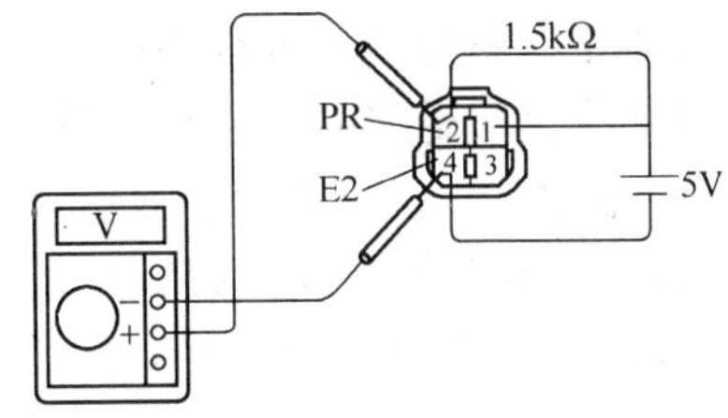

图5-47　压力传感器的检测

②用电压表测量PR、E_2端子间的电压，应为5V左右。

③按“压力开关的检测”的“③、④”两项进行操作。

④测量PR、E_2端子的电压值，应约为2.5V。

进行上述检查测量时，应首先对线束插接器的电路导通状况做仔细查看，若有氧化、锈蚀等，应予以清除。检测中若实测值与标准值不符，应在确保电路完好无损后，才可确认为元器件（开关、传感器或继电器）损坏。TRC系统元器件损坏，通常应予以更换。

练　习　题

一、填空题

1. ABS是防止制动时车轮抱死而________，ASR是防止驱动轮原地不动而________。

2. ASR的基本组成有________、________、________等。

3. ASR的传感器主要是________和________。

4. ASR制动压力调节器的结构形式有________和________两种。

5. ASR不起作用时，辅助节气门处于________位置；当需要减少发动机驱动力来控制车轮滑转时，ASR控制器输出信号使辅助节气门驱动机构工作，________改变开度。

6. 节气门驱动装置由________和________组成。步进电动机根据ASR控制器输出的控制脉冲转动规定的转角，通过传动机构带动________转动。

7. ASR控制系统通过改变________来控制发动机的输出功率。

8. TRC液压制动执行器中的泵总成由________和________两部分组成。

二、判断题

1. ASR专用的信号输入装置是ASR选择开关，将ASR选择开关关闭，ASR就不起作用。（　　）

2. 发动机输出功率控制常用方法有：辅助节气门控制、燃油喷射量控制和延迟点火控制。（　　）

3. ASR控制系统通过改变发动机辅助节气门的开度来控制发动机的输出功率。（　　）

4. 丰田车系防抱死制动与驱动防滑（ABS/TRC）工作时，当需要对驱动轮保持制动力矩时，ABS的两个电磁阀通较大电流。（　　）

5. 丰田车系防抱死制动与驱动防滑（ABS/TRC）工作时，当需要对驱动轮减小制动力矩时，ABS的两个电磁阀通较小电流。（　　）

6. 丰田车系防抱死制动与驱动防滑（ABS/TRC）工作时，当无需对驱动轮施加制动力

矩时，各个电磁阀都通电且 ECU 控制步进电动机转动使副节气门保持开启。（　）

7. 为防止车轮打滑，可自动控制汽车驱动轮打滑的防滑差速器。（　）

8. 滑转率是车轮瞬时速度与车身圆周速度的速度差占车轮圆周速度的百分比。（　）

三、简答题

1. 防滑转控制的方式有哪几种?
2. ASR 的工作原理是怎样的?
3. 丰田车系防抱死制动与驱动防滑（ABS/TRC）的组成有哪些?

模块六　电子稳定程序控制系统

6.1　学习目标

【知识目标】

1. 了解电子稳定程序控制系统（ESP）的作用及类型。
2. 了解ESP的组成及控制原理。
3. 掌握典型ESP的结构与工作情况。
4. 掌握ESP常见故障的现象、原因分析方法。

【能力目标】

1. 能进行ESP的拆卸及安装。
2. 能分析ESP电路图。
3. 能进行ESP常见故障分析与检修。

6.2　知识学习

6.2.1　ESP的基本认识

1. ESP的作用

（1）实时监控　ESP是一个实时监控系统，它每时每刻都在监控驾驶人的操控、路面反应、汽车运动状态，并不断地向发动机和制动系统发出指令。

（2）主动干预　主动调控发动机的转速，并且还可以调整每个车轮的驱动力和制动力，在紧急躲避障碍物或转弯时以修正汽车的过度转向和转向不足。

（3）预警　ESP还有一个实时警告功能，当驾驶人操作不当和路面异常时，它会用警告灯警告驾驶人。

2. ESP的类型

（1）4通道或4轮系统　能自动地向4个车轮独立施加制动力。

（2）3通道系统　对两个前轮独立施加制动力，对后轮一同施加制动力。

（3）2通道系统　只能对两个前轮独立施加制动力。

3. ESP的组成及控制原理

（1）ESP的组成　ESP可大致分为四个部分：用于检测汽车状态和驾驶人操作的传感器部分；用于估算汽车侧滑状态和计算恢复到安全状态所需的旋转动量和减速度的ECU部分；用于根据计算结果来控制每个车轮制动力和发动机输出功率的执行器部分；用于告知驾驶人汽车失稳的信号输入部分。ESP的结构流程图如图6-1所示。

ESP在ABS/ASR基础上增加了转向角传感器、偏转率传感器、纵向及横向加速度传感器等。转向角传感器用于检测转向盘的转角信号（包括转角的大小和转动速率），这一信号反映了驾驶人的操作意图。偏转率传感器（也叫横摆角速度传感器）用于检测汽车翻转的信号，监测汽车的准确姿态，并记录下汽车每个可能的翻转运动。加速度传感器有沿汽车前进方向的纵向加速度传感器（用于四轮驱动车辆）和垂直于前进方向的横向加速度传感器，这两个传感器基本原理相同，只是成 90° 夹角安装。ESP 的组成及安装位置如图 6-2 所示。

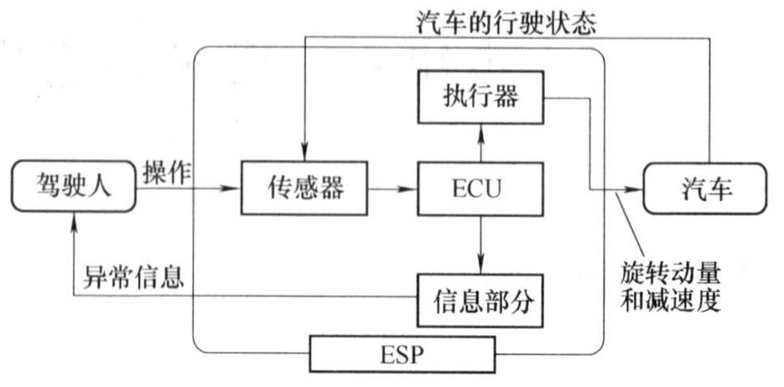

图 6-1　ESP 系统的结构流程图

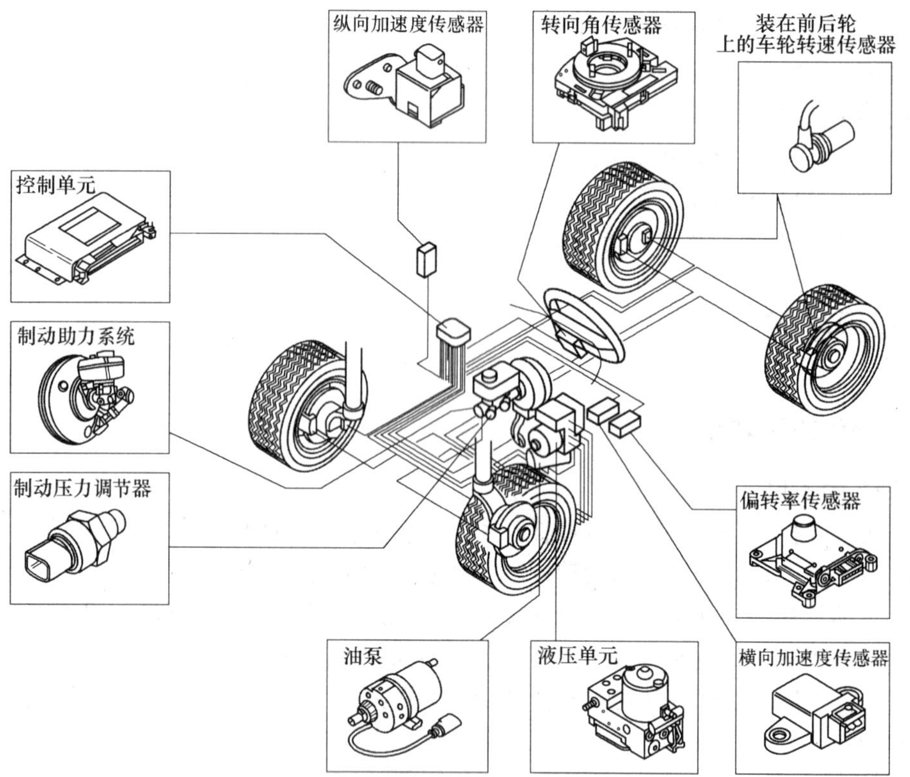

图 6-2　ESP 的组成及安装位置

ESP 的 ECU 一般与 ABS/ASR 共用，它是将 ABS/ASR ECU 的功能进行扩展后再进行 ABS/ASR/ESP 控制。ESP 的执行器是在 ABS/ASR 执行器的基础上，改进了通往各车轮的液压通道，增加了 ESP 警告灯和 ESP 蜂鸣器等。

（2）ESP 的控制原理　ESP 通过各种传感器实时地检测驾驶人的行驶意图和车辆的实际行驶情况。ECU 根据各传感器的信号计算出车辆的实际运动轨迹，如果实际运动轨迹与理论运动轨迹（驾驶人意图）有偏差，或者检测出某个车轮打滑（丧失抓地能力），电子控制单元（ECU）就会首先通知执行元件（副节气门控制机构或电子节气门）减小开度，同时通过制动系统对某个车轮进行制动，来修正运动轨迹。ESP的工作过程示意图如图6-3所示。当实际运动轨迹与理论运动轨迹相一致时，ESP自动解除控制。

1）转向不足。不带ESP的车辆前轮发生侧滑时，会使转弯半径增大，从而出现车辆转向不足，如图6-4a所示。而装备有ESP的汽车，ESP将使用发动机和变速器管理系统，并有意识地对位于弯道内侧的后轮实施瞬间制动，防止车辆驶出弯道，如图6-4b所示。

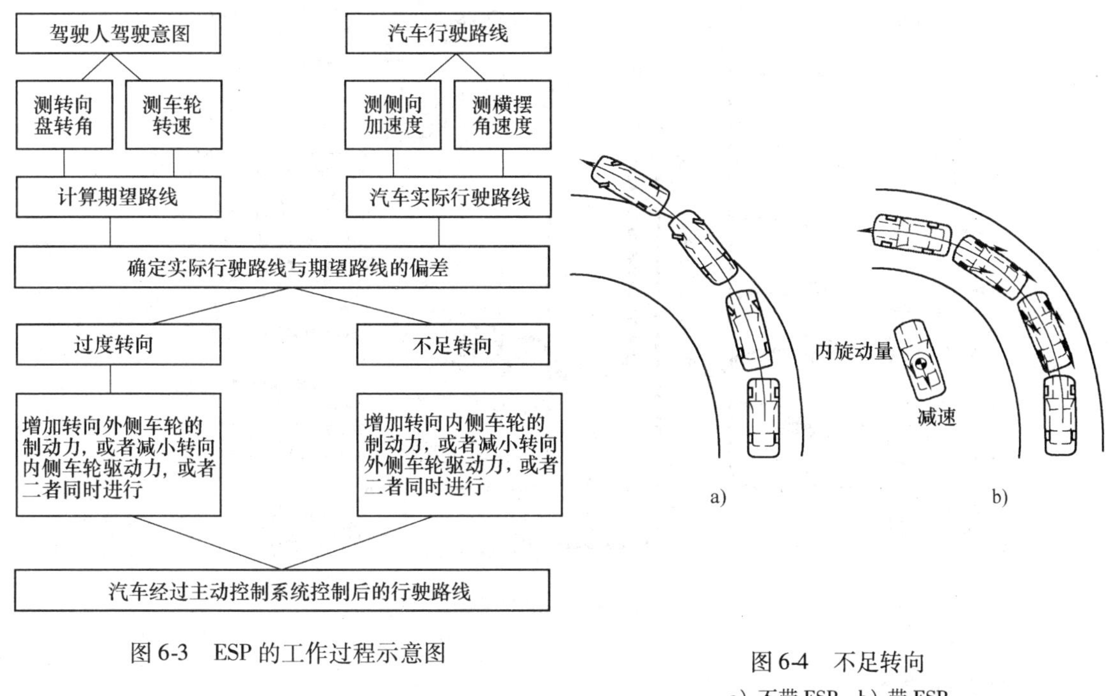

图6-3　ESP的工作过程示意图

图6-4　不足转向

a）不带ESP　b）带ESP

2）转向过度。不带ESP的车辆后轮发生侧滑时，会使转弯半径减少，从而出现车辆转向过度，如图6-5a所示。ESP可使用发动机和变速器管理系统，并有意识地对位于弯道外侧的前轮实施瞬间制动，防止车辆甩尾，如图6-5b所示。

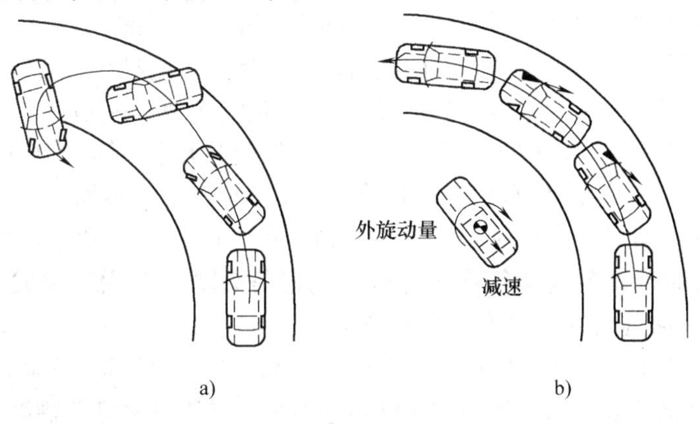

a)　　b)

图6-5　过度转向

a）不带ESP　b）带ESP

6.2.2　大众轿车 ESP 的结构与工作原理

大众公司采用的 ESP 由 BOSCH 和 ITT 两家公司提供，它们的功能和原理基本相同，只是结构有所不同。BOSCH ESP 如图 6-6 所示。

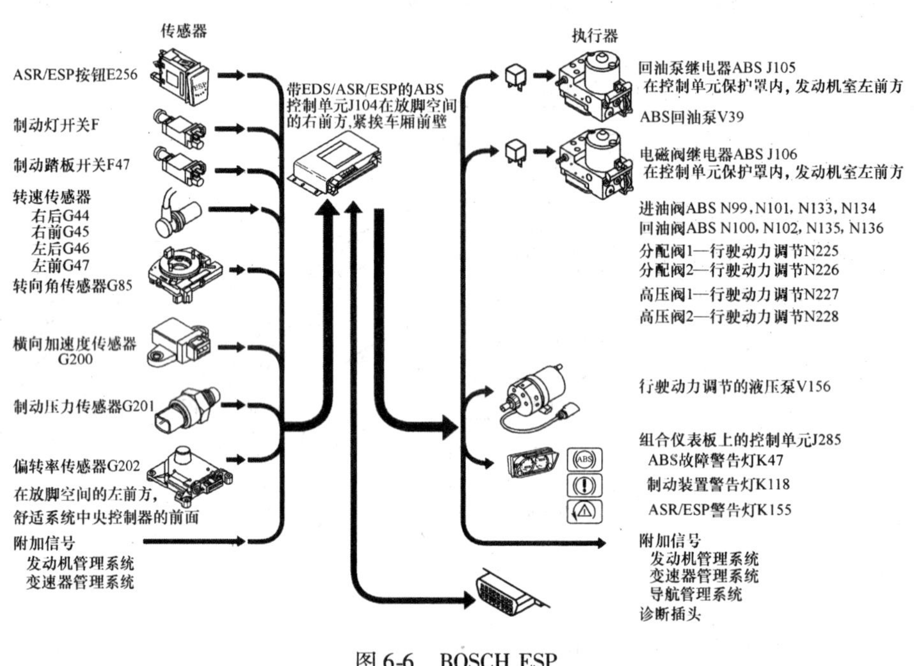

图 6-6　BOSCH ESP

1. ESP 传感器

（1）转向角传感器 G85　安装在转向柱上，位于转向开关与转向盘之间，与安全气囊时钟弹簧集成为一体。该传感器检测并向控制单元传送转向盘转动的角度信号。若无此信号，则车辆无法确定行驶方向，ESP 将失效。传感器测量的角度范围是 ±720°，对应转向盘转 4 圈。图 6-7 所示为转向角传感器的外形。

该传感器是根据光栅原理进行测量的，如图 6-8 所示。安装在转向柱上的编码盘包含了经过编码的转动方向、转角等信息。编码盘由两个齿环——绝对环和增量环组成，光学传感器 2、4 分别扫描这两个环。当编码盘随转向盘转动时，齿盘间断地遮挡发光光源，使光学传感器的输出电压发生变化。位于内侧的增量环上的齿槽大小相等且均匀分布，产生的电压脉冲信号是均匀的；而位于外侧的绝对环上的齿槽大小、分布不均匀，产生的信号也不均匀，接通点火开关并且转向角传感器转过一定角度后，ECU 可以通过两组脉冲序列来确定当前转向盘的绝对转角。转向角传感器与 ECU 的通信通过 CAN 总线完成，且是 ESP 中唯一直接由 CAN-BUS 向控制单元传递信号的传感器。

（2）横向加速度传感器 G200　横向加速度传感器应尽可能靠近车辆重心，所以安装在转向柱下方偏右侧前仪表台内。横向加速度传感器主要是用以检测车辆沿垂直轴线发生转动的情况，并给控制单元提供转动速率的信号。当汽车绕垂直方向轴线偏转时，传感器内的输出信号发生变化，ECU 根据此信号计算横向加速度。

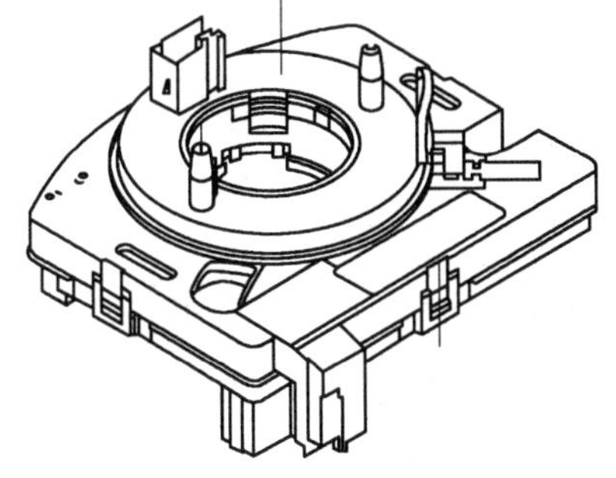

图 6-7　转向角传感器外形

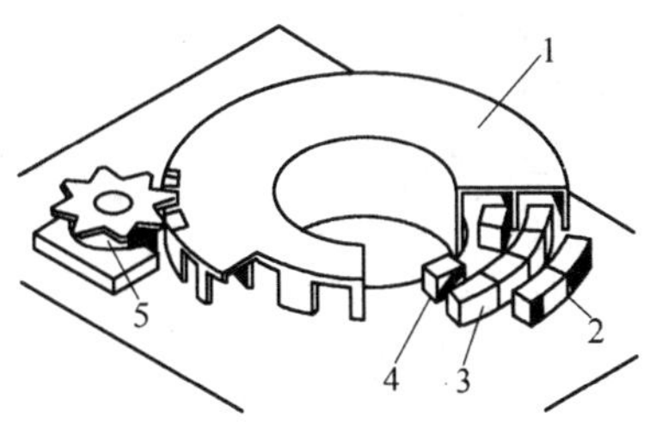

图 6-8　转向角传感器原理图

1—编码盘　2、4—光学传感器

3—光源　5—旋转计数器

横向加速度传感器外形如图 6-9 所示，工作原理如图 6-10 所示。横向加速度传感器由霍尔传感器、永久磁铁、减振板、片簧等组成。当横向加速度作用在车辆上时，减振板随传感器机体及车辆一起摆动，而永久磁铁则由于惯性摆动时间而慢于减振板。由于减振板在振动中会产生电子涡流，将产生一个与永久磁铁形成的磁场方向相反的磁场。在两个叠加的磁场的作用下，霍尔元件中产生一个变化的电压，该电压的大小与横向加速度的大小成比例。

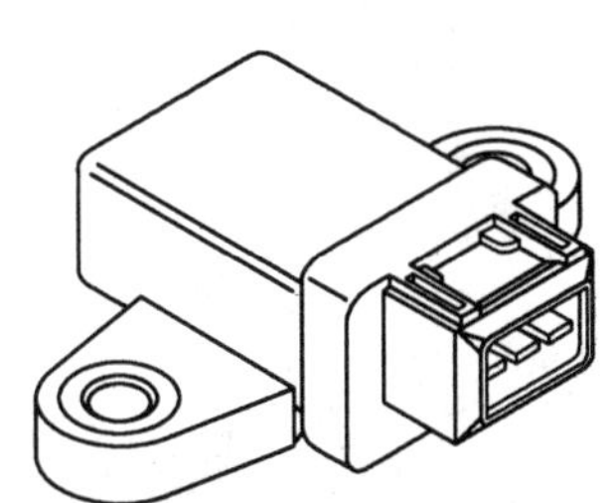

图 6-9　横向加速度传感器外形

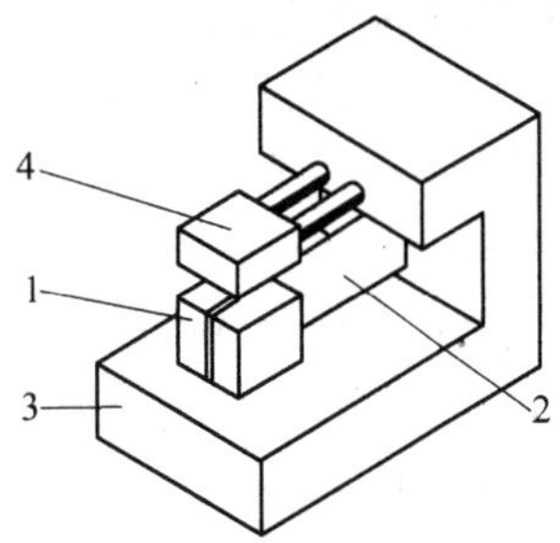

图 6-10　横向加速度传感器工作原理

1—永久磁铁　2—片簧

3—减振板　4—霍尔传感器

（3）偏转率传感器 G202　用于检测汽车沿垂直轴的偏转程度，其外形如图 6-11 所示。传感器的工作原理如图 6-12 所示。该传感器的基本部分是一个空心圆筒，圆筒下部装着 8 个压电元件，其中 4 个使空心圆筒处于谐振状态，另外 4 个压电元件将圆筒谐振波节的变化情况转变成电压信号输送给 ECU。而圆筒的谐振波节的变化情况与圆筒受到的外来转矩有关，即与圆筒的偏转率有关，电控单元由此算出偏转程度。偏转率传感器、横向加速度传感器的安装位置基本相同，输出都是 0 ~ 5V 的模拟量，且由于汽车颠簸造成的信号波动特性一致，故有些车型将它们封装在同一模块中。可用诊断仪或万用表对偏转率传感器和横向加速度传感器进行诊断。

（4）制动力传感器 G201　装在行驶动力调节油泵 V156 上，提供电控单元制动系统的实际压力，控制单元相应计算出作用在车轮上的制动力和整车的纵向力大小。如果没有制动压力，信号系统将无法计算出正确的侧向力，故 ESP 失效，ECU 可以诊断出“线路断路”、“对正极短路”、“对负极短路”等故障。该传感器不能从油泵中拧出，损坏时需要和油泵一起更换。

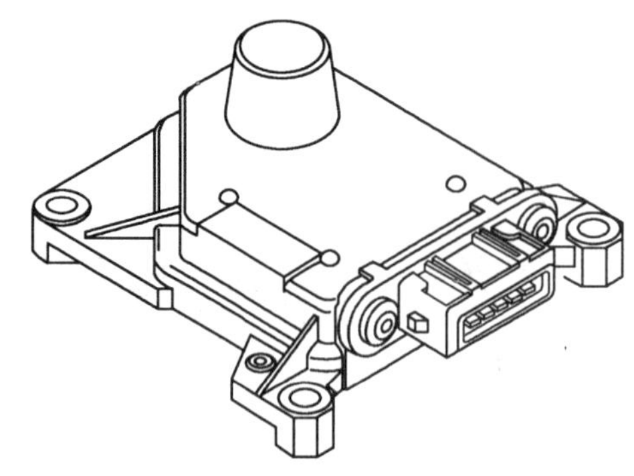

图 6-11　偏转率传感器外形

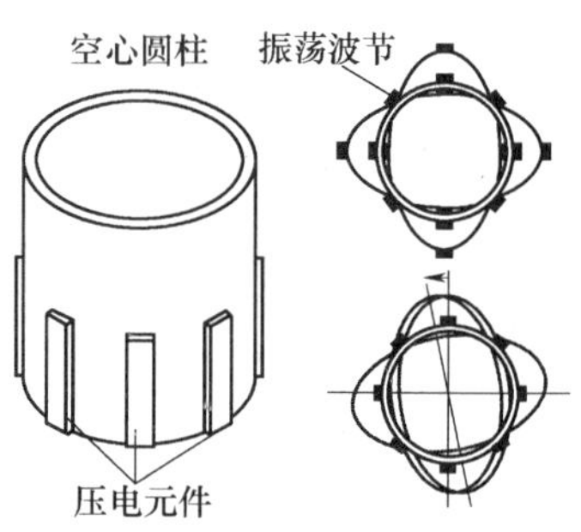

图 6-12　偏转率传感器的工作原理

（5）车轮转速传感器 G44 ~ G47　用以检测每个车轮的实际转速，以便判断车轮的运动状态。如果没有信号，则 ABS、ESP 警告灯亮，表明系统无法正常工作，即 ABS、ESP 功能失效。

对于电磁式传感器，可通过测量电阻检测；对于霍尔式传感器，则只能通过检测波形来判断性能的好坏。此时，ECU 可以诊断出“传感器无信号”、“传感器断路”等故障。

（6）ASR/ESP 按钮 E256　通常安装在仪表板附近，按下 ASR/ESP 按钮 E256，ESP 功能关闭；再次按该按钮，ESP 功能重新激活。

2. ESP 电子控制单元（ECU）

电子控制单元与液压控制单元合成一体，如图 6-13 所示。电子控制单元主要负责整个系统的信息运算分析和控制指令的发出。为了保障系统的可靠性，在系统中有两个处理器，二者用同样的软件处理信号数据，并相互监控比较。这种双配置的系统称为主动冗余系统。

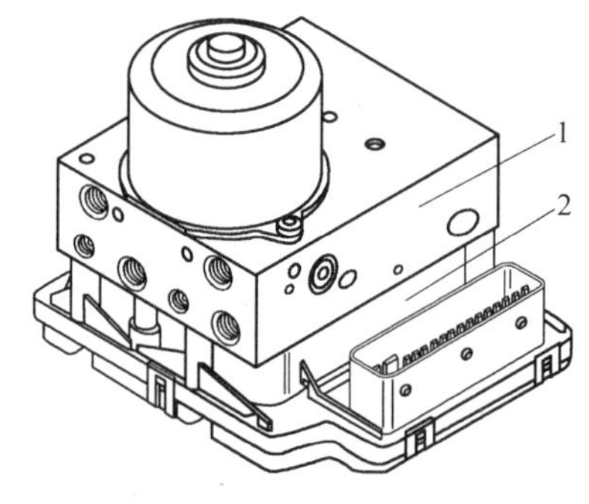

图 6-13　电子控制单元与液压控制单元

1—液压控制单元　2—电子控制单元

在三种情况下 ESP 不应工作，ESP 开关应处于关闭状态：车辆从深雪或松软地面驶出来时；车辆带防滑链行驶时；车辆在功率试验台上开动时。

在三种情况下 ESP 系统将不能被关闭：ESP 正在工作；超过一定的车速；系统出现故障（此时组合仪表上的 ESP 警告灯会报警）。

3. ESP 执行器

ESP 执行器包括 ESP 液压控制单元、电子节气门、ESP 警告灯等。

（1）液压控制单元　液压控制单元由电磁阀、油泵、回油泵等组成，如图 6-13 所示。其中，电磁阀有 12 个，8 个电磁阀用于 ABS 控制，4 个电磁阀用于 ESP 控制。液压控制单元内部电路如图 6-14 所示。ECU 通过控制液压控制单元的电磁阀，达到控制 ABS/ASR/ESP 的目的。

该系统有两条对角线控制回路，每条回路上多了两个控制电磁阀（分配阀和高压阀）。如果系统某一个阀工作不正常，ESP 将关闭。图 6-15 所示为一个车轮的液压控制回路。

当 ESP 起作用时，ESP 控制过程如下：

1）增压阶段，如图 6-16 所示。电磁阀状态：分配阀 N225 关闭；高压阀 N227 打开；ABS 的进油阀打开；回油阀关闭。行驶动力调节油泵开始将储油罐中的制动液输送到制动管路中，回油泵也开始工作，使车轮制动轮缸中的制动压力加大，系统处于增压状态。

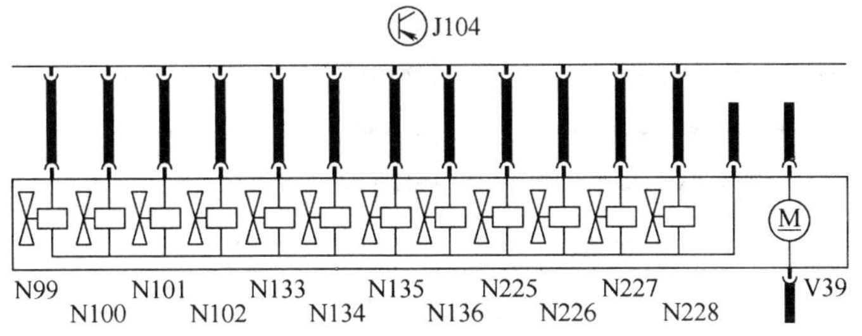

图6-14　液压控制单元内部电路

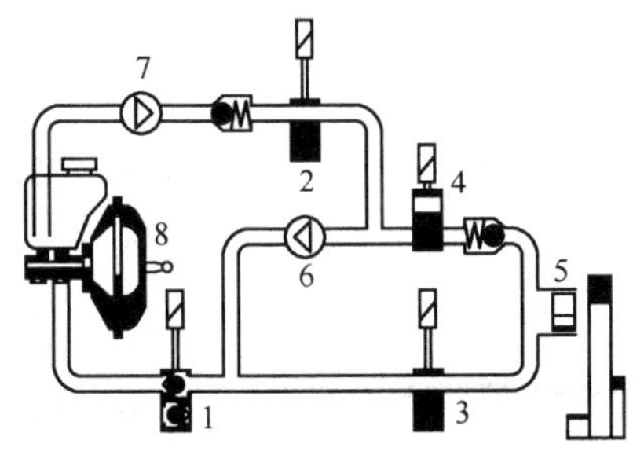

图6-15　没有制动时液压控制回路

1—分配阀N225　2—高压阀N227　3—进油阀　4—回油阀　5—车轮制动轮缸　6—回油泵　7—行驶动力调节油泵　8—制动助力器

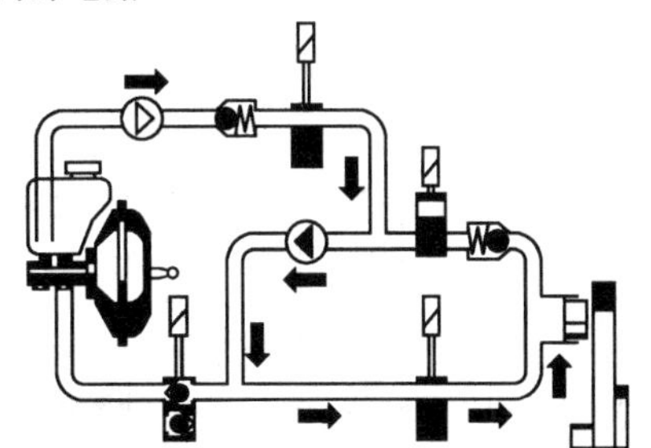

图6-16　液压控制单元增压阶段

2）保压阶段，如图6-17所示。电磁阀状态：分配阀N225关闭；高压阀N227关闭；进油阀关闭；回油阀关闭；回油泵停止工作，系统处于保压状态。

3）减压阶段，如图6-18所示。电磁阀状态：分配阀N225打开；高压阀N227关闭；进油阀关闭；回油阀打开。制动液通过串联式制动主缸流回储油罐中，系统处于减压状态。

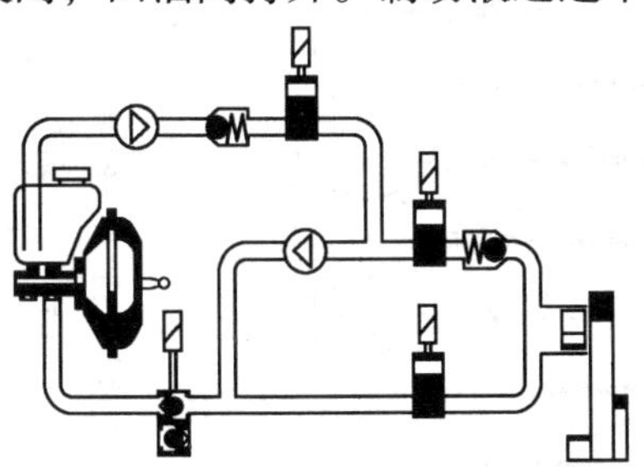

图6-17　液压控制单元保压阶段

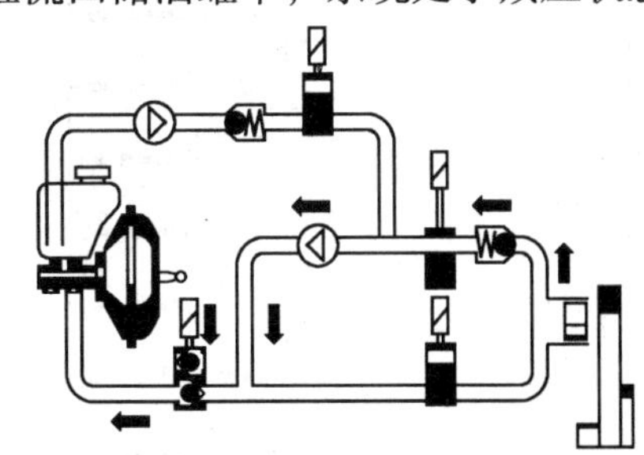

图6-18　液压控制单元减压阶段

（2）ESP警告灯　ESP共有3种警告灯，分别为制动装置警告灯K118、ABS故障警告灯K47、ASR/ESP警告灯K155。当系统处于不同的状态时，3种警告灯就会有不同的显示，所以在实际应用过程中，可以根据3种警告灯的显示情况来判断整个ESP的工作是否正常。当ASR/ESP起作用时，ASR/ESP警告灯K155闪烁；当按下ASR/ESP按钮，且ABS有效时，ASR/ESP警告灯K155亮起；若ASR/ESP及ABS发生故障，ASR/ESP警告灯K155和ABS故障警告灯K47亮。

4. ESP控制电路图

ESP的控制电路如图6-19所示。

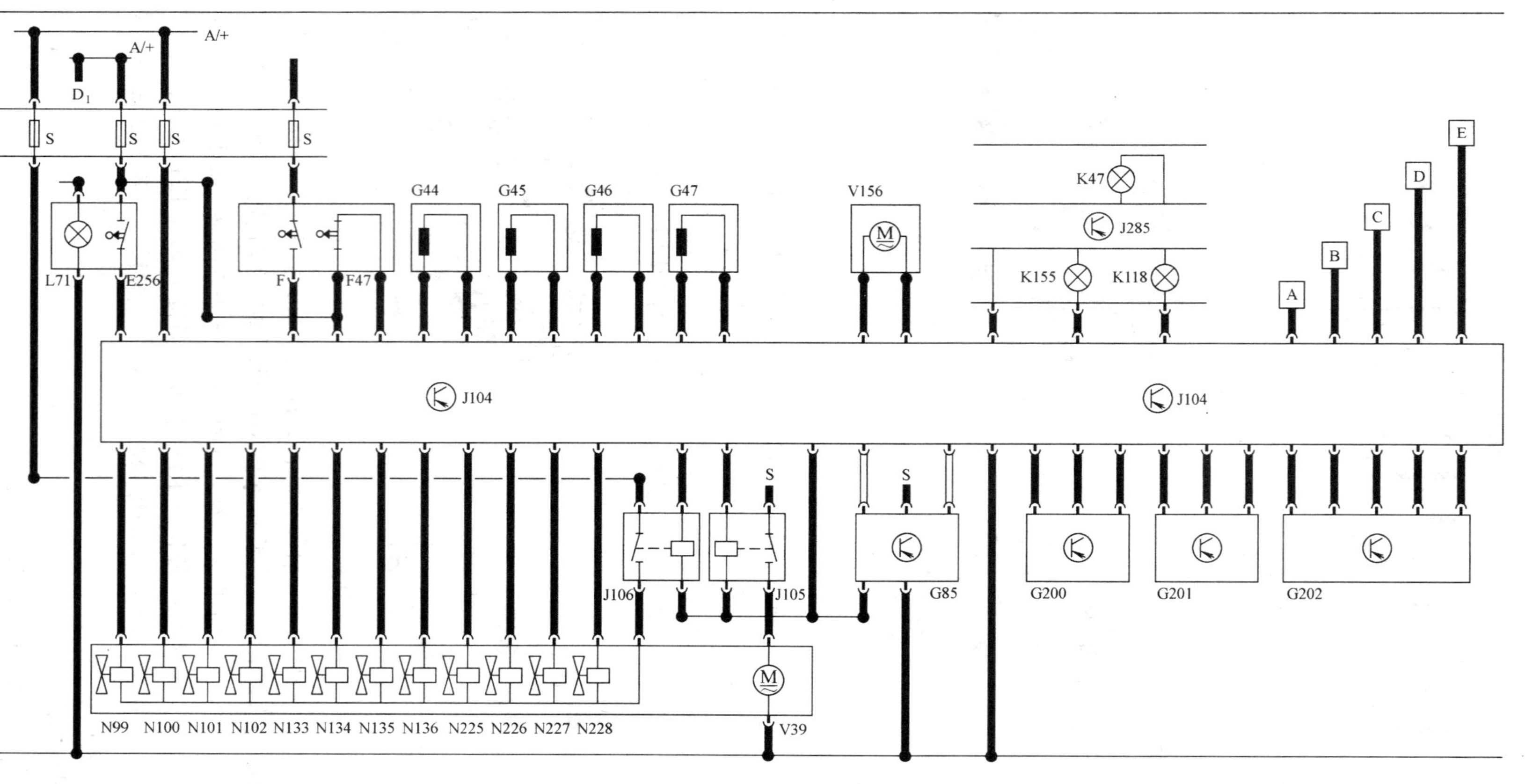

图 6-19　ESP 的控制电路

A/＋—正极连接　D_1—点火开关　E256—ASR/ESP 按钮　F—制动灯开关　F47—制动踏板开关　G44—右后车轮转速传感器　G45—右前车轮转速传感器　G46—左后车轮转速传感器　G47—左前车轮转速传感器　G85—转向角传感器　G200—纵向加速度传感器　G201—制动压力传感器　G202—偏转率传感器　J104—带有 EDS/SR/SP 的 ABS 控制单元　J105—ABS 回油泵继电器　J106—ABS 电磁阀继电器　J285—组合仪表显示控制单元　K47—ABS 故障警告灯　K118—制动装置警告灯　K155—ASR/ESP 警告灯　N99—右前 ABS 进油阀　N100—右前 ABS 回油阀　N101—左前 ABS 进油阀　N102—左前 ABS 回油阀　N133—右后 ABS 进油阀　N134—左后 ABS 进油阀　N135—右后 ABS 回油阀　N136—左后 ABS 回油阀　N225—动态调节分配阀 1　N226—动态调节分配阀 2　N227—动态调节高压阀 1　N228—动态调节高压阀 2　S—熔断器　V39—ABS 回油泵　V156—行驶动力调节油泵　A—连接驻车制动开关　B—导航系统　C—发动机管路系统　D—变速器管路系统　E—诊断线路

6.2.3　丰田雷克萨斯LS400轿车电子稳定程序控制系统（VSC）

1. 系统组成

丰田雷克萨斯LS400轿车VSC的大部分元器件与TRC（驱动防滑控制系统）可共用。VSC的元器件在车上的安装位置如图6-20所示。传感器部分增加了用于检测汽车状态的横摆率传感器和减速度传感器（G传感器）；ECU部分增大了运算能力；执行器部分，改进了前轮的液压通道；信息显示部分增加了VSC蜂鸣器。

1）横摆率传感器装在汽车行李箱前部，与汽车垂直轴线平行。它只检测横摆率（汽车绕垂直轴旋转的角速度）。

2）G传感器水平地安装在汽车重心附近地板下方的中间位置，它检测汽车的纵向和横向加速度。

3）转角传感器安装在转向盘后侧，直接检测由驾驶人操纵的转向盘转动。

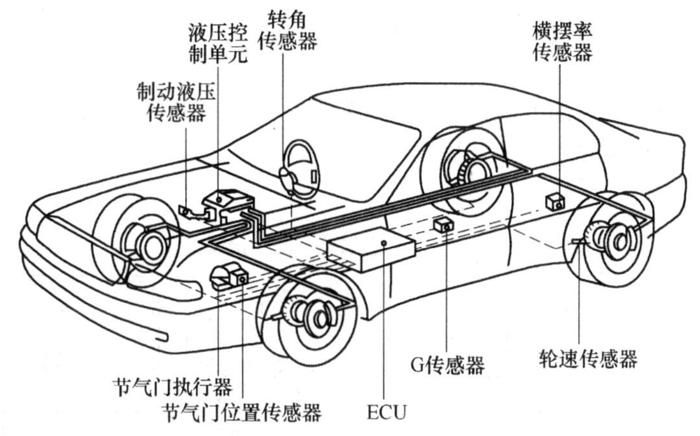

图6-20　VSC元器件的安装位置

4）制动液压传感器装在VSC液压控制装置的上部，检测由驾驶人进行制动操作时制动液压的变化。

5）轮速传感器装在每个车轮上，检测每个车轮的角速度。

6）节气门位置传感器装在节气门执行器上，检测由驾驶人操纵加速踏板引起的节气门开度角以及由VSC控制发动机输出引起的节气门开度角的变化。

7）制动踏板的操作传递到装在发动机室一侧的VSC液压控制单元，在正常情况下，它执行通常的制动助力功能。当车轮在加速或减速下出现滑移时，它执行TRC和ABS功能；当汽车出现侧滑时，它执行VSC功能，把受到控制的制动液压施加到每个车轮。

8）节气门执行器安装在发动机进气通道上，在VSC控制发动机输出功率期间，由它来启闭发动机节气门。

9）ECU装在车厢内，通过线束使其与每个传感器和执行器相连。

2. 信息显示

VSC假定驾驶人为主要操作者，需向驾驶人通过指示灯和蜂鸣器提供车辆或VSC工作状态信息，预警汽车在转弯时出现失控，确保安全行驶。信息显示的构成如图6-21所示，主要由VSC工作指示灯、VSC蜂鸣器、侧滑指示灯、多路信息显示器（含VSC故障报警指示）组成。

3. VSC液压控制装置的结构和工作原理

（1）VSC液压控制装置的结构　VSC液压控制装置主要分4个部分：供能部分、制动总泵和制动助力器部分、选择电磁阀部分和控制电磁阀部分，如图6-22所示。

1）供能部分。由电动机驱动油泵和蓄能器组成。蓄能器储存由油泵供应的液压油，作为本液压装置的压力源。

2）制动总泵和制动助力器部分。这部分根据驾驶人的制动操作产生液压，并进行助力。利用与制动总泵平行的滑阀，通过把由供能部分供应的恒定液压调节到与驾驶人操作制动踏板的踏力成正比的水平，并将其送到动力活塞，从而获得助力。

3）选择电磁阀部分。当 VSC、TRC 或 ABS 工作时，它关闭制动总泵的液压油，并把从供能部分（动力液压）来的液压油，或从制动助力器（调节液压）来的液压油送到控制电磁阀，从而控制每个车轮分泵的液压。

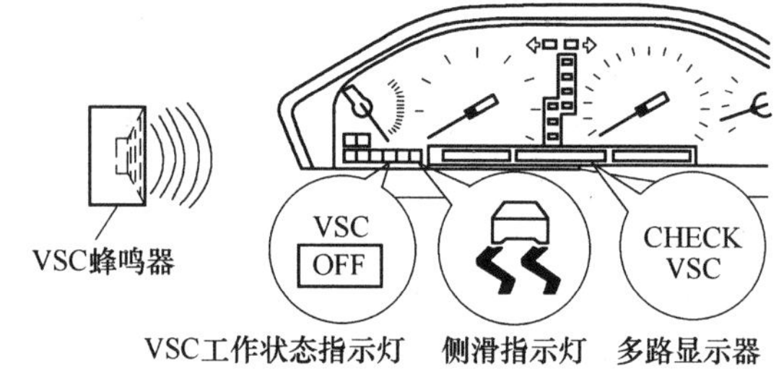

图 6-21　VSC 的信息显示

4）控制电磁阀部分。当 VSC、TRC 或 ABS 工作时，它增加或降低每个车轮分泵的液压，以控制每个车轮的制动力。

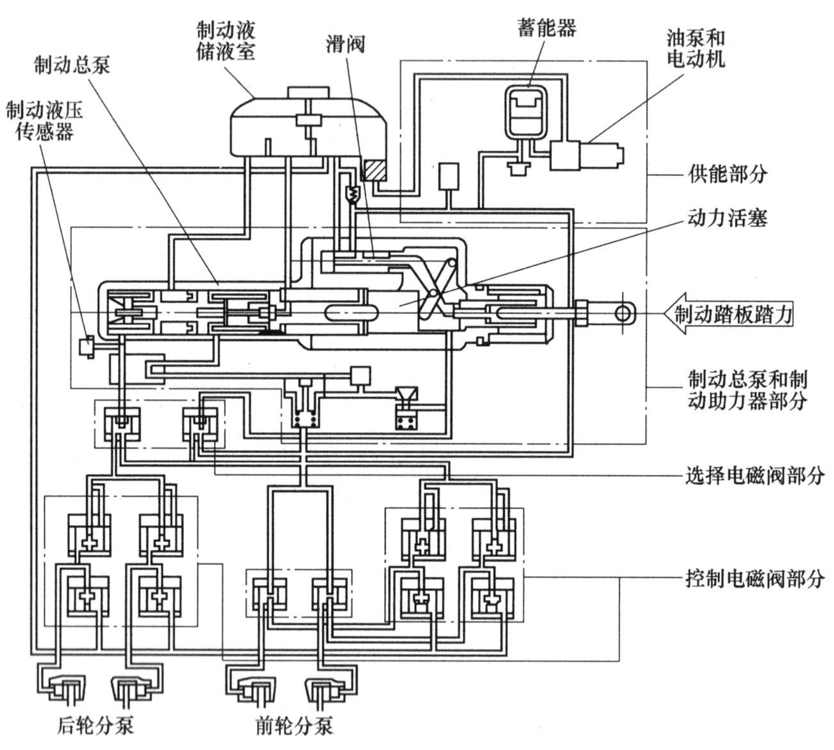

图 6-22　VSC 液压控制装置的结构

（2）VSC 液压控制装置的工作原理

1）抑制后轮侧滑。当因后轮产生侧滑而使汽车滑移角增加时，VSC 立即把制动力加到正在转弯的外前轮上。VSC 液压控制装置的基本动作就是把经调节的供能部分的动力液压油送到正在转弯的外前轮上。

抑制后轮侧滑的液压油管路图如图 6-23 所示。通过操作选择电磁阀，从蓄能器来的动力液压被导向正在转弯的外前轮上。控制电磁阀由通与断的占空比来驱动，以把动力液压调节并控制到合适的水平。

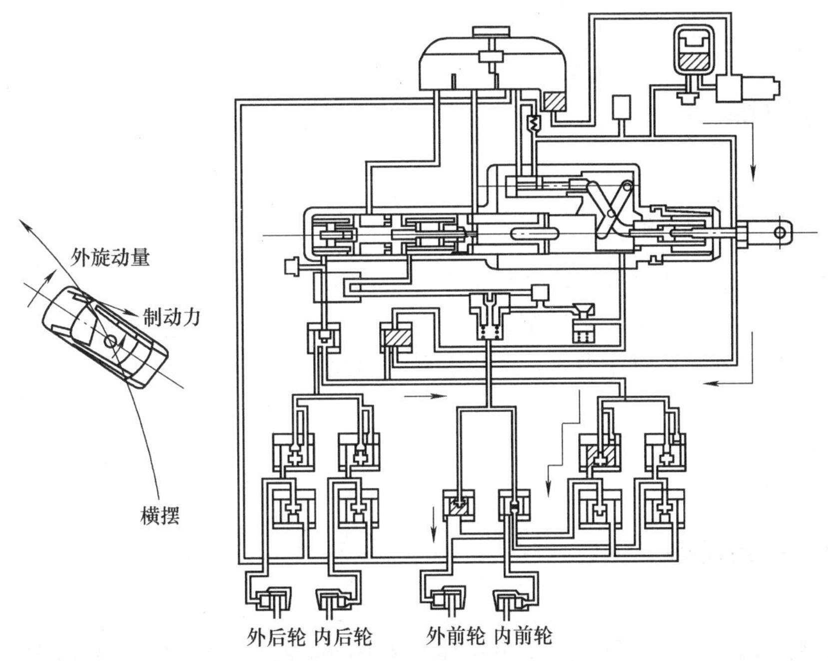

图 6-23　抑制后轮侧滑的液压油管路图

2）抑制前轮侧滑。当因前轮产生侧滑而出现“漂出”现象时，VSC 把制动力施加到两个后轮上。VSC 液压控制装置的基本动作是把经调节的供能部分的动力液压送到两个后轮分泵。

图 6-24 所示为抑制前轮测滑的液压油管路图。通过操作选择电磁阀，从蓄能器来的动力液压油被导向到两个后轮，控制电磁阀由通与断的占空比来驱动，以把动力液压调控到合适的水平。

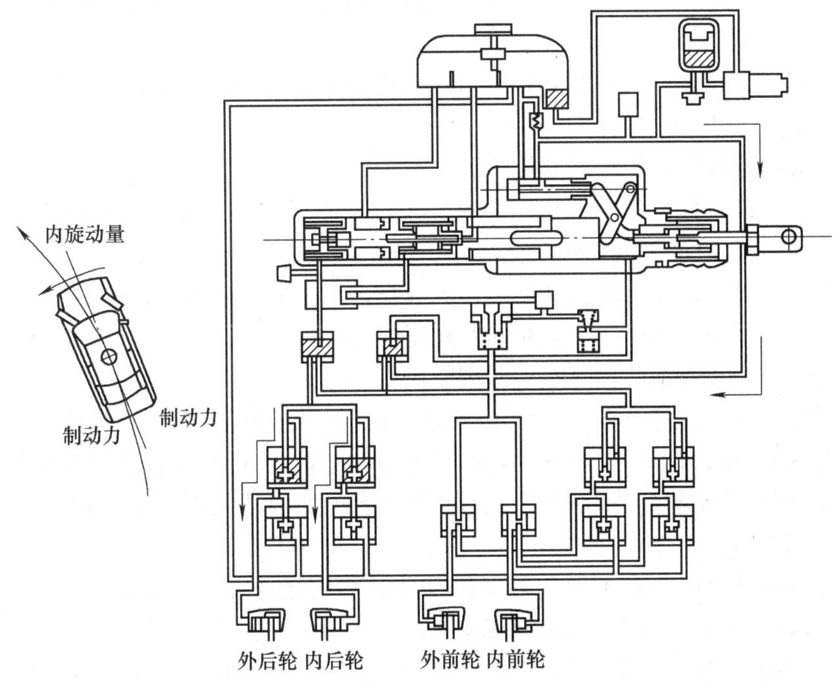

图 6-24　抑制前轮侧滑的液压油管路图

6.3　能力训练

6.3.1　训练环境条件要求

1. 安全、整洁的汽车维修车间或模拟汽车维修车间。
2. 齐全的消防用具及个人防护用具。
3. 汽车维修举升机、汽车电脑诊断仪及各种常用工具。
4. 带 ESP 的车辆。
5. ESP 检修专用工具。
6. ESP 试验台。

6.3.2　能力训练任务

任务十一　汽车行驶稳定电子控制系统故障诊断与检修

1. 汽车行驶稳定电子控制系统诊断与检修方法

（1）自诊断　电子控制系统出现故障后，控制单元可记忆相应的故障码。用故障诊断仪可以读取、清除故障码，还可以阅读数据流并进行液压控制单元电磁阀测试、电子稳定控制系统液压回路测试和系统排气测试。因故障诊断仪为菜单提示操作，这些功能按故障诊断仪屏幕的提示操作即可完成。在对 ABS/TCS/ESP 进行检修之前，应先排除常规制动系统故障。

（2）制动器排气程序　在执行 ABS/TCS/ESP 制动器排气程序之前，必须完成常规的制动系统排气程序。具体步骤是：

1）连接故障诊断仪，起动发动机并怠速运行。

2）执行故障诊断仪“制动器排气程序”中所列的指示。注意：在执行该程序期间，确保制动总泵中的制动液液位不低于最低液位。

3）关闭点火开关，并从数据链路插接器（DLC）上断开故障诊断仪。

4）用规定的制动液加注制动总泵储液罐至最高液位。

5）执行另一个常规制动系统制动器排气操作。

6）关闭点火开关，踩下制动踏板 3 ~5 次，以耗尽制动助力器的真空储备压力。

7）缓慢踩下制动踏板，如果感觉制动踏板很软，重复 ABS/TCS/ESP 制动器排气操作。

8）重复 ABS/TCS/ESP 排气操作后，如果仍然感觉制动踏板很软，检查制动系统是否存在外部或内部泄漏。

9）保持发动机熄火并且不使用驻车制动器，然后接通点火开关，如果驻车制动器/制动器故障指示灯一直亮，先诊断并排除故障。

10）路试车辆，执行 ABS/TCS/ESP 自检初始化程序，如果感觉制动踏板绵软，重复 ABS/TCS/ESP 制动器排气操作，直到制动踏板感觉坚实。

11）检查 ABS/TCS/ESP 的操作。

（3）ESP 油泵的拆装　ESP 油泵安装在发动机室左侧的液压控制单元的下方，如图 6-25 所示。ESP 油泵的拆卸步骤如下：

1）查取防盗收录机编码，关闭点火开关，断开蓄电池。

2）举升起汽车，拆下左前轮，再拆下左前轮衬板。

3）如图 6-26 所示，松开插头（箭头所示）。

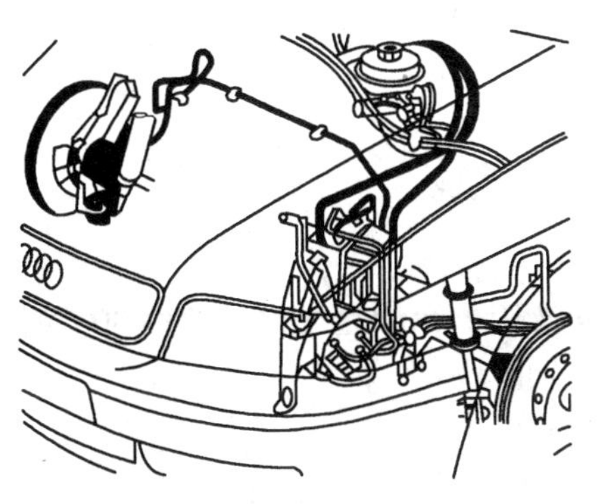

图 6-25　ESP 油泵安装位置

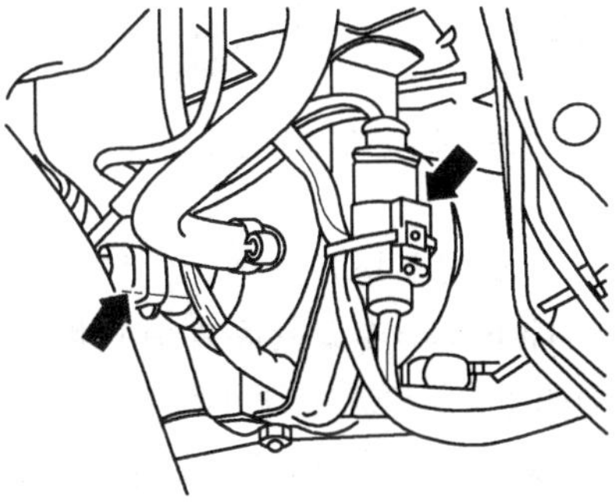

图 6-26　松开插头

4）拆下液压油罐护板。松开支架上的电缆固定条，如图 6-27 所示。

5）如图 6-28 所示，松开箭头所示的螺栓，将膨胀罐转向一旁。螺栓的拧紧力矩为 6N · m。

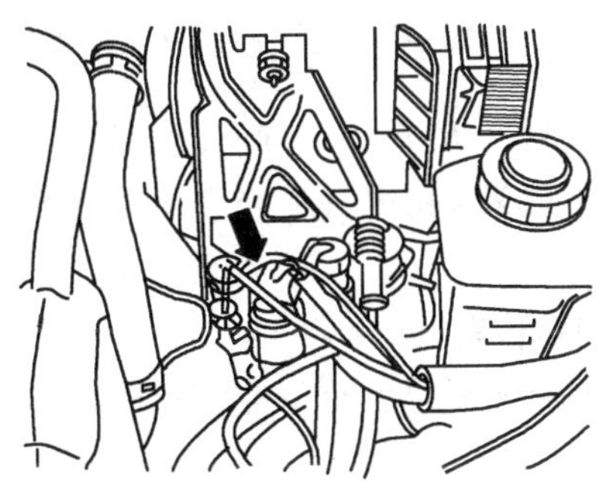

图 6-27　松开支架上的电缆固定条

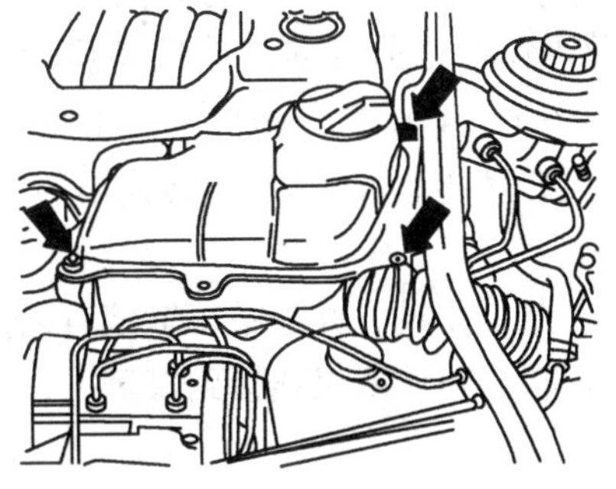

图 6-28　拆卸膨胀罐螺栓

6）如图 6-29 所示，松开液压油罐螺栓，将其转向一旁。液压油罐螺栓的拧紧力矩为 10N · m，安装时要注意橡胶套。溢出的制动液不能再使用。

7）如图 6-30 所示，松开并取下软管的卡箍，拧下制动管。用修理包 1H0698 311A 中的堵塞封住制动管和螺纹孔。

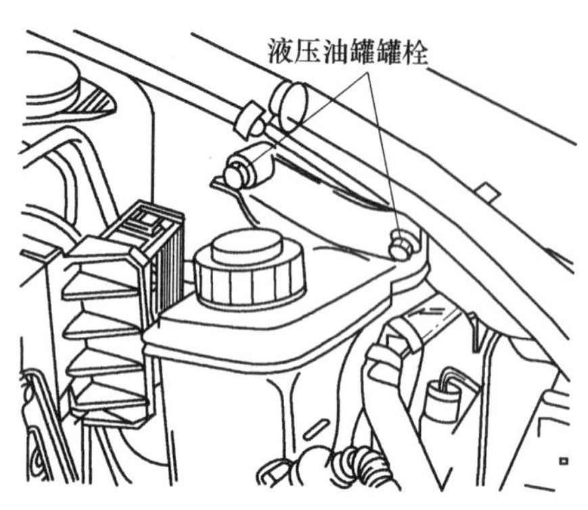

图 6-29　拆卸液压油罐螺栓

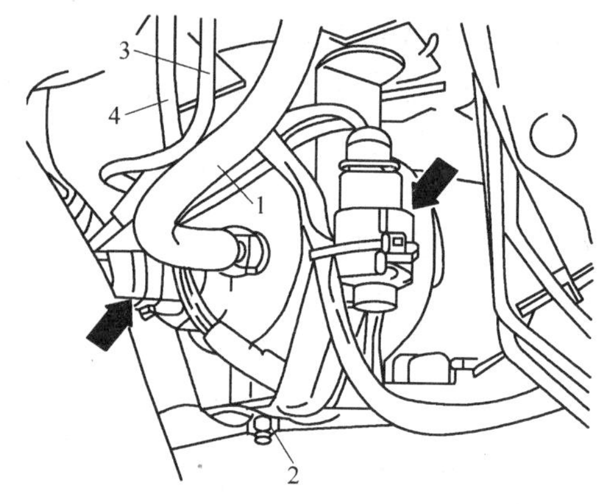

图 6-30　拆卸制动管

1—软管　2—六角螺母　3、4—制动管

8）从支架上松开制动管，拧下六角螺母，如图 6-30 所示。

9）拧下 3 个支架紧固六角头螺栓，将支架连同液压单元和油泵向上抬约 30mm，从发动机室中取出。ESP 油泵的安装与拆卸的顺序相反，但安装时注意相应的制动管接好后，才可去掉液压控制单元上的堵塞，否则会溢出制动液，随后要给带 ESP 的制动系统排气。

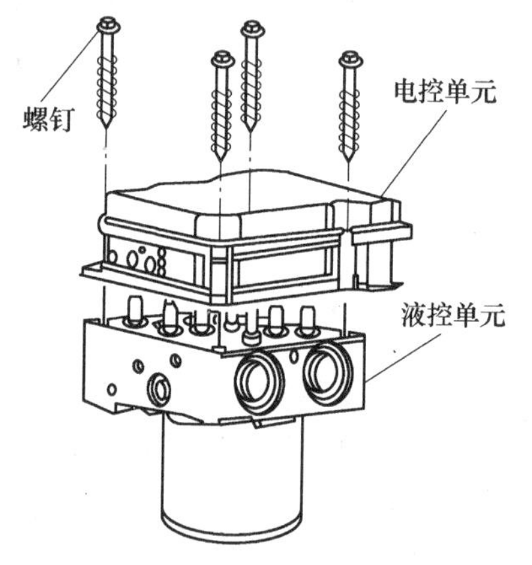

图 6-31　电子控制单元和液压总成

（4）电子控制单元和液压总成的维修　电子控制单元和液压总成集成为一体，如图6-31所示。在保修期内，不要拆解电子控制单元和液压总成。

（5）转向盘转角传感器的校准　电子控制单元监测并判断转向盘转角传感器的输出信号，当车辆沿直线行驶了 15min 或更长时间时，电子控制单元会将该行驶方向设定为正前方向。如果电子控制单元检测到转向盘转角传感器偏离正前方向，若偏离度等于或小于 15°，则电子控制单元自动执行转向盘转角传感器校准；若偏离度大于 15°，则设置故障码 C0460 “转向盘转角传感器故障”。转向盘转角传感器可使用故障诊断仪重新校准，具体操作步骤是：

1）路试车辆，并记录车辆笔直向前行驶时的转向盘位置。

2）将故障诊断仪连接到车辆上，并执行“故障诊断仪转向盘转角传感器校准程序”中的指示。

3）检查 ABS/TCS/ESP 的操作。

（6）轮速传感器的检查　轮速传感器大部分为电磁式传感器，传感器气隙不可调。检查轮速传感器时，可用万用表测量传感器阻值，也可用示波器测量传感器的输出波形。温度在 20℃时，传感器的电阻正常值为 1. 3 ~ 1. 8kΩ。

（7）ESP 开关的检查　ESP 开关的端子视图及检查方法如图 6-32 所示，可使用万用表测量 ESP 开关端子间的电阻，以判断其好坏。ESP 开关处于常态位置时，端子 3—4 间应导通，端子 3—5 间开路。按下 ESP 开关时，端子 3—4 开路，端子 3—5 导通。端子 2—6 之间是照明灯电阻，如果测量结果不在规定范围内，则更换ESP开关。

2. 汽车行驶稳定电子控制系统常见故障分析与检修

（1）诊断注意事项　在执行任何ABS/TCS/ESP诊断程序时，必须遵守下列诊断注意事项：如果常规制动系统存在故障，则在进行ABS/TCS/ESP诊断之前应先排除该故障；只能使用指定的测试设备，其他测试设备可能会导致错误诊断或损坏良好的零部件。

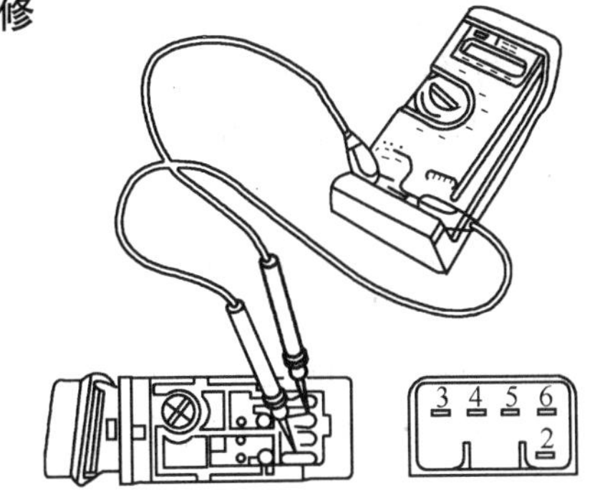

图6-32　ESP开关的端子视图及检查方法

在检查任何系统时，必须用木块挡住车辆驱动轮，并且拉紧驻车制动器操纵杆。除非另有指示，否则不要清除任何故障码。使用故障码诊断表时，必须再现故障，否则，可能出现误诊断或误更换良好的零部件。务必使用插接器测试转接插头组件中的插接器转接插头，以免损坏插接器端子。

必须仔细检查线路和插接器，这是诊断程序的一部分，否则可能会发生误诊断。检查导致报修的可疑电路或插接器端子是否有以下情况：插接器端子脱出；线束插接器配合不良；线束插接器锁扣断裂；插接器端子损坏以及线束损坏。在更换部件之前，请检查其插接器端子是否有可能导致故障条件的腐蚀或变形。如果使用故障诊断仪进行诊断，要在进行路试之前将其从数据传输插接器（DLC）上断开，并且关闭点火开关至少10s。由于在多数故障诊断仪诊断程序期间，ABS/TCS/ESP控制模块被禁用，所以需要先复位ABS/TCS/ESP控制模块。在完成所要求的诊断和维修操作后，路试车辆，确保ABS/TCS工作正常。

（2）初步检查　初步检查是指先利用目视检查和外观检查，对可能导致ABS/TCS/ESP故障的易于接触的部件进行检查。目视检查和外观检查程序能快速确定故障，而无需再做进一步的诊断，获取有关故障条件的信息；确保车辆上只安装推荐尺寸的轮胎和车轮；检查液压调节器是否有外部泄漏；检查ABS/TCS/ESP熔丝；检查ABS/TCS/ESP警告灯熔丝和停车指示灯熔丝；确保蓄电池充满电；检查蓄电池连接处是否腐蚀或端子松动。

对下列电子控制单元系统执行进一步目视检查和外观检查：

检查ABS/TCS/ESP部件线束和端子是否正确连接、是否被夹伤或割伤；线束布线是否十分靠近高电压或大电流装置，比如次级点火部件、电动机、发电机和售后加装的立体声放大器（千万注意：高电压或大电流装置可能会使电路产生感应噪声，从而干扰电路的正常工作）；ABS/TCS/ESP相关部件的插接器连接是否不良或端子没有完全插入插接器壳体中；ABS/TCS/ESP部件对电磁干扰（EMI）是否很敏感，如果怀疑有间歇性故障，须检查售后加装的防盗装置、灯或移动电话安装是否正确。

（3）间歇性故障诊断　从客户那里收集关于引发间歇性故障的信息，例如：在多少车速范围内故障出现；当使用车辆内部售后加装的电气设备时，故障是否出现；在崎岖的道路或湿滑路面状况下故障是否出现。如果车轮速度传感器故障仅在湿滑路况下出现，则检查车轮速度传感器电路是否有进水迹象。如果故障码不出现，执行下列操作，模拟湿滑路面效果：将两茶匙盐与35mL水混合；将盐水喷洒到可疑部位；在各种路面条件下路试车辆；将车辆加速到40km/h以上至少30s。如果可疑的车轮速度传感器设置了当前故障码，参见相应故障码的诊断表。

用故障诊断仪对间歇性故障的诊断测试：检查可疑的 ABS/TCS/ESP 部件线束和插接器，同时在故障诊断仪上观察所测电路的工作参数。如果在该操作下故障诊断仪读数出现波动，则检查线路是否连接松动。在引发间歇性故障的条件下路试车辆，同时在故障诊断仪上观察可疑的工作参数。当故障出现时，用快照模式捕获并存储数据。存储的数据可以较低的速度播放，以帮助诊断。参见故障诊断仪“用户指南”，获取有关快照功能的更多信息。使用故障诊断仪输出控制数据功能操作可疑的 ABS/TCS/ESP 部件，以测试这些部件的操作。

（4）警告指示灯检查　下列情况可能会导致警告指示灯间歇性故障，而没有故障码：由故障继电器引起的电磁干扰（EMI）；售后加装的电气设备安装不正确，例如：移动电话、防盗警报装置、灯、无线电设备、立体声放大器、警告指示灯电路间歇性对地短路，电子控制单元搭铁点松动。

（5）蓄电池电压超出范围故障诊断　蓄电池电压超出范围会导致 ABS/TCS/ESP 工作异常；电子控制单元监视提供至电子控制单元的蓄电池供电电压。如果提供至电子控制单元的电压超出规定范围，会出现如下故障：提供至电子控制单元的蓄电池电压过低，会导致 ABS/TCS/ESP 工作异常；提供至电子控制单元的蓄电池电压过高，会导致 ABS/TCS/ESP 部件损坏。当车速超过 6km/h 时，如果电子控制单元的蓄电池供电电压符合如下某一条件，就设置故障码：如果电子控制单元的蓄电池供电电压低于 9.4V 并且 ABS/TCS/ESP 未激活；如果电子控制单元的蓄电池供电电压低于 8.8V 并且 ABS/TCS/ESP 激活；如果电子控制单元的蓄电池供电电压超过 17.4V（无论 ABS/TCS/ESP 模式处于何种状态）。获取有关设置故障码时电子控制单元发生的操作的信息以及获取有关间歇性故障的信息后，必须对蓄电池和充电系统进行彻底检查。如果共用电路出现电气故障，则会引发共用该故障电路的部件或传感器的故障码。测试相应的传感器或部件的电路，以便查明故障。确认蓄电池或充电系统是否存在故障，测试充电系统和蓄电池。

练　习　题

一、填空题

1. ESP 是英语单词 Electronic Stability Programe 缩写，意为____________，在大众、奥迪、奔驰车型上使用此简称。

2. 装备 ESP 的车型，将同时具有____________、____________和____________功能。

3. 横向加速度传感器应尽可能靠近车辆____________，所以安装在____________。

4. ESP 就是要控制____________________。

5. 压力降低时，电极间隙增大，电容____________。通过电容变化，指示压力变化。

二、简答题

1. ESP 的组成有哪些？
2. 简述 ESP 的控制原理。
3. 简述 ESP 与其他动力控制系统的关系（优先原则）。
4. 如何进行转向盘转角传感器的校准？
5. ESP 诊断的注意事项有哪些？

模块七　电控悬架系统

7.1　学习目标

【知识目标】

1. 掌握电控悬架系统的功用。
2. 了解电控悬架的要求和分类。
3. 掌握典型电控悬架系统的构造、工作原理。
4. 掌握电控悬架系统常见故障的现象、原因。

【能力目标】

1. 能正确调整电控悬架系统。
2. 能正确分析电控悬架系统控制电路。
3. 能正确维护和检修电控悬架系统。

7.2　知识学习

7.2.1　电控悬架系统的基本认识

1. 电控悬架的功能

1）降低因路面不平引起的加速度和车身急剧跳动对乘员的影响。由于路面的输入是随机的，一般无专用设备的汽车无法探测路面的平整度，但可以通过加速度传感器在汽车行驶过程中所产生的电压信号波动的大小来判断路面的好坏。如果加速度幅值较小，则在同一速度下路面质量就好，此时电控单元（ECU）就可以通过调节机构来使悬架阻尼变小；反之，ECU 会控制悬架阻尼使之变大，使振动迅速衰减，以达到降低车身振动、提高乘坐舒适性的目的。

2）减少汽车行驶时的车身姿态变化。车身的姿态控制应包括三种控制功能，即转向时的车身侧倾控制、制动时的车身点头控制、起步时的车身俯仰控制。在急速转向的情况下，应加大悬架阻尼值，以减少车身侧倾。当驾驶人猛打转向盘时，安装在转向器上的转向传感器把转向盘的转角及变化速度传给 ECU，由它对悬架发出指令，使之处于合适状态。为抑制制动时车身点头和突然起步时车身俯仰，应增加悬架阻尼值。通过以上途径可使车身的姿态控制在最优的范围之内。

3）保证在弯曲路段和高速行驶时的操纵稳定性。汽车在弯曲路面或者高速行驶时，可根据路面状况适时地调节减振器的阻尼，以达到增加轮胎接地性的目的，从而提高汽车的操纵稳定性。

2. 电子控制悬架系统调整内容

电子控制悬架系统的作用是通过控制调节悬架的刚度和阻尼力，突破传统被动悬架的局限性，使汽车的悬架特性与道路状况和行驶状态相适应，从而保证汽车行驶的平顺性和操纵的稳定性要求都能得到满足。其调整内容有：

1）车高调整。

2）减振器阻尼力控制。

3）弹簧刚度控制。

有些车型只具有其中的一个或两个功能，而有些车型同时具有以上三个功能。

3. 汽车悬架电子控制系统的分类

（1）按有源和无源分　有半主动式悬架和全主动式悬架。

1）半主动式悬架。半主动式悬架为无源控制，这种控制形式采用调节悬架减振器阻尼的方法。它不能对悬架的刚度和阻尼进行有效的控制，但可以根据汽车运行时的振动及行驶工况变化情况，对悬架阻尼参数进行自动调整。

2）全主动式悬架又称主动式悬架，是一种有源控制悬架，它的附加装置用来提供能量和控制作用力。主动式电控悬架可以在汽车行驶过程中，根据行驶状况自动调整弹簧刚度和减振器阻尼以及前、后悬架的匹配，抑制车身姿态变化，防止转弯、制动、加速等工况造成的车身姿态的改变，还可以根据路面起伏、车速高低、载荷大小自动控制车身高度变化，确保汽车行驶平顺性和操纵稳定性。

（2）按悬架介质的不同分　有油气式电子控制主动悬架和空气式电子控制主动悬架。

1）油气式电子控制主动悬架。系统以油为介质压缩气室中的氮气，实现刚度调节，以管路中的小孔节流形成阻尼特性。

2）空气式电子控制主动悬架。空气式电子控制主动悬架采用空气弹簧，通过改变空气弹簧中的主、副空气室的通气孔的截面面积来改变气室压力，以实现悬架刚度控制，并通过对气室充气或排气实现汽车高度控制。

（3）按悬架调节的方式不同分　有分级调整式悬架和无级调整式悬架。

1）分级调整式悬架。由驾驶人手动选择或ECU根据各传感器的信号自动选择，将悬架的阻尼/刚度分为2～3级进行调整。

2）无级调整式悬架。即阻尼/刚度从小到大可实现连续调整的悬架系统。

电子控制悬架系统采用的控制方式有控制车身高度、控制空气弹簧的刚度和控制油液减振器的阻尼等。

（4）按电子控制悬架系统的功能不同分　目前采用的电子控制悬架系统主要有以下几种类型：

1）电子控制变高度悬架系统。

2）电子控制变刚度空气弹簧悬架系统。

3）电子控制变阻尼减振器悬架系统。

4）电子控制变刚度空气弹簧与变阻尼减振器悬架系统。

5）电子控制变高度变刚度空气弹簧和变阻尼减振器悬架系统。

7.2.2 电控悬架系统的结构与工作原理

目前，电控悬架的控制形式主要有两种，一种是控制液压来调节悬架的减振力（阻尼力）及弹簧刚度和车高；另外一种是通过控制气压来调节车高和弹簧刚度。这些控制形式根据厂家的设计需要，即可以独立使用，也可以综合使用。

1. 电控液压调节悬架减振力（阻尼力）

电子控制液压悬架能根据悬架的质量和加速度等，利用液压部件控制汽车的振动。电控液压悬架在轿车上的布置如图7-1所示。在汽车重心附近安装有纵向、横向加速度和横摆陀螺仪传感器，用来采集车身振动、车轮跳动、车身高度和倾斜状态等信号，这些信号被输入到控制单元（ECU），ECU根据输入信号和预先设定的程序发出控制指令，控制伺服电动机并操纵前、后4个执行液压缸工作。

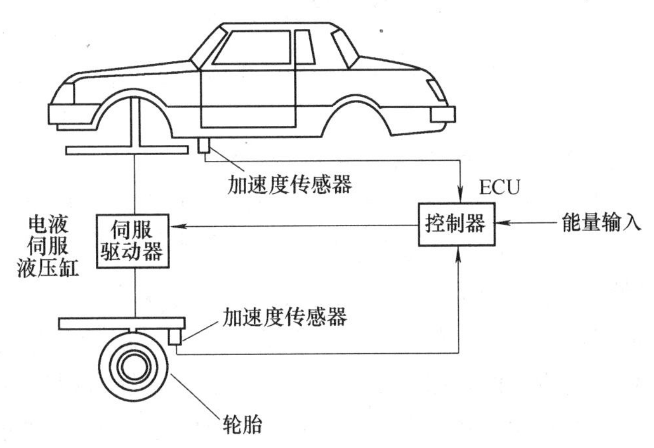

图7-1　电控液压悬架结构和工作原理示意图

电控调节减振力（阻尼力）及弹簧刚度的控制过程为：通过ECU（自动）及手动开关可改变悬架弹簧的弹性系数和减振器的缓冲力。ECU根据行车条件自动调整车辆减振力和阻尼力，通过控制缓冲力的强弱来消除车辆行驶中的不平衡，可以使车辆在颠簸路面上保持平稳姿态，并自动调整车辆在紧急制动时的前倾和急加速时的后仰，以保证乘坐的舒适性。

2. 电控液压调节车高

电控液压悬架对车身高度的控制过程如图7-2所示。ECU根据行车条件和车辆承载情况自动调整车辆高度。

在前轮和后轮的附近设有车高传感器，按车高传感器的输出信号，ECU判断出车辆高度，再控制进、出油孔的开闭，使油气弹簧压缩或伸长，从而控制车辆高度。

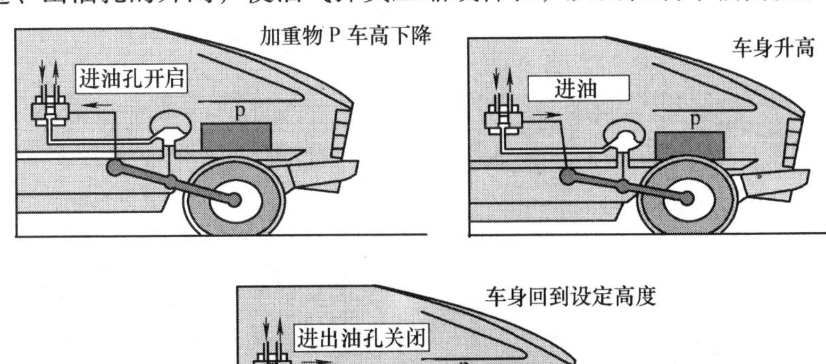

图7-2　电控液压悬架调节车高控制示意图

3. 电控空气悬架

电子调整空气悬架中存储有起弹簧作用的压缩空气。减振器减振力、弹簧刚度和汽车高度控制可根据驾驶条件自动控制和人为的开关控制。

电子调整空气悬架 ECU 根据高度位置传感器，检测车身高度，通过控制空气压缩机和高度控制电磁阀的工作状况来完成对空气弹簧的充、放气从而调节车身的高度；根据加速度传感器、制动灯开关、转向传感器等检测车辆的运行情况；通过控制悬架控制执行器的工作状态来调节空气弹簧和减振器的刚度用减振力（阻尼力）。

7.2.3 丰田轿车的电控悬架系统

下面介绍丰田 LS400 轿车电控悬架系统（Toyota Electronic Modulated Suspension，TEMS）的结构与工作原理。

1. 丰田 LS400 轿车电控悬架的功能

对于汽车悬架而言，若悬架刚度减少，则悬架的平顺性好，汽车乘坐的舒适性提高，但过低的悬架刚度会造成汽车在行驶过程中产生横摆和纵摇，破坏汽车正常行驶状态，使汽车行驶稳定性降低。而且，若只减少悬架刚度而不改变减振器的减振阻尼，地面冲击力会通过减振器传至车身，汽车乘坐的舒适性也会被破坏。因此，悬架刚度控制最好能与车身高度控制和减振器减振阻尼控制联合作用，这样才能有效地改善汽车的乘坐舒适性和行驶稳定性。

丰田 LS400 轿车上所用的电控悬架系统，是一种能同时控制车身高度和减振器减振阻尼、弹簧刚度的系统，是比较有代表性的汽车电控悬架系统。其功能如下：

（1）控制车身高度　车身高度控制功能见表 7-1。

表 7-1　汽车车身高度控制

控制项目		功　能
自动高度控制		不管乘客和行李质量情况如何，都使汽车高度保持某一个恒定的高度位置，操作高度控制开关能使汽车的目标高度变为“正常”或“高”的状态
高车速控制	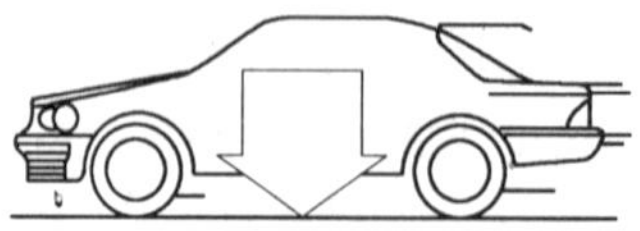	当高度控制开关在“height（高）”位置时，汽车高度会降低到“正常”状态，这就改善了高车速行驶时的空气动力学参数和稳定性
驻车控制	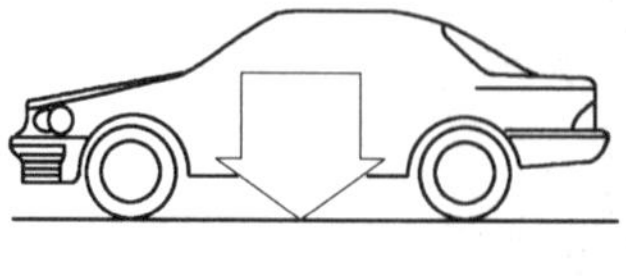	当点火开关关断后，因乘客质量和行李质量变化而使汽车高度变为高于目标高度时，能使汽车高度降低到目标高度，这就能改善汽车驻车时的姿势

（2）控制减振力（阻尼力）与弹簧刚度　减振力（阻尼力）与弹簧刚度控制功能见表7-2。

表7-2　弹簧刚度和减振力控制

控制项目		功能
防侧倾控制		使弹簧刚度和减振力变成“坚硬”状态。该项控制能抑制侧倾而使汽车的姿势变化减至最小，以改善操纵性能
防栽头控制		使弹簧刚度和减振力变成“坚硬”状态。该项控制能抑制汽车制动时栽头而使汽车的姿势变化减至最小
防下坐控制		使弹簧刚度和减振力变成“坚硬”状态。该项控制能抑制汽车加速时后部下坐，而使汽车的姿势变化减至最小
高车速控制		使弹簧刚度变成“坚硬”状态和使减振力变成“中等”状态。该项控制能改善汽车高车速时的行驶稳定性和操纵性
不平整道路控制		使弹簧刚度和减振力视需要变成“中等”或“坚硬”状态，以抑制汽车车身在悬架上下垂，从而改善汽车在不平坦道路上行驶时的乘坐舒适性
颠动控制		使弹簧刚度和减振力变成“中等”或“坚硬”状态。它能抑制汽车在不平坦道路上行驶时的颠动
跳振控制		使弹簧刚度和减振力变成“中等”或“坚硬”状态。该项控制能抑制汽车在不平坦道路上行驶时的上下跳振

2. 丰田LS400轿车电控悬架系统的构成

丰田LS400轿车电控悬架系统主要由压缩空气系统和电子控制系统两部分组成。各元件在车上的位置如图7-3所示，主要部件有：车辆高度控制阀，悬架高度传感器，汽车转向角传感器，压缩空气排气阀，悬架控制ECU，执行器，各种手动控制开关和汽车仪表板上的各种显示仪表、指示灯等。悬架系统弹簧的弹性模量、减振器的阻尼力、汽车悬架的高度等都可根据开关上的条件来确定。悬架的状态显示在汽车的仪表板上。

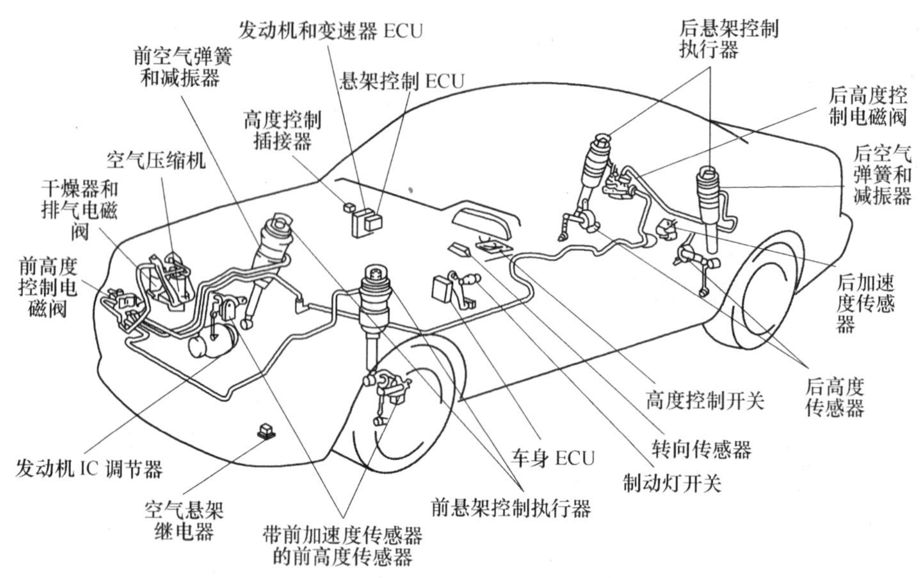

图 7-3　丰田 LS400 轿车电控空气悬架示意图

丰田 LS400 轿车电控悬架系统综合了车身高度调整和悬架减振力（阻尼力）与弹簧刚度调整两大功能。通过 ECU（自动）及手动开关控制执行器可改变悬架弹簧的弹性模量和减振器的阻尼力。ECU 根据行车条件自动调整车辆高度，通过控制阻尼力的强弱来消除车辆行驶中的不平衡，可以使车辆在颠簸路面上保持平稳姿态，并自动调整车辆在紧急制动时的前倾和急加速时的后仰，以保证乘坐的舒适性。丰田 LS400 轿车电控空气悬架电子控制系统示意图如图 7-4 所示。

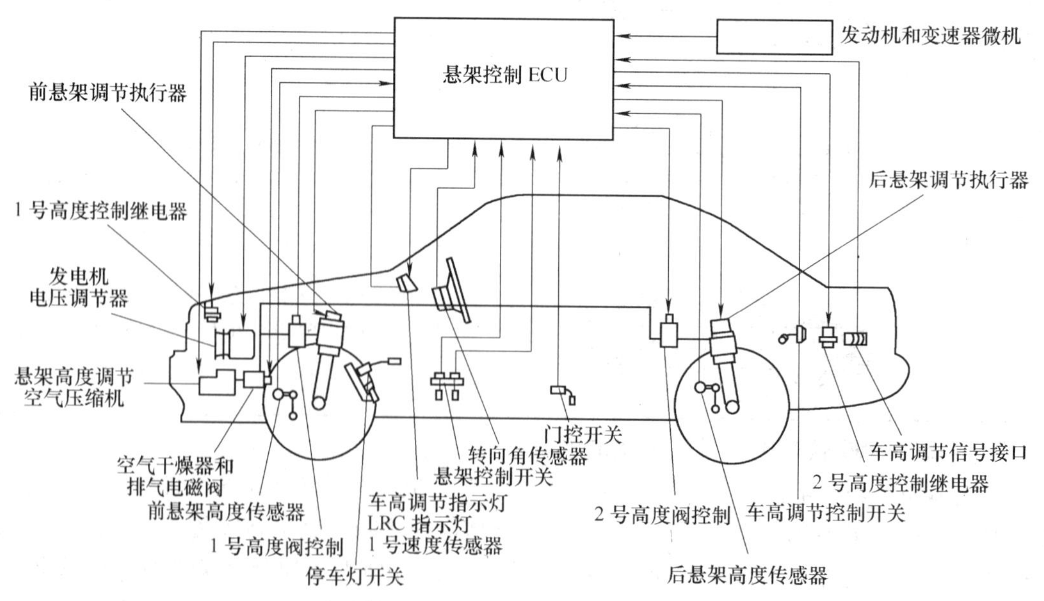

图 7-4　丰田 LS400 轿车电控空气悬架电子控制系统示意图

3. 丰田 LS400 轿车电控悬架工作原理

（1）车身（底盘）高度工作原理　丰田雷克萨斯 LS400 轿车的车身（底盘）高度控制由压缩空气系统来完成，其结构及组成如图 7-5 所示：车辆使用中，悬架控制 ECU（见图 7-3、图 7-4）通过悬架高度位置传感器检测车身（底盘）的高度，如果高出规定值，则 ECU 使空气压缩机工作，同时打开高度电磁阀，压缩空气经过干燥器干燥后，经高度电磁阀进入气压缸，使车身（底盘）升高。如果检测车身底盘的高度低于规定值，则打开高度电磁阀和排气阀，在车身重力的作用下使气体排出气压缸，从而降低车身（底盘）高度。其中，压缩机只在升高的过程中工作，其余时间均不工作。

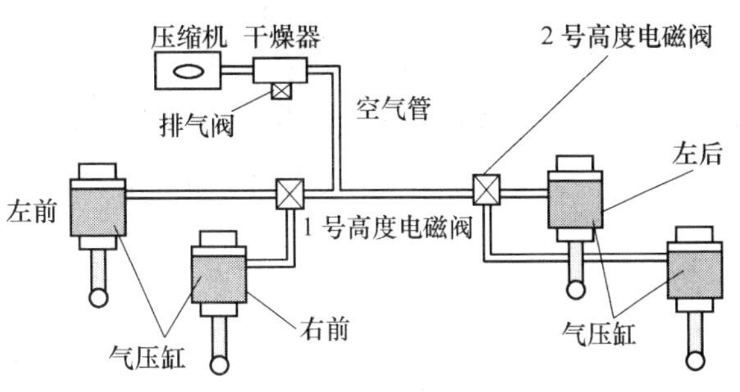

图 7-5　压缩空气系统结构示意图

（2）悬架减振力（阻尼力）、弹簧刚度工作原理　丰田 LS400 轿车悬架结构如图7-6所示。

1）空气弹簧的变刚度工作原理。当空气阀转到图 7-7 所示的位置时，主、副气室的气体通道被打开，主气室的气体经空气阀的中间孔与副气室的气体相通，相当于空气弹簧的工作容积增大，空气弹簧的刚度为“软”。

当空气阀转到图 7-8 所示的位置时，主、副气室的气体通道被关闭，主、副气室之间的气体不能相互流动，此时的空气弹簧只有主气室的气体参加工作，空气弹簧的刚度为“硬”。

2）变减振力（变阻尼力）工作原理。变阻尼减振器安装于空气弹簧的下端，与空气弹簧一起构成悬架支柱，上端与车架相连，下端安装在悬架摆臂上。

一般变阻尼减振器的结构是：外壳为一个长圆柱缸筒，带有活塞的活塞杆插入缸筒内，缸筒内充满液压油，活塞上有节流孔，如图 7-9 所示。

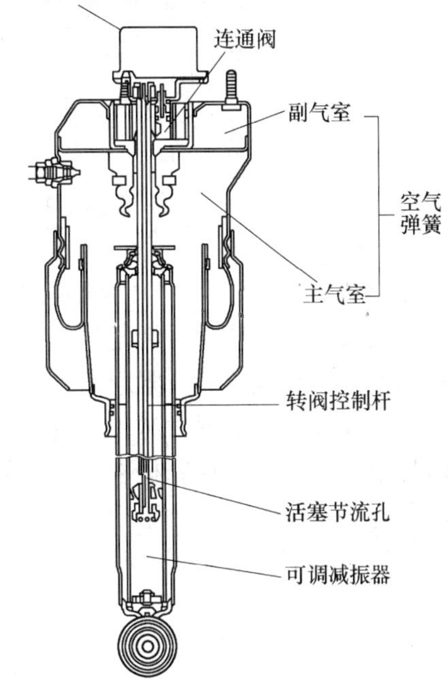

图 7-6　丰田雷克萨斯 LS400 轿车悬架结构

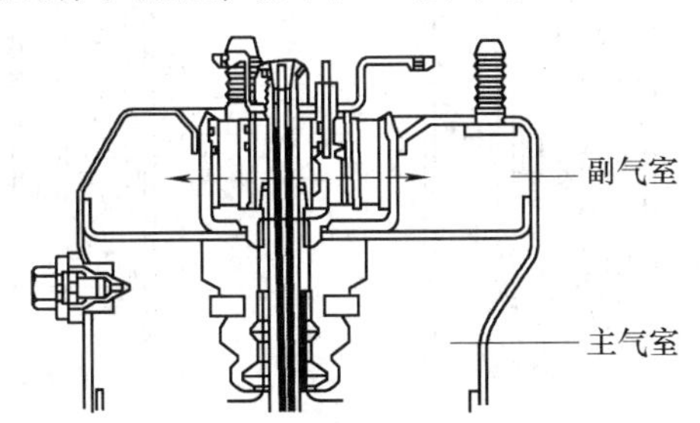

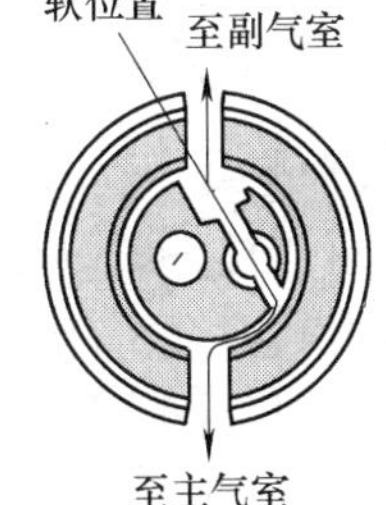

图 7-7　空气弹簧的刚度变为“软”

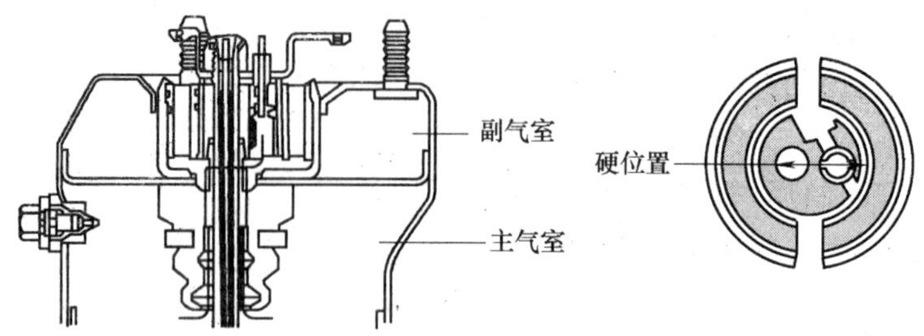

图 7-8　空气弹簧的刚度变为“硬”

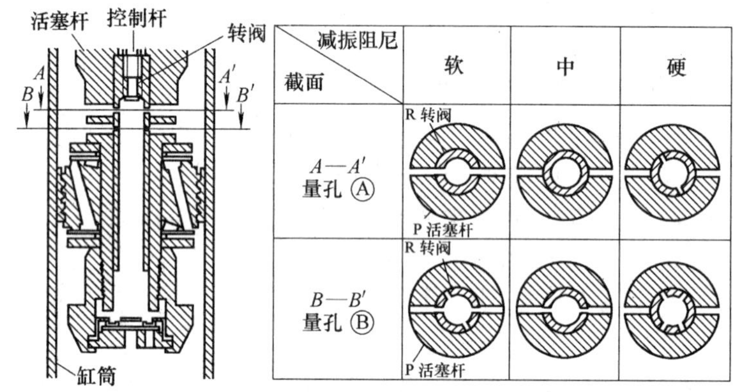

图 7-9　变阻尼减振器内部结构示意图

图 7-10 所示为变阻尼减振器的工作原理。减振器的阻尼力根据减振器内杆活塞量孔液压油的数量改变而变化。活塞杆上下伸缩运动时，具有粘性的液压油通过活塞孔产生阻力，当活塞上下运动较慢时，阻尼力小；当运动较快时，就会产生很大的阻尼力。从机械原理上讲，节流孔越大，阻尼力越小；油的粘度越大，阻尼力越大。活塞杆内有一个旋转阀，由减振器悬架执行器通过控制杆来驱动，旋转阀上有两对通孔，活塞杆上也有两对通孔。旋转阀旋转可打开或关闭其相对于活塞杆上的通孔。两孔重合时，开启通孔，增加了液压油的流通面积，从而调节了减振器内液压油流过活塞节流孔的流量，起到了控制减振器阻尼力的作用。

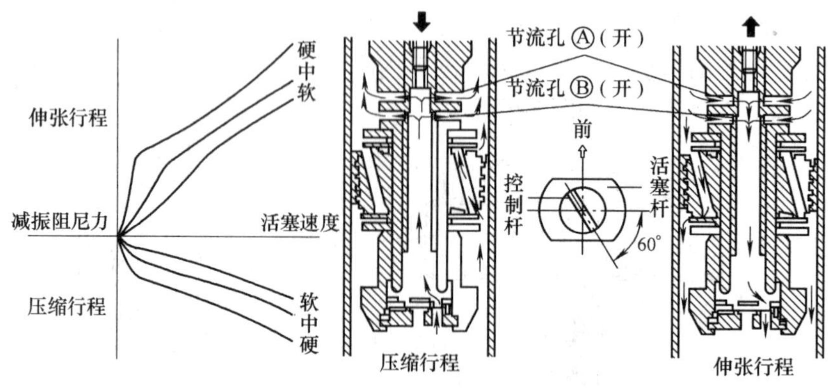

图 7-10　变阻尼减振器的工作原理

减振器的阻尼力是由减振器内的液压油通过其活塞孔产生液体节流来实现的，阻尼力的改变是通过减振器内活塞上3个旋转阀量孔的开闭改变液压油通过量孔的流量来实现的。电控悬架系统由执行器将减振器阻尼力控制为以下三种情况：

①较弱的阻尼力。所有活塞及杆通孔全部开启，如图7-11所示。

②中等水平阻尼力。通孔B打开，通孔A关闭，如图7-12所示。

③强阻尼力。两对通孔全部关闭，如图7-13所示。

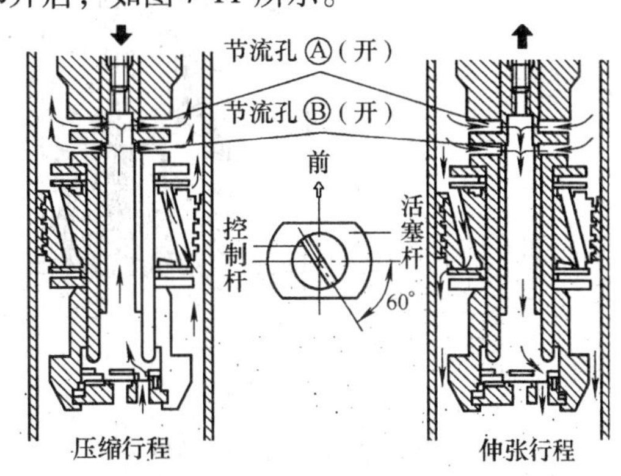

图7-11　阻尼力控制原理示意图（阻尼力较弱时）

4. 丰田电控悬架系统主要部件

（1）空气压缩机　空气压缩机由活塞和曲柄连杆机构组成，由直流永磁电动机驱动，具有大转矩和快速起动等特点，其结构如图7-14所示。空气压缩机安装在发动机前右下方。

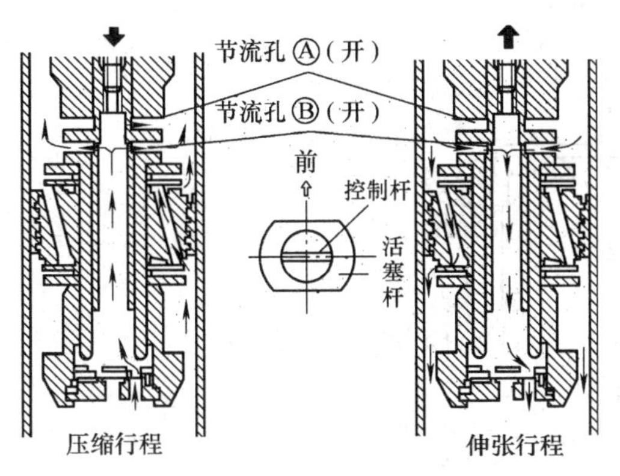

图7-12　阻尼力控制原理示意图（阻尼力中等时）

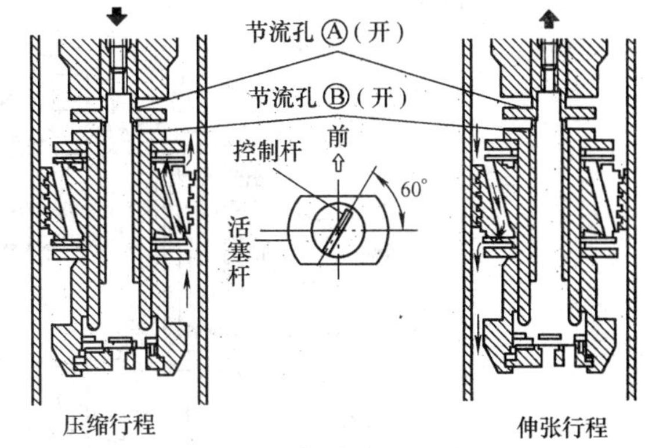

图7-13　阻尼力控制原理示意图（阻尼力较强时）

空气压缩机由ECU通过控制驱动电动机而直接控制，需提高车身高度时，ECU驱动压缩机电动机工作，压缩机向外排出空气，使车身升高。当车身升高至目标高度时，ECU停止压缩机电动机的驱动工作，高度调节自动停止。空气压缩机用来产生供车身高度调节所需的压缩空气。其控制电路如图7-15所示。

悬架ECU通过控制1号高度控制继电器来控制空气压缩机。当车内乘员人数或汽车载荷增加时，车身高度降低，悬架ECU控制1号高度控制继电器，起动空气压缩机，并打开高度控制电磁阀，给空气弹簧主气室充气，使车身高度升高；当车内乘员人数或汽车载荷减少时，车身高度会上升，这时悬架ECU打开高度控制电磁阀和排气电磁阀，使空气弹簧主气室内的空气排出，从而使车身下降。此外，悬架ECU通过测量RM+和RM-端子的电压来判断电动机的运行状态，并在检测到异常情况时中止高度控制。

（2）空气干燥器　空气干燥器用于去除系统内由于空气压缩而产生的水分。为使结构紧凑，排气电磁阀、空气干燥器装在一起。空气干燥器安装在高度控制阀和排气阀之间，内部充满了硅胶。其结构如图7-16所示。

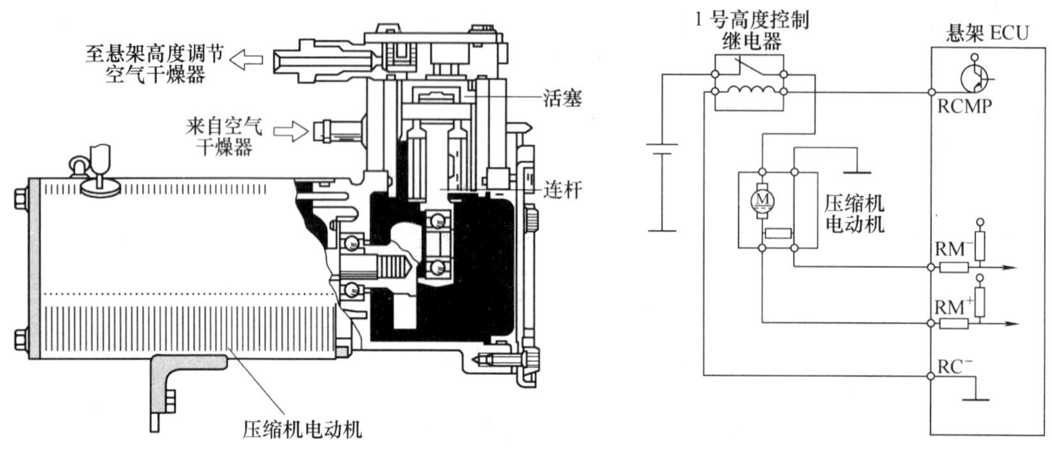

图 7-14　空气压缩机的结构　　图 7-15　空气压缩机控制电路

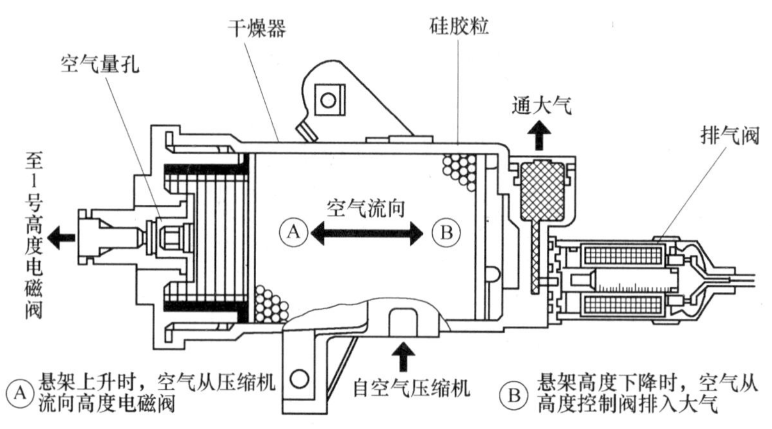

图 7-16　空气干燥器的结构

在汽车悬架高度需要上升时，压缩空气通过空气干燥器，硅胶吸附其中水分并排入高度电磁阀（压缩空气由 B 流向 A）。在汽车悬架高度需要下降时，排气电磁阀打开，压缩空气通过空气干燥器排入大气中（压缩空气由 A 流向 B）。排气的同时将硅胶所吸收的水分排入大气中，起“再生”作用。该装置无需更换硅胶，而应更换总成件。将干燥器拆下时，应将空气口密封，使硅胶不因吸潮而降低使用寿命。

（3）排气电磁阀　高度控制排气电磁阀安装于空气干燥器和干燥器的末端，当接收到悬架 ECU 发出降低悬架高度的指令时，即将系统中的压缩空气排出。

排气电磁阀由电磁阀、阀体等组成。排气电磁阀的结构如图 7-17 所示。

在汽车悬架高度需要下降时，排气电磁阀打开，压缩空气通过空气干燥器，再经过排气电磁阀排入大气中。

排气电磁阀由悬架 ECU 控制，当收到来自悬架 ECU 的 SLEX 端子的降低汽车高度信号时，排气电磁阀打开，将压缩空气从空气弹簧排到大气中去。排气电磁阀控制电路如图 7-18 所示。

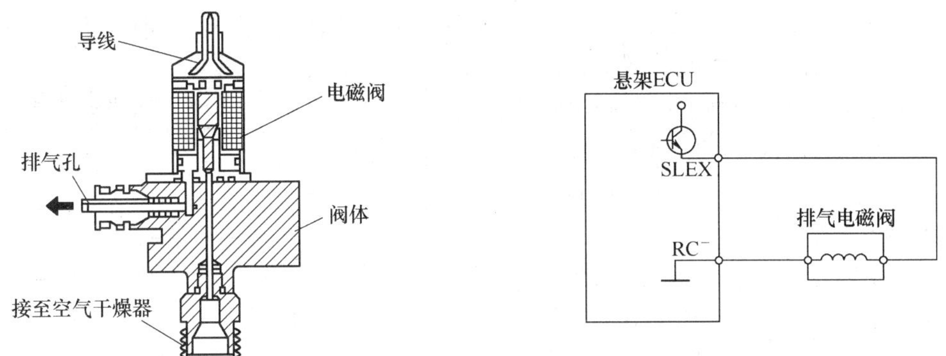

图 7-17　排气电磁阀的结构　　图 7-18　排气电磁阀控制电路

（4）高度控制电磁阀　高度控制电磁阀安装于空气干燥器和气动减振器之间，用于控制汽车悬架的高度调节。高度控制电磁阀由电磁阀、阀体等组成。高度控制电磁阀的结构如图 7-19 所示。

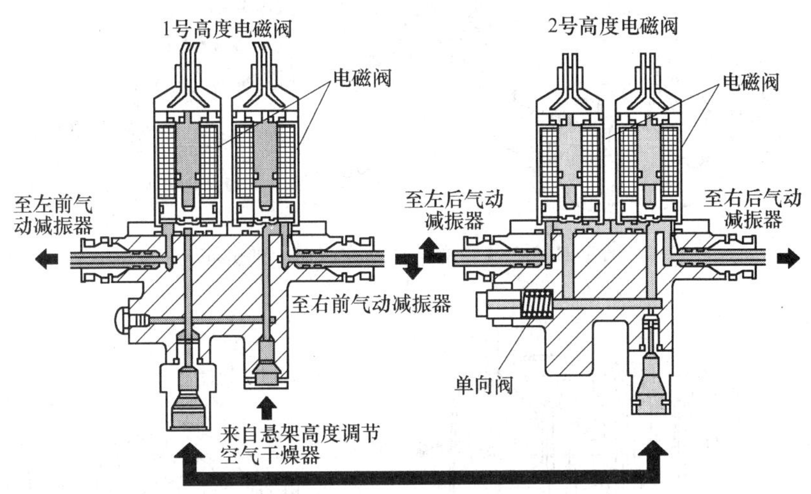

图 7-19　高度控制电磁阀的结构

在前轮和后轮的附近设有车高传感器，按车高传感器的输出信号，ECU 判断出车辆高度，再控制压缩机和排气阀，使弹簧压缩或伸长，从而控制车辆高度。高度控制阀可根据悬架 ECU 的指令控制压缩空气充入或排出气动减振器。1 号高度控制阀是控制前悬架的，它由一组电路通过两个电磁阀来分别控制和调节左、右侧气动减振器；2 号高度控制阀是控制后悬架的，它由两组电路各控制相应的电磁阀来调节左、右侧气动减振器。与 1 号高度控制阀不同的是，2 号高度控制阀空气管路中装有一只单向阀，用以避免由于阀的开闭形成的空气不正常波动或管道内压力过高。

在汽车悬架高度需要上升时，高度控制电磁阀接通，排气电磁阀关闭，向气动减振器充入压缩空气，使汽车悬架升高。在汽车悬架高度需要下降时，高度控制电磁阀接通，排气电磁阀打开，压缩空气通过空气干燥器排入大气中。

高度控制电磁阀电路如图 7-20 所示。如果悬架 ECU 从 SLFR 端子流出电流，则相应的电磁阀打开，车辆左前侧高度升高或降低；如果悬架 ECU 让电流从 SLRR 和 SLRL 端子流出，则后高度控制电磁阀的两个电磁阀均打开，车辆后侧高度升高或降低。

（5）空气管　空气悬架系统一般采用钢管和尼龙软管作为空气管。钢管用于固定在车身上的前、后高度控制阀之间的固定管道；尼龙软管用于例如空气弹簧与高度控制阀之间的有相对运动的管道。尼龙软管采用单触式接头，以方便维修并具有良好的密封性。空气管的结构及在汽车上的分布如图 7-21 所示。

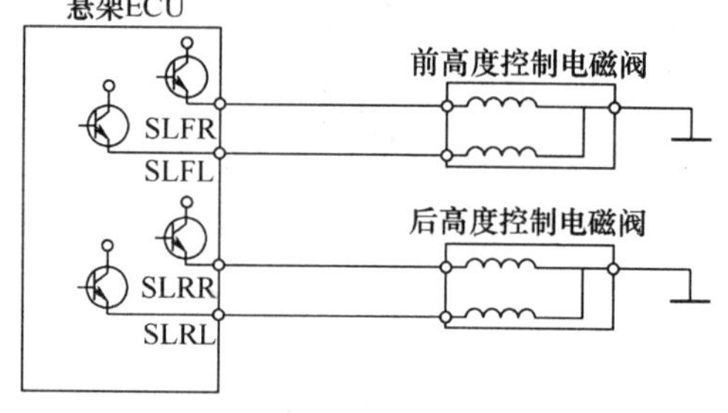

图 7-20　高度控制电磁阀电路

（6）气动减振器　空气悬架系统有 4 个气动减振器，每个气动减振器都包括一个可变化阻尼力的减振器和可变化弹性模量的空气弹簧。

1）空气弹簧。空气弹簧安装于气动减振器的上端，与可变化阻尼力的减振器一起构成悬架支柱，上端与车架相连，下端安装在悬架摆臂上。空气悬架的空气弹簧由空气室和空气阀两部分组成，如图 7-22 所示。

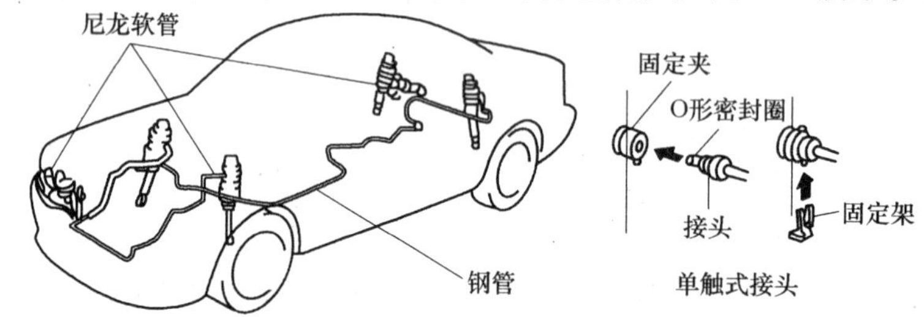

图 7-21　空气管的结构及在汽车上的分布

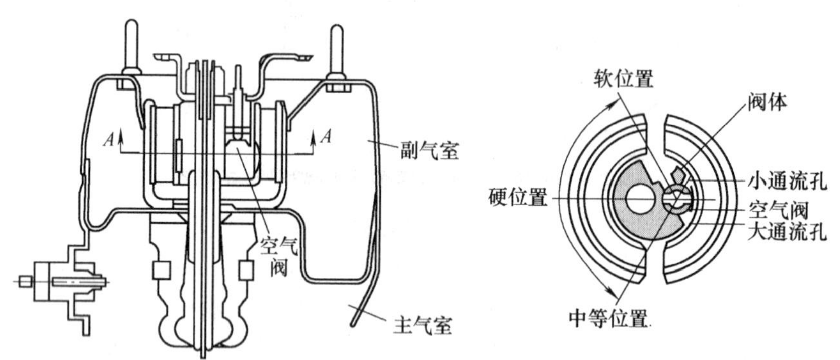

图 7-22　空气弹簧的空气室和空气阀

空气弹簧的空气室分为主气室和副气室。空气阀安装在气动减振器的顶部。悬架执行器可同时驱动空气阀和活塞旋转阀控制杆。空气阀可调节由主气室到副气室的空气流量，由此，空气弹簧的弹性模量（刚度）可分为两个阶段来调节。

主气室是可变容积的，在它的下部有一个可伸展的隔膜，压缩空气进入主气室后可升高悬架高度，反之，使悬架下降。悬架空气弹簧刚度的改变也是根据压缩空气通过空气阀由主气室进入副气室的量的改变来调节的。车辆高度是由 1 号和 2 号高度控制阀及排气阀来调节的，调节方法就是高度控制阀和排气阀根据悬架 ECU 的指令将压缩空气注入或排出主气室。通过增减主气室内的压缩空气量就可调节汽车高度。

2）可变阻尼减振器。可变阻尼减振器安装于气动减振器的下端，与空气弹簧一起构成悬架支柱，如图 7-6 所示，其上端与车架相连，下端安装在悬架摆臂上。可变阻尼减振器工作原理参见图 7-9。

（7）电磁式悬架调节执行器　电磁式悬架调节执行器由步进电动机驱动。步进电动机装在悬架调节执行器内，由定子和线圈以及永磁转子组成，如图 7-23 所示。定子有两个 12 极的铁心，相互错开半齿而对置，两个线圈绕在两个铁心上，但绕线方向相反。转子是一个具有 12 极的永久磁铁。

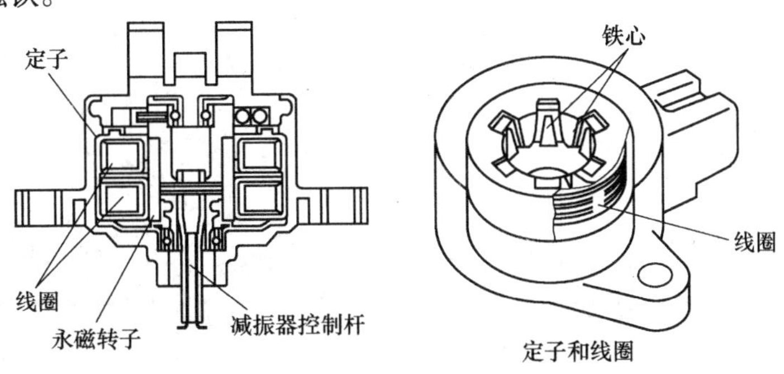

图 7-23　电磁式悬架调节执行器的结构

当悬架 ECU 对两个线圈通以脉动电流时，在定子上便产生电磁力，使永久磁铁转子转动，从而通过减振器控制杆使减振器转阀转动。悬架 ECU 每施加一次脉动电流，转子便转动一步（一步是 1/24 圈，即 15°）。与 3 步式的电磁阀相比，它可获得更快速的响应和更精确的控制，因此汽车在不平路面行驶时可获得更佳的悬架控制效果。执行器控制电路如图 7-24 所示。

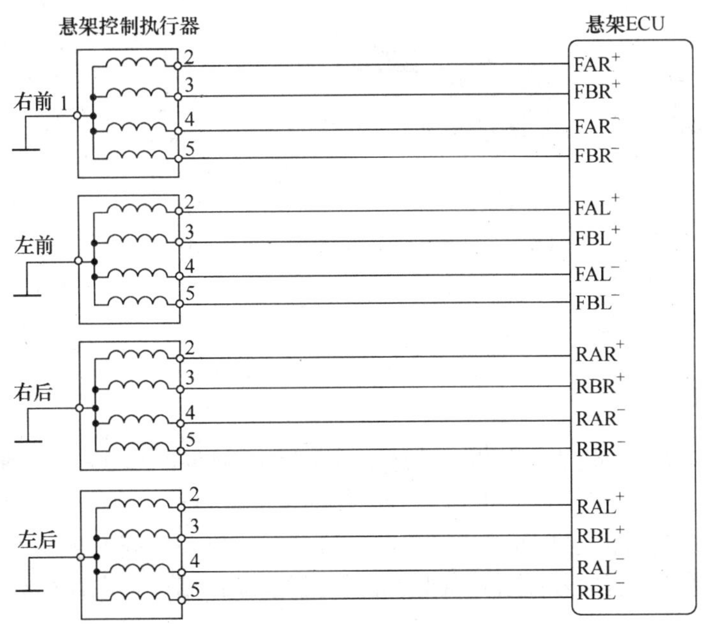

图 7-24　电磁式悬架调节执行器电路

如果改变脉动电流的施加顺序，步进电动机也可以逆转。步进电动机为非接触型电动机，它根据脉动电流的施加方式可以自由控制转子的旋转速度和停留位置。每个悬架控制执行器可独立动作。

（8）线性式高度传感器　线性式高度传感器的安装位置如图 7-25 所示。线性式高度传感器利用因悬架位移量的变化而造成电阻器阻值的变化，得到线性式的输出。这种传感器具有检测精度高的特点。

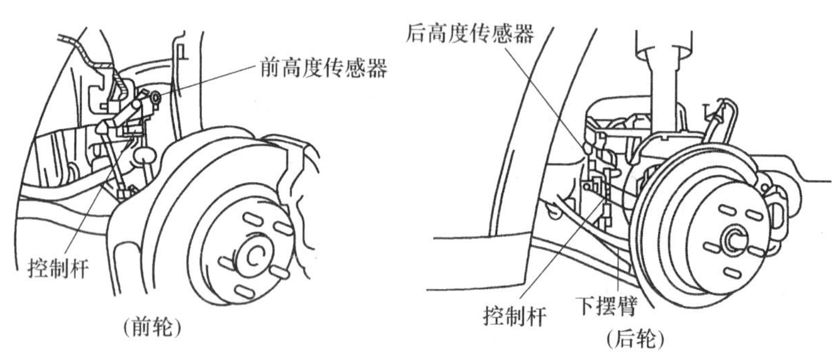

图 7-25　线性式高度传感器

线性式高度传感器由传感器轴、转板、电制和印制电路板组成，传感器轴、转板和电刷组合成一个整体，由导杆带动而转动；印制电路板上有一电阻器，电刷可在电阻器上滑动，如图 7-26 所示。

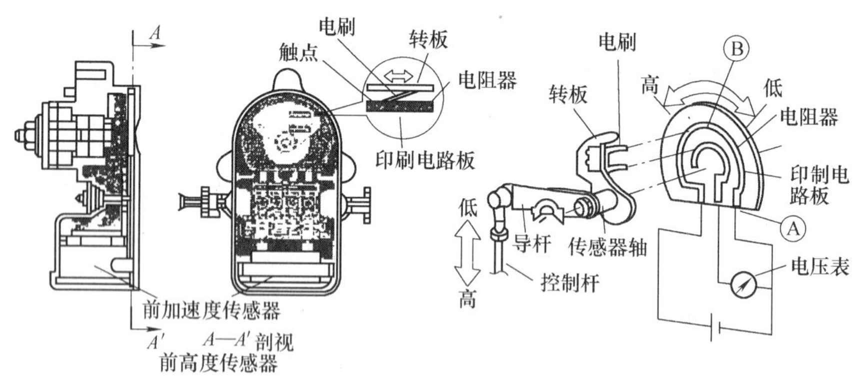

图 7-26　线性式高度传感器结构和原理

当由于车身高度的变化使与转板和传感器轴一体的电刷在电阻器上滑动时，A 和 B 之间的电阻值就发生变化，电阻值的变化与转板的转动角度成正比，也即与车身高度的变化成正比。当悬架 ECU 把一个恒定电压加到整个电阻器时，A 和 B 之间产生的电压变化取决于转板的转动角度。这一电压信号被送到悬架 ECU，悬架 ECU 即可从电压的变化中检测出车身高度的变化，其电路图如图 7-27 所示。

（9）加速度传感器　加速度传感器用于测量车身的垂直加速度。加速度传感器共有 3

个，两个前加速度传感器分别装在前左、前右高度传感器内；一个后加速度传感器装在行李箱右侧的下面，如图 7-28 所示。这 3 个加速度传感器分别检测车身的前左、前右和后右位置的垂直加速度。车身后左位置的垂直加速度由悬架 ECU 从这 3 个加速度传感器所获得的数据中推导得出。

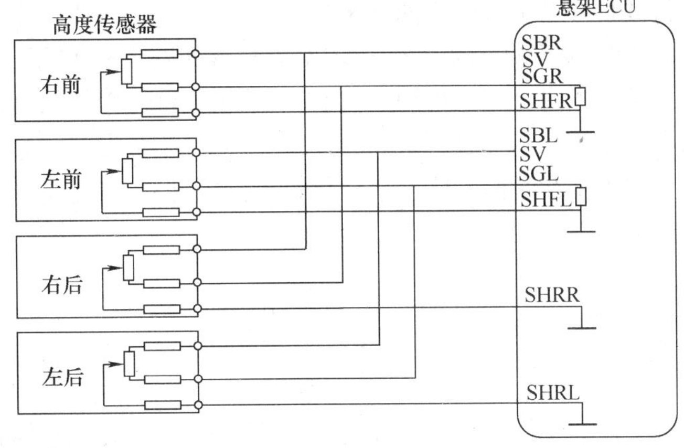

图 7-27　线性式高度传感器电路图

加速度传感器主要由压电陶瓷盘和膜片组成，如图 7-29 所示，两个压电陶瓷盘固定在膜片两侧，并支承在传感器中心。当加速度作用在整个传感器时，压电陶瓷盘在其自身重量作用下弯曲变形。根据压电陶瓷的特性，它们将产生与其弯曲率成正比例变化的电荷。这些电荷由传感器内的电子电路转换成与加速度成正比例变化的电压，并输送到悬架 ECU，如图 7-30 所示。

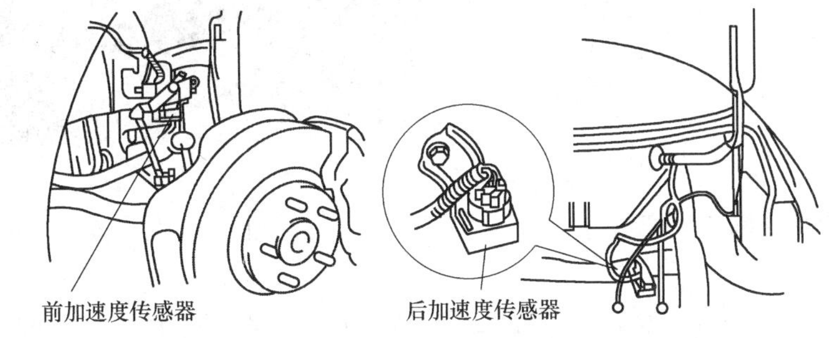

图 7-28　加速度传感器

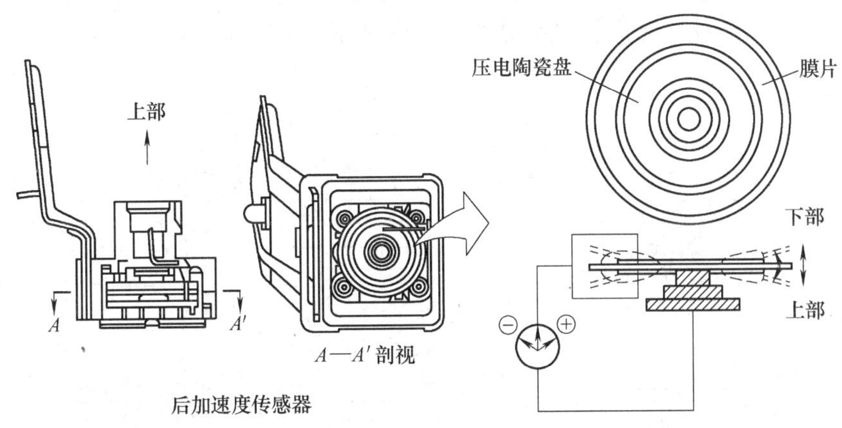

图 7-29　加速度传感器的结构及工作原理

悬架 ECU 根据从加速度传感器接收到的信号计算出 4 个车轮的弹簧支承质量的垂直加速度。此外，悬架 ECU 还通过高度传感器计算出弹簧支承质量和非弹簧支承质量之间的相对速度。根据这些数据，悬架 ECU 把 4 个车轮的减振阻尼控制在最佳值，以获得稳定的汽车行驶状态，提高汽车的稳定性。

（10）转角传感器　转角传感器外形如图 7-31 所示。该传感器位于转向盘下面，装在组合开关总成内，用于检测汽车转弯的方向和转弯的角度。转向传感器由一个信号盘（有缝圆盘）和两个遮光器组成。每个遮光器有一个发光二极管和一个光敏晶体管，两者相互对置，并固定在转向柱管上。信号盘沿圆周开有 20 条光缝，它被固定在转向盘主轴上，随主轴的转动而转动。

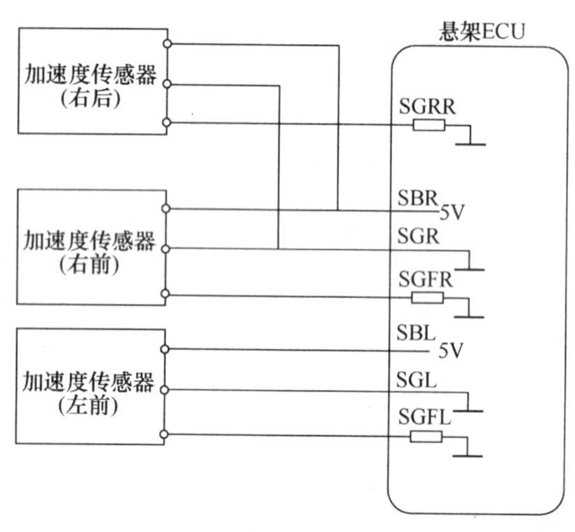

图 7-30　加速度传感器电路

图 7-31　转角传感器外形

当汽车转弯时，转向盘转动，信号盘也随之转动。从 ECU-IG 熔丝供给的电流使两个发光二极管发光，如图 7-32 所示。当信号盘在两个发光二极管和光敏晶体管之间通过时，从发光二极管发出的光线被交替切断和通过，光敏晶体管也就被这光线交替接通和切断。这样，晶体管 Tr_1 和 Tr_2 就按照来自光敏晶体管的信号而发出通断信号。

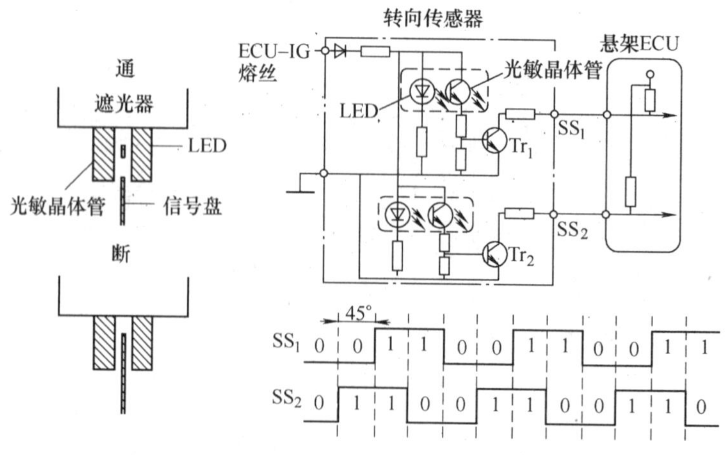

图 7-32　转角传感器原理图

所以，电流按照来自光敏晶体管的通/断信号从悬架 ECU 的 SS_1 和 SS_2 端子流至晶体管 Tr_1 和 Tr_2。若电流流过时信号为 1，电流不流过时信号为 0，则合成信号如图 7-32 所示。悬架 ECU 就根据这些信号的变化来检测转弯的方向和转弯的角度。

5. 丰田 LS400 轿车电控悬架系统的控制过程

（1）ECU 对悬架的控制过程　电控悬架电子控制系统的 ECU 根据传感器信号和实际行车过程，对悬架进行相应的控制。ECU 对悬架的控制项目有：

1）减振阻尼力控制。

2）弹簧刚度控制。

3）半主动控制。

4）车身（底盘）高度控制。

（2）减振阻尼力和弹簧刚度控制　减振阻尼力和弹簧刚度的控制是针对以下情况而实施的，具体包括防“点头”控制、防“侧倾”控制、防“下坐”控制、坏路控制、高车速控制等。

1）防“点头”控制。该控制用于防止汽车在制动时过量的“点头”。

悬架 ECU 通过制动灯开关和车速信号判断汽车是否制动并发生“点头”现象，如果发生，ECU 则通过悬架执行器把减振阻尼力和弹簧刚度设置到“硬”状态，从而防止（或减轻）车辆制动“点头”。在松开制动踏板约 1s 后，这一控制被取消，悬架执行器恢复至原来的减振阻尼力和弹簧刚度。

2）防“下坐”控制。该控制可在汽车起步或突然加速时抑制汽车后部的“下坐”。

悬架 ECU 通过节气门位置的变化程度判断汽车是否在起步或急加速，如果是，则通过使悬架执行器动作把减振阻尼力和弹簧刚度设置到“硬”状态，从而抑制汽车起步或急加速时产生“下坐”的现象。这一控制约在 2s 后或是车速达到预定值时取消。

3）防“侧倾”控制。该控制可在转弯时或在 S 形弯路上抑制车辆的侧倾。

悬架 ECU 根据车速和转弯角度信号判断汽车是否会发生转身侧倾的现象，如果会，则通过使悬架执行器动作把减振阻尼力和弹簧刚度设置到“硬”状态，从而抑制车辆转向侧倾的程度。

当转向盘恢复至正向前方位置约 2s 后，悬架 ECU 取消这一控制，悬架恢复至原来的减振阻尼力和弹簧刚度。如果转向盘连续沿左、右两个方向来回转动，或转动得比正常转弯大，则这一控制的时间将延长。

4）坏路控制。这一控制可抑制汽车在坎坷不平道路上行驶时发生的碰底、俯仰和跳振，以改善乘坐的舒适性。这一控制可根据汽车前、后高度的变化分别对前轮和后轮单独进行。当左前或右前高度传感器检测到路面不平整时，悬架 ECU 将减振阻尼力设置为“中”，弹簧刚度设置为“硬”；若检测到路面很不平整时，悬架 ECU 将减振阻尼力和弹簧刚度均设置为“硬”。后悬架的设置方式与前悬架一样，只是由左后或右后高度传感器来检测路面的平整程度。

但当车速低于 10km/h 时，不再进行这一控制。

5）高车速控制。该控制可在汽车高速行驶时改善行驶的稳定性和可控制性。当车速较高时（约≥140km/h），悬架 ECU 将减振阻尼力和弹簧刚度分别设置到“中”和“硬”位置，以提高汽车稳定性。当车速降至某一值（约 120km/h）以下时，悬架 ECU 使悬架执行器恢复至原来的设置。

(3) 半主动控制　丰田雷克萨斯 LS400 轿车的电控空气悬架系统引入了半主动控制。它可独立地把 4 个车轮的悬架减振阻尼力精确地调节到最佳，以适应路面的不平。

这种悬架同样由弹簧和减振器组成（见图 7-33）。悬架 ECU 通过加速度传感器和高度传感器检测车身的垂直速度（弹簧质量的垂直速度）、减振器速度（弹簧质量和非弹簧质量的相对速度），然后输出控制信号到悬架控制执行器，以提供最佳的减振力。

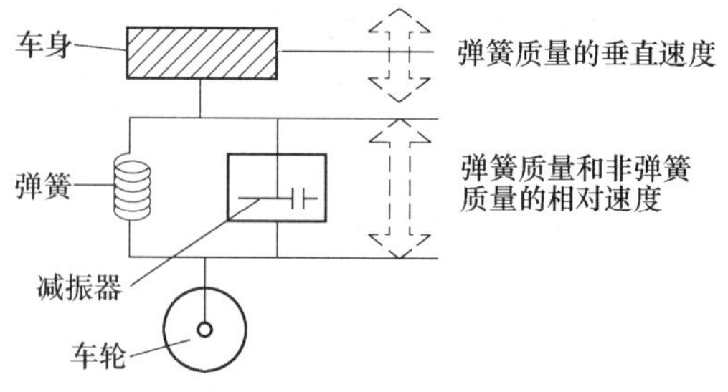

图 7-33　半主动悬架系统

下面以汽车走过一个凸起路面为例说明这一控制。其控制过程可分成如下 4 个步骤：

1）开始上坡。如图 7-34 所示，当车轮开始走向凸起面，使减振器受到压缩，且车身向上移动时，减振器的减振阻尼力减少，以使减振器阻力不把车身推向上。

2）继续上升。如图 7-35 所示，当车轮继续升上凸起路面时，弹簧力向上推车身，使减振器逐渐伸张。因此，减振器的减振阻尼力增加，以减少车身向上运动。

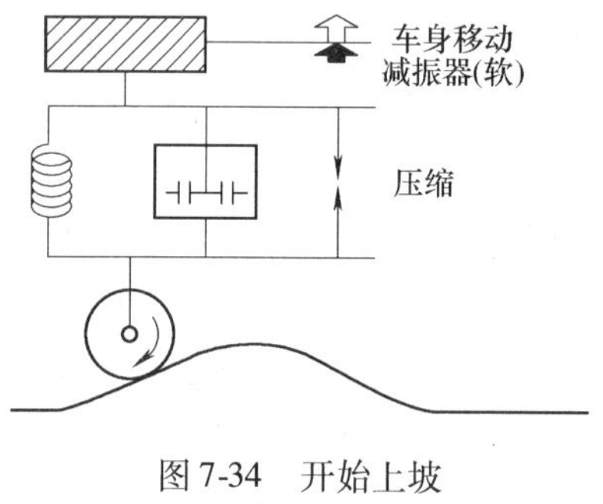

图 7-34　开始上坡

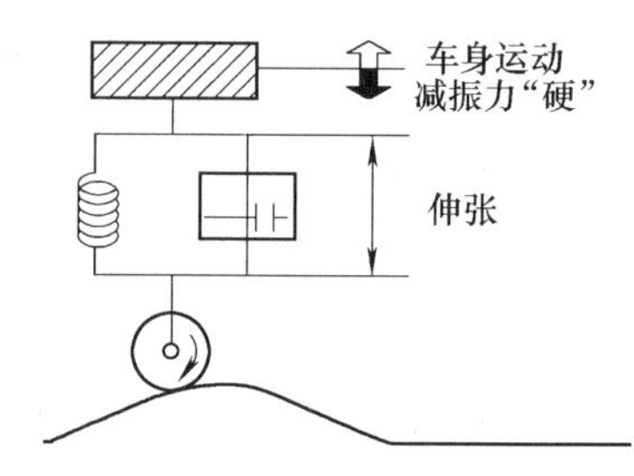

图 7-35　继续上升

3）开始下坡。如图 7-36 所示，当车轮开始走下凸起路面，使减振器伸张，且车身向下运动时，减振器的减振阻尼力减少，以使悬架平缓向下。

4）继续下行。如图 7-37 所示，当车轮进一步下行，使减振器逐渐受到压缩时，减振器的减振阻尼力增加，以减少车身向下运动。

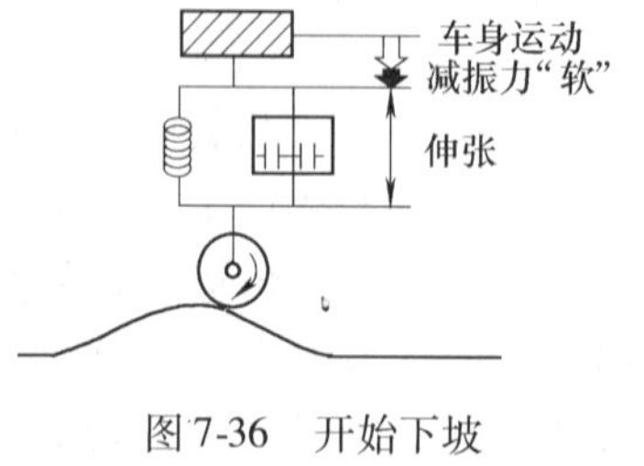

图 7-36　开始下坡

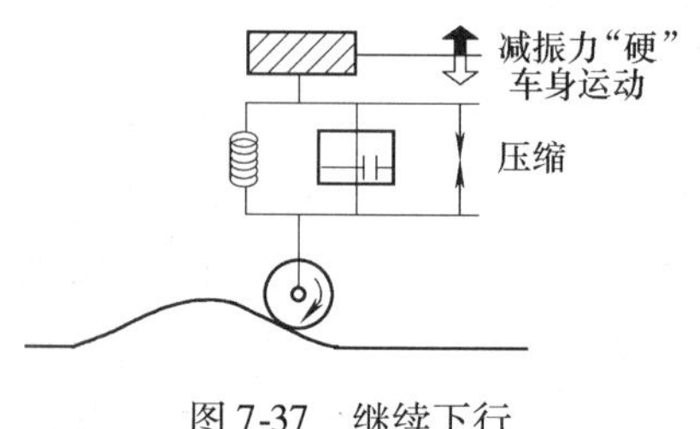

图 7-37　继续下行

因此，通过悬架 ECU 的指令，半主动控制功能会根据不同的情况调节减振器的减振阻尼力。在上述 1）和 3）中，由于减振器的减振阻尼力有助于车身运动，因此悬架 ECU 使减振器变软。而在 2）和 4）中，由于减振器的减振阻尼力会抑制车身运动，因此悬架 ECU 使减振器变硬。

根据这一方法，即使在不平的路面，悬架 ECU 也可在所有 4 个车轮上独立地实现最佳减振阻尼力的控制。

（4）车身高度控制

1）自动高度控制。当悬架 ECU 检测到汽车高度变化时，通过控制排气电磁阀、前/后高度控制电磁阀及空气压缩机的动作（见图 7-5），调节气压缸内的压缩空气量，使汽车高度保持恒定。

不管车内乘员人数和装载质量如何变化，电控悬架都能自动控制车身高度，使其保持恒定。这不仅可避免汽车底盘与不平路面相碰刮，而且由于减振弹簧的有效变形被限制在一定范围内，从而使弹簧能最大限度地吸收振动能量，改善汽车乘坐的舒适性。此外，在这一控制中还能使汽车前照灯光束射程保持恒定，提高汽车行驶的安全性。

2）高车速控制。当汽车高速行驶时，高车速控制令车身自动降低高度，从而提高汽车高速行驶的稳定性，并减少空气阻力。当车速超过 140km/h 时，即使高度控制开关设置在“HIGH”（高）的位置，车身高度仍会降至“NORM”（常规）位置，且仪表板上的“NORM”指示灯亮。当车速降至 120km/h 以下时，高车速控制便自动取消，车身恢复至原来高度。

3）驻车控制。当汽车停下或乘员需要上、下车时，通过关闭点火开关，电控悬架可自动降低车身高度，从而改善汽车驻车姿势，方便乘员出入并保持良好的驻车姿态。

此功能在关闭点火开关约 3min 后才能使用。但如果在此期间有任一个车门打开，悬架 ECU 就会判断有人在下车而中断这个控制。在所有车门都关闭后，这个控制又重新开始。在关闭点火开关约 30min 后，这个控制无条件被取消。

7.2.4　挂车电子控制空气悬架电子高度控制模块（ELM）

1. ELM 的功能

1）集成常规的旋转滑阀和高度阀功能，安装简单、调节容易。

2）可实现高度升降的电子调节，而且可以通过遥控器远离危险区域，进行安全操作。

3）通过降低气源消耗而更加节约燃料。

4）提供更多舒适性的同时，具备如下附加功能：

①记忆不同的设定货台高度。

②加载时仍保持车辆设定高度。

③达到设定车速时，自动恢复行车高度。

2. ELM 的控制原理

如图 7-38a 所示，常规控制系统是由旋转滑阀和高度阀组成的。其中，旋转滑阀具有高度调节功能，高度阀具有车辆极限高度限位及左右悬架气压平衡功能，只有两种阀同时安装时才能实现控制悬架的一般控制。如图 7-38b 所示，ELM 则完全集成前两种阀的功能，它通过两只电磁阀联合控制左、右空气气囊，且中间设有可准确控制的电子流量计，ELM 可以通过本身的电控单元对空气悬架实现智能化的电子控制，利用遥控器即可完成上限、行驶、下限的高度设定；ELM 还可以根据运输货台的不同，通过控制气压流量而准确设定任意高度和两种记忆高度，使车辆更加方便地装卸货物。

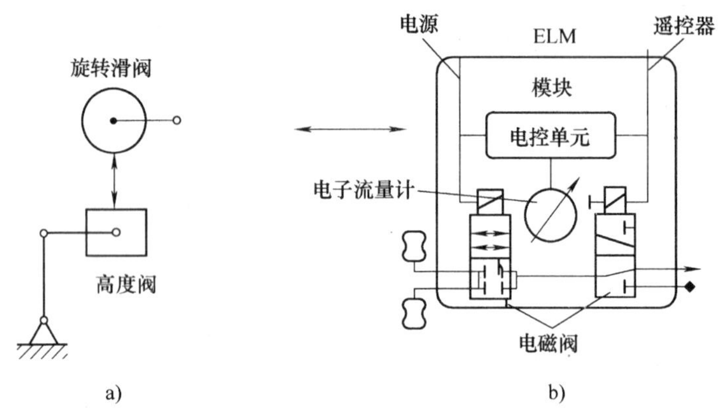

图 7-38　空气悬架常规控制系统与 ELM 控制系统对比
a) 空气悬架常规控制系统　b) ELM 控制系统

3. ELM 的安装

1）ELM 的气路连接如图 7-39 所示，管路分为从储气筒连接至 ELM 的供气管与 ELM 前、后出气口连接至左、右悬架空气气囊的控制管路，因而气路安装较旋转滑阀和高度阀更为简单。

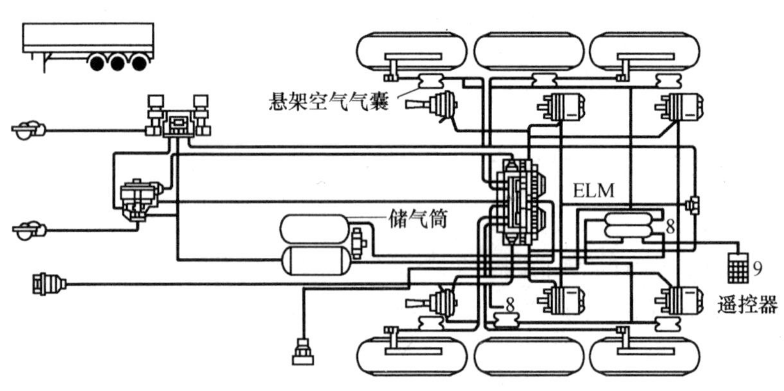

图 7-39　ELM 的气路连接

2）ELM 的电路连接如图 7-40 所示，ELM 通过来自 EBS（电子控制制动系统）诊断口的 Y 型诊断线获得电源（Y 型电源线另一端口为 EBS 诊断接口），ELM 通过带接口的遥控器线与遥控器相连接。

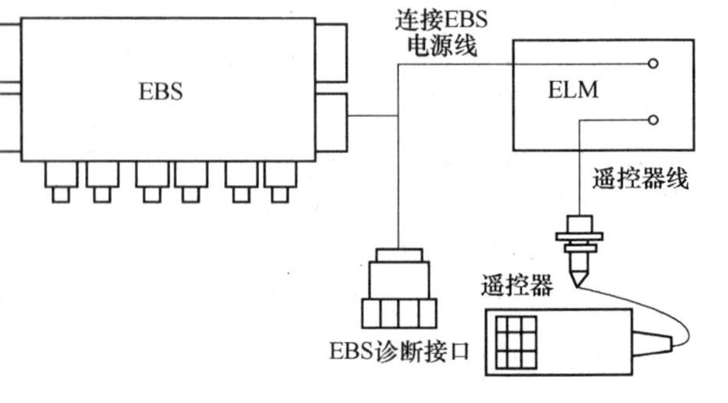

图 7-40　ELM 的电路连接

4. ELM 的应用

因 ELM 是通过 EBS（电子控制制动系统）获取电源的，故要求本制动系统必须采用符合 ISO 7638 标准的电源线，系统运营前必须利用遥控器设定上限、行驶、下限高度，运输中可以操作遥控器的上、下键临时实现任意的高度调节。当车辆行驶速度达到20km/h时，ELM自动调节车辆至正常的行车高度，而无需附加的人工回位操作。

ELM和EBS的组合应用：只需在EBS参数设定中开通ELM功能，即可实现两者组合应用，从而实现挂车制动及悬架系统的智能化电子控制，其在提高驾乘舒适性的同时，能更理想地保障货物运输安全。目前，该项控制技术正在欧洲国家和美、日等发达国家广泛推行，在中国尚处于技术前沿阶段。

7.3　能力训练

7.3.1　训练环境条件要求

1. 安全、整洁的汽车维修车间或模拟汽车维修车间。
2. 齐全的消防用具及个人防护用具。
3. 汽车维修举升机、汽车电脑诊断仪及各种常用工具。
4. 电控主动悬架试验台及电控半主动悬架试验台。

7.3.2　能力训练任务

任务十二　电控悬架系统故障诊断与检修

1. 检修注意事项

在检修汽车电子控制空气悬架时，应注意以下事项：

1）维修过程中，当点火开关在打开状态时，不要随意断开蓄电池接线，否则，会丢失控制模块中存储的信息，也不要拆卸或安装控制模块及其电子插头。

2）吊起、支起或拖动汽车之前，应该将高度控制ON/OFF开关置于OFF位置或断开蓄电池负极。如果在高度控制ON/OFF开关置于ON位置的情况下吊起或支起汽车，ECU会记忆一个故障码。

3）在放下千斤顶或将汽车从支架上放下之前，应将汽车下面的所有物体挪走。因为，在维修过程中可能对悬架进行放气，汽车落地后，车身高度会降低，将下面的物体压住。

4）在开动汽车之前，必须起动发动机使汽车高度调整到正常状态。因为，在维修过程中悬架中的空气可能被放掉，这时车身高度会很低，如果这时汽车起步，就会造成车身与悬架或轮胎等相互摩擦或碰撞。

5）如果汽车装有安全气囊系统，在维修电控悬架前，应先将安全气囊系统电路断开。因为，一些汽车的前安全气囊碰撞传感器安装在空气压缩机和1号车身高度控制阀上面，除非有必要，一般不要碰撞该传感器，否则，可能造成人身伤害或财产损失。

6）在控制系统的检测中，必须使用生产厂家在维修手册中要求的检测工具，否则，可能损坏控制系统的零部件。

7）如果汽车生产厂家的维修手册没有指明，不要将系统的任何电路或元件加电压或搭铁。

2. 项目实施步骤

在对电控悬架系统进行维修与故障诊断时，一般首先要进行自诊断系统检测，然后进行功能检查与调整。

（1）自诊断系统

1）自诊断系统的功能。

①监测系统的工作状况。如果系统发生了故障，装在仪表板上的车高控制指示灯将被通电并闪亮，以提醒驾驶人立即检修。

②存储故障码。当系统发生故障时，系统能够将故障以故障码的形式存储在悬架 ECU 中。在检修汽车时，维修人员可以采用一定的方法读取故障码及有关参数，以便迅速诊断出故障部位或查找出产生故障的原因。

③失效保护。当某一个传感器或执行器发生故障时，自诊断系统将以预先设定的参数取代有故障的传感器或执行器工作，即自诊断系统具有失效保护功能。

2）进入自诊断的方法。当维修人员需要进行电控悬架系统的故障自诊断测试，读取 ECU 中存储的故障码时，首先要进入故障自诊断测试状态。不同汽车进入故障自诊断的方法有所不同，主要有以下几种。

①专用诊断开关法。在有些汽车上，设置有"按钮式诊断开关"，或在悬架 ECU 上设置有"旋钮式诊断模式选择开关"，按下或旋转这些专用开关即可进入故障自诊断测试状态，进行故障码的读取。

②空调面板法。在林肯·大陆和凯迪拉克等高级轿车上，空调控制面板上的相关控制开关可兼作故障诊断开关。将空调控制面板上的"WARM"和"OFF"两个按键同时按下一段时间，即可使故障自诊断系统进入故障自诊断状态，读取 ECU 随机存储器中存储的故障码。

③加速踏板法。有的汽车，在规定的时间内将加速踏板连续踩下 5 次，即可使 ECU 故障自诊断系统进入故障自诊断状态。

④点火开关法。在规定的时间内将点火开关进行"ON—OFF—ON—OFF—ON"循环，即可使 ECU 故障自诊断系统进入故障自诊断状态，美国克莱斯勒公司生产的电子控制悬架系统就采用这种方法。

⑤跨接导线法。利用 ECU 故障自诊断系统读取故障码时，需要用跨接导线将高度控制插接器和发动机室检查插接器的"诊断输入端子"和"搭铁端子"进行跨接，才可进入故障自诊断状态并读取存储的故障码，丰田汽车电子控制悬架系统即采用该方法读取故障码。

⑥解码器诊断法。利用解码器与汽车电子控制系统故障检查插接器相连接，便可以直接进入故障自诊断测试状态并读取故障码。

3）指示灯的检查。电控悬架系统的指示灯一般有两个：一个是悬架控制指示灯"NORM"，另一个是刚度阻尼指示灯"LRC"，还有一个悬架控制照明灯"HEIGHT"。LRC 指示灯如图 7-41 所示。

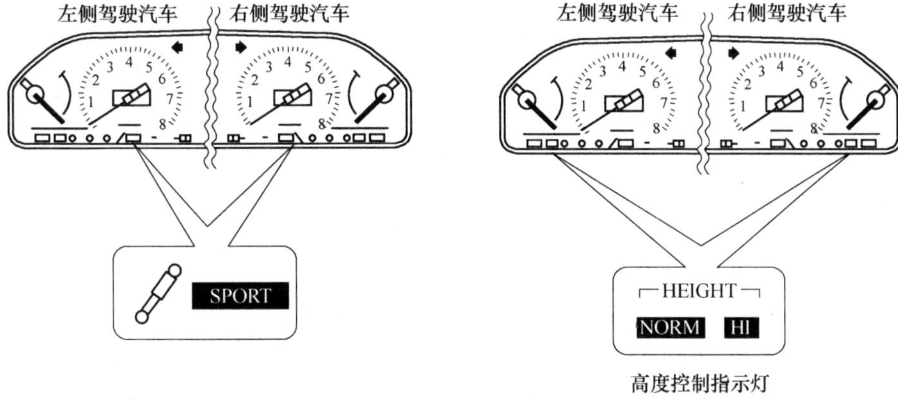

图 7-41　LRC 指示灯

当点火开关在 ON 位置时，仪表板上的“LRC”指示灯和悬架控制指示灯应亮 2s 左右，2s 后，各指示灯的亮灭取决于其控制开关的位置。

4）故障码的读取。

①接通点火开关。

②用跨接线将 TDCL 或检查插接器的端子 TC 与 E_1 连接。TDCL 与检查插接器如图 7-42 所示。

③根据仪表板悬架控制“NORM”指示灯的闪烁情况读取故障码。正常故障码如图 7-43 所示，故障码 11、31 的显示方式如图 7-44 所示。

④利用表 7-3 所示的故障码表检查故障情况。

⑤检查完毕后，将端子 TC 与 E_1 跨接线脱开。

5）故障码表。

丰田 LS400 电控悬架系统故障码见表 7-3。

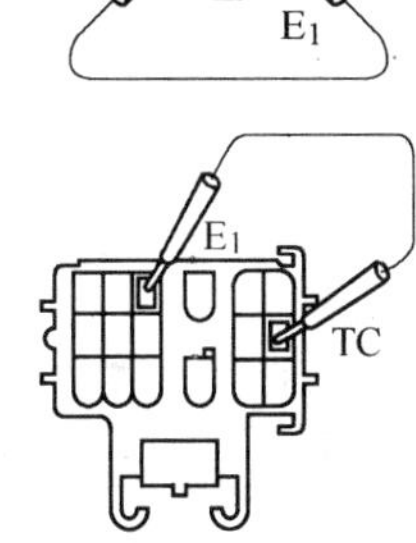

图 7-42　TDCL 与检查插接器

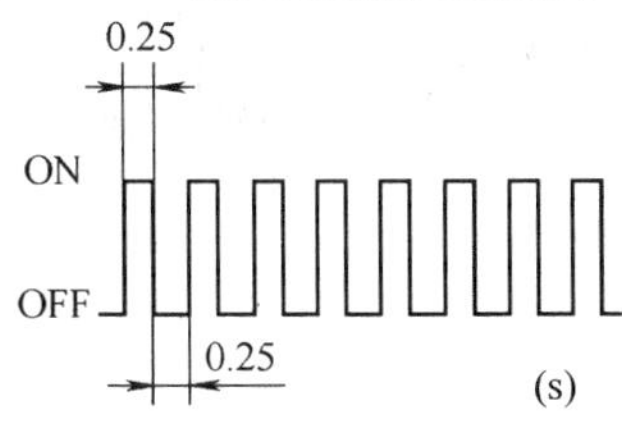

图 7-43　正常故障码（无故障）

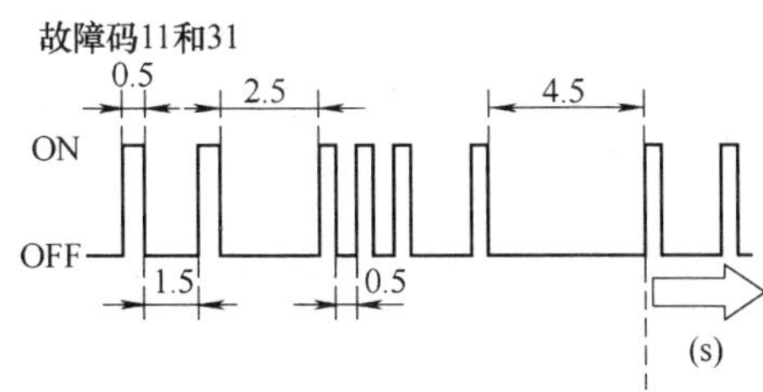

图 7-44　故障码 11、31

表 7-3　丰田 LS400 电控悬架系统故障码表

故障码	故障部位	故障原因
11	右前高度传感器电路	高度传感器电路短路或断路
12	左前高度传感器电路	
13	右后高度传感器电路	
14	左前高度传感器电路	

（续）

故障码	故障部位	故障原因
21	前悬架控制执行器电路	悬架控制执行器电路短路或断路
22	后悬架控制执行器电路	
31	1 号高度控制阀电路	
33	2 号高度控制阀电路（用于后悬架）	高度控制阀电路短路或断路
34	2 号高度控制阀电路（用于左悬架）	
35	排气阀电路	排气阀电路短路或断路
41	1 号高度控制继电器电路	1 号高度控制继电器电路短路或断路
42	压缩机电动机电路	压缩机电动机电路短路或断路
51	至 1 号高度控制继电器的持续电流	供至 1 号高度控制继电器的通电约 8.5min 以上
52	至排气阀的持续电流	供至排气阀的持续电流通电约 6min 以上
61	悬架控制信号	电控单元失灵
71	悬架控制执行器电源电路	悬架控制执行器电源电路断路：AIRSUS 熔丝烧断
72	高度控制 ON/OFF 开关电路	高度控制 ON/OFF 开关在 OFF 位置 高度控制 ON/OFF 开关电路断路

6）故障码的清除。系统故障排除后要将故障码清除，清除方法有以下两种。

①关闭点火开关，拆下 2 号接线盒中的 ECU-B 熔丝 10s 以上，即可清除故障码。

②关闭点火开关，用跨接线将悬架控制插接器的端子 9（端子 CLE）与端子 8（端子 E）连接，同时，使检查插接器的端子 TS 和 E_1 连接。保持在这一状态 10s 以上，然后接通点火开关，并脱开以上各端子，即可以清除故障码。接线盒如图 7-45 所示，悬架控制插接器与检查插接器如图 7-46 所示。

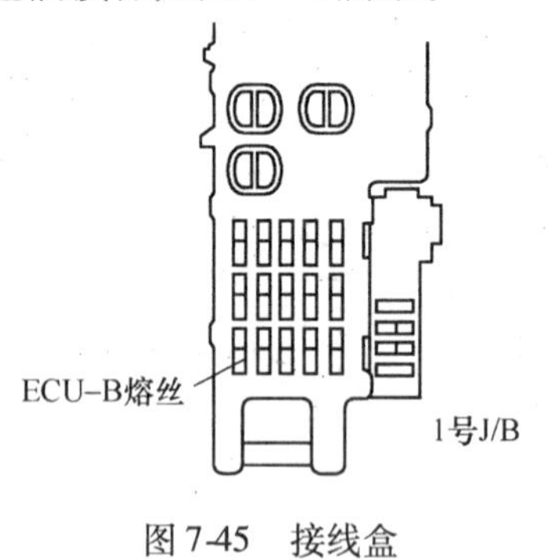

图 7-45　接线盒

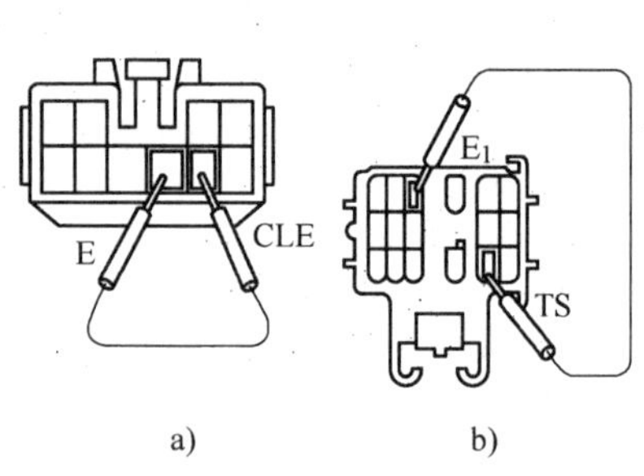

图 7-46　悬架控制插接器与检查插接器

a）高度控制插接器　b）检查插接器

7）ECU 输入信号的检查。ECU 输入信号的检查主要是检查输入的转向传感器和停车开关的信号是否正常，具体操作如下：

①将点火开关转到 ON 位置，按检查项目和操作内容操作。

②短接检查插接器的端子 TS 和 E_1，观察悬架控制指示灯“NORM”状态，正常状态见表 7-4。闪烁是指“NORM”指示灯以 0.25s 的间隔正常闪烁，常亮是指“NORM”指示灯不闪烁，一直亮。

表 7-4　ECU 输入信号检查

检查项目	操作内容	发动机状态(停机)	发动机状态(运转)	操作内容	发动机状态(停机)	发动机状态(运转)
转向传感器	车向前摆正直行	闪烁	常亮	转向角 45°以上	常亮	闪烁
停车灯开关	OFF(不踩制动踏板)	闪烁	常亮	ON(踩下制动踏板)	常亮	闪烁
门控灯开关	OFF(所有车门关闭)	闪烁	常亮	ON(所有车门打开)	常亮	闪烁
节气门位置传感器	不踩加速踏板	闪烁	常亮	加速踏板踩到底	常亮	闪烁
1 号车速传感器	车速低于 20km/h	闪烁	常亮	车速高于 20km/h	常亮	闪烁
高度控制开关	“NORM”位置	闪烁	常亮	“HIGH”位置	常亮	闪烁
开关	“NORM”位置	闪烁	常亮	“SPORT”位置	常亮	闪烁
高度控制 ON/OFF 开关	“ON”位置	闪烁	常亮	“OFF”位置	常亮	闪烁

（2）功能检查与调整

1）车辆高度功能的检查。操作悬架控制开关检查汽车高度的变化。

①检查轮胎气压是否正常（前轮为 230kPa，后轮为 250kPa）。

②测量车身高度。

③起动发动机，将高度控制开关从 NORM 位置转换到 HIGH 位置，高度的变化应为 10 ~30mm，从操作高度开关到压缩机起动的时间应为 2s，从压缩机起动到高度调整完成的时间为 20 ~40s。高度控制开关如图 7-47 所示。

④使车辆处于“HIGH”高度调整状态，起动发动机，将高度调整开关从 HIGH 位置转换到 NORM 位置，车辆高度变化应为 10 ~30mm，从操作高度开关到开始排气的时间为 2s，从开始排气到高度调整结束的时间应为 20 ~40s，车身高度变化量应为 10 ~ 30mm。

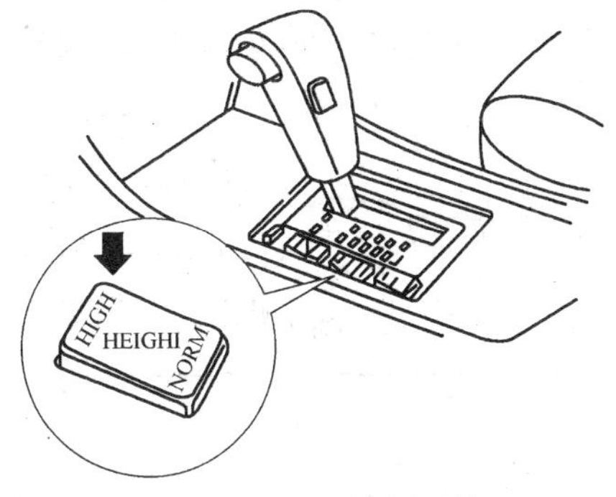

图 7-47　高度控制开关

2）安全阀的检查。当压缩机工作时，检查安全阀能否工作。

①将点火开关转至 ON 位置，连接高度控制插接器的端子 1 与 7，使压缩机工作。高度控制插接器的端子如图 7-48 所示。

②等压缩机工作一段时间后，检查安全阀是否放气。若不能放气，应检查压缩机、安全阀是否工作不良以及管路是否漏气。安全阀的检查如图 7-49 所示。

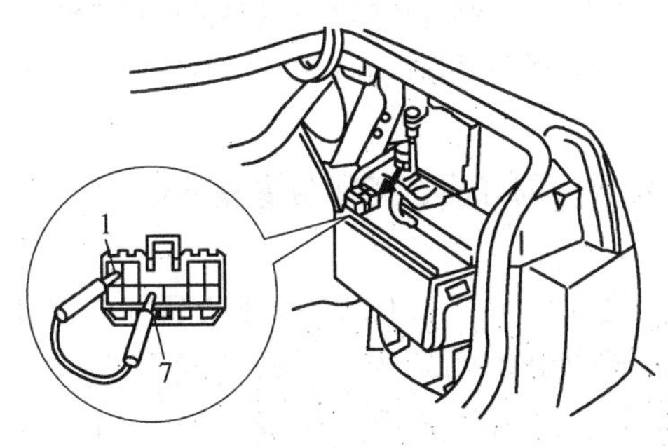

图 7-48　高度控制插接器的端子

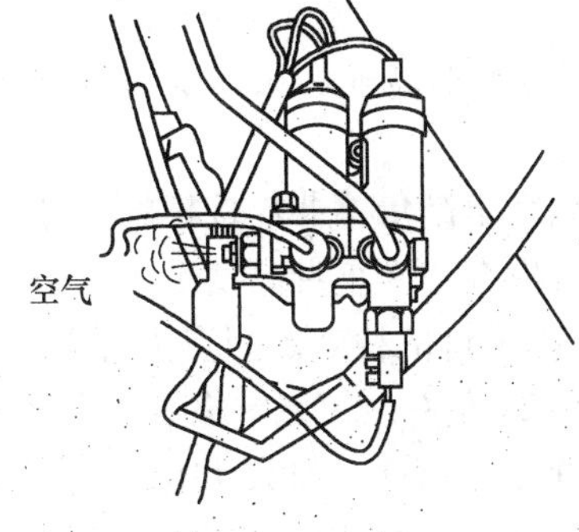

图 7-49　安全阀的检查

③将点火开关转到 OFF 位置，清除故障码。上述故障都将引起悬架气室压力不正常，造成悬架刚度和车身高度调整不正常。用导线连接高度插接器 1 号与 7 号端子的方法使压缩机工作，悬架 ECU 会认为有故障而记录下故障码，因此，检查完后，应进行故障码的清除工作。

3）管路漏气的检查。

①将高度控制开关置于 HIGH 位置以使车辆高度升高，然后使发动机熄火。

②在空气软管和软管接头处涂抹肥皂水，检查有无漏气现象。

4）车辆高度的检查与调整。将高度控制开关置于 NORM 位置，车辆置于水平位置。将 LRC 开关拨到 NORM 位置，使车身上下跳振几次，以使悬架处于稳定状态；前、后推动汽车，以使车轮处于稳定状态；将变速杆置于 N 位，挡住车轮不让它转动，起动发动机，并松开驻车制动器操纵杆；将车身高度控制开关拨到 HIGH 位置，车身升高后，等待 60s，然后再将车身高度控制开关拨到 NORM 位置，使车身下降，待车身下降后再过 50s，重复上述操作，以使悬架各部件稳定下来；测量车身高度，应符合规定的要求，否则，应通过转动车身高度传感器连接杆进行高度调整。

①检查车身高度。在相应的测量点检查车身高度是否合适，如图 7-50 所示。

②调整车身高度。松开高度传感器连接杆上的两个锁紧螺母，转动该连接杆的螺栓以调节其长度（连接杆每转一圈，车身高度变化 4mm 左右），如图 7-51 所示。

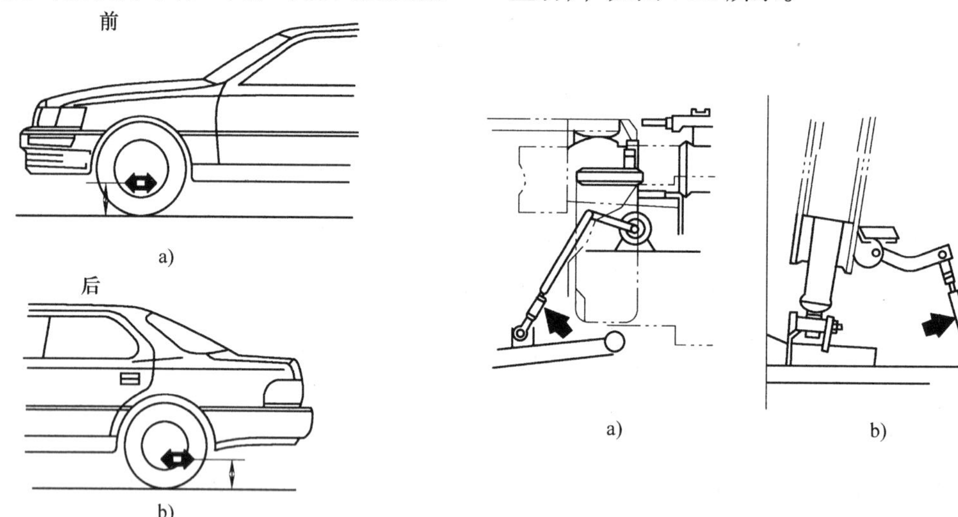

图 7-50　车身高度测量点

a）车身前端高度测量　b）车身后端高度测量

图 7-51　高度传感器连接杆的调整位置

a）前连接杆的调整位置　b）后连接杆的调整位置

③检查车高传感器连接杆的尺寸，前后均为 13mm。调好后，拧紧锁紧螺母。

④再检查一次车身高度是否合适。

5）指示灯的检查。当点火开关在 ON 位置时，仪表板上的 LRC 指示灯和高度控制指示灯应闪亮 2s 左右。2s 后，各指示灯的亮灭取决于其控制开关的位置，正常情况如下：

①LRC 指示灯。如果 LRC 开关拨在“SPORT”侧，LRC 指示灯仍亮；LRC 开关拨在“NORM”侧，LRC 指示灯亮 2s 后熄灭。

②车身高度控制指示灯。如果车身高度控制开关拨在“NORM”侧，高度控制指示灯的“NORM”灯亮，“HIGH”灯不亮；高度控制开关在“HIGH”侧，高度控制指示灯的“HIGH”灯亮，“NORM”灯不亮。

③“HEIGHT”照明灯。当点火开关在ON位置时，“HEIGHT”照明灯始终亮。

④当点火开关在ON位置时，如果车身高度控制“NORM”指示灯闪亮，表示悬架控制系统微机存储器中已储存有故障码，应读取故障码后排除故障。

⑤当点火开关在ON位置时，各指示灯如不出现如上所述的情况，则为不正常，应检查有关电路。

6）检查输入信号。输入信号的检查主要是动态检查各传感器和开关的信号是否正常输入悬架ECU。检查步骤如下：将悬架刚度和阻尼控制均固定在“硬”状态，车身高度控制在“NORM”侧；将检查插接器TC与E_1端子短接，如果高度控制“NORM”指示灯闪烁故障码，则应按故障码检修故障电路；如果高度控制“NORM”指示灯不闪烁故障码，则可接通点火开关，将检查插接器的TS与E_1端子短接（这时车身高度控制“NORM”指示灯以0.2s的时间间隔闪烁，表示诊断系统已进入输入信号检查状态。当发动机运转时，车身高度控制“NORM”指示灯的闪烁将会停止）；每个检查项目都在A状态和B状态下各检查一次。

在进行这项检查时，减振力和弹簧刚度控制停止，并且减振力和弹簧刚度均固定在“硬”状态，汽车高度控制仍旧正常进行；如果将发动机室内的检查插接器的端子TSGN与E_1连接，储存在存储器中的诊断代码就会输出。如果存储器没有诊断代码输出，则要进行输入信号检查。

7）电控悬架电路故障的检查。电控悬架出现了故障，无论自诊断系统有无故障码输出，都需要进行系统电路故障检查。如果取得了故障码，则可根据故障码的指示对故障电路进行检查，以找出确切的故障部位，排除故障。若故障码所指示的故障电路正常，则一般应检修或更换悬架ECU。应注意的是，在有故障码输出的情况下，悬架ECU就已中断了相应的悬架刚度和阻尼或车身高度控制。因此，不断开ECU仅通过控制开关使其执行器动作来判断故障是不可行的。

如果无故障码显示，则需根据故障分析的结果对与故障有关的电路和部件逐个进行检查。如果所有可能的故障电路和部件检查均无问题，但悬架控制系统的故障确实存在，则需对悬架ECU进行检查或更换。

8）车身高度传感器电路的故障检查。故障码11、12、13、14说明前右、前左、后右、后左位移传感器电路断路或短路。可能的故障部件有：ECU与传感器之间的电路及插接器、车身高度传感器电源电路及2号高度控制继电器、车身高度传感器及悬架ECU。故障检查步骤如下：

①检查车身高度传感器电源电压。拆下前轮胎（故障码11、12）或拆下行李箱装潢前盖（故障码13、14）；脱开车身高度传感器插接器；点火开关转到ON位置，测1号端子对地电压（应为蓄电池电压，否则检修2号高度控制继电器及有关电路，正常搭铁）。

②检查高度控制传感器与悬架ECU之间的导线和插接器。检查各线束插接器，应无松动；拔开线束插接器，插脚应无锈蚀；检测有导线连接的两插脚之间的通路情况。

③检查车身高度传感器的功能。换上一只性能良好的车身高度传感器，看故障症状是否

消除。若能消除，更换车身高度传感器；若不能消除，则检查或更换悬架 ECU。

9）悬架控制执行器电路的故障检查。一旦 ECU 存储了故障码 21、22，说明前、后悬架执行器电路有断路或短路故障，就不执行减振和弹簧刚度控制。可能的故障部位有：ECU 与悬架控制执行器之间的电路及插接器、悬架控制执行器、悬架 ECU。

①检查悬架控制执行器的电阻。拆下悬架控制执行器盖和执行器，拨开执行器插接器，测量控制执行器各端子的电阻。如果电阻值不正常，应更换悬架控制执行器。

②检查悬架控制执行器的动作。在悬架控制执行器各端子之间施加蓄电池电压（但施加蓄电池电压不要超过 1ls），检查执行器的工作情况。若检查结果不正常，则应更换悬架控制执行器。

③检查悬架执行器的电路和插接器。检查执行器与 ECU 之间的电路和插接器，检查执行器的搭铁。若发现问题，更换或修理电路和插接器；若检查结果为正常，则应检查或更换悬架 ECU。

10）高度控制阀电路的故障检查。ECU 使高度控制阀电磁线圈通电后，电磁线圈将高度控制阀打开，并将压缩空气引向气压缸，从而使汽车高度上升。当汽车高度下降时，ECU 不仅使高度控制阀电磁线圈通电，而且还使排气阀电磁线圈通电，排气阀电磁线圈使排气阀打开，将气压缸中的压缩空气排放到大气中。

一旦 ECU 存储器中存入故障码 31、33、34、35，则分别表明 1 号高度控制阀电路有短、断路，2 号高度控制阀电路有短、断路（右悬架），2 号高度控制阀电路有短、断路（左悬架），排气阀电路有短、断路，此时不执行汽车高度控制、减振力和弹簧刚度控制。

①检查连接高度控制插接器的各端子时汽车高度是否改变。拆下行李箱右侧盖，测量高度控制插接器 2、3、4、5、6 端子与端子 8 间的电阻，应均为 9 ~ 15Ω；将点火开关转到 ON 位置，按图 7-48 所示方式连接高度控制插接器的相关端子，汽车高度变化应符合要求。否则，应检查高度控制阀和排气阀。

②检查悬架 ECU 与高度控制插接器之间的配线和插接器是否断路。

③检查高度控制阀和排气阀。拆下右前控制阀和排气阀，脱开阀的插接器，对 1 号高度控制阀和排气阀进行检查；拆下行李箱装潢前盖，脱开阀的插接器，对 2 号高度控制阀进行检查。各端子之间的电阻值应符合规定的要求。

在相应端子上接蓄电池电压时，高度控制阀和排气阀应有工作声，若不正常，则应更换高度控制阀或排气阀，若正常，则检修高度控制阀或排气阀与插接器之间的配线及插接器。

练　习　题

一、填空题

1. 电子控制悬架系统的功能有__________、__________、__________。

2. 电子控制悬架系统按传力介质的不同可分为__________和__________；按控制理论的不同可分为__________和__________。

3. 主动悬架根据频带和能量消耗的不同，可分为__________和__________；按驱动机构和介质的不同可分为__________和__________。

4. 汽车电子控制悬架系统主要由感应汽车运行状况的各种传感器、开关、____及____组成。

5. 汽车电子控制悬架系统应用的传感器有______、______、______、______等。

6. 汽车电子控制悬架系统应用的开关有______、______、______和______等。

7. 汽车电子控制悬架系统的执行机构有________，可调节弹簧高度和弹性大小的弹性元件等。

8. 常用的加速度传感器有______和______两种。

9. 常用的车身高度传感器有______、______、______。

10. 悬架电子控制单元的 ECU 一般由______、______、输出电路和电源电路等组成。

11. 可调阻尼力减振器主要由______、______、______、______等构成。

二、判断题

1. 装有电子控制悬架系统的汽车无论车辆负载多少，都可以保持汽车高度一定，车身保持水平。（　　）

2. 装有电子控制悬架系统的汽车可以防止汽车急转弯时车身横向摇动和换档时车身纵向摇动。（　　）

3. 半主动悬架可分为有级半主动式和无级半主动式两种。（　　）

4. 无级半主动悬架需要外加动力源，消耗的能量多。（　　）

5. 无级半主动悬架在转向、起步、制动等工况时能对阻尼力实施有效的控制。（　　）

6. 在电子控制悬架系统中，电子控制单元根据车速传感器和转角传感器的信号，判断汽车转向时侧向力的大小和方向，以控制车身的侧倾。（　　）

7. 在车轮打滑时，能以转向角和汽车车速正确判断车身侧向力的大小。（　　）

8. 为改变汽车的侧倾刚度，可通过改变纵向稳定杆的扭转刚度来实现。（　　）

9. 检测汽车电子控制空气悬架时，当用千斤顶将汽车顶起时，应将高度控制 ON/OFF 开关拨到 ON 位置。（　　）

10. 检测汽车电子控制空气悬架时，在开动汽车之前，应起动发动机将汽车的高度调整到正常状态。（　　）

三、简答题

1. 汽车电子控制悬架系统的一般工作原理是怎样的？

2. 操纵高度控制开关检查汽车高度变化情况的步骤是怎样的？

3. 汽车高度如何调整？

模块八　电控动力转向与四轮转向系统

8.1　学习目标

【知识目标】

1. 了解电控动力转向与四轮转向系统的作用。
2. 了解电控动力转向系统类型。
3. 了解电动式电控动力转向系统及四轮转向系统的构造、原理。
4. 了解电动式电控动力转向系统的优点。
5. 掌握液压式电控动力转向系统的构造、工作过程。
6. 掌握电控动力转向系统故障的现象、原因分析方法。

【能力目标】

1. 能正确拆装电控动力转向系统。
2. 能检查电控动力转向系统机械、电路部分的功能是否正常。
3. 能分析电控动力转向系统电控电路图。
4. 能进行电控动力转向系统零件、电控系统的检修。
5. 能分析电控动力转向系统故障原因。
6. 能排除电控动力转向系统常见故障。

8.2　知识学习

为了使动力转向系统能根据车速、转向情况等对转向助力实施控制，使动力转向系统在不同的行驶条件下都有最佳的放大倍率，现已对其采用电子控制，称为电控动力转向系统（Electrical Power Steering，EPS）。EPS 在车速较低时有较大的放大倍率，可以减轻转向操纵力，使转向轻便、灵活；在车速较高时则适当减小放大倍率，适当增大转向力，以稳定转向手感，提高高速行驶的操纵稳定性。

EPS 根据转向动力源的不同可分为液压式 EPS 和电动式 EPS。

8.2.1　液压式 EPS

液压式 EPS 是在传统的液压动力转向系统的基础上增设了液体流量的装置、各种传感器和电子控制单元等形成的。

根据控制方式的不同，液压式 EPS 又可分为流量控制式 EPS、反力控制式 EPS 和阀灵敏度控制式 EPS 三种形式。

1. 流量控制式 EPS

日产蓝鸟轿车上使用的 EPS 是流量控制式 EPS。它是在一般液压动力转向系统上增加旁通流量控制阀、车速传感器、转向角速度传感器、电子控制单元和控制开关等，如图 8-1 所示。在转向油泵与转向机体之间设有旁通管路，在旁通管路中又设有旁通油量控制阀。根据车速传感器、转向角速度传感器和控制开关等信号，电子控制单元向旁通流量控制阀按照汽车的行驶状态发出控制信号，控制旁通流量，从而调整向转向器供油的流量，如图 8-2 所示。

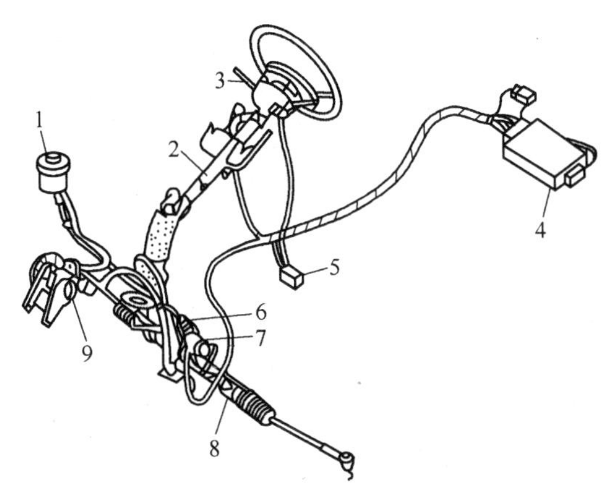

图 8-1　日产蓝鸟轿车 EPS

1—机油箱　2—转向管柱　3—转向角速度传感器　4—电子控制单元　5—转向角速度传感器增幅器　6—旁通流量控制阀　7—电磁线圈　8—转向齿轮联动机构　9—机油泵

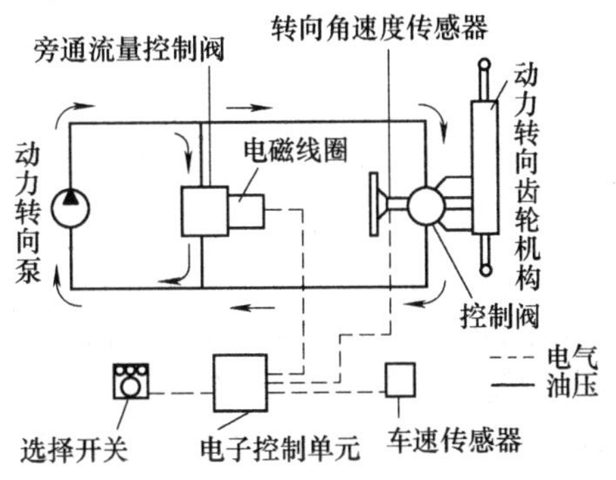

图 8-2　日产蓝鸟轿车 EPS 的构成

当向转向器供油流量减少时，动力转向控制阀灵敏度下降，转向助力作用降低，转向力增加。在这一系统中，利用仪表板上的转换开关，驾驶人可以选择三种适应不同行驶条件的转向力特性曲线，如图 8-3 所示。另外，电子控制单元还可根据转向角速度传感器输出信号的大小，在汽车急转弯时，按照图 8-4 所示的转向力特性实施最优控制。

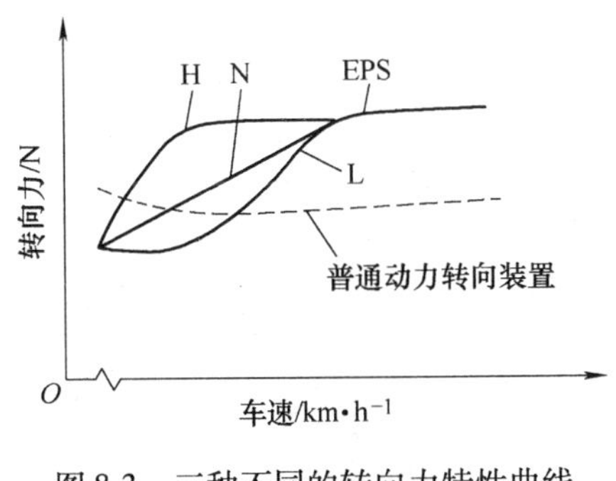

图 8-3　三种不同的转向力特性曲线

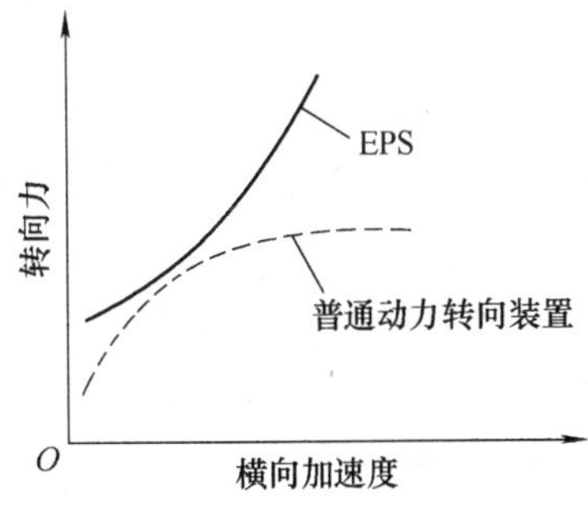

图 8-4　弯曲道路时的转向力特性

图 8-5 所示为该系统旁通流量控制阀的结构示意图。在阀体内装有主滑阀 1 和稳压滑阀 2，在主滑阀的右端与电磁线圈柱塞 3 连接，主滑阀与电磁线圈的推力成正比移动，从而改变主滑阀左端流量主孔 6 的开口面积。调整调节螺钉 4 可以调节旁通流量的大小。稳压滑阀

的作用是保持流量主孔前后压差的稳定，以使旁通流量与流量主孔的开口面积成正比。当因转向负荷变化而使流量主孔前后压差偏离设定值时，稳压滑阀阀芯将在其左侧弹簧张力和右侧高压油压力的作用下发生滑移。如果压差大于设定值，则阀芯左移，使节流孔开口面积减小，流入到阀内的机油量减少，前后压差减小；如果压差小于设定值，则阀芯右移，使节流孔开口面积增大，流入到阀内的机油量增多，前后压差增大。流量主孔前后压差的稳定保证了旁通流量的大小只与主滑阀控制的流量主孔的开口面积有关。

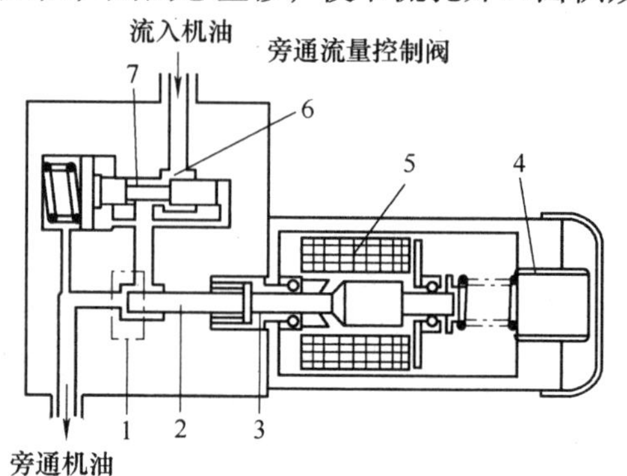

图 8-5　旁通流量控制阀的结构示意图

1—主滑阀　2—稳压滑阀　3—电磁线圈柱塞　4—调节螺钉　5—电磁线圈　6—流量主孔　7—节流孔

日产蓝鸟轿车流量控制式 EPS 的电路如图 8-6 所示。系统中电子控制单元的基本功能是接收车速传感器、转向角速度传感器及变换开关的信号，以控制旁通流量控制阀的电流，并具有故障自诊断功能。流量控制式 EPS 通过车速传感信号调节向动力转向装置供应液压油，改变液压油的输入、输出流量以控制转向力。这种方法的优点是在原来液压动力转向功能上再增加液压油流量控制功能，所以结构简单，成本较低。但是，当流向动力转向机构的液压油降低到极限值时，对于快速转向会产生压力不足、响应较慢等缺点，故使它的推广应用受到限制。

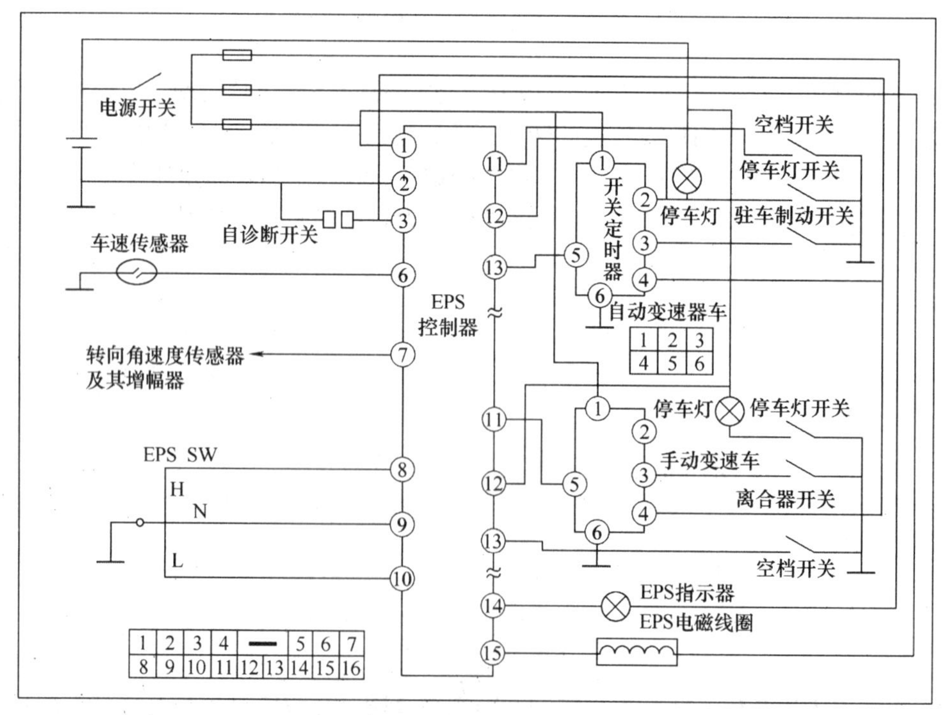

图 8-6　日产蓝鸟轿车 EPS 的电路

当控制单元、传感器、开关等发生故障时，安全保险装置能够确保流量控制式 EPS 具有与一般动力转向装置相同的功能。

2. 反力控制式 EPS

(1) 系统组成及工作原理　反力控制式 EPS 主要由转向控制阀、分流阀、电磁阀、转向动力缸、转向油泵、储油箱、车速传感器（一般安装在变速器输出轴上）及电子控制单元（ECU）等组成，如图 8-7 所示。

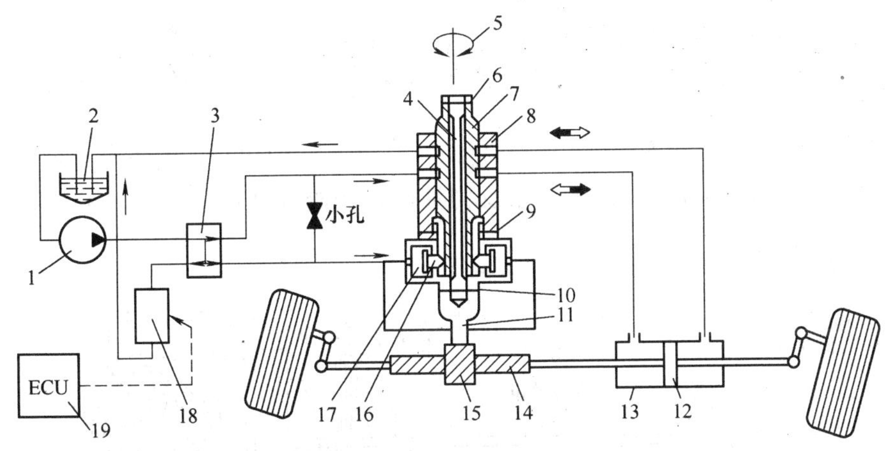

图 8-7　反力控制式动力转向系统的组成

1—转向油泵　2—储油箱　3—分流阀　4—扭杆　5—转向盘　6、9、10—销　7—转阀阀杆　8—控制阀阀体　11—小齿轮轴　12—活塞　13—转向动力缸　14—齿条　15—小齿轮　16—柱塞　17—油压反力室　18—电磁阀　19—电子控制单元

转向控制阀是在传统的整体转阀式动力转向控制阀的基础上增设了油压反力室而构成的，如图 8-8 所示，扭力杆的上端通过销子与转阀阀杆相连，下端与小齿轮轴用销子连接。小齿轮轴的上端部通过销子与控制阀阀体相连。转向时，转向盘上的转向力通过扭杆传递给小齿轮轴。当转向力增大，扭杆发生扭转变形时，控制阀体和转阀阀杆之间将发生相对转动，于是就改变了阀体和阀杆之间油道的通、断关系和工作油液的流动方向，从而实现转向助力作用。

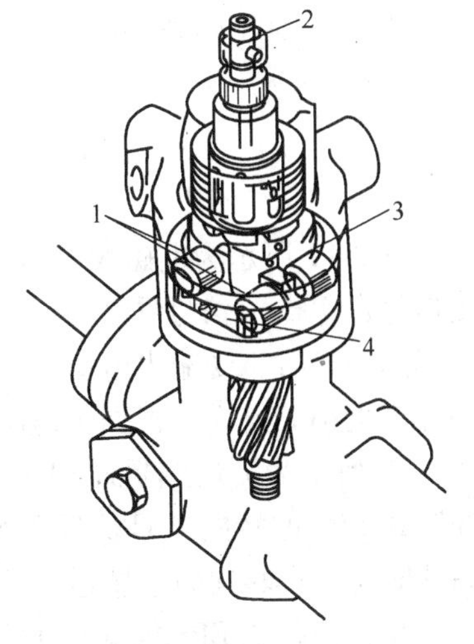

图 8-8　控制阀的结构

1—柱塞　2—扭杆　3—凸起　4—油压反力室

分流阀的作用是把来自转向油泵的液压油向控制阀一侧和电磁阀一侧进行分流，并按照车速和转向要求，改变控制阀一侧与电磁阀一侧的油压，确保电磁阀一侧具有稳定的液压油流量。固定小孔的作用是把供给转向控制阀的一部分流量分配到油压反力室一侧。

电磁阀的作用是根据需要使油压反力室一侧的液压油流回储油箱。

电子控制单元（ECU）根据车速的高低线性控制电磁阀的开口面积。当车辆停驶或速度较低时，ECU 使电磁线圈的通电电流增大，电磁阀开口面积增大，经分流阀分流的液压油通过电磁阀重新回流到储油箱中，所以作用于柱塞的背压（油压反力室压力）降低。于是柱塞推动控制阀转阀阀杆的力（反力）较小，因此只需要较小的转向力就可使扭力杆扭转变形，使阀体与阀杆发生相对转动而实现转向助力作用。

当车辆在中高速区域转向时，ECU 使电磁线圈的通电电流减小，电磁阀开口面积减小，所以油压反力室的油压升高，作用于柱塞的背压增大，于是柱塞推动转阀阀杆的力增大，此时需要较大的转向力才能使阀体与阀杆之间作相对转动（相当于增加了扭力杆的扭转刚度），而实现转向助力作用，所以在中高速时可使驾驶人获得良好的转向手感和转向特性。

（2）反力控制式 EPS 实例　丰田汽车公司“马克Ⅱ”型汽车采用的反力控制式 EPS 结构如图 8-9 所示。其转向控制阀（增设了反力油压控制阀和油压反力室）的结构如图 8-10 所示。

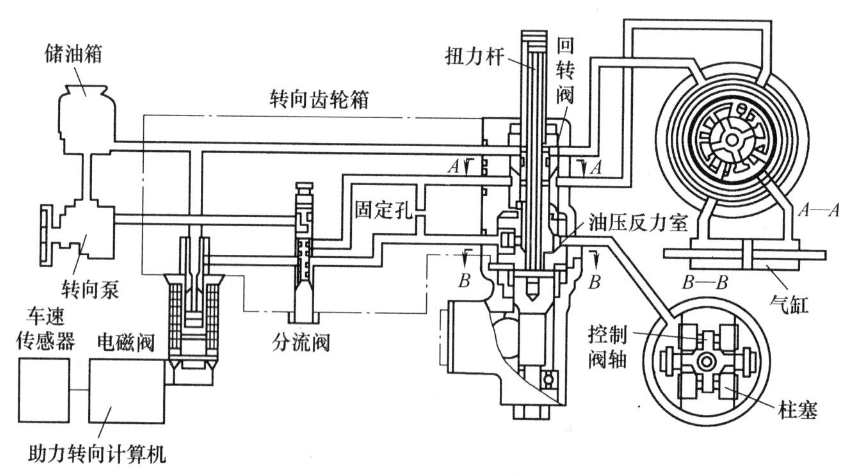

图 8-9　“马克Ⅱ”型汽车采用的反力控制式 EPS 结构

图 8-11 所示为电磁阀的结构及其特性。输入到电磁阀中的信号是通、断脉冲信号，改变信号占空比（信号导通时间所占的比例）就可以控制流过电磁阀线圈平均电流值的大小。当车速升高时，受输出电流特性的限制，输入到电磁阀线圈的平均电流值减小，所以电磁阀的开度也小。这样，根据车速的高低就可以调整油压室反力，从而得到最佳的转向操纵力。图 8-12 所示为流量控制式 EPS 与反力控制式 EPS 转向特性的对比。从图中可以看出，反力控制式 EPS 的转向还是比较理想的，停车摆放及车辆低速时的转向操纵力比较小，而中、高速时又具有转向力手感适宜的特性。

反力控制式 EPS 根据车速大小控制反力室油压，从而改变输入、输出增益幅度以控制转向力的。其优点是具有较大的选择转向力的自由度，转向刚度大，驾驶人能确实感受到路面情况，可以获得稳定的操作手感等；其缺点是结构复杂，且价格较高。

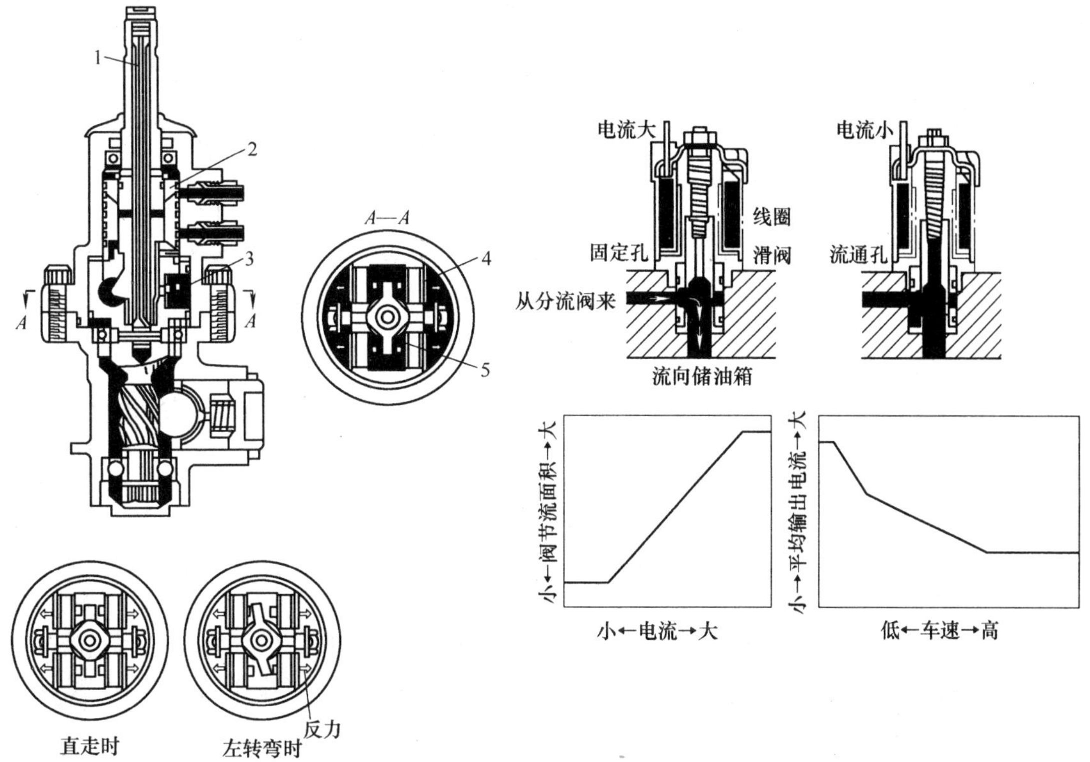

图 8-10　反力控制式动力转向控制阀的结构
1—扭杆　2—回转阀　3—油压反力室　4—柱塞　5—控制阀轴

图 8-11　电磁阀的结构及其特性

3. 阀灵敏度控制式 EPS

阀灵敏度控制式 EPS 是根据车速控制电磁阀，直接改变动力转向控制阀的油压增益（阀灵敏度）来控制油压的。这种转向系统结构简单、部件少、价格便宜，而且具有较大的选择转向力的自由度，与反力控制式转向相比，其转向刚性差，但可以最大限度提高原来的弹性刚度来加以克服，从而可以获得自然的转向手感和良好的转向特性。图 8-13 所示为地平线牌轿车所采用的阀灵敏度控制式 EPS。该系统对转向控制阀的转子阀作了局部改进，并增加了电磁阀、车速传感器和电子控制单元等。

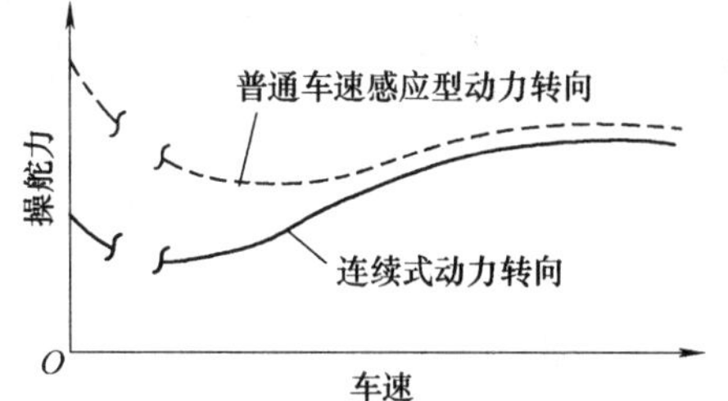

图 8-12　动力转向特性比较

（1）转子阀　转子阀一般在圆周上形成 6 条或 8 条沟槽，各沟槽利[illegible]部外体，与泵、动力缸、电磁阀及油箱连接。图 8-14 所示为实际的转子阀结构断面图，[illegible]-15 所示为阀部的等效液压回路图。转子阀的可变小孔分为低速专用小孔（1R、1L、2R、2L）和高速专用小孔（3R、3L）两种，在高速专用可变孔的下边设有旁通电磁阀回路，其工作过程如下：

当车辆停止时，电磁阀完全关闭，如果此时向右转动转向盘，则高灵敏度低速专用小孔 1R 及 2R 在较小的转向转矩作用下即可关闭，转向油泵的高压油液经 1L 流向转向动力缸右

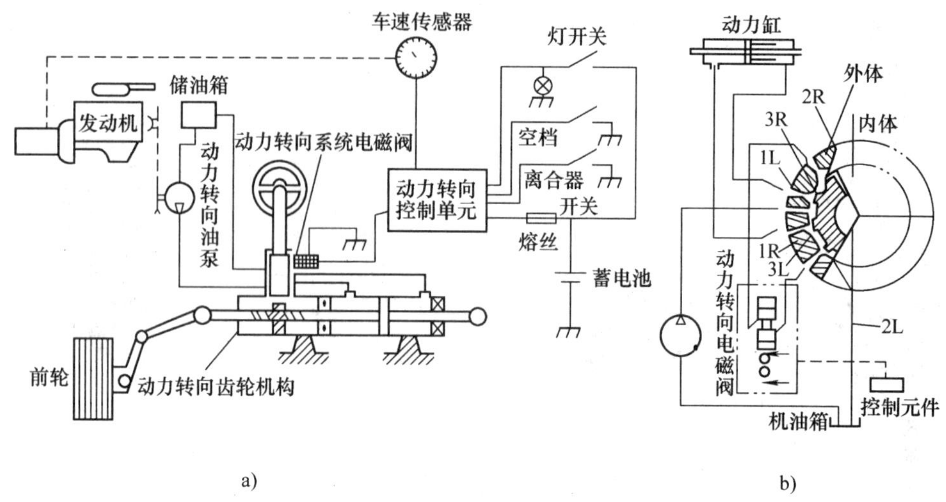

图 8-13 阀灵敏度控制式 EPS（地平线牌轿车）
a）系统示意图 b）转子阀

腔室，其左腔室的油液经 3L、2L 流回储油箱，所以此时具有轻便的转向特性，而且施加在转向盘上的转向力矩越大，可变小孔 1L、2L 的开口面积就越大，节流作用就越小，转向助力作用也就越明显。

随着车辆行驶速度的提高，在电子控制单元的作用下，电磁阀的开度也呈线性增加。如果向右转动转向盘，则转向油泵的高压油液经 1L、3R 旁通电磁阀流回储油箱。此时，转向动力缸右腔室的转向助力油压就取决于旁通电磁阀和灵敏度低的高速专用可变孔 3R 的开度。车速越高，在电子控制单元的控制下，电磁阀的开度越大，旁路流量越大，转向助力作用越小。在车速不变的情况下，施加在转向盘上的转向力越小，高速专用小孔 3R 的开度越大，转向助力作用也越小；当转向力增大时，3R 的开度逐渐减小，转向助力作用也随之增大。由此可见，阀灵敏度控制式 EPS 可使驾驶人获得非常自然的转向手感和良好的速度转向特性。多工况的转向特性如图 8-15c 所示，从低速到高速的过渡区间按照车速控制可变小孔的油量，因而可以按顺序改变特性。

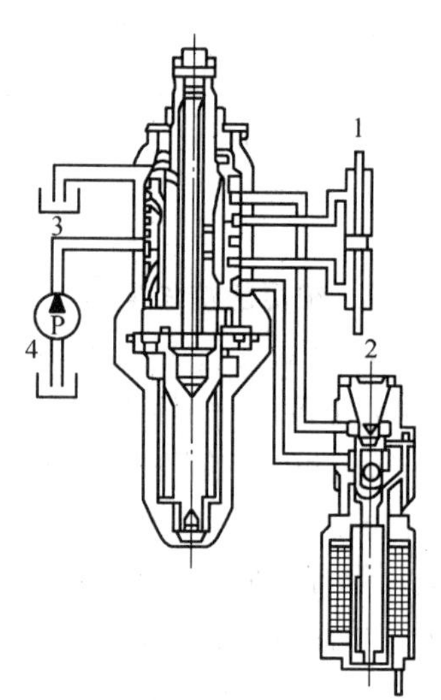

图 8-14 转子阀及电磁阀断面图
1—动力缸 2—电磁阀 3—油箱 4—泵

（2）电磁阀 电磁阀的结构如图 8-14 所示，该阀设有按控制上下流量的旁通油道，是可变的节流阀。在低速时，向电磁线圈通以最大的电流，使可变孔关闭，随着车速升高，依次减小通电电流，可变孔开启；在高速时，开启面积达到最大值。该阀在左右转向时，油液流动的方向可以逆转，所以在上下流动方向中可变小孔必须具有相同的特性。为了确保高压时流体有效作用于阀，必须提供稳定的油压控制。

（3）电子控制单元 电子控制单元接受来自车速传感器的信号，控制向电磁阀和电磁线圈输出电流。控制系统的电路如图 8-16 所示。

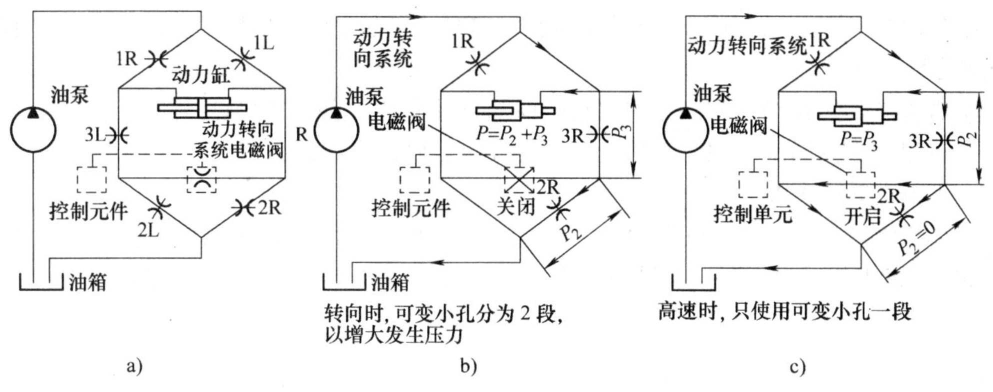

图 8-15　控制阀的等效液压回路图

a）常规行驶　b）转向行驶　c）高速行驶

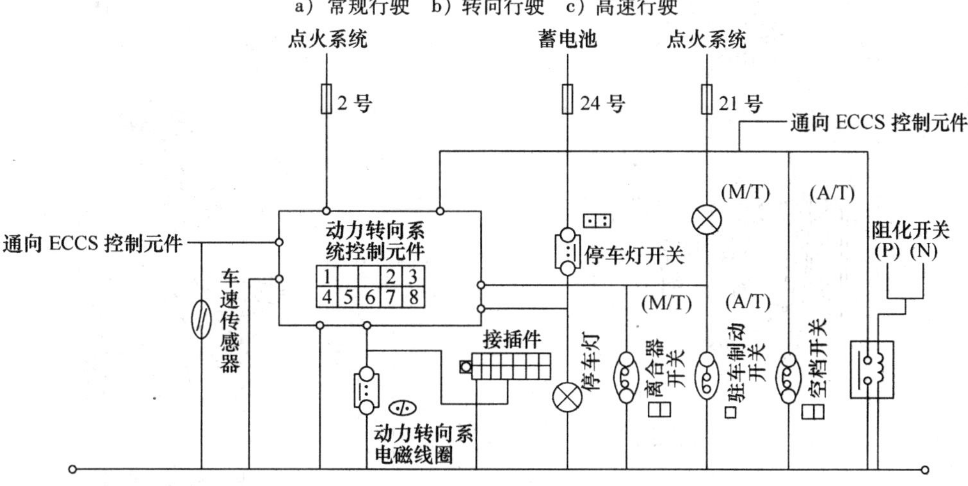

图 8-16　控制系统的电路

8.2.2　电动式 EPS

1. 电动式 EPS 的组成

电动式 EPS 主要由 EPS ECU、电动机、转矩传感器、车速传感器（一般安装在变速器输出轴上）等组成，如图 8-17 所示。系统中，电动机通过电磁离合器与转向小齿轮相连，直接驱动转向小齿轮实现转向助力。

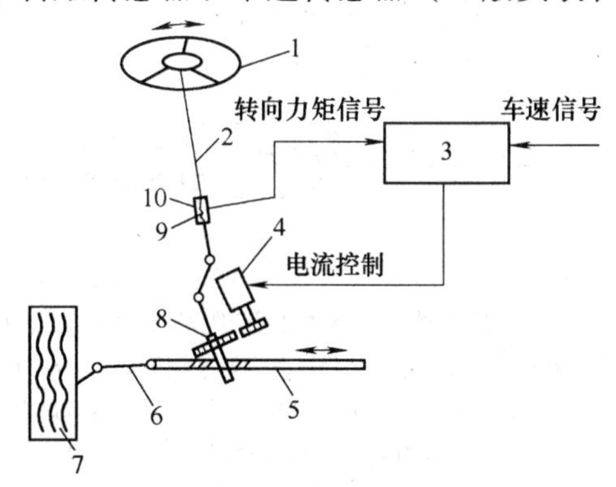

图 8-17　电动式 EPS

1—转向盘　2—转向轴　3—EPS ECU　4—电动机　5—齿条　6—横拉杆　7—转向轮　8—转向小齿轮　9—扭杆　10—转矩传感器

2. 电动式 EPS 的优点

1）将电动机、离合器、减速装置、转向杆等各部件装配成一个整体，这既无管道也无控制阀，使其结构紧凑、质量减小。一般电动式 EPS 的质量比液压式 EPS 的质量轻 25% 左右。

2）没有液压式动力转向系统所

必需的常运转转向油泵，电动机只是在需要转向时才接通电源，所以动力消耗和燃油消耗均可降到最低。

3）省去了油压系统，所以不需要给转向油泵补充油，也不必担心漏油。

4）可以比较容易地按照汽车性能的需要设置、修改转向助力特性。

3. 三菱电动式 EPS

图 8-18 所示为三菱微型汽车用齿轮助力式 EPS 的结构。系统中的电子控制装置可根据车速和转向盘上的操纵力，控制转向助力机构内的电动机，实现转向助力控制。

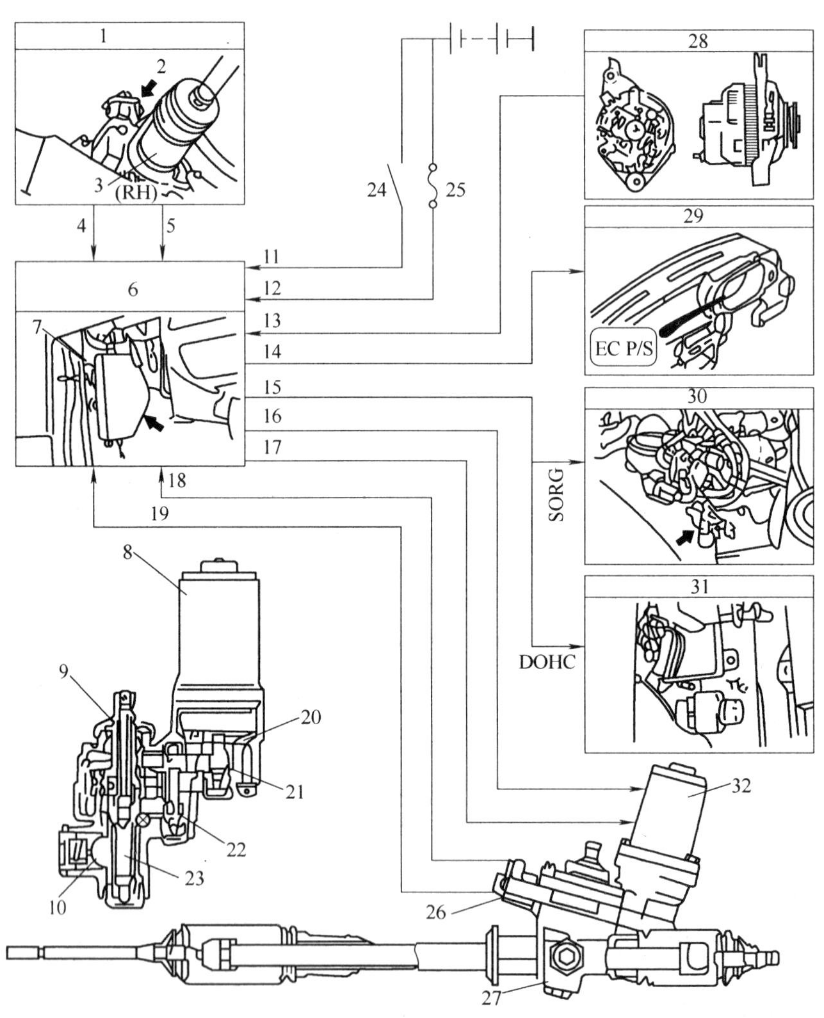

图 8-18　三菱微型汽车用齿轮助力式 EPS

1—车速传感器　2—速度表引出电缆的部位　3—传动轴　4—车速信号（主）　5—车速信号（副）　6—电子控制装置　7—副驾驶人脚下部位　8—电动机　9—扭杆　10—齿条　11—点火电源　12—蓄电池　13—发电机信号　14—指示灯电流　15—提高怠速电流　16—电动机电流　17—离合器电流　18—转矩信号（主）　19—转矩信号（副）　20—离合器　21—电动机齿轮　22—传动齿轮　23—小齿轮　24—点火开关　25—熔丝　26—转矩传感器　27—转向器齿轮总成　28—交流发电机　29—指示灯　30—怠速提高电磁阀　31—发动机控制组件　32—电动机与离合器

该系统在其设定的车速以上转向时，就变成了普通的转向系统。如果系统出现故障，自我修正功能就会发挥作用，断开电动机的输出电流，使其变成普通的转向系统。同时，速度表内的警报灯亮，以通知驾驶人系统发生故障。

齿轮助力式 EPS 主要部件的结构及工作原理：

（1）电动机、离合器和减速机构　助力电动机、离合器与转向传感器均安装在转向器内。电子控制装置根据车速和转向盘的转动状况，向电动机和离合器输出控制电流，电动机的旋转力矩经减速机构传给转向小齿轮，实现转向助力。

直流电动机最大的通过电流为 30A，在发动机不起动时，EPS 由蓄电池供电，怠速时由发电机供电。因此，EPS 工作时，发动机处于高怠速工作状态。行星齿轮式减速机构如图 8-19 所示。

行星小齿轮 A 固定在输入轴上，行星小齿轮 B 固定在小齿轮轴上。转矩传感器的轴通过滑阀与输入轴侧的内齿圈 A 相连，小齿轮侧的内齿圈 B 通过连接销固定在齿轮箱上。通过这两级行星齿轮，扭杆的扭转角（与操纵力成正比）经内齿圈 A 传递到转向传感器上。离合器是由电磁铁和弹簧离合器构成的。

（2）转矩传感器　转矩传感器是通过扭杆将转动转向盘时的转矩变为转角信号输送给电子控制装置的。一般扭杆的扭转角度设定为 46°左右，而且由于采用行星齿轮机构，使转矩传感器的检测精度提高。

（3）车速传感器　车速传感器的结构如图 8-20 所示。电磁感应式车速传感器安装在变速器上，传感器根据车速的变化，把两个系统（主、副）的脉冲信号输送给 ECU。传感器每转动一圈将产生 8 个脉冲信号，由于是两个系统，故信号的可靠性提高了。

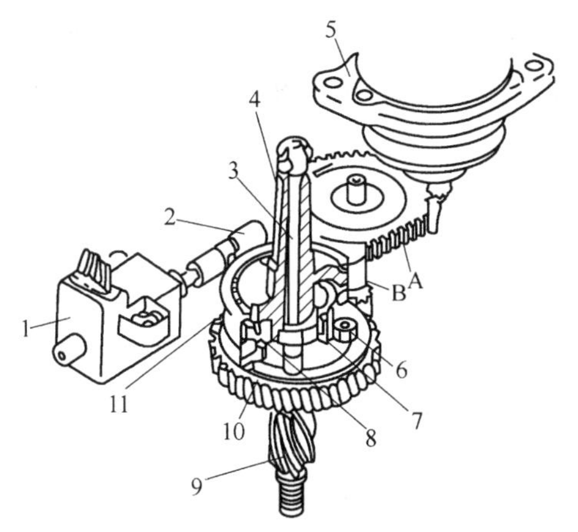

图 8-19　电动机与行星齿轮间的传动关系

1—转矩传感器　2—转轴　3—扭杆　4—输入轴　5—电动机与离合器　6—行星小齿轮 B　7—太阳轮　8—行星小齿轮 A　9—小齿轮　10—内齿圈 B　11—内齿圈 A

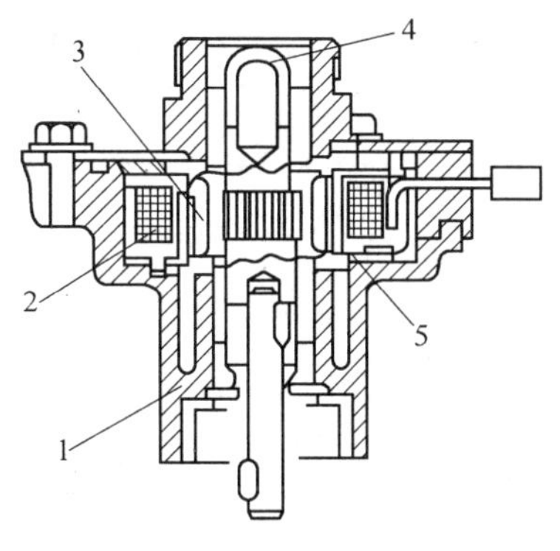

图 8-20　车速传感器的结构

1—壳体　2—定子线圈　3—磁极　4—下侧定子　5—定子

当车速传感器有故障时，由于没有车速信号输送给电子控制装置，故系统处于安全状态，系统变为普通转向系统的工作状态。

(4) 交流发电机L端子。交流发电机L端子电压输送给电子控制装置，用于判断发动机是否开始转动。

(5) 电子控制装置。电子控制装置由一个微型计算机、一个半导体芯片（MC6805）及其外围电路组成。电子控制装置的电路如图8-21所示。

该系统的电子控制系统如图8-22所示。具体工作情况为：

1）点火开关接通（ON）时，给电子控制装置加上电源（即接通电子控制装置与蓄电池），电动转向系统开始工作。

2）在发动机起动的同时，交流发动机L端子电压输送给电子控制装置感知发动机的起动状态，使电动转向系统变为工作状态。

3）在汽车行驶过程中，电子控制装置根据车速传感器和转矩传感器送来的电信号，经过对比运算后，向电动机和电磁离合器发出控制指令（电信号），给电动机通以相应的电流而转动，电动机输出轴经减速机构对转向小齿轮助力。

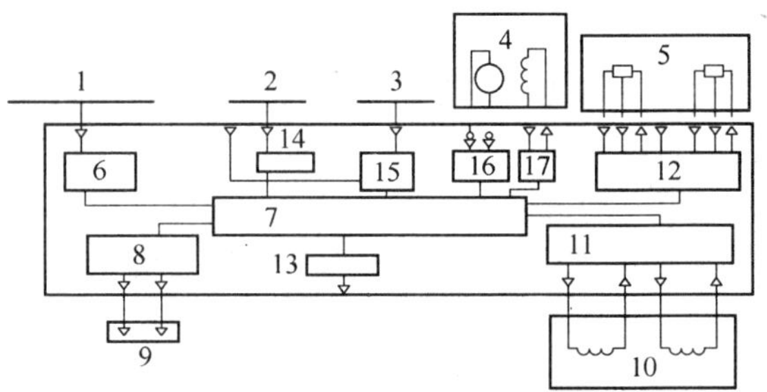

图8-21　电子控制装置的电路

1—点火开关　2—交流发电机L端子　3—熔丝　4—电动机和离合器总成　5—转矩传感器（主、副）　6—保险控制　7—计算机（MC6805）芯片　8—传感器传动装置　9—诊断用端子　10—车速传感器　11—车速的增减与基准车速比较电路　12—转向盘转矩与转角信号处理电路　13—电动机工作监测电路　14—发电机工作状态检测电路　15—电源　16—电动机正反转控制电路　17—电磁离合器驱动电路

电动机控制电流值分为6种，如图8-23所示。车速在30km/h以上时，电子控制装置切断离合器和电动机电流，使离合器分离，电动机停止工作，电动转向系统变为普通转向系统；车速在27km/h以下时，电子控制装置使离合器通电接合，电动机通电运转，系统变为电动式动力转向系统。

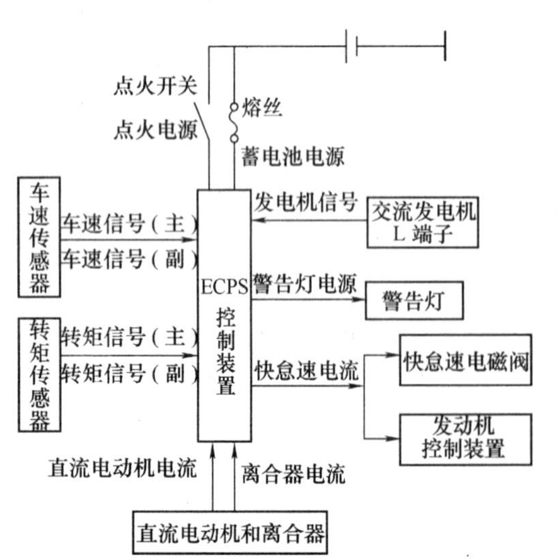

图8-22　三菱微型汽车电动式EPS电子控制系统

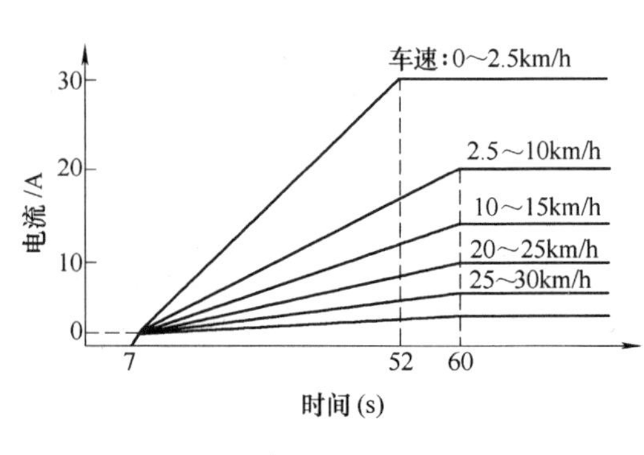

图8-23　电动机电流的控制

8.2.3　四轮转向系统

所谓四轮转向（4 Wheel Steering，4WS）汽车，是指4个车轮都是转向车轮的汽车，或4个车轮都能起转向作用的汽车。四轮转向系统可改善汽车行驶时的操纵性。

1. 汽车转向特性

1）4WS汽车低速转向特性。汽车在低速转向行驶时，后轮相对于前轮发生反向偏转，如图8-24所示，并且偏转角度应随转向盘转角增大而在一定范围内增大。在汽车急转弯、掉头行驶、避障行驶或进出车库时，4WS使汽车转向半径减小，机动性能提高。这时，四轮转向汽车可以轻松地通过两轮转向汽车需多次反复倒车才能通过的地方。

2）4WS汽车高速转向特性。汽车在高速行驶转向时，后轮相对于前轮发生同向偏转，如图8-25所示。在汽车通过曲率不大的弯道或汽车变道行驶时，4WS使汽车车身的横摆角度和横摆角速度大为减小，使汽车高速行驶的操纵稳定性显著提高。相当多的汽车把改善汽车操纵性能的重点放在提高汽车高速行驶的操纵稳定性上，而不过分追求汽车低速行驶的机动性和减小汽车转弯半径，因此，一些四轮转向汽车在中、低速行驶时只用前轮转向，当车速超过一定限值（如55km/h）后，后轮转向机构才投入工作，并且后轮只保持与前轮同向偏转。

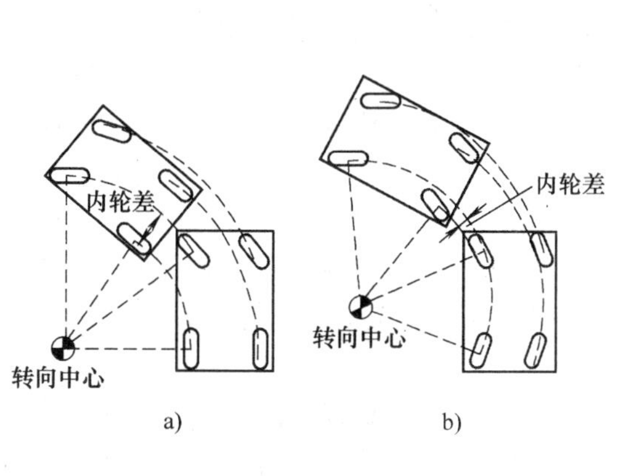

图8-24　低速转向特性
a）2WS汽车　b）4WS汽车

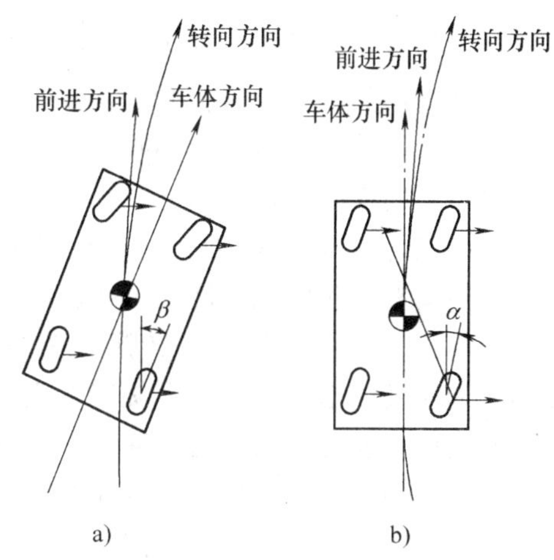

图8-25　高速转向特性
a）2WS汽车　b）4WS汽车

2. 转向角比例控制四轮转向系统

转向角比例控制就是后轮转角与前轮转角成比例，即在低速区前、后轮逆向，而在中高速区前、后轮同向。在中高速区的转向操纵应使前、后轮平衡稳定并处于恒定转向状态，汽车的前进方向和车体的朝向就能一致，并能得到稳定的转向性能。

（1）系统组成　图8-26所示为丰田汽车转向角比例控制四轮转向系统。该系统前、后轮的转向机构进行机械连接。转向盘的转动传到前转向器（齿轮齿条式），齿条使前转向横拉杆做左右运动以控制前轮转向，同时，输出小齿轮旋转，通过连接轴将动力传递到后转向齿轮箱中，后轮的转角与转向盘的转角成比例变化，并让其在低速转向时与前轮反向转动；在中高速行驶时，后轮与前轮同向转动。

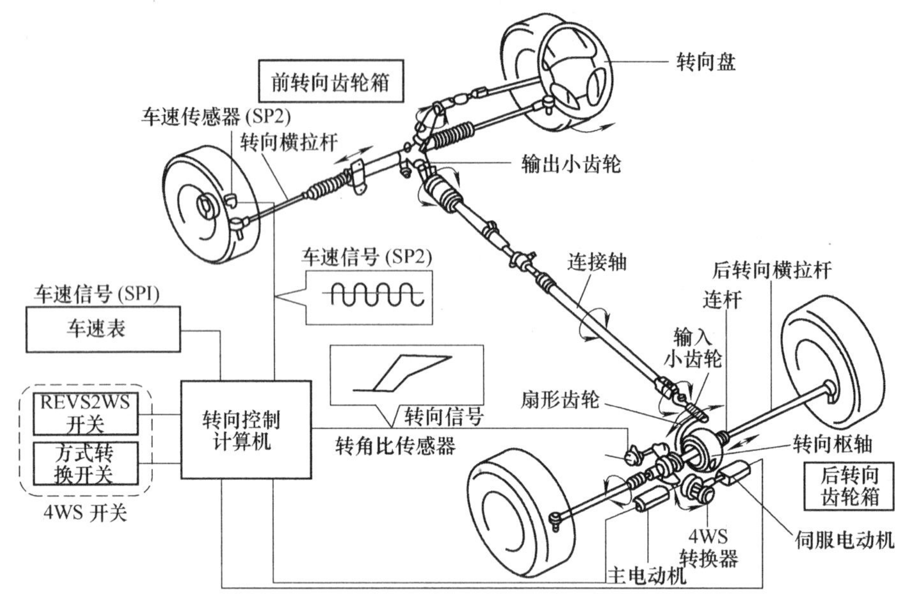

图 8-26　丰田汽车转向角比例控制四轮转向系统

这种控制方式可以使汽车在中、高速转向行驶时，前、后轮保持相对稳定的平衡，让汽车的前进方向与其车身的方向保持一致，从而获得稳定的转向特性。在转向初期的过渡阶段，由于从一开始，前、后轮都同时产生侧偏力，使得车身的公转运动早于其自转的横摆运动，与两轮转向汽车的转向相比，其转向方向的偏差要小得多。

1）转向枢轴。转向枢轴在后转向齿轮箱中，实际上是一个大轴承，如图 8-27a 所示。它的外圈与扇形齿轮做成一体，可绕转向枢轴左右倾斜运动，内座圈与一个突出在变换杆上的偏心轴相连，变换杆由 4WS 转换器中的电动机驱动，可绕其旋转中心正、反向运动，并可使偏心轴在转向枢轴内上、下旋转 55°角。

与连接杆相连的输入小齿轮向左或向右转动时，旋转力就传到扇形齿轮上，扇形齿轮带动转向枢轴并通过偏心轴使变换杆左右摆动。变换杆的左右摆动使后转向横拉杆移动，从而带动后万向节臂转动，使后轮转向。

如图 8-27b 所示，当偏心轴的前端与转向轴左右旋转中心一致时，可使转向枢轴左右倾斜，连杆完全不动，此时后轮处于中间位置。当偏心轴的前端位于转向枢轴旋转中心上方或下方，并有一定的偏距时，转向枢轴的左右倾斜就会使连杆产生较大的位移量。当偏心轴的前端处于转向枢轴的上方时，则后轮相对前轮反向转动；若偏心轴的前端处于转向枢轴的下方，则后轮相对前轮同向转动。

转向枢轴转角与连杆的转角左右移动量的关系如图 8-27c 所示。

2）4WS 变换器。四轮转向汽车的变换器结构如图 8-28 所示。该变换器由主电动机与辅助电动机组成的驱动部分、行星齿轮组成的减速部分和使变换杆转动的蜗杆构成。一般情况下，主电动机工作，辅助电动机不工作。辅助电动机的输出轴与行星齿轮机构中的太阳轮相连，主电动机输出轴与行星齿轮相连，而行星齿轮机构中的齿圈就成为变换器的输出轴。平时，太阳轮固定，与主电动机相连的行星齿轮轴转动，也就是说，行星齿轮一边围绕太阳轮公转，一边自转，同时带动四轮转向变换器输出轴的齿圈转动。

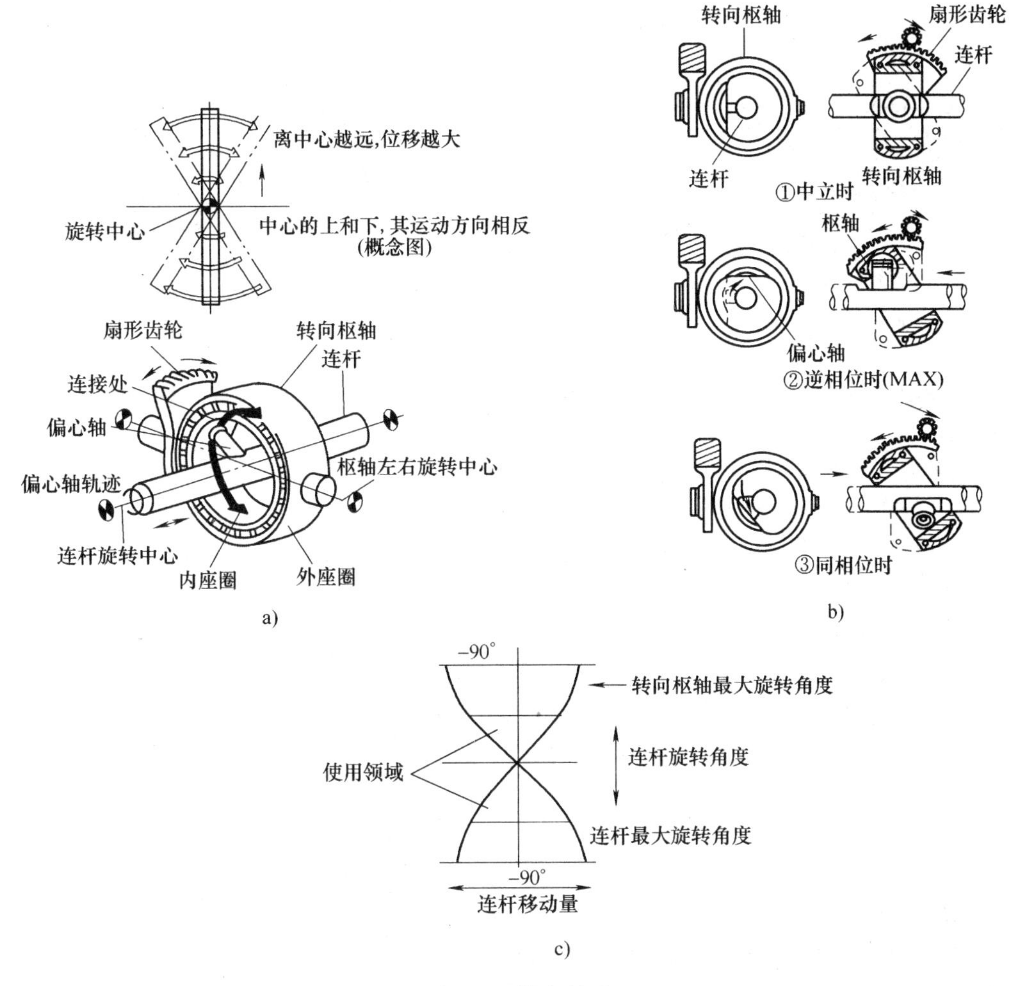

图 8-27　转向轴承

a）转向轴承的构造　b）偏心轴与枢轴的相对运动

c）枢轴的转角与连杆移动量的关系

当主电动机不工作时，行星齿轮就成为一个中介的惰轮（只自转，不公转），直接将辅助电动机的转动传给齿圈，从而带动变换杆同向转动。

3）车速传感器。4WS 电子控制装置根据车速传感器检测到的车速去控制后轮转向角和相位。汽车中通常所使用的车速传感器与车速表传感器和 ABS 控制系统中所提及的车速传感器相同。

4）转角比传感器。转角比传感器安装在执行器上。转角比传感器采用一个可变电阻，如图 8-29 所示。通过检测转角比传感器输出的电压值，可得出执行器的状态和转向情况、转向比例以及根据前轮转向情况所得到的后轮最大偏转量。

（2）4WS 控制原理　图 8-30 所示的是电子控制装置的控制原理图。电子控制装置根据转角传感器、车速传感器的输入信号，可进行如下的控制。

1）转角比控制。图 8-31 所示为转角比控制，根据行驶车速控制主电动机，从而实现对转角的控制。驾驶人可使用四轮转向模式切换开关，选择“NORMAL”或“SPORT”模式。

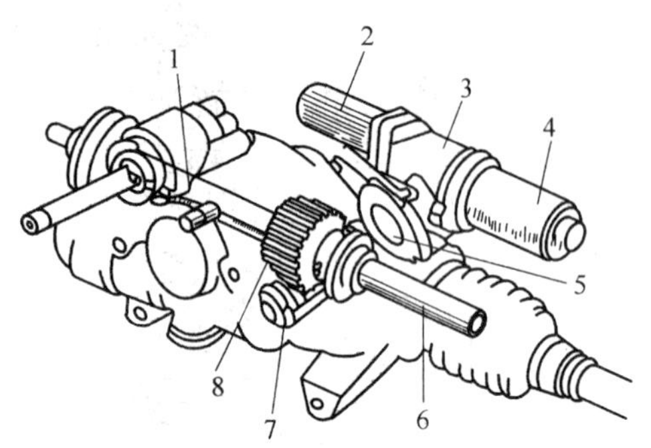

图 8-28 4WS 汽车的变换器结构
1—偏心轴 2—辅助电动机 3—4WS 变换器
4—主电动机 5—4WS 变换器输出轴 6—连接杆
7—蜗轮 8—转角比检测用齿轮

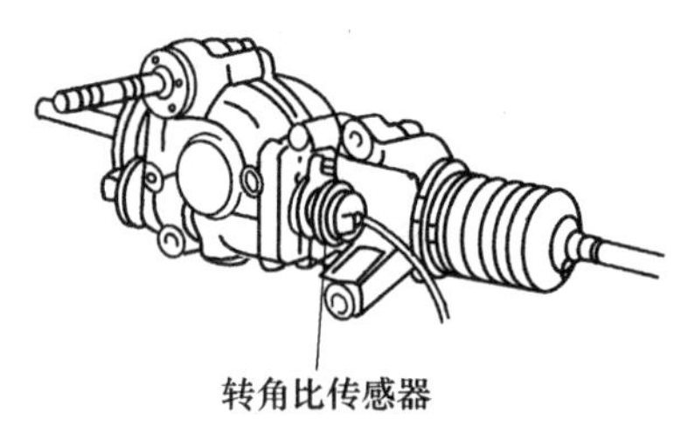

图 8-29 转角比传感器

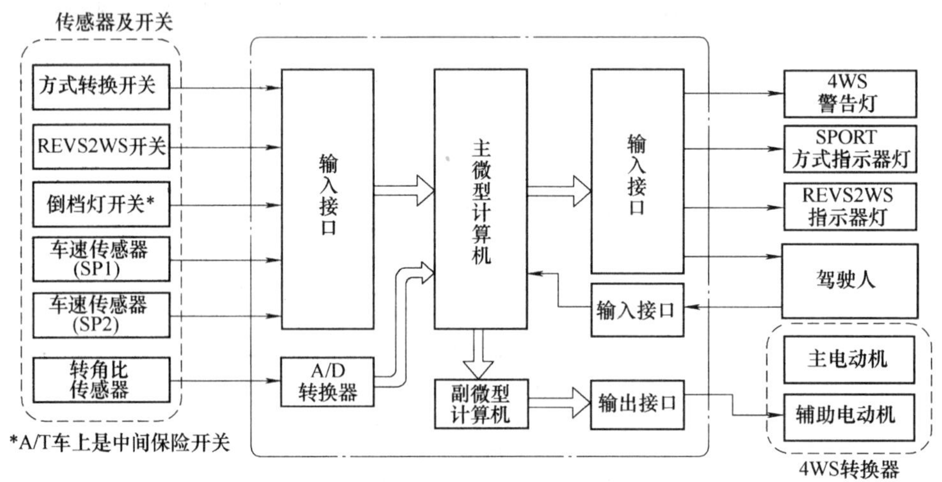

图 8-30 转向角比例控制四轮转向控制框图

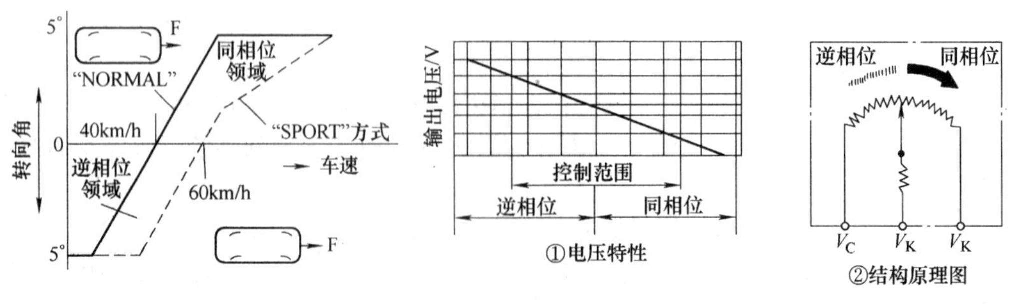

图 8-31 转角比控制
a）转角量控制图 b）转角比传感器特性

控制系统输入的车速信号主要来自车速表的速度传感器，另外，任一前轮的 ABS 轮速传感器中的轮速信号都可作为反馈信号输入控制系统。同时，输入给电子控制装置的信号还包括由转角比传感器检测出的后转向器中连杆的转动角度信号和由横摆运动产生的车身回转角模拟电压信号。

2）两轮转向选择功能。当两轮转向选择开关设定在 ON，且变速杆挂入倒档位置时，后轮转向量就被设置为零。

3）故障诊断控制。当系统发生异常情况时，防误操作控制会进行如下的处理：使驾驶室内的“四轮转向警告灯”亮，告知驾驶人已出现异常情况；同时，将发生异常情况的部位存储到电子控制装置中。

①主电动机异常：此时，驱动辅助电动机，仅利用转角控制图中“NORMAL”模式的同向转向部分，进行与车速相对应的转角比控制。

②车速传感器异常：使用 SP_1、SP_2 中输出的较高车速值，通过主电动机仅进行同向转向的转角比控制。

③转角比传感器异常：利用辅助电动机，驱动到同方向的最大值，然后，中止其后的控制。若此时辅助电动机异常，则用主电动机完成上述工作。

④电子控制装置异常：利用辅助电动机，驱动到同方向的最大值，然后停止其后的控制，此时要避免出现反方向转向。

3. 横摆角速度比例控制 4WS

横向偏转角比例控制四轮转向系统中的横向摆动率反馈控制单元，利用横向摆动率传感器检测车辆转向，随后产生反馈信号抵消拐弯力以控制后轮转向，使汽车能主动适应行驶中横向摆动率的变化，确保车辆行驶的稳定性。

（1）系统组成　图 8-32 所示为 1991 年丰田 Soara 型轿车上装用的 4WS。它根据检测出的车速横摆角速度来控制后轮的转向量。因为通过横摆角速度可直接检测出车身的自转运动，因此，根据检测出的数值对后轮的转角作相应的增减，就可能从转向初期开始使车身方向与前进方向之间的误差非常小，又由于它能直接感知到车辆的自转运动，因此，即使有转向以外的力（如横向风等）引起车身自转，它也能马上感知到，并可迅速通过对后轮的转向控制来抑制自转运动。

系统中使用多个传感器感知转向信息和汽车行驶状况，并用新开发的后轮转向执行机构主动控制后轮的转向角度。

此系统主要由以下两个控制模块组成：一个是纯机械转向控制模块，作用是改善低速下的操纵性；另一个是电子转向控制模块，它不仅用来改善中、高速时的操纵性和稳定性，而且也用来提高抗外来干扰的能力。

1）前轮转向机构。前轮转向机构如图 8-33 所示。转向盘的转动传到转向器中的齿轮齿条上，齿条端部的移动又使控制齿条左右移动带动小齿轮转动，使与小齿轮做成一体的前滑轮产生正、反方向的转动。滑动轮的转动通过转角传动钢丝绳传递到后轮转向机构中的滑轮上。控制齿条存在一个不敏感行程，转向盘左右约 250°以内的转角正好处于此范围内。因此，在此范围内将不会产生与前轮连动的后轮转向。由于高速行驶时不可能产生这样大的转角，所以事实上，高速行驶时的后轮仅由脉动电动机控制转向。

2）后轮转向机构。后轮转向机构如图 8-34 所示。在机械转向时，钢丝绳的行程一传到

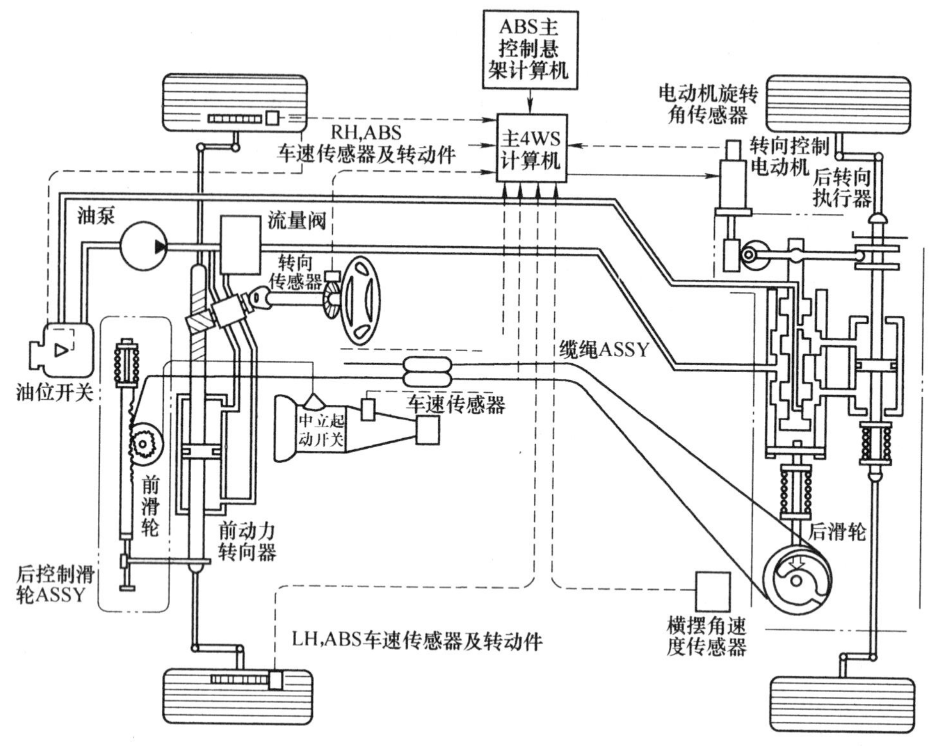

图 8-32　横摆角速度比例控制 4WS

后滑轮，就带动控制凸轮转动，凸轮随动件就沿凸轮的轮廓线运动，使阀管左右移动。当转向盘向左转动时，后滑轮向右移动。此时凸轮的轮廓线是向半径减小的方向转动，将凸轮随动件拉出，使阀管向左边移动。当转向盘向右转动时，与上述相反，凸轮的轮廓线向半径增大的方向转动，把凸轮随动件推向里面，使阀管向右移动。来自高压油泵的压力油油路根据阀管与阀轴的相对位移进行切换。当转向盘左转时，阀管向左方移动，将来自油泵的高压油输进液压缸的右室，驱动动力活塞向左移动。此时，与活塞做成一体的液压缸就被推向左方，带动后轮向右转向。相反，当前轮向右转向时，动力活塞被推向右方，带动后轮向左转向。总之，不管是哪一种情况，后轮都是反向转向。

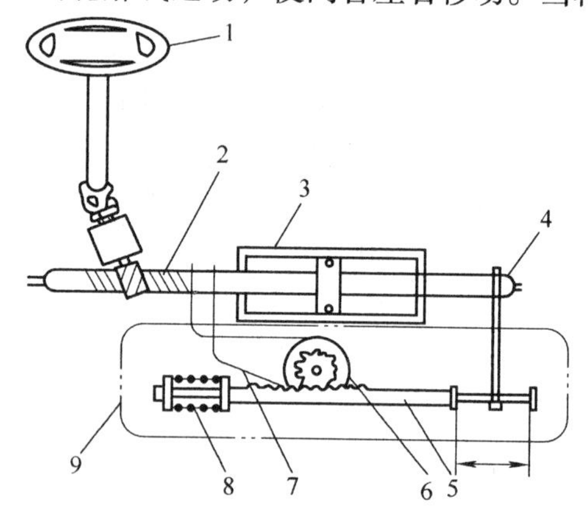

图 8-33　前轮转向机构

1—转向盘　2—齿轮齿条　3—转向齿轮油缸　4—齿条端部　5—控制器齿条　6—前滑轮　7—钢丝绳　8—复位弹簧　9—滑轮驱动

在电动转向时，阀管固定不动，此时，根据由脉动电动机驱动的阀控制杆的左右摆动，使阀轴左右移动，从而引起动力活塞的左右运动，其动作原理与上述机械转向一样。脉动电动机根据 ECU 的指令，可进行正、反向转动，因此它可完成与前轮转向无关的后轮转向操作。

（2）控制形式　与前轮的转向量相对应，后轮的转角控制形式可分为下述的大转角控制与小转角控制两种。

1）大转角控制（机械式转角控制）。当前轮转角处在不敏感范围内时，阀轴与阀管的相对位置处于中间状态。因此，从油泵来的油液就流回到储油器中，动力液压缸中的左、右室仅存较低油压，液压缸轴就在回位弹簧的作用下，处于中间位置。

如图8-35所示，当前轮左转时，阀管向左移动，与阀轴之间就产生了相对位移，a部与b部的节流面积缩小，高压就作用到动力液压缸的右室，将动力活塞推向左方，使后轮向右转向。此时，液压缸轴也向左方移动，由于脉动电动机没有起动，阀控制杆就绕支点A转动，带动阀轴移动到比B点更左边的B'点。由于这个原理，已缩小的a部与b部的节流面积又增大，使动力液压缸右室内的压力下降。其结果是，当液压缸轴移动到目标位置后，a部与b部的节流面积正好达到与由车轮产生的外力相平衡的位置，从而使后轮不产生过大的转向。

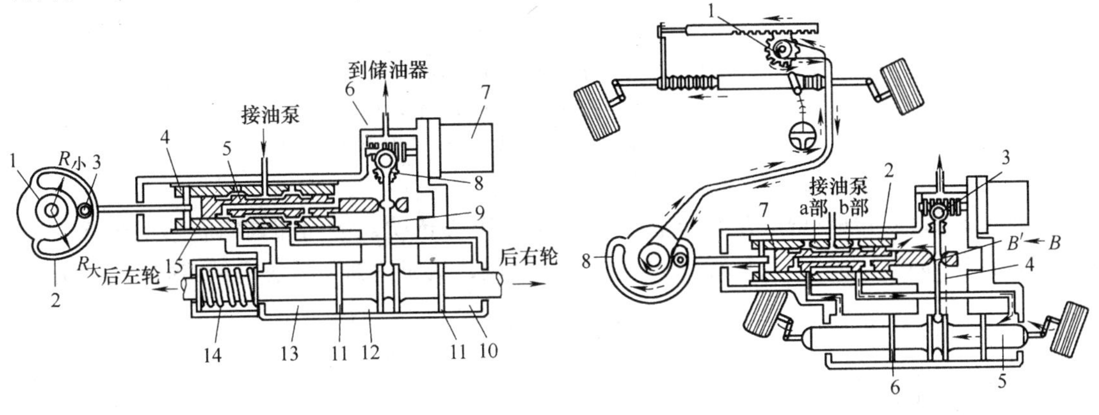

图8-34　后轮转向机构

1—后滑轮　2—控制器凸轮　3—凸轮随动件　4—阀管衬套　5—阀轴　6—驱动齿轮　7—脉动电动机　8—从动齿轮　9—阀控制杆　10—右室　11—活塞　12—液压缸轴　13—左室　14—回位弹簧　15—阀管

图8-35　大转角控制（反向转向）

1—后控制器滑轮　2—滑轴　3—支点A　4—阀控制杆　5—液压缸轴　6—活塞　7—阀管　8—后控制器凸轮

在外力发生变化时，液压缸轴也会产生微量的移动变化，并立刻引起阀控制杆对阀轴产生一个相应的反馈量，变化到与外力相平衡所需的活塞压力的节流面积，使其始终保持平衡。

2）小转角控制（电动转角控制）。由于要将脉动电动机的旋转运动转变为阀轴的直线运动，使用了一种将螺旋齿轮与曲轴相互接合而构成的机构。脉动电动机的旋转由一个蜗轮传送给从动齿轮，再通过曲轴使阀控制杆摆动。从动齿轮左转时，阀控制杆的上端支点A以从动齿轮的中心点O为转动中心向A'点摆动。在脉动电动机起动的瞬间，后转向轴还没有移动，因此阀控制杆就以C点为中心向左方摆动，使杠杆的中间点B移到B'点位置，带动阀轴移向左方。在钢丝绳没有动作的时候，阀管是固定不动的，因此阀轴的移动就使阀管、阀轴之间产生相对位移，如图8-36所示，a部以及b部的节流通道收缩，使高压作用到液压缸左室。

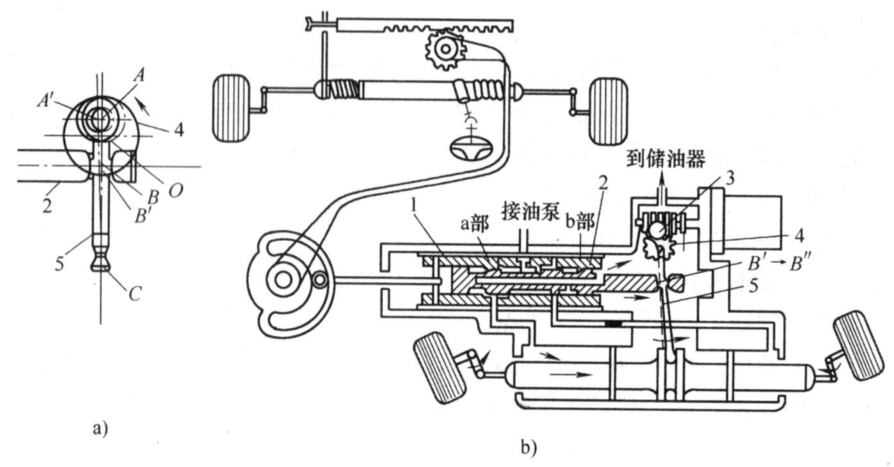

图 8-36　小转角控制（同向转向）

a）反馈杆的工作原理　b）整体工作原理

1—阀管　2—滑轴　3—支点 A　4—从动齿轮　5—阀控制杆（反馈杆）

当液压缸轴向右移动时，反馈杆就以支点 A' 为中心转动，带动阀轴向右移动到 B''。这个移动又使 a 部和 b 部的节流通道变大，使油压降低，从而达到与上述机械转向时一样的平衡。

8.3　能力训练

8.3.1　训练环境条件要求

1. 安全、整洁的汽车维修车间或模拟汽车维修车间。
2. 齐全的消防用具及个人防护用具。
3. 汽车维修举升机、汽车电脑诊断仪及各种常用工具。
4. 带电控动力转向的车辆。
5. 四轮定位仪。
6. 电控动力转向检修专用工具。

8.3.2　能力训练任务

任务十三　电控动力转向系统故障诊断与检修

1. 丰田轿车电控动力转向系统的故障诊断与检修

(1) 电子控制系统的故障排除　丰田轿车电控转向的电子控制系统如图 8-37 所示，ECU 插接器如图 8-38 所示。

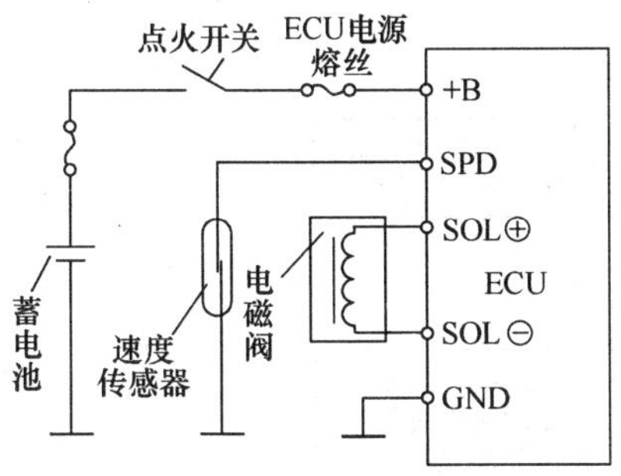

图 8-37　电控动力转向的电子控制系统

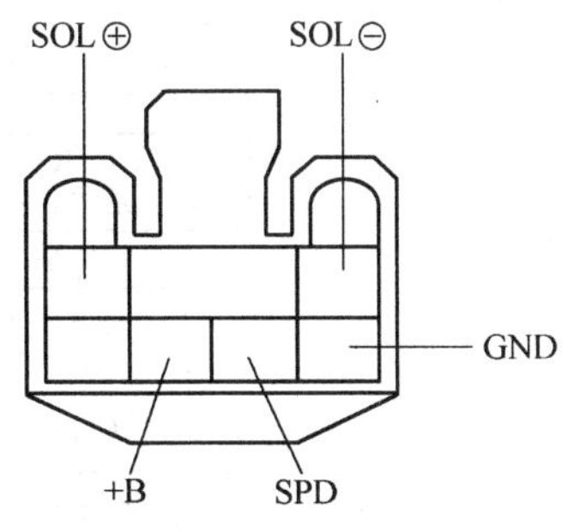

图 8-38　ECU 插接器

1）电子控制系统常见故障现象：

①怠速或低速行驶时转向困难。

②高速行驶时转向太灵敏。

2）初步检查：

①检查轮胎气压。

②检查悬架与转向连接件之间的润滑。

③检查前轮定位。

④检查转向系统接头及悬架臂球接头。

⑤检查转向柱管是否弯曲。

⑥检查是否所有接头均牢固可靠。

⑦检查动力转向泵液压。

3）故障诊断流程图。图 8-39 所示为丰田轿车电控转向的电子控制系统的故障诊断流程。

（2）电子控制部件的检查

1）电磁阀的检查：

①拆下电磁阀插接器。

②测量电磁阀端子 SOL + 与 SOL - 之间的电阻，电阻值应为 6.0 ~ 11.0Ω。

③接上电磁阀插接器。

④从齿轮座上拆下电磁阀。

⑤将蓄电池正极接电磁阀端子 SOL +，将电池负极接电磁阀端子 SOL -，电磁阀的针阀应缩进大约 2mm；否则，更换电磁阀。

⑥安装电磁阀。

⑦动力转向管路放气。

2）力转向 ECU 的检查：

①支起汽车。

②拆下杂物箱（注意不要拔出 ECU 的插接器）。

③起动发动机。

④发动机怠速运转，用万用表测量 ECU 的端子 SOL - 与 GND 之间的电压。挂上档使车速达到 60km/h，再测量 ECU 的端子 GND 和 SOL - 之间的电压。标准电压为 0.07 ~ 0.22V；否则，更换 ECU。

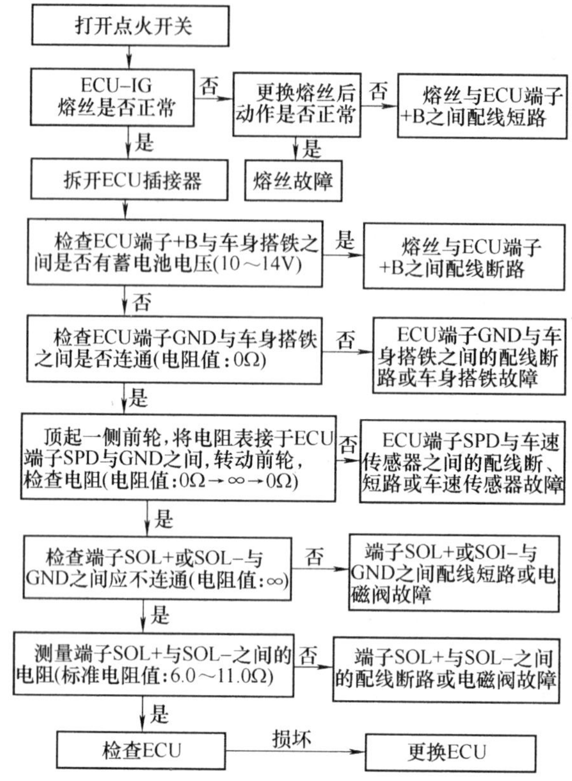

图 8-39　丰田轿车电控转向的电子控制系统的故障诊断流程

⑤装回杂物箱。

⑥放下汽车。

2. 三菱汽车电控动力转向系统的故障诊断与检修

（1）电控动力转向系统诊断

1）EPS 警告灯的检查。系统正常时，打开点火开关（ON），EPS 指示亮，发动机起动后指示灯熄灭。如果打开点火开关后指示灯不亮，应检查灯泡是否损坏、熔丝和配线是否断路；如果发动机起动后，指示灯仍亮，应考虑系统是否处于失效保护状态（只有常规转向工作，无转向助力），然后进行自诊断操作。

2）EPS 自诊断操作。将万用表直流电压档的正极探针接诊断插座的 2 号端子，负极探针搭铁，如图 8-40 所示。打开点火开关（ON），观察万用表指针的摆动，读取故障码。如果有多个故障码，故障码将由小到大顺序显示。故障码波形如图 8-40b 所示，各故障码含义见表 8-1。

（2）电控动力转向系统故障码分析

1）故障码 41 的检查：

①起动发动机，不转动转向盘，观察故障码是否再次出现。如果再现，则按照故障码表检查有关部件；否则，按下述第④项检查。

②拆下电动机配线插接器，用万用表测量电动机的两接线端子之间和端子与搭铁（外壳）之间的电阻，检查其导通状态。正常情况下，电动机两接线端子之间应导通，若不导

通，则表明内部断路；电动机接线端子与搭铁（外壳）之间应不导通，否则，表明两接线端子与外壳之间短路。

③若电动机及其接线端子均正常，应检查转向器总成到ECU之间的配线是否良好（用手晃动配线插接器，检查是否松动)。若配线正常，则表明ECU不良。

④检查导线无异常时，进行行驶试验。若故障码不再现，转动转向盘，检查电动机的工作状态。

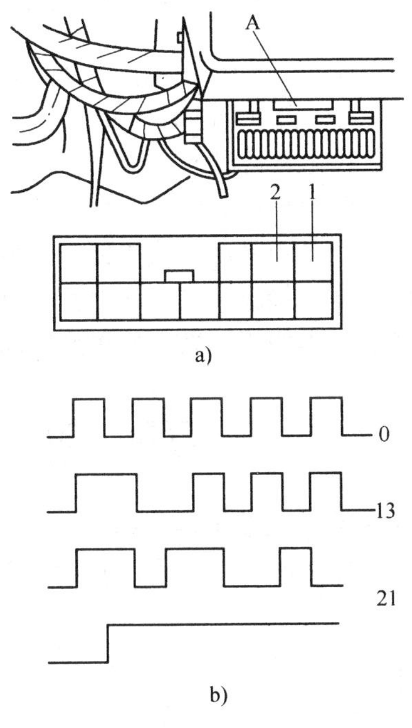

图8-40　4自诊断操作

a）自诊断插接器　b）故障码输出波形

1—多点燃油喷射端子　2—电动助力转向端子　A—连接片

表8-1　三菱微型汽车EPS故障码表

故障码	检查诊断项目
0	正常
11	转矩传感器(主)
12	转矩传感器(副)
13	转矩传感器(主、副侧电压差过大)
21	车速传感器(主)
22	车速传感器(主、副侧压差过大)
23	车速传感器(主)电压急减
31	交流发电机L端子
41	直流电动机
42	直流电动机电流
43	直流电动机过电流
44	直流电动机锁止
51	电磁离合器
54	EPS控制装置
55	转矩传感器E/F回路不良
—	EPS控制装置(ECU)不良

2）故障码42的检查：

①起动发动机，用1rad/s以下的速度转动转向盘，观察故障码是否再现，如果不再现，按（2）中所述检查配线无异常时，通过行驶进行再现试验。

②通过诊断，若故障码42再现，而且又发生故障码11、13时，可考虑是由转角传感器的配线或者转向机总成异常造成的。

3）故障码43的检查：起动发动机，不转动转向盘，检查故障码是否再现。如果再现，则表示ECU不良；否则，试转动转向盘，若此时故障码再现，应检查配线。

4）故障码44的检查：起动发动机，不转动转向盘观察故障码是否再现。如果再现，应检查与电动机有关的配线。若配线没有异常，用良好的ECU将原车上的ECU换下，进行对比检查判断。若故障码不再现时，将点火开关重复接通、关断6次，并使点火开关在OFF位置时的时间在5s以上。如此反复检查就能把某种故障的部位查清楚。

（3）主要部件的检查

1）转矩传感器的检查。

①检测转矩传感器线圈电阻：从转向器总成上拔开转矩传感器配线插接器，其端子排列如图 8-41b 所示。测量转矩传感器 3 与 5 端子之间、8 与 10 端子之间的电阻，其标准值应为（2. 180 ±0. 66）kΩ。若不符合要求，则为转矩传感器异常。

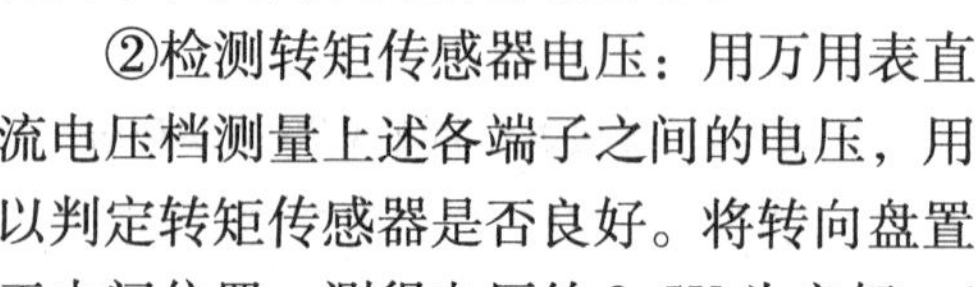

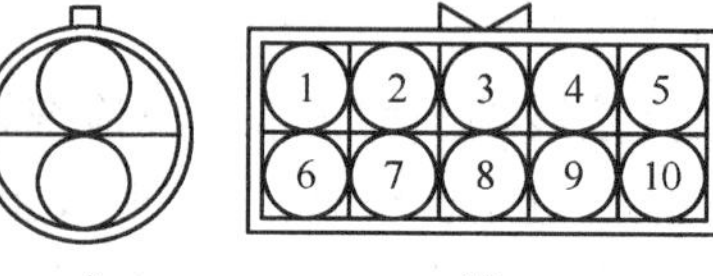

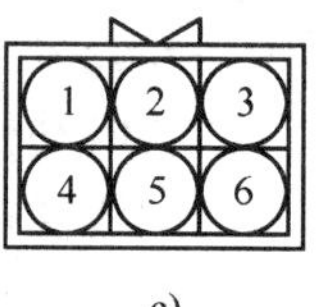

图 8-41　三菱轿车 EPS 配线插接器
a）直流电动机配线插接器　b）转矩传感器和电磁离合器配线插接器　c）车速传感器配线插接器

②检测转矩传感器电压：用万用表直流电压档测量上述各端子之间的电压，用以判定转矩传感器是否良好。将转向盘置于中间位置，测得电压约 2. 5V 为良好，4. 7V 以上为断路，0. 3V 以下为短路。

2）电磁离合器的检查。从转向器上断开电磁离合器配线插接器，其端子排列参如图 8-41b 所示。将蓄电池的正极接到 1 端子上，蓄电池的负极与 6 端子相接，在接通与断开 6 端子的瞬间，离合器应有声音。若没有声音，表明电磁离合器有故障，应更换转向器总成。

3）直流电动机的检查。从转向器上断开电动机配线插接器，其端子排列如图 8-41a 所示。给电动机加上蓄电池电压时，电动机应有转动声音。若没有声音，应更换转向器总成。

4）车速传感器的检查。

①检查车速传感器转动情况：从变速器上拆下车速传感器，用手转动车速传感器的转子检查其能否顺利运转。若有卡滞，应予以更换。

②检测车速传感器电阻：拔开车速传感器配线插接器，其端子排列如图 8-41c 所示。测量车速传感器插接器 1 与 2 端子之间、4 与 5 端子之间的电阻，其值等于（165 ±20）Ω 为良好。若与上述不符，则必须更换车速传感器。

练　习　题

一、填空题

1. 汽车转向系统可按转向能源的不同，分为________和________。

2. 动力转向系统按控制方式的不同，分为________和________。

3. 电子控制动力转向系统，根据动力源的不同分为________和________。

4. 整体式和半分开式液压动力转向系统，按照转向控制阀形式的不同可分为________、________和________等几种结构形式。

5. 根据控制方式的不同，液压式电子控制动力转向系统可分为________、________和________三种形式。

6. 电动式动力转向系统需要控制电动机电流的方向和________。

7. 电动式动力转向系统基本上是由________、________、________、________和减速机组成。

8. 液压式 EPS 是在传统的液压动力转向系统的基础上增设了________、________和________等。

二、判断题

1. 当动力转向系统发生故障或失效时，应保证通过人力能够进行转向操纵。（　　）

2. 转向油泵的作用是将发动机产生的机械能转变为驱动转向动力缸工作的液压能，再由转向动力缸驱动转向车轮。（　　）

3. 汽车直线行驶时，动力转向机构处于工作状态。（　）

4. 流量控制式 EPS 根据车速传感器信号调节动力转向装置供应的油液压力，改变油液的输入输出流量来控制转向力。（　）

5. 反力控制式动力转向系统是根据车速控制电磁阀，直接改变动力转向控制阀的油压增益来控制油压的。（　）

6. 阀灵敏度控制式 EPS 是一种直接依靠电动机提供辅助转矩的电动助力式转向系统。（　）

7. 转矩传感器的作用是测量转向盘与转向器之间的相对转矩。（　）

8. 电动式 EPS 利用直流电动机作为动力源，电子控制单元根据转向参数和车速等信号，控制电动机转矩的大小和方向。（　）

三、简答题

1. 对转向系统有哪些要求？
2. 4WS 汽车在低速和中高速时的转向特性是怎样的？
3. 简述反力控制式电子控制动力转向系统的工作原理。
4. 电动式电子控制动力转向系统的优点有哪些？
5. 简述转向角比例控制四轮转向系统的工作情况。
6. 电子控制动力转向系统检修时的初步检查内容有哪些？

模块九　电控四轮驱动系统

9.1　学习目标

【知识目标】

1. 了解电控四轮驱动系统的分类、组成与特点。
2. 掌握分动器、轴间差速器的作用、结构及工作原理。
3. 了解黏液耦合器、液力多片式离合器的工作原理与应用。
4. 了解电控四轮驱动系统的控制原理。
5. 掌握典型电控四轮驱动系统的结构、特点与工作过程。
6. 掌握电控四轮驱动系统基本故障的检测方法和步骤。

【能力目标】

1. 能够正确拆装电控四轮驱动系统并进行正确调整。
2. 能够正确诊断电控四轮驱动系统的常见机械故障与电气故障。
3. 能对电控四轮驱动系统常见故障进行检修。

9.2　知识学习

9.2.1　电控四轮驱动系统的基本认识

电控四轮驱动系统按照驱动方式的不同可以分为三种基本类型：分时四轮驱动系统、全时四轮驱动系统和适时四轮驱动系统。

1. 分时四轮驱动系统

分时四轮驱动（Part-Time 4WD）就是部分时间采用四轮驱动模式，正常时间仍采用前轮驱动或后轮驱动模式，是一种可以根据驾驶人的意愿在两轮驱动和四轮驱动之间切换选择的四轮驱动方式。

分时四轮驱动主要用于越野或在光滑的路面上行驶的情况，所以是越野汽车采用的驱动方式。分时四轮驱动系统通常由变速器、分动器、前传动轴、前桥差速器和后传动轴、后桥差速器等组成，一般不设有轴间差速器，如图9-1所示。

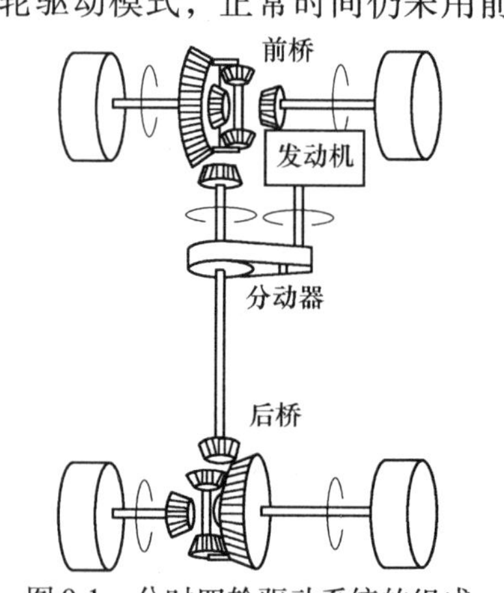

图 9-1　分时四轮驱动系统的组成

分时四轮驱动的特点是人工操作，由驾驶人根据路面情况通过接通或断开分动器来选择两轮驱动或四轮驱动模式，优点是可以根据实际情况来选取驱动模式，比较经济。采用分时四轮驱动的越野车，分动器一般都有三种驱动模式可以选择：两轮驱动高档（2H）、四轮驱动高档（4H）及四轮驱动低档（4L）。在公路上行驶使用2H模式，当遇到恶劣的路面环境（如雨雪天和多沙石路面）时选择4H模式以增强车辆的附着力和操控性，而4L模式则适合高难度的越野大驱动力驾驶。四轮驱动模式使动力作用在全部4个车轮上，从而降低了对每个轮胎附着力的要求，减小了转弯时车轮空转的几率，发动机制动能力也得以增强，极大地提高了车辆在崎岖或光滑路面上行驶时在节气门突然关闭情况下的可控性。

分时四轮驱动车辆在平时使用两轮驱动，只有在越野或冰雪溜滑路况下才使用四轮驱动。发动机输出的转矩基本是以同样的大小传递给前、后轴，当在附着力良好的路面上行驶至弯道时，由于前、后轴的转速不同，分时驱动的前、后轴之间又没有轴间差速器，就会发生一侧轮胎产生制动的感觉，所以不能在硬路面（铺装路面）上使用四轮驱动，特别是在高速急转弯时，弯道制动有可能造成车辆失控。汽车转向时，前轮转弯半径比同侧的后轮要大，路程走得要多，因此前轮的转速要比后轮快，以至4个车轮走的路线完全不一样，所以分时四轮驱动在车轮打滑时才可以挂上四驱，回到摩擦力大的铺装路面上时应马上改回两轮驱动，否则，会造成轮胎、差速器、传动轴、分动器的损坏。

分时四轮驱动属于被动式的四轮驱动系统，采用的是机械式的分动装置。常见分时四轮驱动车型有陆地巡洋舰70系列、吉普牧马人、吉普切诺基、三菱帕杰罗V32等。

2. 全时四轮驱动系统

全时四轮驱动（Full-Time 4WD）又称全轮驱动（All Wheel Drive，AWD），即全部时间都保持四轮驱动模式，不能选择退出四轮驱动状态，是常啮合式四轮驱动方式。应用全时四轮驱动系统的车型并不是为了越野行驶，而是在不良附着力的情况下（冰雪滑溜路面）提高汽车的行驶性。

全时四轮驱动系统的组成如图9-2所示。全时四轮驱动系统采用3个差速器，除了前、后桥各有一个差速器外，在前、后驱动桥之间还有一个差速器，称为轴间差速器，即图9-2中的伞齿轮式中央差速器。轴间差速器是全时四轮驱动的重要标志。

轴间差速器的作用是把驱动转矩传递给前、后车轮，同时吸收前、后车轮的转速差，从而避免了分时四轮驱动不能在硬路面使用四轮驱动的问题。

轴间差速器一般还带有差速锁止功能，也称差动限制。普通的轮间差速器可以允许左、右车轮以不同的速度转动，但当其中一个车轮空转时，另一个在良好路面上的车轮也得不到转矩，汽车就失去了行驶的动力。在这种情况下，如果把差速器通过某种方式锁死，动力就可以传递到另一个车轮，使汽车得到行驶的动力摆脱困境。这种现象轴间差速器也同样存在。汽车通过冰雪滑溜路面时，把轴间差速器锁止，防止因某一车轮打滑而使汽车失去牵引力而无法前进，等回到不滑的铺装路面时再把轴间差速器锁解开。

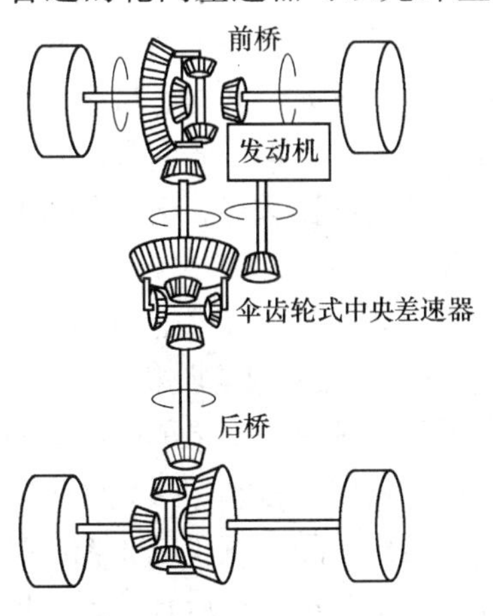

图9-2　全时四轮驱动系统的组成

轴间差动限制装置多采用黏性耦合器、液压多片式离合器或直接采用托森式差速器（Torsen LSD）。目前，有的四轮驱动汽车的前、后轮间差速器也配置了差动限制装置，以突出汽车的越野性能。

全时四轮驱动系统按照前、后转矩分配方式的不同可分为固定转矩分配式和变动转矩分配式两种。

①固定转矩分配式全时四轮驱动系统利用轴间差速器把转矩分配到前、后车轮，转矩分配比取决于轴间差速器的结构，多数为50∶50；常配置于一般的越野吉普车上，如陆地巡洋舰100系列、斯巴鲁系列、奔驰G系列、三菱帕杰罗V3000及吉普切诺基等。

②变动转矩分配式全时四轮驱动系统使汽车在行进中能适应行驶状态和路面情况的变化，自动将不同的转矩合理地分配给前、后车轮，使车轮驱动力及转向力达到最佳配置，具有良好的操纵稳定性和行驶循迹性。变动转矩分配式全时四轮驱动系统属于高性能传动系统，常用于一些高性能的轿车上。

3. 适时四轮驱动系统

适时四轮驱动（Real-Time 4WD）是指只有在需要的时候才会选择四轮驱动模式，而在其他情况下仍然是两轮驱动的驱动方式。适时四轮驱动是一些多功能城市SUV、CRV车型常用的四驱方式。

适时四轮驱动是最近几年才发展起来的驱动技术，它用微机管理系统控制两轮驱动与四轮驱动的切换。该驱动方式的显著特点就是在继承了全时四轮驱动和分时四轮驱动优点的同时弥补了它们的不足。它能自行识别驾驶环境，根据驾驶环境的变化控制两轮驱动与四轮驱动两种模式的切换。在颠簸、多坡、多弯等附着力低的路面，车辆自动设定为四轮驱动模式，以获得更强劲的通行能力，而在城市路面等较平坦的路况上，车辆会自行切换为两轮驱动，以减少燃油的损耗。如果需要，驾驶人还可以按下按钮上的“LOCK”（锁止）键，轻松实现全时四轮驱动。因此，由微机控制的四轮驱动系统又常常被称为“智能型”四轮驱动系统。

事实上，适时四轮驱动只是在两轮驱动的基础上增加了一个辅助的四驱功能，大多数都是在发动机前置前轮驱动（FF）传动平台上改进出来的。就是在FF平台上引出一根传动轴与后车轴相连，这根传动轴并不是刚性连接的，而是在它与后车轴之间安装了一个黏液耦合器或电控液力多片式离合器。也有在FR后轮驱动传动平台上改进出来的，如丰田英菲尼迪G35。

早期的适时四轮驱动是纯机械的，最典型的代表车型就是本田的老款CR-V，它是通过黏液耦合器来实现适时自动向后轮分配动力的。这种四驱的核心部件是黏液耦合器（见图9-4），黏液耦合器是通过高黏度的硅油来传递动力的。这种适时四驱的结构比较简单，不需要电控元件，但由于它需要前、后车轮出现明显转速差的时候黏液耦合器才能介入，因此它的响应速度比较慢，无论是越野性还是通过性，都会明显逊色于全时四轮驱动和电控适时四轮驱动。

新款丰田CR-V已采用全新的适时四轮驱动系统——双泵系统（Dual Pump System，DPS）。它在一般驾驶状况下，以前轮驱动（FF）的状态行驶，但是在刚起步、加速或在湿滑道路行驶时，如果前轮出现打滑，改进后的DPS会适时起动四轮驱动功能，动力将自动分配到后轮，自动切换到4WD模式，响应速度比黏液耦合器更快、切换更顺畅。

目前，随着汽车电子控制技术的发展，适时四轮驱动系统开始采用微机控制驱动模式，操纵非常简单。东风日产逍客电控四轮驱动系统的组成如图9-3所示。采用这种驱动系统的车辆没有轴间差速器，取而代之的是多片式离合器，它的接通与闭合由ECU来掌控。前、后车轮的轮速传感器会将实时的轮速反馈给 ECU，一旦 ECU 检测到前轮的转速比后轮快，ECU 就会迅速发出指令给多片式离合器使其结合，从而向后轴传递动力。由于有了电控系统的加入，适时四轮驱动系统在响应速度上大幅度提高，而且在分配动力比例上也可以做到智能化控制。另外，多片离合器在完全结合时可以达到硬连接的效果，因此不仅它的传动效率要比机械式的更高，而且使得锁死前后轴差速成为可能。

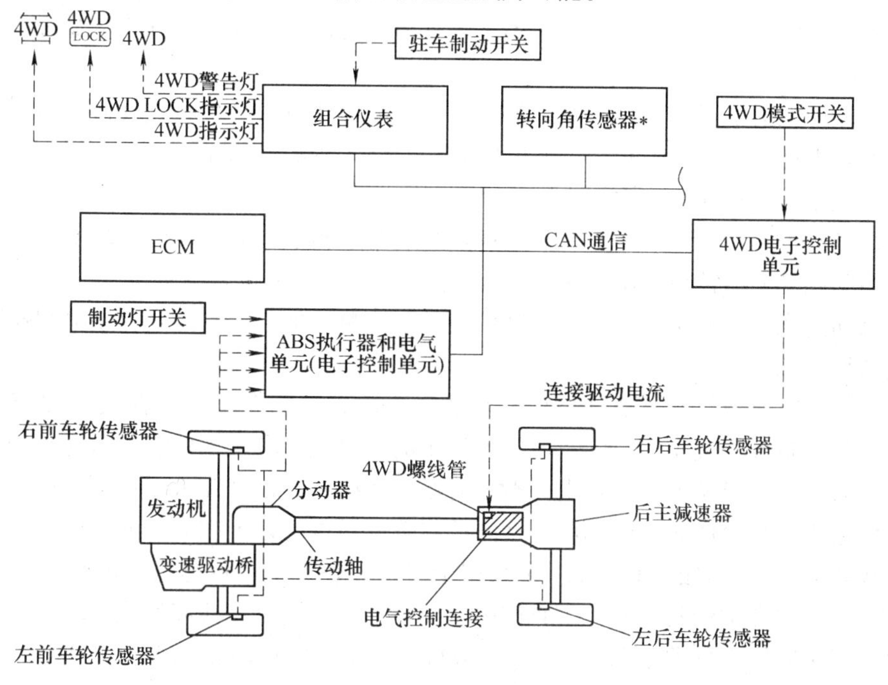

图 9-3　东风日产逍客电控四轮驱动系统

现在欧洲新款适时四轮驱动车型采用瑞典第三代 Haldex 四轮驱动系统，如大众的途欢、高尔夫 R36，奥迪的 TT3.2 quttro、A3 quttro 等。它被誉为智能电子式适时四轮驱动系统。最新的适时四轮驱动系统增加了预载功能，可以通过前轮的运转情况来实现预判断，在前轮有打滑趋势之前就预先接通，理论上已经做到与全时四轮驱动类似的效果。另外，这种适时四轮驱动还可以做到正常行驶情况下前、后轴之间的动力分配恒定在 90∶10。从某种意义上说，这种四轮驱动已经可以算作是全时四轮驱动了，许多采用这种四轮驱动的欧洲车型，甚至已经在这种四轮驱动的车型上标注了 AWD 的标志。

相比全时四轮驱动系统，适时四轮驱动系统的结构要简单得多，这不仅可以有效地降低成本，而且也有利于降低整车质量。由于适时四轮驱动的特殊结构，它更适合于前横置发动机前轮驱动平台的车型配备，这使得许多基于这种平台打造的 SUV 或者四轮驱动轿车都有了装配四轮驱动系统的可能。由于全时四轮驱动系统的结构复杂，传动部件多而重，会极大地降低动力的响应能力，如果小排量发动机装备全时四轮驱动系统，会明显感觉动力不足。不仅如此，由于全时四轮驱动的功耗大，对经济性的影响非常明显，而适时四轮驱动则不存在这一问题。

4. 电控四轮驱动系统的优缺点

四轮驱动的汽车，尤其是全时四轮驱动汽车具有优越的行驶性能，具体优点如下：

1）通过性高。由于四轮驱动汽车的4个车轮都传递动力，所以汽车所获得的驱动力是两轮驱动汽车的两倍。且前、后轮相互支持，大大提高了在湿滑冰雪路面和凹凸不平路面的通过性。

2）爬坡性高。同理，四轮驱动的汽车可以爬上两轮驱动汽车爬不上去的陡坡。

3）转弯性能极佳。轮胎的附着力与传输至道路的动力大小有密切的关系，随着动力的增大，轮胎的转弯力趋向减小。动力减小，转弯力升高，从而提高了汽车在湿滑路面与变换车道时的性能。

4）起动和加速性能极佳。四轮驱动的汽车，发动机功率平均传递至所有4个车轮，4个车轮的附着力都可以被有效利用。所以即使猛然将加速踏板踩到底，车轮也不可能空转，从而提高了汽车的起动和加速性能。

5）直线行驶稳定性。由于每个车轮的剩余附着力升高，所以车轮抗外界扰动的能力得到增强。因此四轮驱动常显示出优越的方向稳定性。

四轮驱动的汽车主要有如下缺点：结构复杂、质量增加、成本升高、振动和噪声略有升高、油耗高等。

理论上，全时四轮驱动是最理想的车辆驱动方式，它能使车轮“抓地”更牢、在高速转向时更自如、更容易被操控，同时可增加汽车的安全性能和运动性能。因为4个车轮任何时候都有动力分配，当某个车轮发生打滑的时候，系统就会自动介入，重新分配4个车轮的动力，以保证4个车轮任何时候都获得最高的附着性。这类系统在湿滑的路面上有着非常明显的操控优势。越来越多的SUV和轿车采用全时四轮驱动，不仅是为了越野，全时四轮驱动带来的操控稳定和主动安全性才是它们的主要目的，特别是一些高性能的轿车。

一般地，平时转矩分配比例为50∶50（或接近）的全时四轮驱动乘用车都是用托森轴间差速器或黏液耦合式轴间差速器，例如霸道、奥迪Q7、SUBARU的5速手动档轿车、铃木超级维特拉轿车等；而单独使用多片式电控离合器的都只能是90∶10左右的常态转矩分配，如沃尔沃XC90、路虎神行者、汉兰达、SUBARU的ATS等轿车；甚至根本就是适时四驱（平时100∶0），如奇骏、新欧蓝德、途胜、圣达菲、新RAV4、翼虎等轿车。

9.2.2 电控四轮驱动系统的主要部件

1. 黏液耦合器

黏液耦合器又称黏性万向节（Viscous Coupling），一般是分时四轮驱动汽车上自动分配动力的装置，通常安装在以前轮驱动为基础的四轮驱动汽车上。这种汽车平时按前轮驱动方式行驶。黏液耦合器的最大特点就是不需要驾驶人操纵，可根据需要自动把动力分配给后驱动桥。

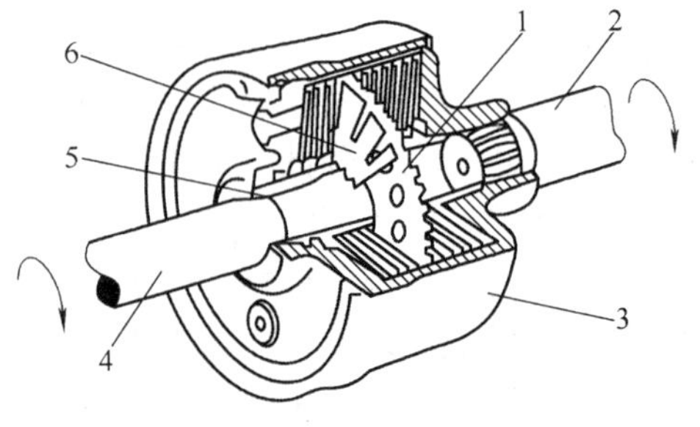

图9-4 典型黏液耦合器

1—外盘 2—输出轴 3—壳 4—输入轴 5—毂 6—内盘

黏液耦合器由一个内装若干紧密配合的薄圆钢盘并充满黏稠液体硅油的圆筒组成，如图9-4所示。一组圆盘连于前桥，另一组与后桥连接，如图9-5所示。两轴中具有外花键的一根轴与黏液耦合器壳的内花键接合，同时也与黏液耦合器内盘接合，黏液耦合器的外盘则通过外花键齿与黏液耦合器壳的内花键接合；另一轴在壳内带有密封的滚动轴承上旋转。内、外盘组为钢制，上面开有专门的槽。内盘有从外径边缘开的槽，外盘有从其内径边缘开的槽，盘的数目和尺寸取决于黏液耦合器的转矩传送能力。在正常行驶的时候，前、后车轮保持相同的速度运转，黏液耦合器的两个轴之间不存在转速差。当前轮出现打滑时，转速会超过后轮，从而导致耦合器里的两组钢盘之间出现转速差，这种转速差会搅动硅油，导致硅油温度升高、黏度迅速上升，产生极大的黏性阻力，从而将动力传递给后轮。

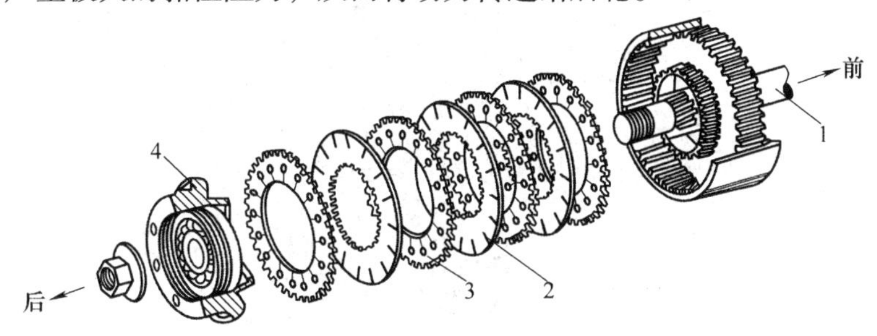

图 9-5　黏液耦合器的分解图

1—输入轴　2—内盘　3—外盘　4—输出轴

前、后桥通过黏液耦合器里黏稠的硅油连接而非机械刚性连接，允许轴间存在转速差。汽车转向时，黏液耦合器可吸收前、后车轮由于内轮差而产生的转速差。汽车制动时，它还可以防止后轮先抱死。

由于利用硅油的黏度来传递力矩，所以传递的力矩很有限（通常不到30%～40%）。目前采用这种结构的适时四轮驱动的车型已经很少了。现在主流的适时四轮驱动采用的是电控多片式离合器，它的性能在各方面都要优于黏液耦合器。

2. 液压多摩擦片式离合器

液压多摩擦片式离合器是液压多摩擦片接通系统的核心。图 9-6 所示为应用于 VOLVO 的液压多摩擦片接通系统。液压多摩擦片式离合器采用当今最流行的限滑技术，这套装置的主要组成部分就是液压系统和摩擦片。摩擦片分为两组，分别安装在差速器壳与一侧半轴上。当液压系统对摩擦片作用时，两组相邻的摩擦片就会紧紧挤压在一起，从而将差速器锁死，达到限滑的目的。

液压多摩擦片接通技术正在取代手动牙嵌和黏性耦合接通方式。目前，采用可接通式四驱系统的新车型大都采用这套系统。例如现代圣达菲的换代车型，其驱动系统的变化核心就是将黏液耦合器变成了液压多摩擦片系统。另外，它也通常被用于一些重视综合行驶性能的高级多用途 SUV 汽车上，例如沃尔沃 XC90、宝马 X3 等汽车。

这套装置有两种工作方式：一种是手动开启，像机械式差速锁一样，当遇到崎岖地形时，通过按钮开启液压多摩擦片装置锁定差速器，以提高车辆通过性；另一种是采用自动接通式，这与牵引力控制系统有些类似，当车辆侦测到某驱动桥上两侧驱动轮之间的转速差超过某一临界值时，会自动启动液压系统，将多摩擦片装置锁死，从而实现限滑。

其实，液压多摩擦片装置比较类似于机械式差速锁，不同点在于，机械式差速锁的锁死机构为牙嵌式，而多摩擦片装置为摩擦片。相比较于牙嵌式的 100% 锁止系数，多摩擦片装置在不同车辆上的锁止系统往往也是不同的，通常在 40%～100% 之间。所谓锁止系数，就

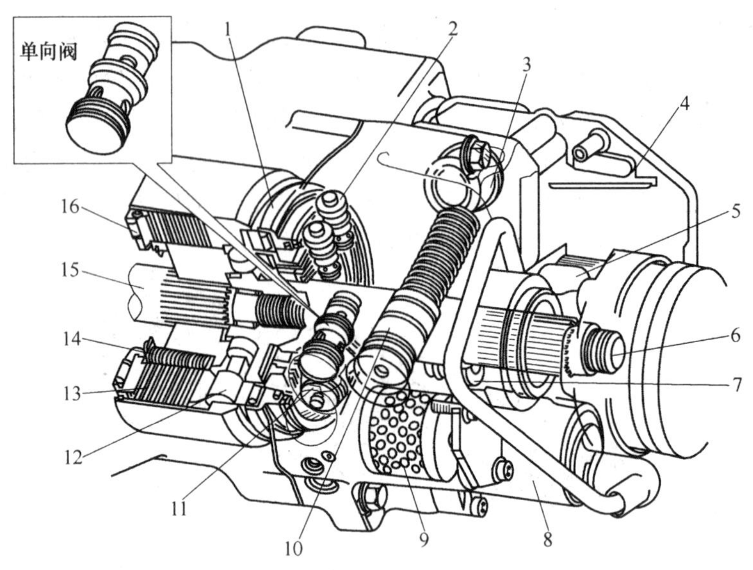

图 9-6　应用于 VOLVO 的液压多摩擦片接通系统

1—活塞　2—出油单向阀　3—控制阀　4—DEM 差速器电控模块　5—CAN 通信及供电
6—输入轴　7—超载保护阀　8—机油泵　9—机油滤清器　10—蓄能器　11—进油单向阀
12—滚子　13—湿式多片离合器　14—平衡弹簧　15—输出轴　16—滚柱轴承

是指差速器的锁止程度，例如，锁止系数 50% 就是指限滑装置只能阻止差速器 50% 的差速程度，也就意味着车辆驱动轮附着力差异较大时，多摩擦片装置最多只能将 50% 的功率传递至一侧驱动轮。此时，这个附着力良好的驱动轮可以获得与正常行驶时相同的转矩输出。锁止系数通常取决于摩擦片本身的材质与液压系统提供的压力值。液压多摩擦片系统虽然理论上讲也能达到 100% 的锁止系数，但可靠性比机械式差速锁仍然略逊一筹，而且还需要定期更换摩擦片，这也在一定程度上影响了其经济性。虽然液压多摩擦片装置的可靠性比起机械式差速锁稍差，但其他方面的优势却十分显著。由于采用摩擦式锁止，使得这套系统可以随时接通，不必像机械式差速锁那样必须在车辆停止或缓慢行驶时启动；而且可以根据压力值灵活地调整锁止系数，适应性更强。与黏性耦合装置和牵引力控制系统相比，自动接通式多摩擦片的反应更加迅捷而不滞后，并且可靠性更高、工作连贯性更强，几乎将双方的各自优点结合于其身。

9.2.3　电控四轮驱动系统的工作过程

不同驱动方式四轮驱动系统的工作过程是不同的，但其基本的原理却是相同的。下面以丰田普拉多（PRADO）轿车为例，详细介绍其四轮驱动系统的组成与工作过程。

丰田普拉多轿车是丰田陆地巡洋舰系列中的一洛款 SUV。作为一款越野车，普拉多轿车装备的是全时四驱系统。普拉多轿车的底盘系统采用了全时驱动方式，布置了 3 个差速器：前、后差速器采用普通锥形齿轮式差速器，无差速限制和锁止装置，左、右两侧车轮的滑转通过 TRC/VSC 以制动方式来限制；轴间差速器采用托森 T. 3 型限滑差速器。国产的一汽丰田普拉多轿车采用 4BM 分动器，可以实现对差速器的电控锁止。

1. 全时四轮驱动系统的基本构成

（1）机械部分组成　丰田普拉多轿车四轮驱动系统的机械部分主要由变速器、分动器（可电控锁止差速器）8、前后传动轴及前后差速器等组成，如图 9-7 所示。

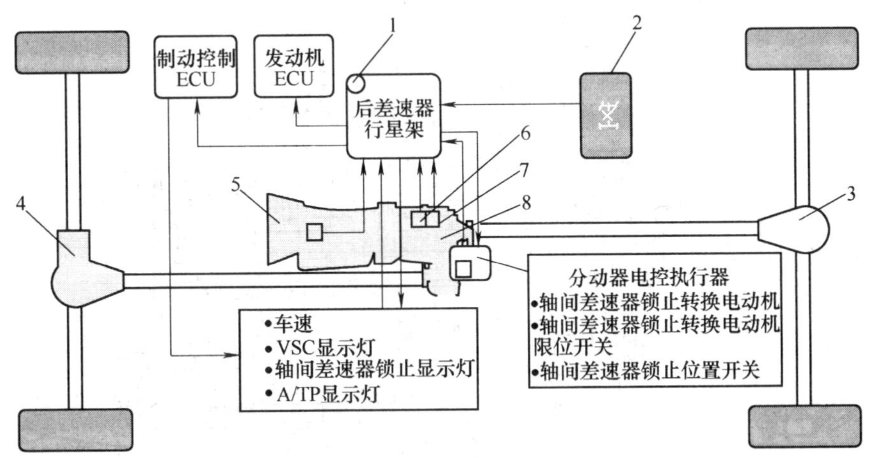

图 9-7　丰田普拉多轿车四轮驱动系统的组成

1—蜂鸣器　2—轴间差速器锁止按钮　3—后差速器　4—前差速器
5—驻车/空档位置开关　6—L 档位置开关　7—空档位置开关　8—分动器

（2）电控部分组成　四轮驱动系统的电控部分由制动控制 ECU、发动机 ECU、轴间差速器锁止按钮 2、驻车/空档位置开关 5、4WD 控制 ECU 和分动器电控执行器等组成。

分动器电控执行器根据驾驶人的操作意愿（轴间差速器锁止按钮）、汽车制动状态、发动机运行转速状态、变速器档位状态等信号对分动器内的差速器进行锁止控制。这样做的目的是为了便于驾驶人操作，确保分动器内的传动切换准确有效，避免由于误操作而造成的机件损坏。

（3）分动器及电控执行器　一汽丰田普拉多轿车的分动器采用经过改进的 VF4BM。如图 9-8 所示，分动器有 L 和 H 两个档位，传动比分别为 2.566 和 1.000，L、H 档位由驾驶人手动操作。驾驶人根据路面状况切换“轴间差速器锁止按钮”对差速器进行锁止，因而可实现 H4F、H4L、L4F、L4L 的换档模式。H4F 和 L4F 分别对应分动器高、低档的差速器“F”（自由）模式，H4L 和 L4L 则为“L”（锁止）模式。VF2A 分动器在普拉多 2700 车型上使用，Torsen LSD 为选装部件。

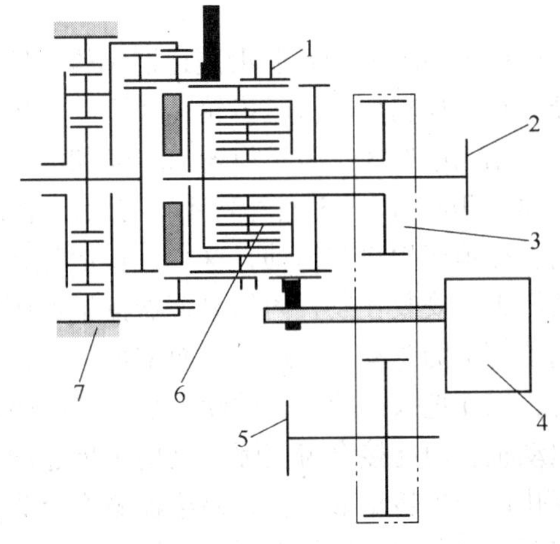

图 9-8　VF4BM 分动器传动示意图

1—轴间差速器锁　2—后输出轴　3—传动链
4—轴间差速器锁止电控执行器　5—前输出轴
6—Torsen LSD　7—H/L 档

由变速器传来的动力经分动器的副变速 L 或 H 齿轮传到差速器外壳齿轮，再经差速器内的传动机构把动力传到前、后轴，4WD 控制 ECU 对分动器电控执行器进行控制，驱动“轴间差速器锁止拨叉轴”实现轴间差速器锁的切换，如图 9-9 所示。

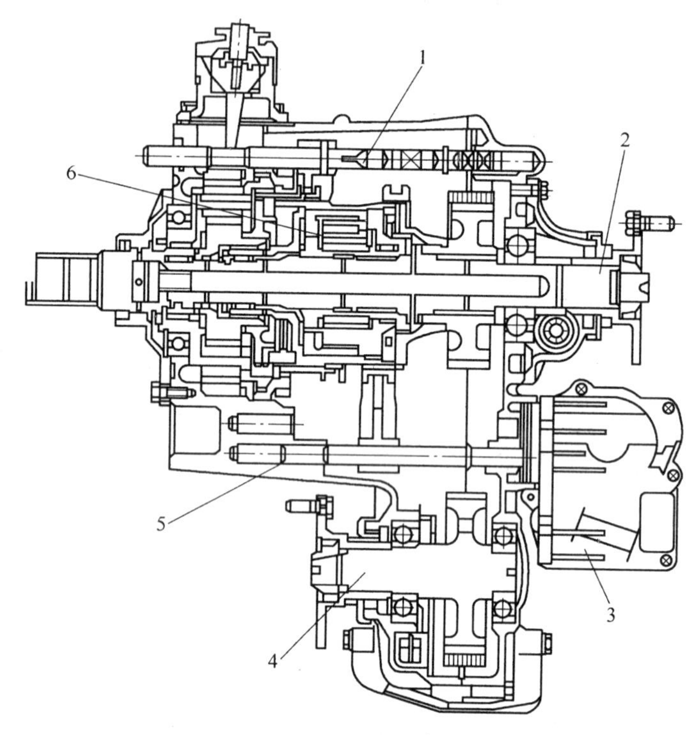

图 9-9　分动器的结构

1—L/H 档换档轴　2—后输出轴　3—分动器电控执行器（用于轴间差速器锁止）
4—前输出轴　5—轴间差速器锁止转换拨叉轴　6—Torsen LSD

（4）Torsen LSD 防滑差速器结构　Torsen LSD 的结构如图 9-10 所示，主要由差速器外壳、行星齿轮架、行星齿轮、太阳轮、环形齿轮接合齿、太阳轮接合齿及 4 个离合器盘等组成。结构中有 8 个行星齿轮与环齿和太阳轮齿内、外相互啮合，它们之间相互啮合齿轮的齿形属于 Torsen T—3 型。当环齿与太阳轮的转速不等时（某一驱动轴有打滑趋势），行星齿轮会被迫产生自转运动，这个自转运动又会导致与环齿或太阳轮的轴向相对运动。轴向运动的压力对安装在装置内的离合器盘施加压力，产生内摩擦力，因此限制了相对运动，也就限制了打滑的驱动轴的运动，而增加了不打滑的驱动轴的转矩；太阳轮与太阳轮接合齿相互配对，以便把太阳轮传来的动力输出到前驱动轴。而环形齿轮接合齿则把环齿的动力输出到后驱动轴，因此接合齿实际上是用于传递动力的过渡齿轮。只要前、后驱动轮因地面附着力的变化而产生转矩的变化，差速器就会立即产生比普通差速器（非限制式）大得多的内摩擦转矩。这种差速器的限制方式称为转矩敏感式。

2. 不同行驶状态 Torsen LSD 的转矩分配

把分动器切换到 H4F 或 L4F 模式时，差速器处于“自由模式”，Torsen LSD 有如下 4 种工作状态。

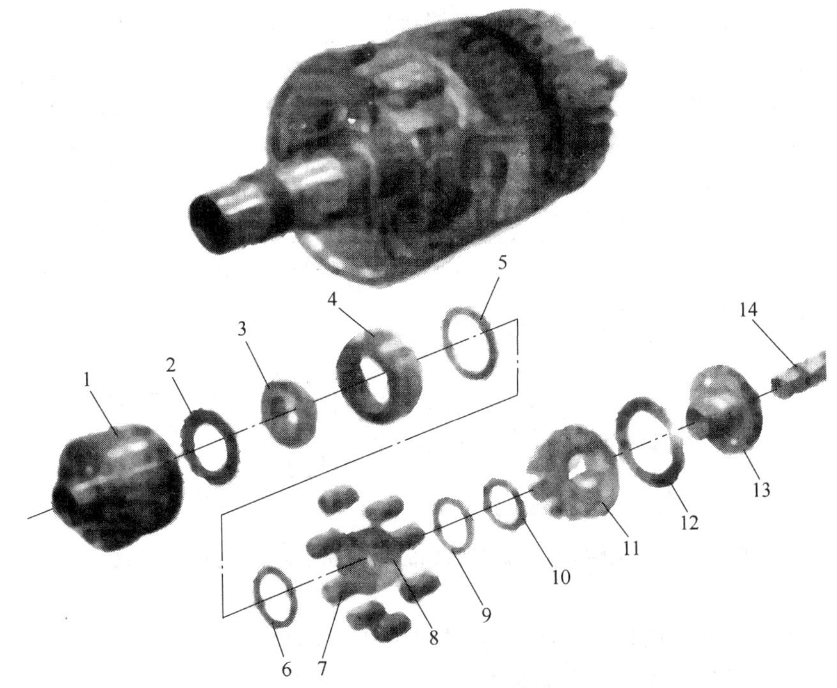

图 9-10　Torsen LSD 差速器的结构

1—差速器外壳　2—1 号离合器盘　3—环形齿轮接合齿　4—太阳轮接合齿　5—2 号离合器盘　6—4 号离合器盘　7—行星齿轮　8—太阳轮　9—环形齿轮　10—3 号离合器盘　11—行星齿轮架　12—行星齿轮架支承片　13—太阳轮接合齿　14—前输出轴

（1）前轴转速等于后轴转速　当汽车在良好路面直线行驶时，前轮与后轮的转速接近相等，即太阳轮与环齿的角速度也相等，动力的传递路线如图 9-11 所示。如图 9-12 所示，太阳轮与环齿转速相等，行星齿轮不做自转运动，差速器的内摩擦为 0，太阳轮与环齿半径之比为 2∶3，前轴与后轴的转矩比为 2∶3。

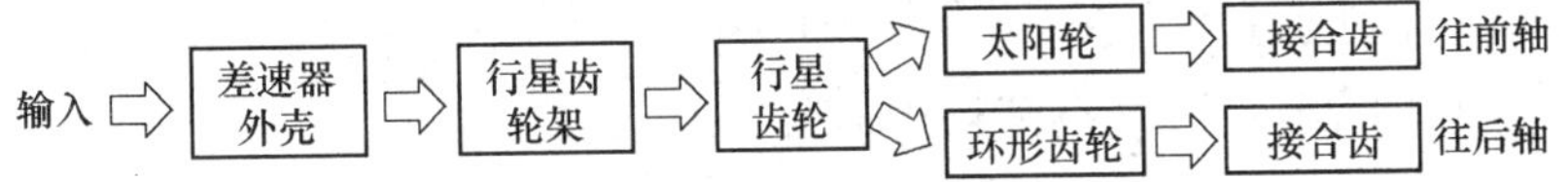

图 9-11　前轴转速等于后轴转速时 Torsen LSD 的动力传递路线

正常行驶时，后轴得到 60% 的转矩，前轴得到 40% 的转矩。这种转矩分配方式与汽车的质量分配相对应，有利于在车辆加速时后轴载荷大于前轴的情况下，提升车辆轮胎的抓地力，增加车辆的稳定性。

（2）前轴转速大于后轴转速　当汽车转向或因湿滑路面导致前轮打滑时，车辆会出现前轴转速大于后轴转速的情况。如图 9-13 所示，太阳轮转速大于环齿转速，两者的相对运动使行星齿轮被迫自转。但是由于它与环齿和太阳轮齿相互啮合，啮合的齿形角产生很大的摩擦力，同时，它

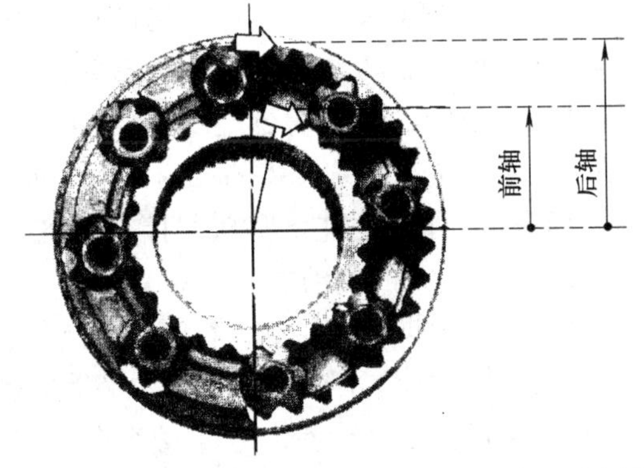

图 9-12　前轴转速等于后轴转速时转矩分配示意图

与行星齿轮架之间也会产生摩擦力，因此行星齿轮的自转会受到以上摩擦力的作用，挤压4号离合器盘。另一方面，环齿则沿轴向向左运动，挤压1号离合器盘。4号离合器盘的摩擦力限制了高转速的太阳轮的转速继续增加，1号离合器盘的摩擦力则把差速器外壳上的动力直接传递到环齿。由上可知，行星齿轮自转的摩擦力和离合器片的摩擦力构成了内摩擦力矩，从而增加了后轴的驱动力。前、后轴的转矩分配比最大可达到29∶71，从而减小了前轴的转矩，把更多的驱动力分配到附着状况好的后轴。车辆实现这种转矩分配后，转向时前轴驱动转矩降低，增加了侧向附着力，可减小转向侧滑的趋势，操作稳定性得到了改善，同时也提高了汽车在湿滑路面行驶时的通过性。

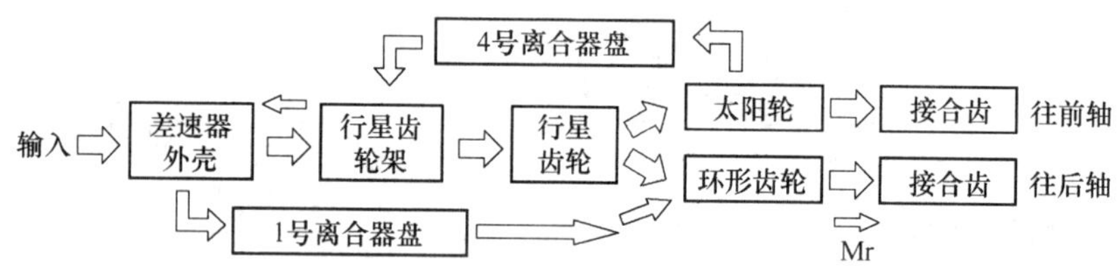

图9-13　前轴转速大于后轴转速时 Torsen LSD 的动力传递路线

（3）前轴转速小于后轴转速　当环齿转速大于太阳轮转速时，行星齿轮也产生自转，如图9-14所示，自转时与环齿、太阳齿和齿架之间会产生摩擦阻力；同时行星齿轮沿轴向向左运动，环齿和太阳轮分别向左、向右做轴向运动，环齿仍然挤压1号离合器盘，行星齿轮挤压2号离合器盘，太阳轮挤压4号离合器盘，因此，后轴的高转速受到1号和2号离合器片摩擦力的限制，同时动力由行星齿轮架通过4号离合器盘的摩擦力直接传递到太阳轮，增加了前轴的输出转矩。差速器的内摩擦力由1号、2号、4号和行星齿轮自转的摩擦力组成，使前、后轴的转矩分配比最大可到53∶47。

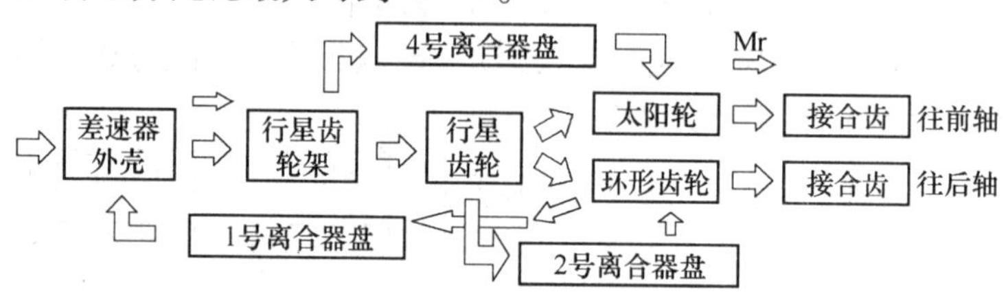

图9-14　前轴转速小于后轴转速时 Torsen LSD 的动力传递路线

（4）轴间差速器锁止　如果前轮的地面附着力较小，出现了滑转趋势，差速器将自动限制其滑转，前轮驱动力自动降低到29%。若前轮附着力继续减小，而此时前轮驱动力不能再降低，未滑转的后轴所分配到的转矩只能达到71%，此时，驾驶人应该锁止差速器，这种情况一般发生在特别恶劣的泥沼路面。如前轮离开地面（悬空），该车轮的驱动力降为0，此时如果未锁止差速器，后轴只能分配到71%的最大驱动力，但如果锁止了差速器，后轴则可分配到100%的驱动力。

驾驶人应该根据驾驶经验，在进入恶劣路面前提前锁止差速器，以使汽车驶入该路面时获得更好的越野性能。但是，当汽车驶入良好路面时，必须解除对差速器的锁止，否则，汽车前、后轴会产生运动干涉，造成汽车转向困难、传动系振动、机件磨损和油耗增加，甚至会损坏传动部件。

丰田普拉多轿车四轮驱动系统采用了以 Torsen T-3 为核心的 VF4BM 分动器，它的常时驱动 H4F 和 L4F 模式虽然未锁止差速器，但由于该差速器具有较大的转矩分配特性，可以最大程度地稳定湿滑路面的驾驶。同时，Torsen T-3 的核心部件具有结构紧凑、性能可靠、响应快、制造成本低、噪声低、振动小和操作简单等优点，使丰田普拉多轿车具有良好的操控稳定性和卓越的越野性能。

9.3　能力训练

9.3.1　训练环境条件要求

1. 安全、整洁的汽车维修车间或模拟汽车维修车间。
2. 齐全的消防用具及个人防护用具。
3. 汽车维修举升机、汽车电脑诊断仪及各种常用工具。
4. 四轮驱动轿车。

9.3.2　能力训练任务

任务十四　电控四轮驱动系统故障诊断与检修

1. 东风本田 CR-V 自动档实时四轮驱动系统故障检修

（1）实时四轮驱动系统概述

1）实时四轮驱动系统的特点。实时四轮驱动（4WD）双泵系统车型的后差速器总成上装备有液压离合器和后差速器机构。正常条件下，车辆由前轮驱动。而根据前轮驱动力和路面条件的不同，无需驾驶人在两轮驱动（前轮驱动）和四轮驱动之间做操作转换，系统就会在瞬间将适当的驱动力传递给后轮。两轮驱动（2WD）和四轮驱动之间的转换机构内置于后差速器总成中，与其合成为一体，这使得系统既轻便又紧凑。

另外，双泵系统在前进档制动时撤销后轮驱动力。这样，可使配备有防抱死制动系统（ABS）车型的制动系统能够正常工作。

2）实时四轮驱动系统的构造。后差速器总成包括转矩控制后差速器壳体总成和后差速器行星架总成，如图 9-15 所示。转矩控制后差速器壳体总成包括后差速器离合器总成、结合法兰和油泵体总成。后差速器行星架总成由各种机构组成。后差速器主动齿轮和从动齿轮为准双曲面齿轮。

四轮驱动系统油泵体总成包括前油泵、后油泵、液压控制机构和离合器活塞，因此四轮驱动的控制系统称为双泵液压控制系统（简称 DPS），如图 9-16 所示。离合器活塞上有一个盘簧，该盘簧向后差速器离合器总成提供预置转矩，以防总成发出异常噪声。

后差速器离合器总成中的离合器导套通过结合法兰与传动轴连接，并接收来自分动器总成的驱动力。离合器导套在油泵体中驱动离合器隔板和前油泵旋转。

后差速器离合器总成中的离合器轴套上有一个离合器片，该离合器片与准双曲面主动小齿轮通过花键连接。准双曲面主动齿轮驱动后油泵。

前、后油泵均为余摆线泵。后油泵容积比前油泵大 2.5%，以此平衡由于轮胎磨损和急转弯制动所引起的前、后轮转速差。油泵在反向旋转时，可利用其进油口作为出油口。

双泵液压控制系统应使用纯正的 Honda DPSF（双泵系统油液），而不能使用后差速器油。

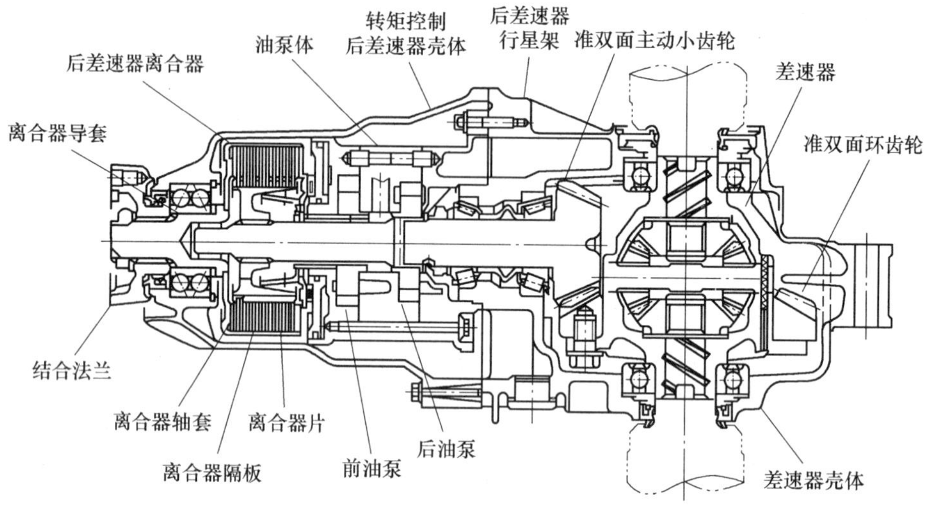

图 9-15　后差速器总成

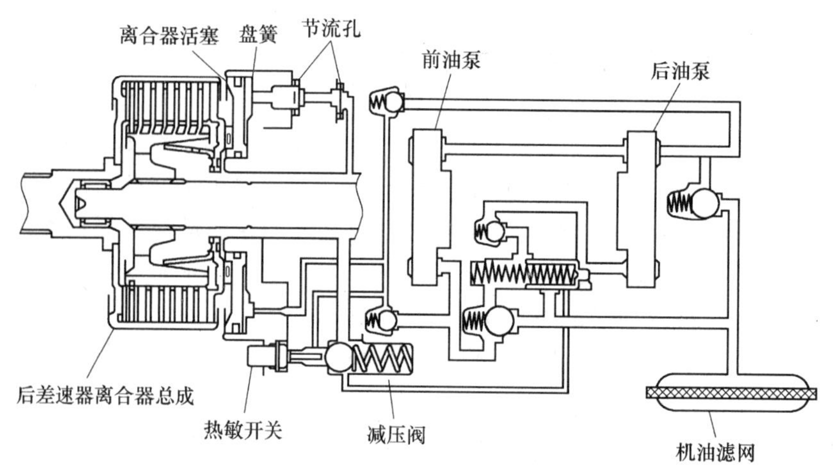

图 9-16　DPS 双泵液压控制系统

3）四轮驱动系统的工作过程。当前轮（离合器导套）和后轮（准双曲面从动齿轮）之间产生转速差时，来自前、后油泵的液压促使后差速器离合器啮合，将来自分动器总成的驱动力施加到后轮上。

在车辆突然起动，或在前进档或倒档加速（引起前后轮之间的转速差），或在倒档制动时（减速时），油泵体中的液压控制机构将会选择四轮驱动模式，在车辆于前进档或倒档匀速行驶（此时前后轮之间无转速差），或在前进档制动时（减速时），转换为两轮驱动模式。

为保护系统，无论在四轮驱动还是两轮驱动模式下，后差速器离合器总成均通过油泵所产生的液压供油润滑。另外，当后差速器的温度超过正常值时，热敏开关将释放作用在离合器活塞上的液压并取消四轮驱动模式。

①前进档起动和加速时，前轮比后轮转速快工况。在前进档起动和加速过程中，双泵系统启动齿轮驱动模式。因为前轮比后轮转速快，所以前油泵比后油泵转速快。如图9-17所示，前油泵经由单向阀B吸入油液，并将油液排出。排出的油液一部分被后油泵吸入，剩余的部分经由单向阀E进入离合器活塞液压缸。离合器活塞处的液压通过两个节流孔来控制。离合器活塞处受控的液压推动离合器隔板和离合器片，使之接合在一起。此时，啮合的离合器将来自分动器总成的驱动力传递至后车轮，从而启动四轮驱动模式。

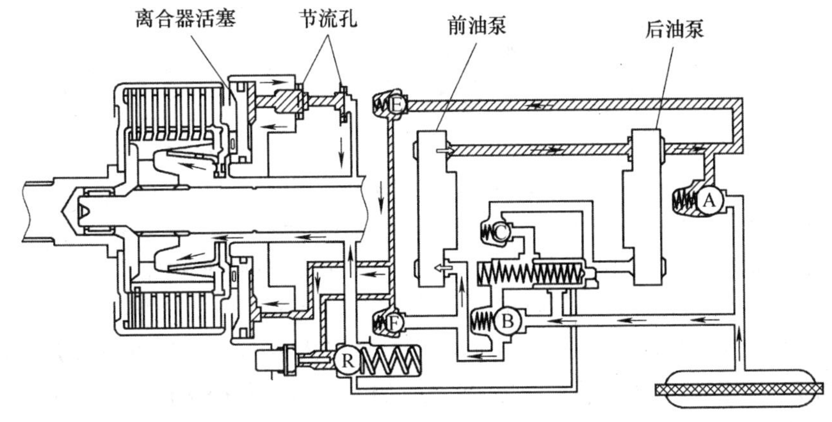

图9-17　前进档起动和加速时，前轮比后轮转速快工况

②前进档恒速行驶工况。前进档恒速（定速巡航）行驶时，双泵系统在两轮驱动模式下工作。因前、后轮转速相同，故前、后油泵转速也相同。如图9-18所示，从前油泵排出的油液被后油泵吸收，并在整个系统内循环。由于在离合器活塞处未建立起液压，因此离合器不啮合，此时车辆保持两前轮驱动模式。

③前进档减速工况。前进档减速时，双泵系统在两轮驱动模式下工作。由于制动的某些特性，在制动减速过程中，后轮转速将超过前轮转速，因此，后油泵转速也将超过前油泵的转速。如图9-19所示，从后油泵排出的油液只被后油泵再次吸入，并以此方式循环。由于在离合器活塞处未建立起液压，因此离合器不啮合，此时车辆保持两轮驱动（前轮驱动）模式。

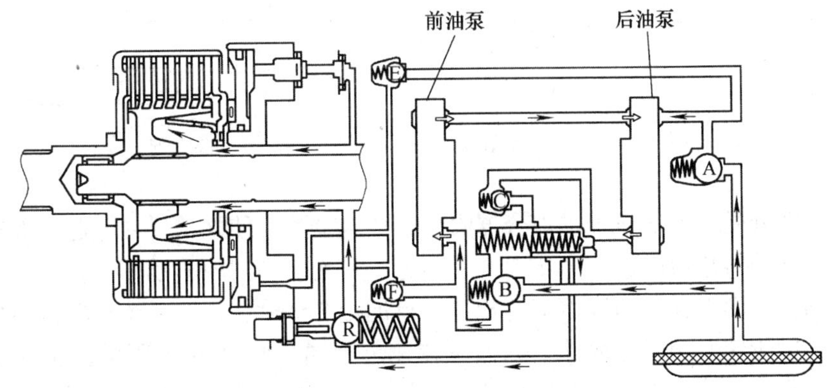

图9-18　前进档恒速行驶工况

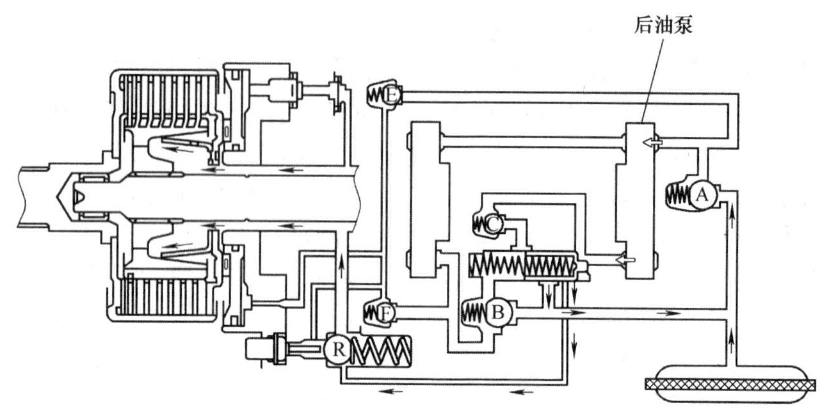

图 9-19　前进档减速工况

④倒档起动和加速时，前轮比后轮转速快工况。在倒档起动和加速过程中，双泵系统将启动四轮驱动模式。因为前轮比后轮转速快，所以前油泵转速比后油泵的转速快。前油泵经由单向阀 A 吸入油液，并将油液排出（注意：在倒档状态下，油泵的旋转方向与前进档时的旋转方向相反）。如图 9-20 所示，前油泵排出的油液有一部分被后油泵吸入，剩余的部分通过单向阀 F 进入离合器活塞液压缸。此时，在两个节流孔的作用下，离合器的压力得到调节。

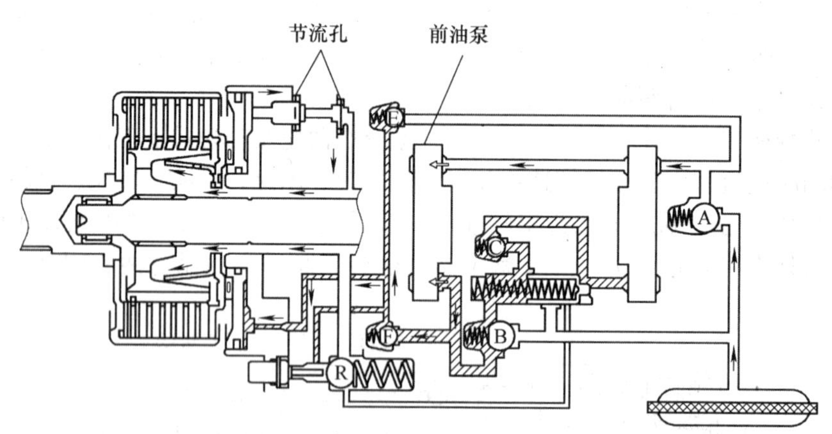

图 9-20　倒档起动和加速时，前轮比后轮转速快工况

离合器活塞处受控的液压推动离合器隔板和离合器片，使之接合在一起。此时，啮合的离合器将来自分动器总成的驱动力传递至后车轮，从而启动四轮驱动模式。

⑤恒速倒档驱动工况。当以恒定的转速进行倒档驱动时，双泵系统将在两轮驱动模式下工作。因前、后轮转速相同，故前、后油泵转速也相同。如图 9-21 所示，从前油泵排出的油液被后油泵吸入，并在整个系统内循环。但是，由于前、后油泵容积不同，油液将流经单向阀 E，然后流经节流孔，以实现调节。油液还将对离合器总成和轴承进行润滑和冷却。

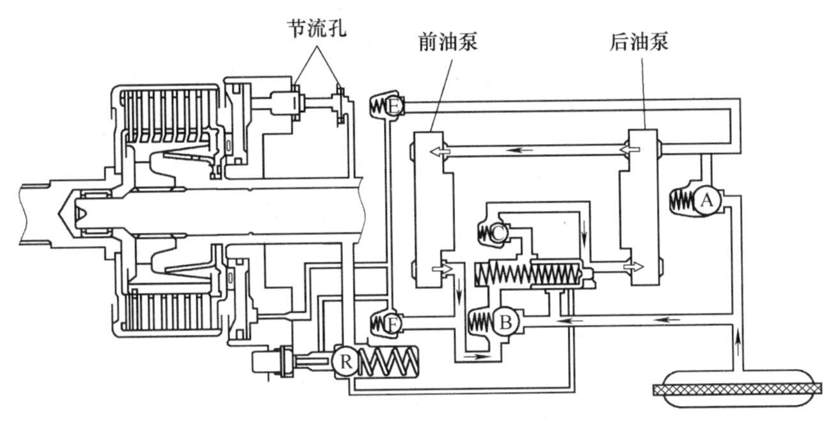

图 9-21　恒速倒档驱动工况

在这种情况下，只有很小的压力建立在离合器活塞上，因此离合器不啮合，车辆仍保持两轮驱动（前轮驱动）模式。

⑥倒档减速工况。在倒档减速过程中，双泵系统将启动四轮驱动模式。在倒档减速时，由于发动机的制动作用，后轮转速将超过前轮转速。如图 9-22 所示，后油泵经由单向阀 B 和 C 吸入油液，从后油泵排出的油液流经单向阀 E 进入离合器活塞油缸。离合器活塞处的液压通过两个节流孔来控制。离合器活塞处受控的液压推动离合器隔板和离合器片，使之接合在一起。此时，啮合的离合器将来自分动器总成的驱动力传递至后车轮，从而启动四轮驱动模式。

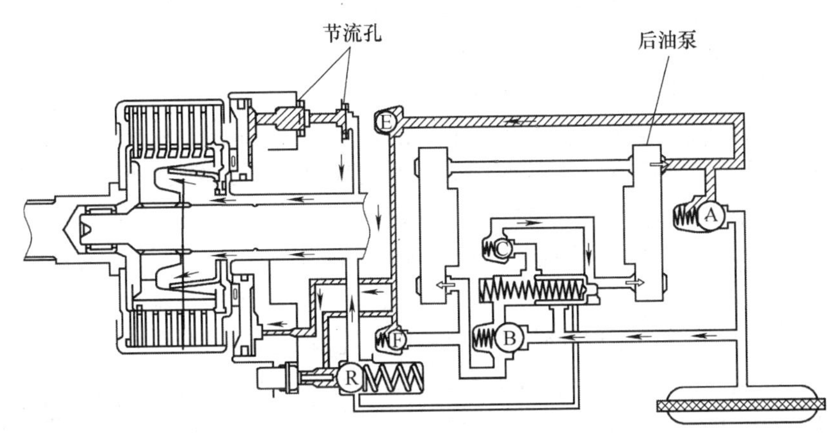

图 9-22　倒档减速工况

⑦热敏开关的作用。如图 9-23 所示，在四轮驱动过程中，受控的液压油、离合器活塞和热敏开关相接触。如果后差速器油液温度过高，热敏开关将开启减压阀 R，这就使离合器活塞的液压下降，故车辆退出四轮驱动模式。

⑧减压阀的作用。如图 9-23 所示，当油液压力大于减压阀弹簧的弹力时，单向阀 R 开启，作用在离合器活塞上的液压保持不变。该特性可防止后轮驱动系统受到过大转矩的作用，从而增加了车辆的稳定性。

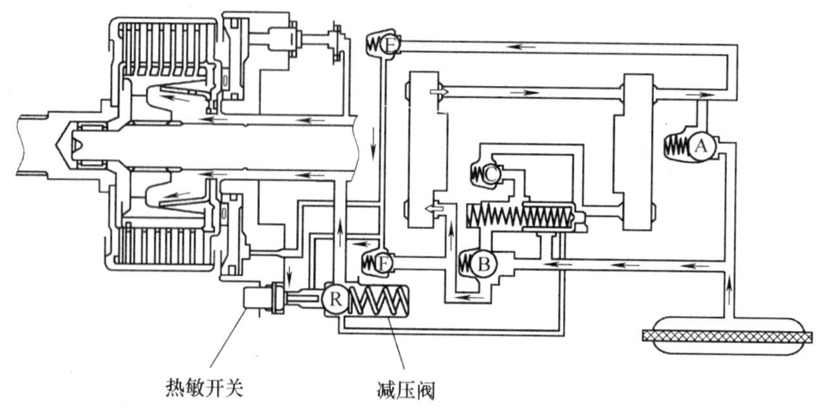

图 9-23　热敏开关的作用

（2）东风本田 CR-V DPS 液压控制系统功能检测

1）当在四轮驱动模式前进档起动和加速时。

①举升起车辆，使 4 个车轮均升离地面。

②在前节传动轴或后节传动轴上做一个标记。

③起动发动机，使其达到工作温度（散热器风扇起动至少两次）。

④使发动机怠速运转，并将变速杆换至 L 位。

⑤稳固地施加驻车制动，并测定传动轴旋转 10 圈所需的时间。如果所测时间超过 10s，说明四轮驱动系统正常。如果所测时间小于 10s，说明四轮驱动系统有故障。检查后差速器油，如果后差速器油正常，则更换转矩控制差速器（TCD）壳体组件。

2）当在四轮驱动模式倒档起动和加速时。

①举升起车辆，使 4 个车轮均升离地面。

②在前节传动轴或后节传动轴上做一个标记。

③起动发动机，使其达到工作温度（散热器风扇起动至少两次）。

④使发动机怠速运转，并将变速杆换至 R 位。

⑤稳固地施加驻车制动，并测定传动轴旋转 10 圈所需的时间。如果所测时间超过 10s，说明四轮驱动系统正常。如果所测时间小于 10s，说明四轮驱动系统有故障。检查后差速器油，如果后差速器油正常，则更换转矩控制差速器壳体组件。

3）当在两轮驱动模式前进档减速时。

①阻挡住前轮 A，举升起左后轮，并使用安全支座 B 将其支撑，如图 9-24 所示。

②用手握持住轮胎，将其逆时针连续旋转超过一整圈。在旋转过程中，如果没有感觉到旋转轮胎越来越费力，则说明在前进档减速时两轮驱动系统正常；如果感觉到旋转轮胎越来越费力，则说明系统有故障。检查后差速器油，如果后差速器油正常，则更换转矩控制差速器壳体组件。

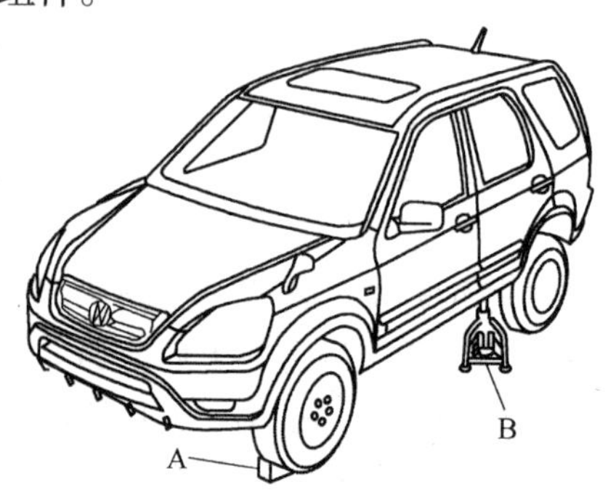

图 9-24　左后轮升离地面

A —前轮　B —安全支座

4）当在倒档减速时（四轮驱动模式）。

①阻挡住前轮 A，举升起左后轮，并使用安全支座 B 将其支撑，如图 9-24 所示。

②用手握持住轮胎，将其顺时针连续旋转超过一整圈。旋转过程中如果感觉到旋转轮胎越来越费力，则说明在倒档减速时四轮驱动系统正常；如果没有感觉到旋转轮胎越来越费力，则说明系统有故障。检查后差速器油，如果后差速器油正常，则更换转矩控制差速器壳体组件。

（3）四轮驱动系统常见故障及维修方法　装置中的大部分故障可通过齿轮或轴承发出的噪声进行诊断。诊断时应小心，切勿将后差速器的噪声与其他动力系统组件的噪声混淆。常见故障及维修方法见表 9-1。

表 9-1　东风本田 CR-V 常见故障及维修方法

症　状	可能原因	维修方法
不能进入 4WD 模式	油液液位太低 油液类型不正确	添加油液 更换
无法返回 2WD 模式		排放后差速器油液并重新加注
齿轮或轴承噪声	油液液位太低 油液类型不正确或耗尽 齿轮损坏或有缺口	添加油液 排放后差速器油液并重新加注 更换后差速器行星架总成
过热	油液液位太低 油液类型不正确	添加油液 排放后差速器油液并重新加注
油液渗漏	油液液位太高 通风软管堵塞 油封磨损或损坏 密封垫圈损坏 装配螺栓松动或密封不严	降至正常液位 清理或更换 更换 更换 重新检查转矩或施加密封剂

（4）东风本田 CR-V 转矩控制后差速器拆装与检修

1）差速器油液的检测与更换。

①将车辆停在平坦的地面上，关闭发动机。

②拆下油液加注口旋塞和密封垫圈。

③液位必须与加注口齐平。如果液位低于加注口，则添加油液直到油液流出，然后使用新密封垫圈安装油液加注口旋塞。

④如果后差速器中的油液脏污，则卸下放油螺栓，并将油液排放掉。

⑤清理放油螺栓并换新垫圈，然后将后差速器中的油液加注到正常液位，如图 9-25 所示。必须加注专用的后差速器油，推荐使用 Honda DPSF（双泵系统油液）。

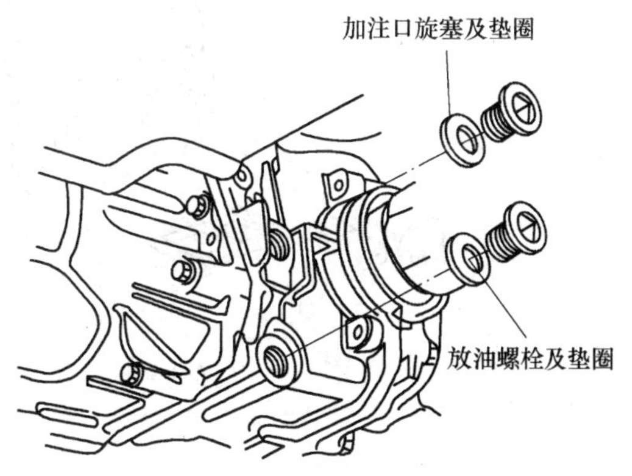

图 9-25　差速器油液的检测与更换

⑥如果拆解后差速器，则在四轮驱动系统

检查完毕后重新检查液位。必要时，添加油液。

2）转矩控制后差速器的拆解。

图 9-26 所示为转矩控制后差速器组件分解图。

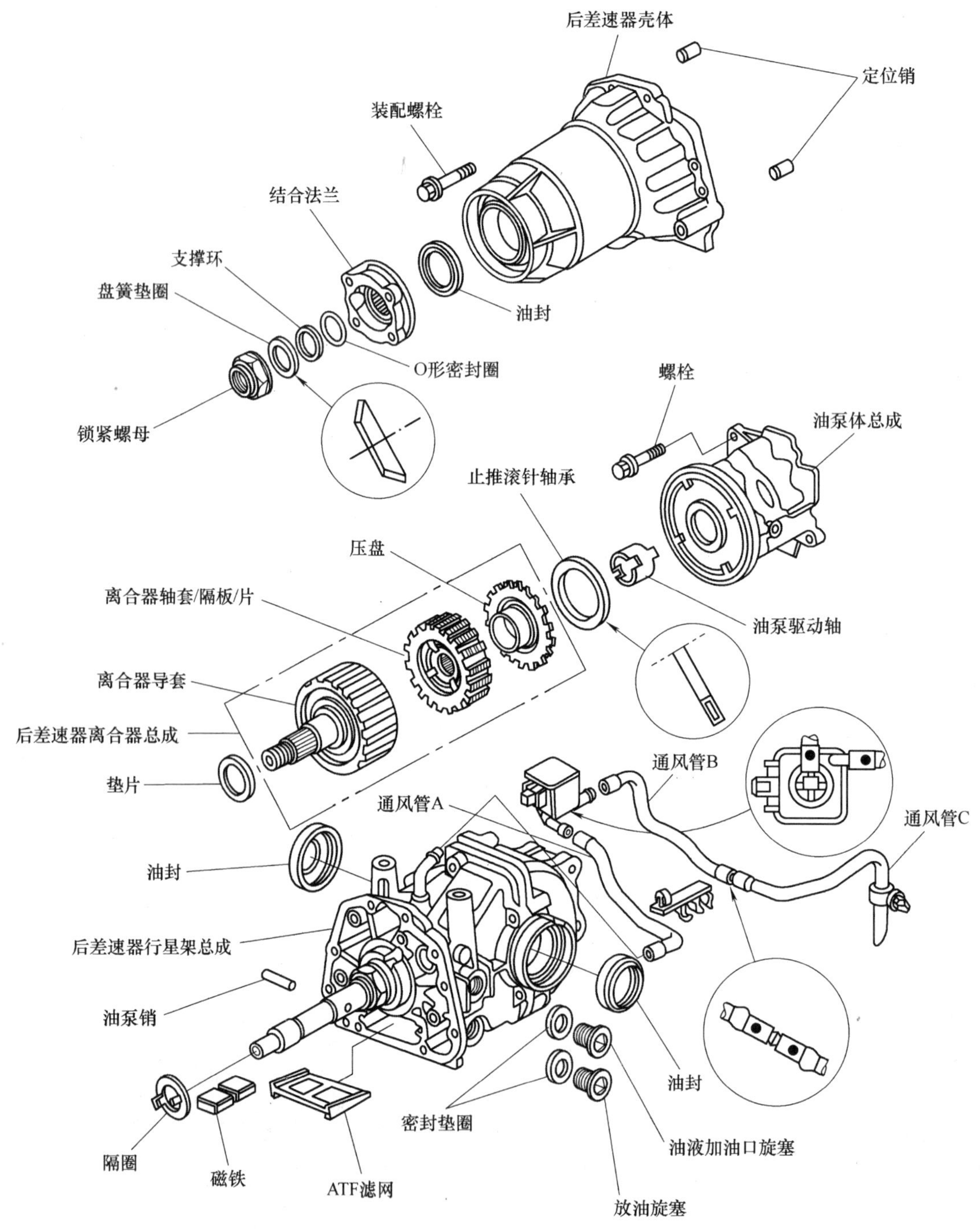

图 9-26　转矩控制后差速器组件分解图

①拆下放油旋塞、油液加注口旋塞和密封垫圈。

②从离合器导套的凹槽处撬出锁紧螺母锁片。

③用专用工具拆下锁紧螺母、盘簧垫圈、支撑环、O 形密封圈和结合法兰。

④以十字交叉方式旋下 8 个装配螺栓，然后拆下转矩控制后差速器壳体和定位销。

⑤拆下垫片和离合器导套。

⑥拆下离合器轴套/隔板/片和压盘。

⑦拆下止推滚针轴承和油泵驱动轴。

⑧拆下油泵体总成、油泵销、隔圈、磁铁和 ATF 滤网。

3）转矩控制后差速器的组装。

①在 ATF 滤网的橡胶处添加 DPSF（双泵系统油液），然后将 ATF 滤网、磁铁、油泵销和隔圈安装在后差速器行星架总成上。

②将隔圈的锁片与油泵销对正。将后差速器油泵的凹槽与油泵销和隔圈锁片对正，然后将油泵体总成安装到后差速器行星架总成上。

③拧紧油泵体总成的装配螺栓。

④将油泵驱动轴的突起部分与油泵体总成上前油泵的凹槽对齐，然后安装油泵驱动轴。

⑤安装止推滚针轴承。

⑥如需拆检后差速器离合器，重新组装时应注意以下几点：

a）如图 9-27 所示，先将一个金属离合器隔板和一个纤维离合器片安装在离合器导套内，然后将带弹簧卡环的离合器轴套装入离合器导套内。

b）确认离合器轴套的花键是否与弹簧卡环下纤维离合器片的花键对正。

c）交替安装剩余的金属离合器隔板和纤维离合器片，直至 11 个隔板和 10 个离合器片全部安装完毕，然后安装压盘。

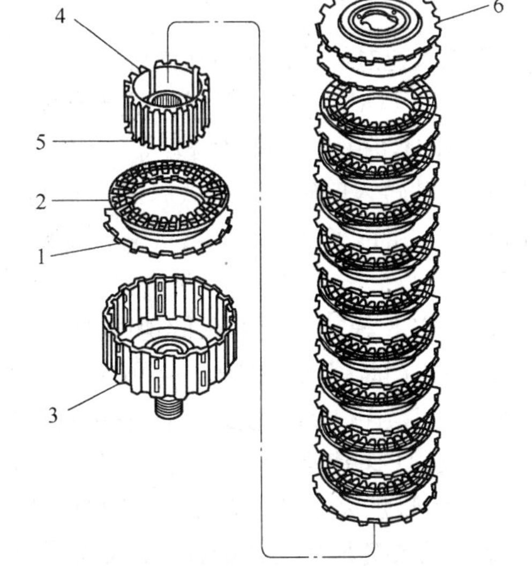

图 9-27　后差速器离合器分解图

1—金属离合器隔板　2—纤维离合器片
3—离合器导套　4—离合器轴套
5—弹簧卡环　6—压盘

⑦将压盘锁片与油泵驱动轴的凹槽对齐，然后安装后差速器离合器总成。

⑧清除密封面上的污物和油液。在密封面上施加液体密封剂（P/N08C70-K0234M）。一定要密封螺栓孔的整个周边，以防油液泄漏。

⑨安装垫片、定位销和转矩控制后差速器壳体，然后以十字交叉方式拧紧 8 个装配螺栓。

⑩安装结合法兰、O 形密封圈、支撑环、盘簧垫圈和锁紧螺母。

⑪利用专用工具将新锁紧螺母拧紧至规定转矩，将锁紧螺母锁片敲入离合器导套的凹槽中。

⑫安装放油旋塞、油液加注 IZ1 旋塞和新密封垫圈。

2. 东风日产逍客 SUV 轿车电控四轮驱动检修

（1）电控四轮驱动系统概述　东风日产逍客电控四轮驱动系统如图 9-3 所示。

4WD 电子控制单元根据传感器的信号控制前轮驱动（100:0）和 4WD（50:50）状态之间驱动功率的分配，并通过 CAN 通信线路与表 9-2 中的零部件控制各信号。

表 9-2　东风日产逍客电控四轮驱动系统各零部件及其功能

零　部　件	功　　能
ABS 执行器和电气单元（电子控制单元）	通过 CAN 通信将车速信号和制动灯开关信号（制动信号）传递给 4WD 电子控制单元
ECM	通过 CAN 通信将加速踏板位置信号和发动机转速信号传递给 4WD 电子控制单元
组合仪表	通过 CAN 通信将驻车制动开关信号状态传递给 4WD 电子控制单元
转向角传感器	通过 CAN 通信将转向角传感器信号状态传递给 4WD 电子控制单元

驾驶人通过旋转位于变速杆后部的一个旋钮即可实现 2WD（两驱）模式、AUTO（自动）模式和 LOCK（锁止）模式这 3 种驱动模式的转换。

1）AUTO 模式。AUTO 模式下 ECU 会默认为前驱模式，当检测到前轮发生打滑后，ECU 会自动转入四轮驱动模式，最多可将 50% 的动力分配到后轮，同时车身稳定程序也会及时工作，纠正车身姿态。当车辆时速超过 40km/h 时，又会转换回前轮驱动，以改善燃油经济性。

2）LOCK 模式。可以在低速时手动锁定四驱状态，此时前、后轮转矩分配是固定的，以确保在非铺装路面、雪地、下雨天及爬坡等易打滑路况时稳定行驶。如果车速增加，则汽车会自动切换至 AUTO 模式。如果随后车速下降，则汽车自动返回锁止轮驱动工况，4WD LOCK 指示灯保持亮起。当汽车高速行驶时，LOCK 模式将自动变为 AUTO 模式，4WD LOCK 指示灯熄灭。当点火开关关闭时，LOCK 模式自动变为 AUTO 模式。

如果检测轮胎压力或磨损情况差别较大，可能禁止 LOCK 模式，或者限制使用 LOCK 模式时的车速。

3）2WD 模式。在一般路况行驶时可以选择 2WD 前轮驱动模式。如果前轮在 2WD 模式下打滑，则不会切换至 AUTO 或 LOCK 模式。当 4WD 模式开关处于 2WD 模式时，4WD 电子控制单元有时会根据行驶工况给后轮分配转矩（如用力踩下加速踏板），而 4WD 指示灯不会亮起。

（2）电控万向节工作原理　电控万向节结构如图 9-28 所示。4WD 电子控制单元为电控万向节（4WD 电磁阀）提供命令电流，控制离合器被电磁铁接合，在控制离合器中产生转矩。凸轮在控制离合器转矩的作用下转动，并对主离合器施加压力。主离合器根据压力将转矩传递给前轮，传递给后轮的转矩由命令电流决定。

（3）4WD 系统部件功能　东风日产逍客 SUV 轿车电控四轮驱动系统由 4WD 电子控制单元、车轮传感器、4WD 螺线管、电控联轴节、4WD 警告灯、4WD 指示灯、4WD LOCK 指示灯、4WD 模式开关、ABS 执行器和电气单元（电子控制单元）、ECM、组合仪表及转向角传感器等部件构成，各部件功能见表 9-3。

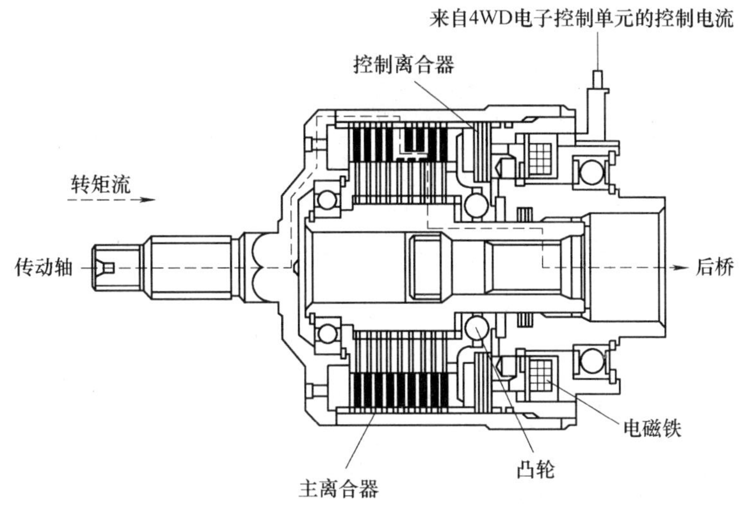

图 9-28　电控万向节结构

表 9-3　东风日产逍客 SUV 轿车 4WD 系统部件功能

零　部　件	功　　能
4WD 电子控制单元	利用来自各传感器以及前轮驱动模式(100:0)和 4WD 模式(50:50)的信号,控制驱动力的分配。如果在 4WD 系统中检测到故障,则 2WD 模式通过安全失效功能启用
车轮传感器	当传感器转子转动时,磁场发生变化,该传感器将磁场的变化转换为电流信号(方波),并发送到 ABS 执行器和电气单元(电子控制单元)
4WD 螺线管	根据来自 4WD 控制单元的命令电流控制电控万向节
电控万向节	将驱动力传递给后主减速器
4WD 警告灯	当 4WD 系统有故障时亮,它说明不安全,失效模式起动,而汽车变成前轮驱动或换档驱动模式(后轮仍有一些驱动转矩) 当点火开关转至 ON 时打开自检,如果系统正常,则在发动机起动后关闭
4WD 指示灯	2WD 模式:OFF;AUTO 模式、LOCK 模式:ON
4WD LOCK 指示灯	2WD 模式、AUTO 模式:OFF;LOCK 模式:ON
4WD 模式开关	可以选择 2WD、AUTO 或 LOCK 模式
ABS 执行器和电气单元(电子控制单元)	通过 CAN 通信将车速信号、制动灯开关信号(制动信号)传递给 4WD 控制单元
ECM	通过 CAN 通信将加速踏板位置信号、发动机转速信号传递给 4WD 控制单元
组合仪表	发动机起动后的指示灯指示,4WD 指示灯和 4WD LOCK 指示灯
转向角传感器	转向角传感器检测到转向盘的旋转量、角速度和方向,并将数据通过 CAN 通信发送到 ABS 执行器和电气单元(电子控制单元)

(4) 诊断和修理工作流程　电控四轮驱动系统的诊断和修理工作流程一般遵循 7 个步骤:与客户面谈、检查 4WD 警告灯、执行自诊断、检查端子和线束插头、检查症状重现、执行症状诊断和最终检查。各步骤工作内容及流程如图 9-29 所示。

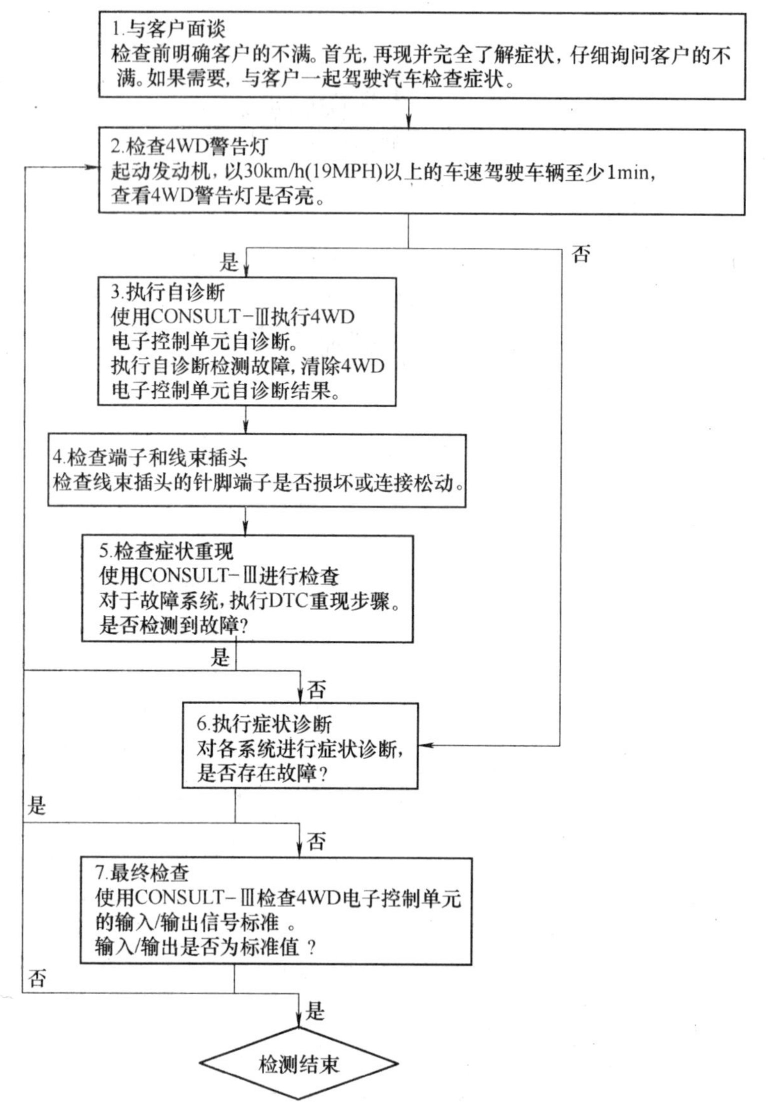

图 9-29 电控四轮驱动系统故障诊断流程

故障码读取可利用日产手持诊断测试仪 CONSULT-Ⅲ进行，故障码含义及显示结果见表 9-4。在进行自诊断前，起动发动机，并以 30km/h 以上的车速驾驶车辆约 1min。

表 9-4 东风日产逍客电控四轮驱动系统自诊断故障码表

故障码	显示项目	故障检测状况	可能原因
C1201	CONTROLLER FAILURE	4WD 电子控制单元内部出现故障	4WD 电子控制单元内部故障
C1203	ABS 系统	ABS 执行器和电气单元(电子控制单元)检测到与车轮传感器相关的故障	ABS 故障:车速信号错误
C1204	4WD SOLENOID	检测到与 4WD 电磁阀相关的故障	电控万向节内部故障

（续）

故障码	显示项目	故障检测状况	可能原因
C1205	4WD ACTUATOR RLY	从与4WD电子控制单元集成的4WD执行器继电器检测到故障，或者检测到与4WD螺线管相关的故障	4WD电子控制单元内部故障
C1209	MODE SW	由于4WD模式开关短路，同时检测到两个以上开关输入	4WD模式开关或4WD模式开关电路故障
C1210	ENGINE SIGNAL 1	从ECM检测到故障	发动机控制系统故障：加速踏板位置信号错误或发动机转速信号错误
U1000	CAN COMM CIRCUIT	当4WD电子控制单元在2s或更长时间内没有发送或接收CAN通信信号时	CAN通信错误；4WD电子控制单元故障
U1010	CONTROL UNIT(CAN)	当4WD电子控制单元的CAN控制器在初始自诊断检测到错误时	4WD电子控制单元故障

在清除故障码存储器前，应起动发动机并以30km/h以上的速度驾驶约1min，检查ABS警告灯是否熄灭。当出现系统故障码“C1203”而使4WD警告灯亮起时，应以不小于30km/h的速度驾驶汽车1min，并检查ABS警告灯是否熄灭。然后关闭点火开关，并再次起动发动机，否则，即使它正常，4WD警告灯也可能不会熄灭。

利用日产手持诊断测试仪CONSULT-Ⅲ除可进行故障码读取外，还可以识别ECU，读取4WD电子控制单元零部件号；可以对数据进行监控，读取4WD电子控制单元中的输入/输出数据；可以进行主动测试，用CONSULT-Ⅲ诊断测试模式驱动一些4WD电子控制单元之外的执行器；也可以在规定的范围内改变某些参数。

（5）常见故障诊断及排除

1）4WD警告灯不点亮。

①故障现象：当点火开关转至ON位置时，4WD警告灯不亮。

②诊断及排除：检查电源和搭铁电路是否正常，执行自诊断读取故障码，检查4WD警告灯有无信号，检查组合仪表电源电路是否正常。如正常，检查各线束插头针脚端子有无故障或断开。如不正常，修理或更换故障零部件。

2）4WD警告灯不熄灭。

①故障现象：在发动机起动后几秒钟，4WD警告灯不熄灭。

②诊断及排除：执行自诊断，使用CONSULT-Ⅲ执行4WD电子控制单元自诊断，检测是否有故障码。检查4WD警告灯，执行4WD警告灯的故障诊断。检查4WD电子控制单元电源和搭铁电路，执行电源和搭铁电路的故障诊断。如果正常，检查各线束插头针脚端子有无故障或断开。如果不正常，修理或更换故障零部件。

3）发生猛烈急转弯制动症状。

①故障现象：汽车行驶过程中出现猛烈急转弯产生制动症状。一般地，在起动发动机后向任何一侧将转向盘转到头时，根据驾驶情况，可能出现轻微急弯制动症状，这不是故障。

②诊断及排除：使用CONSULT-Ⅲ执行ECM自诊断，检测是否有故障码。使用CON-

SULT-Ⅲ执行4WD电子控制单元自诊断，检测是否有故障码。检查电控联轴节，将点火开关转至OFF位置，将变速杆置于空档，松开驻车制动器操纵杆，升起汽车，用手转动传动轴，轻轻抓住左、右后轮，检查后轮是否转动。如有机械故障，更换电控万向节（离合器卡滞等）；如有电气故障，检查各线束插头针脚端子有无断开，修理或更换故障零部件。

4）汽车不能进入4WD模式。

①故障现象：即使4WD警告灯熄灭，汽车也不进入4WD模式。

②诊断及排除：检查4WD警告灯，将点火开关转至ON位置，查看4WD警告灯是否点亮。巡航测试，驾驶汽车行驶一定时间，检查是否出现任何症状。如有机械故障（离合器无法机械接合），更换电控万向节；如有电气故障，检查各线束插头针脚端子有无断开，修理或更换故障零部件。

5）4WD警告灯快速闪烁。

①故障现象：行驶时，4WB警告灯1s闪烁2次，然后在1min后熄灭。

②诊断及排除：当电控万向节上作用大负载以及多盘离合器温度增加时，该症状可以保护传动系零件。另外，在灯快速闪烁前，转矩的选择分配有时候变得固定。两种情况都不是故障。当出现这种症状时，停下汽车并允许它怠速工作一段时间。闪烁会停止，系统将恢复正常。

6）4WD警告灯缓慢闪烁。

①故障现象：行驶时，4WD警告灯间隔约2s闪烁一次。

②诊断及排除：分为以下几个步骤。

a）检查轮胎气压、磨损状况、纵向轮胎尺寸（纵向轮胎之间无差别），检查结果是否正常。在维修或更换损坏的零件后，以20km/h或更高的速度驾驶汽车5s以上，以初始化不适当的轮胎尺寸信息。

b）检查轮胎直径的输入信号，起动发动机，以20km/h或更高的速度驾驶约3min。用CONSULT-Ⅲ“DATA MONITOR”检查4WD电子控制单元的“DIS-TIRE MONI”，查看“DATA MONITOR”上的项目是否指示“0～4mm”正常范围内。

c）端子检查，检查4WD电子控制单元线束插头有无断开。更换4WD电子控制单元，修理或更换故障零部件。分动器液位偏低、液位偏高及加注不正确的分动器油，分动器齿轮和轴承磨损或损坏是引起行驶噪声、振动和不平顺性故障的主要原因。

练　习　题

一、填空题

1. 正常情况下，回轮驱动系统使用________、________或________组件把发动机动力传递到前、后桥。

2. 简单的行星齿轮组由3种齿轮组成。在齿轮组的中心的是________轮，与这个齿轮啮合的是3只或4只________齿轮，这些齿轮由________固定在一起。这种装置把齿轮固定在适当位置，同时允许它们绕其各自的轴旋转。在行星齿轮组的外侧是________齿轮，这个齿轮具有绕其内圆周分布的轮齿。

3. 在典型的行星齿轮组中，当________齿轮保持不动时，可提供减速传动。

4. 当驱动桥在干燥路面上以不同的速度旋转，或汽车在拐弯时，会发生________。

5. ________差速器可使前、后桥产生不同的速度。

6. 硅酮油用于黏液耦合器，因为它的________受温度影响不大，高温时________会发生改变。

7. ________差速器不允许在其连接的两桥之间产生速度差。

8. ________不用于全时四轮驱动系统，因为其驱动轴和毂始终由分动器驱动。

9. 前独立悬架四轮驱动桥________壳坚固地安装在汽车车架上，并使用半轴将差速器连至车轮。

二、简答题

1. 四轮驱动与两轮驱动各有什么优缺点？
2. 四轮驱动与全轮驱动的主要区别是什么？
3. 分动器的主要作用是什么？
4. 描述前锁定轮毂的运行。
5. 整体式四轮驱动系统和根据要求起动的四轮驱动系统间的区别是什么？
6. 全时和分时四轮驱动系统之间的主要区别是什么？
7. 简要叙述黏液耦合器是如何工作的。
8. 轴间差速器的主要作用是什么？
9. 为什么在许多分动器中使用链传动？
10. 简要解释行星齿轮组的运行过程。

模块十　汽车轮胎监测系统

10.1　学习目标

【知识目标】

1. 了解汽车轮胎监测系统的基本组成及类型。
2. 了解汽车轮胎监测系统主要零部件的结构及工作原理。
3. 掌握汽车轮胎监测系统故障的现象、原因分析方法。

【能力目标】

1. 能正确安装、拆卸汽车轮胎监测系统。
2. 能分析汽车轮胎监测系统电路图。
3. 能分析汽车轮胎监测系统故障原因。
4. 能排除汽车轮胎监测系统常见故障。

10.2　知识学习

10.2.1　汽车轮胎监测系统的基本认识

1. 汽车轮胎监测系统的基本组成

轮胎压力监测系统（TPMS）的工作是通过射频收发来实现的，由轮胎模块和监视器模块组成。如图 10-1 所示，远程轮胎压力监测模块（Remote Tire Pressure Monitoring，RTPM）直接安装在每个轮胎内测量轮胎压力和温度，并将测量得到的信号通过高频无线电波（RF）发射出去。一个 TPMS 有 4 个或 5 个（包括备用胎）RTPM。中央监视器接收 RTPM 发射的信号，将各个轮胎的压力和温度数据显示在屏幕上，供驾驶人参考。如果轮胎的压力或温度出现异常，中央监视器会根据异常情况发出不同的报警信号，提醒驾驶人采取必要的措施。

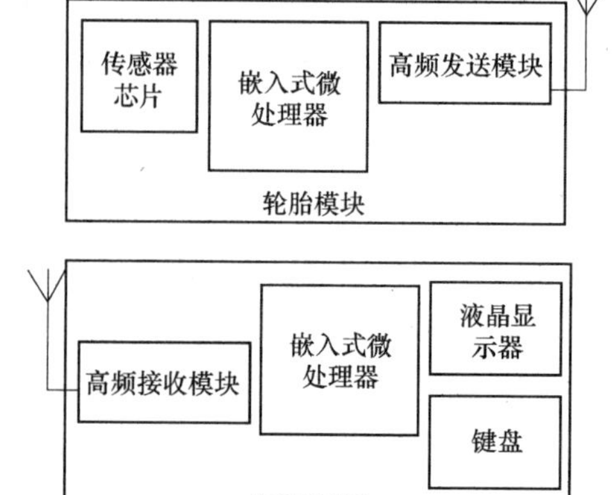

图 10-1　轮胎压力监测系统结构框图

2. 汽车轮胎监测系统的基本功能

轮胎压力监测系统主要用于在汽车行驶过程中对轮胎气压、温度进行实时自动监测，并对出现的异常情况进行实时报警，是驾驶人和乘车人员的生命安全保障预警系统。

3. 汽车轮胎监测系统的分类

目前，TPMS 的实现形式主要有两种，即基于车轮转速的 TPMS（Wheel-Speed BasedTPMS），又叫间接式 TPMS；基于压力传感器的 TPMS（Pressure—Sensor Based TPMS），又叫直接式 TPMS。间接式 TPMS 是通过汽车 ABS 的轮速传感器比较车轮之间的转速差别，来确定轮胎压力的变化，这种方式现在用得不多。直接式 TPMS 是在每个轮胎内使用压力传感器和温度传感器，然后把采集到的压力和温度信号通过有线或无线的方式传送到汽车驾驶室内的主控制器进行处理。目前大多数 TPMS 采用无线的方式进行压力和温度数据的传送。

10.2.2　汽车轮胎监测系统主要零部件的结构与工作原理

1. 汽车 TPMS 轮胎模块的结构及工作特征

TPMS 轮胎模块由传感器、微处理器、发射芯片、电池和天线组成，如图 10-2 所示。模块板使用印制天线，所有组件都焊接到模块板一端，模块板应安装在轮胎内缘，发送器板用 3 个螺钉安装在轴承座上，使用硬环氧保护轴承座边缘的安全，使用尼龙带可以提供更好的安全保护。TPMS 轮胎模块安装位置如图 10-3 所示（也有一部分安装在轮胎的气门嘴上）。

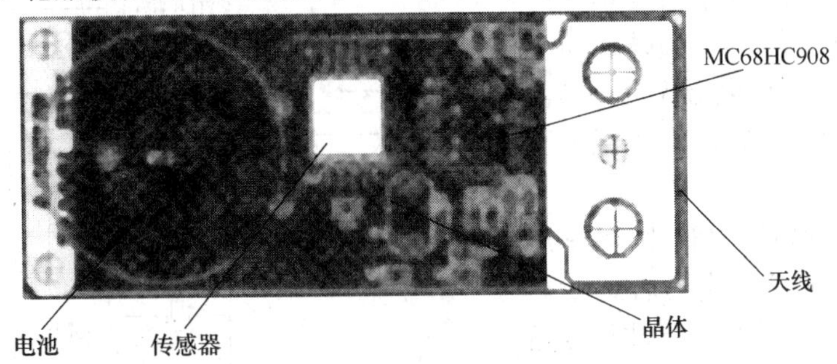

图 10-2　TPMS 轮胎模块平面图

图 10-3　TPMS 轮胎模块安装位置

（1）传感器　图 10-4 所示传感器（压力/温度传感器）是一种表面微型机械式电容性电子系统（MSMS）压力传感器。其特点为：专门的 TPMS 气压和温度传感器、CMOS 工艺、低功耗、3V 工作电压、带有 MCU 唤醒功能的集成低频振荡器、8 位数字输出；全部功能集成在单一芯片上，降低了功耗，适合条件要求苛刻的电池供电系统；测压范围为 0 ~ 637kPa，测温范围为 -40 ~ 125℃。它具有 4 种工作模式，即待机/复位、压力测量、温度测量和数据输出，可以通过设置 S0

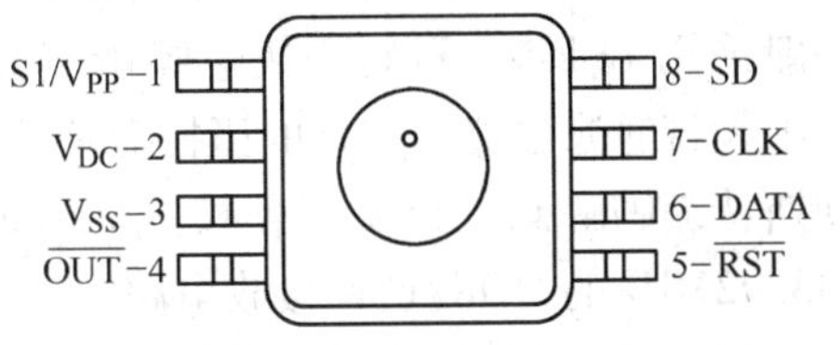

图 10-4　MPXY8020/8040 压力/温度传感器

和S1引脚选择相应的模式，见表10-1所列。由表10-1可以发现，传感器在不同的工作模式下，需要的工作电路不同，从而达到降低功耗的目的。

表10-1　传感器工作模式

S0	S1	工 作 模 式	S0	S1	工 作 模 式
0	1	待机（耗电600nA）	1	0	测量温度（时间500μs）
0	1	测量压力（时间500μs）	1	1	数据输出

（2）微处理器　TPMS轮胎模块微处理器示意图如图10-5所示，其主要特点有：

1）高性能RISC技术。仅需学习35条指令，这给程序的编写、调试、修改带来极大的便利，便于软件模拟SP1串口及开漏极引脚。

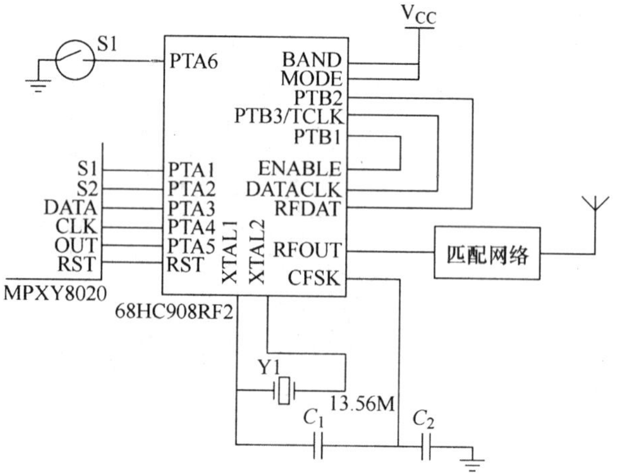

2）极低的功耗水平。在1MHz时钟频率下工作电流约为100μA，而在休眠情况下的典型工作电流仅为1nA。

3）工作温度范围宽。汽车温度范围为－40～125℃。

4）彻底的保密性。PIC以保密熔丝来保护代码，在写入代码后熔断熔丝，其他人再也无法读出，除非恢复熔丝。目前，PIC采用熔丝深埋工艺，恢复熔丝的可能性极小。

图10-5　MC68HC908RV2闪存MCU和UHF发送器

5）自带看门狗定时器为系统提供了恶劣环境下的自复位功能，提高程序运行的可靠性。

（3）发射芯片　TPMS轮胎模块发射芯片示意图如图10-6所示，其特点是采用微型3mm×3mm的16引脚QFN封装，3V工作电压，汽车温度范围为－40～125℃、快速开启振荡器（200μs）、自带锁相环PLL和高效功率放大器，支持ASK、OOK和FSK调制方式，超低功耗（常温下待机电流仅为0.2nA），可调节的FSK偏移，可编程的时钟输出。

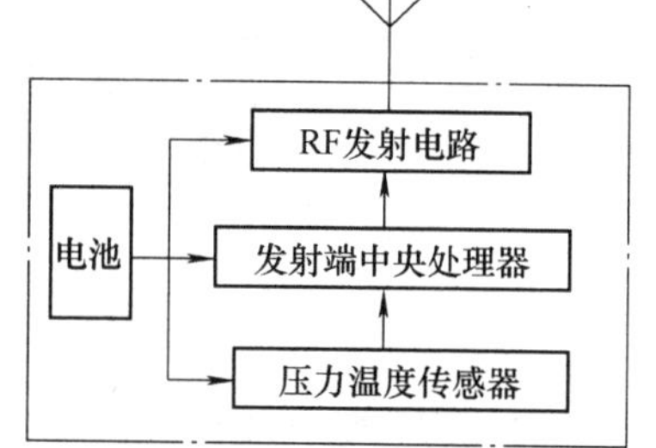

图10-6　TPMS轮胎模块发射芯片示意图

2. 汽车轮胎监测系统监视器模块的结构及工作特征

监视器模块主要由接收芯片、微处理器、LCD显示器和按键组成。

（1）接收芯片　TPMS监视器模块接收芯片示意图如图10-7所示，它是一个单片集成射频接收器。其特点有：一般采用LQFP24封装，快速唤醒（1ms），内含660kHz的中频带通滤波器，完整的压控振荡器（VCO），可消除镜像的混频器，自动对接收到的曼彻斯特编码解码（FSK工作模式），曼彻斯特编码时钟再生电路，SP1接口，可用于设计433.92MHz的OOK/FSK接收电路。

（2）微处理器　TPMS监视器模块微处理器示意图如图10-8所示，微处理器是一款采用 68HC08 架构的 8 位微控制器，资源齐全、尺寸小，适合监控器模块的功能要求以及汽车的运行环境。其主要资源包括：1 个 CAN 模块、1 个 SP1 模块、1 个 ESC1 模块、两个双通道 16 位定时器接口模块、8 路 10 位 A/D 通道、1 个基本时钟模块、37 个通用输入输出引脚、8 位键盘唤醒端口。该控制器采用 PLL 锁相环技术，能够产生最高 8MHz 的总线频率。

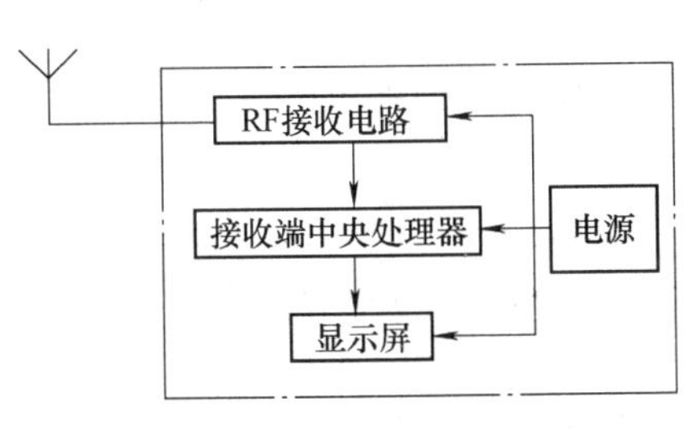

图 10-7　TPMS 监视器模块接收芯片示意图

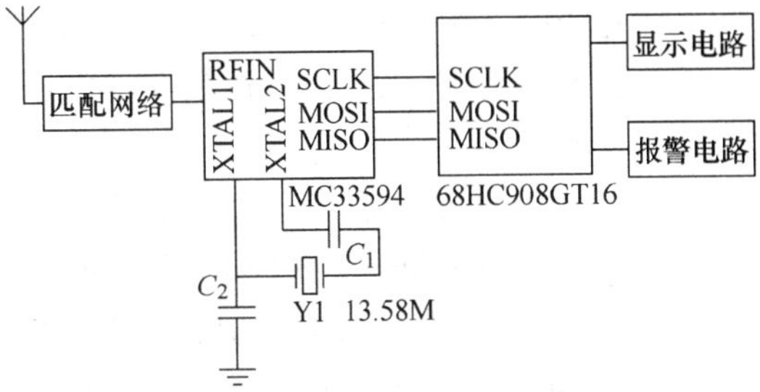

图 10-8　TPMS 监视器模块微处理器示意图

（3）LCD 显示器　LCD 显示器一般选择点阵式液晶显示器，具有如下特点：192×64 点阵，可视区范围大（外形尺寸 113mm×71mm×9.5mm，可视区为 97mm×48mm），内置液晶控制驱动器，单 5V 供电/双电源供电可选，工作温度范围宽（-20～70℃），采用 LED 背光且 EL 背光可选，强光下显示效果好。

10.3　能力训练

10.3.1　训练环境条件要求

1. 安全、整洁的汽车维修车间或模拟汽车维修车间。
2. 齐全的消防用具及个人防护用具。
3. 汽车维修举升机、汽车电脑诊断仪及各种常用工具。
4. 带轮胎监测系统的车辆。

10.3.2　能力训练任务

任务十五　汽车轮胎压力监测系统故障诊断与检修

1. 调整轮胎压力监测系统

为了让轮胎压力监测系统进入就绪状态，按下述步骤操作：

（1）校正轮胎压力

1）检查车轮（包括备用车轮）的轮胎压力。

2）必要时，按油箱盖内侧贴签上的数据校正轮胎压力。

（2）存储轮胎压力

1）按下旋转/按压按钮，出现子菜单 SET（设置，即 EINSTE LLEN）。

2）转动旋转/按压按钮，将选择箭头移到 TYPE PRESSURE（轮胎压力，即 REIFEN—DRUCK）上。

3）将选择箭头移到 STORE PRESSURE（存储压力，即 DRUCKE SPEICHERN）上。

4）按下旋转/按压按钮，此时出现一个小钩。该系统确认已成功存储轮胎压力：CUR—RENT TYRE PRESSUES ARE BEING STORED（已存储当前充气压力）。

5）将选择箭头移到 BACK（返回，即 ZURUCK）上。

6）按下旋转/按压按钮，退出 TYPE PRESSURE（轮胎压力，即 REIFEN—DRUCK）菜单。

每次充气压力改变后以及每次更换车轮后，必须起动 STORE PRESSURES（存储压力，即 DRUCKE SPEICHERN）过程。只有成功执行这一过程后，该系统才能识别并接受这些规定压力，这样必要时才会对压力降低发出警告。

该系统可自动识别多个故障信息。如果轮胎压力监控系统不工作，则会在显示屏中出现带斜杠的轮胎符号。其原因可能是：

1）如果学习过程结束时出现这个信息，则说明该系统无法识别出安装在汽车上的车轮，其原因是一个或多个车轮未安装车轮传感器。

2）某个车轮传感器或其他组件可能失灵。

3）该系统识别到汽车内车轮多于 5 个，例如装带了多个备用车轮时。

4）更换车轮后没有调用 STORE PRESSURES（存储轮胎压力）功能。

5）使用防滑链时，其屏蔽特性可能影响了该系统的功能，该系统自动关闭。尽可能排除这个故障，然后再次调用 STORE PRESSURES（存储轮胎压力）功能。如果无法排除故障，则让服务站进行处理。

2. 轮胎压力监测系统的使用方法

（1）报警装置的初期设定　当调换轮胎、车轮时，必须对报警装置进行初期设定，其顺序如下：

1）把 4 个车轮的轮胎调整到规定气压。

2）当点火开关接通，车辆在停止状态时，警告灯进行 3 次闪亮，然后按下装设在驾驶座仪表板下部的调置开关。

（2）检查工况　使用调置开关设定检查工况。在该检查工况中，将自诊断插接件的 TS 端子进行短路后，接通点火开关，并进行切换。

（3）注意事项　轮胎气压报警装置是根据车辆行驶中轮胎转动状况检测轮胎气压，所以在停车时不检查轮胎气压。因此，在日常维护中，必须经常检查轮胎气压。当警告灯亮时，要立刻确认轮胎气压，并调整到规定气压。以 30km/h 速度行驶 2min，警告灯熄灭，表明气压恢复正常。在轮胎、车轮调换时可能会发生误动作，因此必须进行警告装置的初期设定。

3. 故障检测

轮胎气压监测系统的故障是通过“LOW TIRE”警告灯的异常显示来表现的。

（1）正常亮　在点火开关转到运行（RUN）位置时，仪表板先进行灯泡检查，“LOW TIRE”警告灯亮约 3s，然后熄灭，表示系统正常。如果电子制动控制模块/电子制动牵引控制模块曾检测到轮胎气压不正确并记忆故障码，“LOW TIRE”警告灯将持续亮。

（2）“LOW TIRE”警告灯不亮 在仪表板组合仪表（IPC）灯泡检查中，“LOW TIRE”警告灯不亮且监视系统未设置故障码。检查程序如下：

1）检查诊断系统是否完成自检。

2）用专用仪器进行仪表指示灯动作测试。

3）若指示灯不亮，则检查仪表板组件及灯泡电路。

4）若指示灯亮，则检查电子制动控制模块/电子制动牵引控制模块。

（3）“LOW TIRE”警告灯总亮 在经过仪表板组合仪表（IPC）灯泡检查后，“LOW TIRE”警告灯不熄灭。检查程序如下：

1）点火开关置于运行（RUN）位置，按下复位开关，警告灯应熄灭。

2）如果警告灯不熄灭，检查电子制动控制模块/电子制动牵引控制模块是否记忆DTCC1245（检测轮胎气压过低）故障码。若记忆故障码，则检查轮胎气压。

3）如果不记忆故障码，则检查仪表组件及相关的线路。

4. 上海别克汽车轮胎气压安全监测报警装置

上海别克汽车的特色之一是装备了轮胎气压监测系统，称为“轮胎气压监测器（TIM）”或“轮胎压力监测器（TPM）”。当轮胎之一出现气压过低的情况时，监测系统将使仪表板上的“LOW TIRE”黄色警告灯亮，提醒驾驶人执行所需的保养，即将轮胎充气到正确的压力或更换指定规格的轮胎。

（1）轮胎气压安全监测系统部件组成及安装位置 汽车轮胎气压安全监测系统由车身控制模块（BCM）、电子制动控制模块/电子制动牵引力控制模块（EBCM/EBTCM）、仪表组件、数据链路插头和各车轮转速传感器等组成，其安装位置见表10-2。

表10-2 轮胎气压安全监测系统部件及安装位置

名 称	位 置
车身控制模块(BCM)	
数据链路插头(DLC)	
电子制动控制模块/电子制动牵引力控制模块(EBCM/EBTCM)	位于发动机室左后侧,与制动压力调节阀(BPMV)组合,连接在制动总泵前
仪表组件	位于仪表板顶部,转向柱上面
熔断丝盒	位于右前侧车门开口中仪表板(I/P右侧)
接头箱SP205	位于仪表板(I/P)之下,转向柱的右侧
发动机罩下附件导线接线	位于发动机右侧,连接至支柱架
左前车轮转速传感	位于左前轮毂内
左后车轮转速传感	位于左后轮毂内
右前车轮转速传感	位于右前轮毂内
右后车轮转速传感	位于右后轮毂内

轮胎气压安全监测系统是一种软件驱动系统。此系统使用现存的防抱死制动系统部件（电子制动控制模块和车轮转速传感器）、串行数据通信和仪表组件执行系统功能。电子制动控制模块包括执行系统监视功能的软件。电子制动控制模块使用从车轮转速传感器获得的

车轮转速数据，探测出由于轮胎气压太低而引起的相对转动差异，这意味着有一只轮胎气压比其他 3 只低。当电子制动控制模块探测到轮胎气压太低时，设置诊断故障码 B2818（低轮胎气压系统重设定电路低）或故障码 C1245（探测到轮胎气压过低），并且通过串行数据线对仪表组件发送信息。仪表组件执行两种与轮胎监测系统相关联的功能，即电子制动控制模块通过串行数据信息发布指令显示警告信息："LOW TIRE"（轮胎气压太低）和通过串行数据线电子制动控制模块发送轮胎气压安全监测系统重设定指令。

（2）轮胎气压安全监测系统的操作过程　当一只轮胎气压改变时，轮胎气压监视器系统提出警告。在汽车行驶过程中，一旦系统检测到气压太低且点火开关处于 ON 位置时，系统会提醒驾驶人出现了气压太低的情况。如果某一只轮胎气压比其他 3 只轮胎至少高或低 82kPa，则在仪表板上显示"LOW TIRE"（轮胎气压太低）信息。如果不止一只轮胎气压太低或太高，或系统没有正确标定，则不会出现这一信息，系统不会提醒驾驶人轮胎气压太低。为了清除这一信息，应调整 4 只轮胎气压到合适的压力，并且执行系统重新设定程序。轮胎气压监视器重新设定程序的步骤是：旋转点火开关到 RUN（运行）位置，按住并保持 RESET（重设定）按钮大约 5s。

轮胎气压监视器软件要求汽车直线行驶大约 0.5h 来完成轮胎气压监视器自动学习。为了有足够的能力检测到轮胎气压太低的情况，电子制动控制模块必须知道几种车速范围内轮胎的充气配置。在 24 ~ 64km/h、64 ~ 113km/h 和 113 ~ 145km/h 车速检测范围中，每一车速范围有两种轮胎气压太低探测模式，即监视器模式 1 和监视器模式 2。EBCM 对每一车速范围独立地学习轮胎充气配置。监视器模式 1 是 EBCM 部分学会不同车速范围轮胎充气配置，并且限制了探测轮胎气压太低情况的能力；监视器模式 2 是 EBCM 全部学会不同车速范围轮胎充气配置，并且可全面探测轮胎气压太低情况。如果 EBCM 不在模式 1 或模式 2，那么是因为 EBCM 没有学会汽车轮胎充气配置，不可能探测到轮胎气压太低情况。

练　习　题

一、填空题

1. 轮胎压力监测系统（TPMS）的工作是通过射频收发来实现的，由________和________组成。

2. 目前，TPMS 的实现形式主要有两种，即基于________的 TPMS（Wheel—Speed BasedTPMS），又叫________ TPMS；基于________的 TPMS（Pressure—Sensor Based TPMS），又叫________ TPMS。

3. TPMS 能实时监测轮胎的________及________，并分别在压力________、________、轮胎被扎和温度过高时发出警告，从而起到保障行车安全、延长轮胎使用寿命的作用。

4. 轮胎模块由________、________、________、电池和天线组成。

5. 监视器模块主要由________、________、________和按键组成。

二、简答题

1. 轮胎压力监测系统微处理器、发射芯片及接收芯片有何特点？

2. 轮胎压力监测系统使用注意事项有哪些？

3. 怎么进行轮胎压力监测系统的故障检测？

参 考 文 献

［1］ 闵思鹏，江冰．汽车底盘电控系统原理与维修［M］．北京：北京大学出版社，2007.

［2］ 王盛良．汽车电控底盘及车身电控技术与检修［M］．北京：中国劳动社会保障出版社，2010.

［3］ 冯永亮，郑志中．汽车电控底盘检修：下册［M］．北京：中国劳动社会保障出版社，2006.

［4］ 徐生明．现代汽车典型电控系统结构原理与故障诊断［M］．西安：西安电子科技大学出版社，2006.

［5］ 崔胜民．现代汽车系统控制技术［M］．北京：北京大学出版社，2008.

［6］ 李春明．汽车底盘电控技术［M］．2 版．北京：机械工业出版社，2009.

［7］ 秦海滨．汽车底盘电控技术［M］．大连：大连理工大学出版社，2009.

［8］ 冯渊．汽车电子控制技术［M］．2 版．北京：机械工业出版社，2011.

［9］ 鲁植雄．汽车 ABS、ASR 和 ESP 维修图解［M］．北京：电子工业出版社，2006.

［10］ 陈志恒，胡宁．汽车电控技术［M］．北京：高等教育出版社，2008.

［11］ 姚焕新．汽车底盘电控系统检修［M］．北京：人民邮电出版社，2009.